武陵源年鉴

WULINGYUAN YEARBOOK

2018

中共武陵源区委、武陵源区人民政府　主办
张家界市武陵源区地方志编纂委员会办公室　编

方志出版社
Publishing House of Local Records

图书在版编目（CIP）数据

武陵源年鉴. 2018 / 张家界市武陵源区地方志编纂委员会办公室编. -- 北京：方志出版社，2018.9
ISBN 978-7-5144-3348-7

Ⅰ. ①武… Ⅱ. ①张… Ⅲ. ①区（城市）—张家界市—2018—年鉴 Ⅳ. ①Z526.44

中国版本图书馆CIP数据核字（2018）第227081号

武陵源年鉴（2018）

编　　者：张家界市武陵源区地方志编纂委员会办公室
责任编辑：罗　滔

出 版 人：冀祥德
出 版 者：方志出版社
地址　北京市朝阳区潘家园东里9号（国家方志馆4层）
邮编　100021
网址　http://www.fzph.org
发　　行：方志出版社图书经销中心
电话（010）67110500
经　　销：各地新华书店
印　　刷：湖南省越来越好印务有限公司
装帧设计：斯盛文化

开　　本：889×1194　　1/16
印　　张：22
字　　数：529千字
版　　次：2018年9月第1版　　2018年9月第1次印刷
印　　数：001～500册

ISBN 978-7-5144-3348-7　　定价：160.00元

《武陵源年鉴（2018）》编纂委员会

名誉主任 朱用文

主　　任 郑小胡

副 主 任 向绪杰　吴俞萍　许忠亮　余开平
侯铁夫（常务）　张德献　毛善猛

成　　员（按姓氏笔画排序）

于木生　万其松　王　涛　王爱民
毛中平　毛常青　尹华友　邓众望
邓湘江　龙占军　代春元　向延初
李佰胜　李修明　李祥永　李景强
李　鑫　杨孚文　肖忠义　吴扬学
吴远春　何　岚　何安民　张　莉
张育红　张程轶　陈　勇　陈忠贤
罗方平　周迪光　聂立群　顾庆云
郭仲清　唐勇军　唐　密　龚培标
彭国周　彭　斌　熊廷辉　黎飞跃
戴小芬

《武陵源年鉴》编辑部

主　　编　毛中平

副 主 编　孙　超　高　建

执行主编　孙　超

编　　辑　毛中平　高　建　孙　超　邓学斌

　　　　　胡少丛

摄　　影　吴远海

编辑说明

一、《武陵源年鉴（2018）》（以下简称年鉴）为武陵源区第1部综合性年鉴。全书以马克思列宁主义、毛泽东思想、邓小平理论、“三个代表”重要思想、科学发展观、习近平新时代中国特色社会主义思想为指导，坚持辩证唯物主义和历史唯物主义立场、观点和方法，主要记载武陵源区2017年度自然、政治、经济、文化、社会事务等各个领域主要活动情况，重点记载2017年武陵源区国民经济发展所取得成就，为社会各界人士了解、研究武陵源提供基本资料。

二、年鉴采用分类法编辑。全书分特载、大事记、武陵源概况、中国共产党武陵源区委员会、武陵源区人民代表大会、武陵源区人民政府、政协武陵源区委员会、纪检·监察、民主党派·工商联、社会团体、法治、军事、旅游业、经济管理与监督、国土资源与环境保护、农业·林业·水利、城乡建设与管理、交通·邮电、商贸服务业、财政·税务·金融·保险、科技·教育·文化·体育、卫生医疗·计划生育、居民生活与社会、街道·乡、企业选介、人物、文件索引、文件选录、统计资料、索引等30个部类。各部类之下按行业或单位设条目记述具体内容，一事一条。结构为条目体，主要分类目、分目、条目三个层次。在字号、字体及编排上均有明显区别，条目标题统一用黑体，加【 】表示。

三、本年鉴由各部、办、委、局、社、站和乡、街道提供资料，《武陵源年鉴》编辑部汇总整理成稿，并经有关区领导和部门领导审核。全区国民经济和社会发展数据以统计公报为准，其他数据由各部门提供。

四、本年鉴刊登截至2017年12月底区、张管局、区直机关及省、市驻武陵源副科级以上单位领导人名录，由《武陵源年鉴》编辑部编辑，组织部门审核。乡(街道)内设机构、下设机构及村主要负责人只收录2017年12月31日在任党政一把手。

五、全书计量单位均使用法定计量单位。考虑到社会使用习惯，全书中农业面积单位“亩”不统一换算，1公顷＝15亩。

《武陵源年鉴》编辑部

武陵源城区一角（2017年7月）

美丽乡村（中湖乡鱼泉峪村）（2017年7月25日）

中共武陵源区第五届常委班子合影

武陵源区第七届人大常委会组成人员合影

武陵源区人民政府第七届区长、副区长合影

政协武陵源区第六届主席、副主席合影

2017年4月29日，市人大常委会副主任、武陵源区委书记朱用文（左一）到天子山景区现场办公

2017年10月2日，区委副书记、区长郑小胡（中）现场督查锣鼓塔街道重点路段交通保障工作

改造前区政府办公大楼（2006 年 11 月）

张管局办公楼（2017 年 8 月）

改造后区政府办公大楼（2017 年 12 月）

吴家峪标志门（2017 年 7 月）

森林公园标志门（2017 年 10 月）

在建重点工程桃花溪谷施工现场（2017年5月）

重点工程建设项目岩门大桥施工现场（2017年11月）

吴家峪标志门广场在建工程（2018 年 6 月）

天子山街道向家坪安置区（2017 年 11 月）

环武陵源南线公路（马公亭——插旗峪）升级改造工程（2017年3月）

新建的武陵源东路（2018年6月）

景区环保旅游客运车队（2009 年 9 月）

武陵源汽车站（2018 年 8 月）

魅力湘西大剧院外景（2014 年 6 月）

魅力湘西大剧院演出场景（2013 年 4 月）

天子山民族特色旅游小镇（2017 年 12 月）

土家民居古村寨（中湖乡三家峪村）（2010 年 6 月）

龙凤庵遗址（2013 年 6 月）

宝峰寺遗址（2012 年 4 月）

2017 黄龙音乐季屋顶合唱会（2017 年 8 月）

贺龙铜像（2017 年 4 月）

市民广场舞（2013 年 7 月）

张家界山地马拉松赛（2017 年 11 月）

"邮政杯"全区大型群众文艺汇演（2017 年 8 月）

2018 新年登高健身大会（2017 年 12 月）

"欢歌颂党恩 喜迎十九大"歌咏赛（2017 年 10 月）

区第一中学校园（2018 年 8 月）

土家织锦产品（2017 年 2 月）

区第二中学校园（2017 年 3 月）

2017 溪布老街"溪布腔调"系列民俗活动之"赶火"（2017 年 12 月）

区人社局大楼（2018 年 8 月）

区医疗保险办事大厅（2018 年 8 月）

区社会养老保险服务大厅（2018 年 8 月）

区民政局大楼（2018 年 6 月）

区人民医院门诊大楼（2018 年 8 月）

社会养老服务机构（2018 年 1 月）

区疾控中心（2018 年 6 月）

区妇保计生服务中心（2018 年 8 月）

武陵源福利中心（2018 年 11 月）

天子山街道敬老院（2018 年 1 月）

中湖乡敬老院（2017 年 11 月）

协合乡敬老院（2018 年 1 月）

区关工委成立 15 周年大会（2017 年 5 月）

区残联走访慰问康复机构残疾儿童（2016 年 5 月）

区慈善总会第二届理事会第二次会议（2018 年 6 月）

就业培训现场（2017 年 6 月）

农村危房改造前照片（2017 年）

农村危房改造后照片（2017 年）

精准扶贫——武陵源菜葛产业基地（2017 年 5 月）

精准扶贫——种植培训（2017 年 9 月）

原始森林（2017 年 5 月）

森林城市（2018 年 6 月）

协合水库（2017年5月）

索溪水库（2016年8月）

宝峰湖水库（2017年5月）

高云公园（2017年4月）

锣鼓塔污水处理厂中控室（2009年6月）

索溪峪污水处理厂（2018年6月）

张清公路生态长廊（2016年10月）

施家岖小区（2017年7月）

天子山剁辣椒（2017 年 5 月）

住宅小区私家车（2018 年 8 月）

吴家峪口小区（2017 年 4 月）

农村住宅（2013 年 6 月）

溪布街酒吧一条街（2018 年 8 月）

亘立超市（2018 年 6 月）

梅尼超市（2018 年 6 月）

工商银行（2018 年 6 月）

建设银行（2018 年 6 月）

农业银行（2018 年 6 月）

邮政储蓄银行（2018 年 6 月）

中国银行（2018 年 6 月）

农商银行（2018 年 6 月）

特色民宿五号山谷一角（2017 年 5 月）

《武陵源年鉴》编纂组稿暨业务培训会议（2018 年 4 月 13 日）

编辑部评审会（左起：高建　胡少丛　孙超　毛中平　邓学斌　吴远海）（2018 年 10 月 10 日）

目　录

特　载
Special issues

大事记
Chronlcle of events

武陵源概况
Wulingyuan overview

中国共产党武陵源区委员会
Wulingyuan District Committee of the Communist Party of China

武陵源区人民代表大会
Wulingyuan District People's Congress

武陵源区人民政府
Wulingyuan District people's government

政协武陵源区委员会
Wulingyuan District Committee of the Chinese People's Political Consultative Conference

纪检·监察
Disciplinary inspection · Supervise

民主党派 · 工商联
Democratic parties · Federation of industry and commerce

社会团体
Social Group

法　治
Legal system

军 事
Military

旅游业
Tourism

经济管理与监督
Economic management and supervision

国土资源与环境保护
Land resources and environmental protection

农业·林业·水利
Agriculture · Forestry · Water

城乡建设与管理
Urban construction and management

交通·邮电
Transportation · Post and telecommunications

商贸服务业
Trade and service industry

财政·税务·金融·保险
Finance · Taxation · Finance · Insurance

科技·教育·文化·体育
Science and technology·Education·Culture·Sports

卫生医疗·计划生育
Hygiene · Family planning

居民生活与社会
Residents' life and social security

街道·乡
Street · Township

企业选介
Company selection

人　物
Characters

文件索引
File index

文件选录
File selection

统计资料
Statistical information

特 载

Special issues

区委五届五次全体（扩大）会议工作报告

张家界市人大常委会副主任　中共武陵源区委书记　朱用文

（2018 年 2 月 28 日）

2017 年，区委常委会在以习近平同志为核心的党中央和省委、市委的坚强领导下，坚持以习近平新时代中国特色社会主义思想为指引，深入贯彻落实党的十九大精神和中央、省委、市委各项决策部署，统筹推进“五位一体”总体布局，协调推进“四个全面”战略布局，大力实施省委“创新引领开放崛起”战略、市委“对标提质旅游强市”发展战略和“11567”总体思路，围绕“两个建成”奋斗目标，全力推进“四大攻坚战”，推动全区经济、政治、文化、社会、生态文明建设和党的建设取得新进步。

2017 年，区委常委会主要抓了十个方面的工作：

一、坚决维护以习近平同志为核心的党中央权威和集中统一领导

区委常委会认真学习领会习近平新时代中国特色社会主义思想，坚决维护以习近平同志为核心的党中央权威和集中统一领导，全面贯彻落实党的十九大各项决策部署，牢固树立“四个意识”，坚定“四个自信”，始终同以习近平同志为核心的党中央保持高度一致，坚持用习近平新时代中国特色社会主义思想武装头脑、指导实践、推进工作。

一是迎接、学习、宣传、贯彻党的十九大。区委常委会扎实开展十九大迎接准备工作，组织开展“砥砺奋进的五年”系列报道，举办“欢歌颂党恩喜迎十九大”歌咏大赛，全面展现武陵源区五年来经济社会发展的辉煌成就，充分反映人民群众生活的新变化，营造迎接十九大的浓厚氛围。认真配合完成省、市出席党的十九大代表的推荐提名和选举工作。扎实做好十九大期间安保维稳各项工作，荣获全市党的十九大安全稳定工作先进集体。十九大闭幕后，把学习宣传贯彻党的十九大精神和习近平新时代中国特色社会主义思想作为首要政治任务，第

一时间召开全区传达学习党的十九大精神大会和区委常委会进行传达学习，迅速组织党的十九大精神大学习、大宣讲、大培训、大调研、大落实活动，先后开展市委宣讲团来武宣讲、区乡（街道）村三级宣讲、区委中心组学习及科级领导干部集中轮训等活动，扎实推动党的十九大精神进企业、进农村、进机关、进校园、进社区、进景区，在全区上下掀起了学习宣传贯彻十九大精神的热潮。

二是坚决维护习近平总书记核心地位和党中央权威。区委常委会牢固树立“四个意识”，坚持“四个服从”，认真落实中央、省委和市委关于加强和维护党中央集中统一领导的规定，强化忠诚核心、拥戴核心、维护核心、捍卫核心的政治自觉、思想自觉和行动自觉，自觉向党中央看齐，向习近平总书记看齐，向党的理论和路线方针政策看齐，向党中央的决策部署看齐，旗帜鲜明讲政治，理直气壮讲党性，坚决抵制和反对违反党章、破坏党的纪律、危害党中央集中领导和团结统一的思想言行，坚决维护习近平总书记在全党、党中央的核心地位，坚决维护党中央权威和集中统一领导，始终在政治立场、政治方向、政治原则、政治道路上同以习近平同志为核心的党中央保持高度一致，不打折扣、不搞变通地推动党中央决策部署落到实处，做到党中央提倡的坚决响应、党中央决定的坚决执行、党中央禁止的坚决不做。

三是认真贯彻落实中央、省、市领导对武陵源区的重要指示和各项决策部署。区委常委会聚焦习近平总书记对湖南工作提出的“三个着力”重要指示、省委书记杜家毫对张家界提出的“保护山清水秀的自然生态、营造风清气正的政治生态”工作要求，按照省委、市委决策部署，压实责任、狠抓贯彻落实。11月21日，省委书记杜家毫来我区调研，就学习宣传贯彻党的十九大精神、脱贫攻坚、全域旅游、基层党建等工作作出系列重要指示。2017年，市委书记虢正贵多次来武陵源就脱贫攻坚、环保督察、重点项目建设、基层党建、旅游发展等问题进行调研检查，作出了许多重要指示。许达哲、乌兰、陈向群等省领导和刘革安、刘绍建、汪业元、罗智斌等市领导，也先后来武陵源进行调研和检查工作，作了相关重要指示，给予了我们很多有针对性的指导意见。对于省、市领导的各项决策部署和指示要求，我们第一时间组织传达学习，认真研究制定贯彻举措，及时报告落实情况，扎实推动各项决策部署和指示精神落地生效。

二、扎实推动全面从严治党向基层延伸

区委常委会始终牢记习近平总书记“把抓好党建作为最大的政绩”的要求，坚持“党要管党，全面从严治党”，以推进“两学一做”学习教育常态化制度化为重点，全面履行“两个责任”，构建了风清气正的良好政治生态。

一是扎实推进领导班子配备和干部队伍建设。认真把握选人用人标准，规范操作程序，全年研究干部7批次272人，其中提拔干部78人，重用干部32人。加强干部教育管理，联合浙江大学举办2期领导干部综合能力提升培训班，出台《关于对区管乡科级干部进行提醒、函询和诫勉的实施办法》。启动“人才强区112计划”，引进高学历人才14名。

二是全面加强基层组织建设。创新实施“四个一”工作机制，实现基层党组织书记述职评议全覆盖。结合村居换届，着力调优配强村（居）班子，重点整治软弱涣散组织，全面完成村（居）“两委”换届选举工作。突出党小组建设，出台《关于加强机关事业单位党小组建设的实施意见》。投入2000多万元，有序推进21个农村综合服务平台建设。

三是持续加强党风廉政建设。注重发挥制度治本功能，制定出台《基层纪检机构实地巡察制度和村（居）零招待费制度》《关于规范全区重点工程指挥部补助奖金管理的通知》等文件。扎实推进纪检监察体制改革，实现了派驻监督和区委巡察工作“两个全覆盖”，选举成立了区监察委员会。驰而不息纠“四风”，深入开展百村财务清理、“雁过拔毛”式腐

败问题、“治陋习树新风”、违规征订中小学教辅材料、治沙治矿治渔等专项整治工作。加大纪律审查力度，全年立案 58 件，结案 57 件，给予党纪政纪处分 57 人（其中，党纪政纪双重处分 4 人），形成了“有腐必惩、有案必办”的强大震慑。

三、着力保持经济持续平稳健康发展

区委常委会坚持以提高发展质量为中心，以供给侧结构性改革为主线，大力实施“提质武陵源，再创新辉煌”战略，全力推进核心景区移民建镇、脱贫攻坚全面小康、城镇提质升级、农村环境综合整治“四大攻坚战”，经济社会呈现持续健康发展的良好态势。2017 年，实现地区生产总值 56.1 亿元、增长 8.7%，旅游总收入 218.7 亿元、增长 21%，一般公共预算收入 5.94 亿元、增长 12.6%，固定资产投资总额 36.5 亿元、增长 18.4%，社会消费品零售总额 15.24 亿元、增长 10.8%，城乡居民人均可支配收入分别达到 27521 元、12029 元，增长 8.7%、9.5%。

一是进一步完善提升发展思路。区委常委会坚持“把方向、谋大事”，着力理清发展思路，明确发展方向，凝聚发展共识。区委五届二次全会审议通过《关于加快推进国际旅游休闲度假区建设的意见》，提出以旅游供给侧结构性改革为抓手，以自然遗产保护为前提，以全域旅游为主线，重点推进丰富休闲度假产品体系、完善休闲度假设施功能、提高休闲度假服务水平、提升休闲度假景区品质四大任务。区委五届四次全会审议通过《关于贯彻落实〈关于在“锦绣潇湘”全域旅游基地建设中发挥龙头作用的意见〉的实施意见》，认真落实省、市关于全域旅游的决策部署，明确提出以“巩固提升武陵源风景名胜区在全市的旅游核心地位”为坐标，以国际旅游休闲度假区为对标，在张家界全域旅游建设中充分发挥核心引领作用。

二是加快精品景区建设步伐。集中全区力量，打赢了核心景区环保督察战，关停取缔非法经营场所 199 家，拆除违法建设 1.1 万平方米，恢复生态植被 1.2 万平方米，有力维护了核心景区生态环境。全面启动核心景区移民搬迁工作，向家坪安置区一期工程基本完工，宋家边安置区即将开工。全力推进核心景区旅游设施“六大提质”升级工程，袁家界游步道改扩建全面完工，吴家峪游客服务中心主体工程等基本完成，“智慧旅游”信息平台基础搭建成功。不断完善旅游业态，桃花溪欢乐谷、张家界千古情、武陵古镇、天际大观园、锣鼓塔生态停车场等项目稳步推进。深入推进“平安满意在张家界”、服务游客“三必须”、服务全域旅游“创三优”和核心景区劳动服务竞赛等活动，旅游管理服务水平不断提升。

三是狠抓特色城镇建设。启动实施“六城同创”，深入推进城区“三化三改”。完成城区规划设计、协合乡总体规划、天子山专项规划编制，调整优化岩门片区规划。城区公共基础设施不断完善，高云公园正式开园，高云桥西侧滨水公园、军邸路绿化提质升级全面完成，天马路绿化工程基本完工，岩门商贸城正式开业，城区农贸市场主体完工，索溪河综合治理启动初步设计。城区道路交通不断完善，岩门一街五街、天马路建成通车，未央路、玉泉路完成“白改黑”，索溪大道顺利推进，岩门大桥、天际桥主体完工。成功创建国家森林城市，城市品质得到提升。认真开展城市管理综合整治“八大行动”，道路停车收费、路长制、环卫市场化改革等顺利推进，城区面貌大为改观。全面启动了新一轮道路交通“百日会战”行动，基本实现了城区道路畅通、行人有序。认真组织社会主义核心价值观宣传，继续开展群众性精神文明创建活动和旅游行业诚信评定工作，市民文明素质逐步提升。

四是积极推进美丽乡村建设。深入实施农村环境综合整治，实施“人居美、环境美、生态美、乡风美”四大行动，以野溪铺、插旗峪—龙尾巴、张家界村三个乡村旅游示范点和核心景区五大门票站入口公路沿线（三点五线）为重点，完成核心景区五大入口公路沿线 40 公里绿化，农村面貌不断改善。全面完成农业产业“523”行动计划和第二轮城乡互助共建，农村用水用电、网络宽带、交通出行、医疗卫生、文化教育等服务实现全面保障。大力实施乡村旅游“三乡十村”发展工程，制定乡村旅游示范点建设规划，启动12个乡村旅游产业项目，20多个村（居）享受到乡村旅游的发展红利，打造了鱼泉贡米、五号山谷、禾田居蔬菜、乖幺妹等一批乡村旅游品牌。

四、全力推进重点项目建设和招商引资工作

区委常委会牢固树立“项目建设是唯一载体、招商引资是唯一选择”的发展理念，集中全区力量狠抓项目建设。按照“六大片区、十大战场”协调指挥体系，精准落实“四大家主要领导抓总、常委分片挂帅”和“一个项目、一名领导、一套班子、一抓到底”的责任机制，建立健全“周督查、月调度、季讲评”的项目推进机制，坚持项目形象进度定期公示，做到区委常委靠前指挥、带头示范，推动形成了全区上下创先争优抓项目的良好氛围。年初铺排的69个重点工程项目，完成投资50.1亿元。其中，武陵源一中配套设施建设、食品检验检测中心等7个项目完工或基本完工，桃花溪谷、索溪大道、天马路改扩建与绿化工程等32个项目开工或在建。着力推进征地拆迁，大力开展“夏季攻势”“清零行动”，成功解决百溪边城、朝阳寺、天马路等遗留问题。积极开展招商引资工作，完成招商项目开发21个，签约雪松旅游小镇等招商项目4个，协议总投资达67亿元。

五、坚定不移全面深化改革

区委常委会坚持将改革作为推动全区发展的强大动力常抓不懈，紧盯突出问题和关键环节，确保重点领域改革落地见效。2017年，完成省市交办的改革任务121项，实施旅游管理等自主改革7项。深化“放管服”改革，取消、调整行政权力事项7项。加快农村体制改革，有序开展“两权抵押”。大力推进“区局合一”，完成前期工作“回头看”和初步评估，景区管理内部体制机制改革列入市级研究事项。认真实施商事制度改革，完成“个转企”“小升规”36家。扎实开展投融资体制改革，推进并联审批制度，完善政府投资管理办法，健全产业公司重大经营与投资决策程序。继续推动医疗卫生领域改革，强化“三医联动”，启动实施家庭医生签约服务。深入推进财税体制改革，建立涉农资金整合机制，成立国地税联合办税服务中心，在全市率先实现国库集中支付全覆盖。

六、扎实做好脱贫攻坚和民生保障

区委常委会始终坚持以民为本、执政为民，扎实做好脱贫攻坚巩固工作，狠抓民生服务，着力提高人民群众的获得感、幸福感。全面落实全省领导干部会议精神，按照“全面查摆、全面诊断、全面整改”要求，开展为期2个月的脱贫攻坚集中整改工作，省级考核督查交办的8个问题以及自查发现的3个突出问题全部整改到位。制定出台《关于武陵源区2017—2020年稳定巩固脱贫成果的实施意见》，创新实施“三个一批”分类巩固帮扶模式，继续按一类区县完成省级考核验收，脱贫攻坚成果不断巩固，全面小康社会建设步伐不断加快。坚持财政资金向民生倾斜，全年民生支出达7.9亿元，占一般公共财政预算支出的63%。农村综合服务平台等36件民生实事项目全面完成，建设农村教师周转房134套，改造农村危房200户，发放低收入群体住房补贴338万元，完成就业技能培训1500多人，新增城镇就业903人，农村劳动力转移就业407人，社会保障体系进一步完善。

七、加强社会主义民主政治建设

区委常委会始终坚持党的领导、人民当家作主、依法治国的有机统一，团结带领全区人民共同奋斗，坚定不移推进社会主义民主政治建设。认真听取区人大常委会、区政府、区政协党组和区人民法院、区人民检察院党组工作汇报，定期与区人大、政府、政协开展沟通协商，支持三个党组充分发挥领导核心作用。始终坚持和完善人民代表大会制度，认真贯彻落实省委加强县乡人大工作和建设的实施意见，

支持区人大及其常委会依法履行监督、决定、任免等职权，举办区级代表专题学习班，不断夯实人大工作基层基础。注重发挥社会主义协商民主的重要作用，支持区政协认真履行政治协商、民主监督、参政议政职能，加快推进重点调研协商课题成果转化。全面加强统一战线工作，制定出台《武陵源区民主党派工作活力指数评估指标》，深入开展党外干部建设大调研活动，积极引导党外代表人士参政议政。统筹加强民族、对台、外事工作，支持工青妇、侨联及科协、残联等群团组织依法依章程独立自主开展工作。坚持党管武装，不断深化国防教育，高度重视国防动员和后备力量建设，认真做好双拥工作，武装工作取得新突破。

八、推动宣传思想文化工作取得新成效

区委常委会牢牢把握意识形态工作话语权、领导权、主导权，将意识形态工作纳入领导班子、领导干部教育内容，纳入党校主题班教学培训和考核体系，建立意识形态风险防控相关制度，加强对意识形态领域的预警监测、分析研判和风险排查，密切关注监测网络舆情信息，先后5次专题研究意识形态和宣传思想文化工作，首次开展乡（街道）党（工）委书记意识形态述职。扎实推进思想解放，深入开展“凝心聚力、开放奋起”解放思想大讨论活动，区委常委带头谈体会、写认识，在全区广大干部职工中营造了解放思想的浓厚氛围。积极推进文化强区建设，积极发挥市民学校、道德大讲堂作用，文化活动、文化产业、文旅项目全面加强。成功举办全国首届首站2017中国山地户外健身休闲大会、第二届宁乡至武陵源300公里不间断自行车骑行赛事、2018全国新年登高健身大会，“文化+”理念深入民心。

九、着力维护社会和谐稳定

区委常委会认真落实社会治安领导责任制，不断加强安全生产监督检查，有力确保社会大局和谐稳定。深入开展“平安武陵源”“法治武陵源”建设，建立执法监督“四长”联席会议制度，强化“三调联动”，获评全国第四批法治建设先进示范区、全省无邪教创建示范区，连续13年荣获全省“平安区县”，连续23年荣获“全省社会管理综合治理先进县市区”。时刻紧绷“安全生产”弦，修改完善《区委区人民政府领导班子成员安全生产“一岗双责”制度》，着力抓好“打非治违”专项行动，积极推进重大隐患排查治理“一单四制”工作，全区没有发生较大以上安全生产事故，荣获省、市安全生产工作先进区县。

十、切实抓好常委会自身建设

区委常委会高度重视自身建设，按照“五个过硬”要求，全面加强增强学习、政治领导、改革创新、科学发展、依法执政、群众工作、狠抓落实、驾驭风险八个方面本领，以身示范、以上率下。坚持加强党对一切工作的领导，把政治建设摆在首位，强化班子建设，切实发挥区委总揽全局、协调各方的领导核心作用，召开区委常委会会议31次，及时传达学习中央、省委和市委的重要会议、文件精神和重大决策部署，研究讨论旅游、农业、城建、民生、稳定、党建、党管武装等方面的重大问题80余个，较好地完成了全年各项工作任务。严守政治纪律和政治规矩，严格执行党的路线方针政策，坚决落实上级决策部署，自觉与以习近平同志为核心的党中央保持高度一致。坚持用党的最新理论成果武装头脑、指导实践、推动工作，先后组织6次集体学习，深入学习习近平总书记系列重要讲话精神、习近平新时代中国特色社会主义思想和党的十九大精神，加强对重大问题的深层次、战略性和系统性研究，不断提高把方向、谋大局、定政策、促改革的能力。坚持民主集中制，做到重大问题集体讨论研究决定，充分发挥领导班子整体功能。严格落实党风廉政建设责任制和廉洁从政各项规定，严守中央八项规定精神和省市区有关规定，凡是要求别人做到的，自己首先做到；要求别人不做的，自己绝对不做，以

实际行动发挥表率作用。

同志们，过去的一年，全区各项工作取得了较好成绩，这些成绩的取得，是以习近平同志为核心的党中央和省委、市委坚强领导的结果，是全区广大人民群众团结奋斗的结果，是全区各级党组织和广大党员、干部勤奋工作的结果。各位区委委员、候补委员在各自岗位上心怀大局、敬业奉献、扎实工作，对区委常委会的工作给予了大力支持。

在总结工作的同时，区委常委会也分析了面临的挑战和存在的不足，主要是：理论武装不够深入、系统，坚持用习近平新时代中国特色社会主义思想指导实践、推动工作有待进一步加强；旅游发展稳增量提质量压力较大，旅游产品由观光型向休闲度假型转变步伐不快，核心景区竞争力有所下降；重点项目推进不平衡，新开工项目不多、不大、不强，存在部分在建项目未按进度推进、前期项目手续办理滞后、社会项目投资信心不足等问题；少数干部思想解放不够，缺乏敢于担当、勇于负责的精神，工作作风有待进一步改进。对于这些问题，区委常委会将认真研究，全面整改，带头落实。也希望同志们对区委常委会的工作多提意见和建议，我们将认真听取、积极改进。

政府工作报告

——在武陵源区第七届人民代表大会第二次会议上

武陵源区人民政府区长　郑小胡

（2017 年 12 月 20 日）

一、2017 年工作回顾

2017 年，是本届政府开局之年。在市委市政府的坚强领导下，按照区委的决策部署，我们积极应对经济发展新常态，贯彻落实稳中求进工作总基调，全力推进精品景区、特色城镇、美丽乡村建设，统筹打好旅游提质升级、核心景区移民搬迁、乡村旅游、农村环境综合整治“四大攻坚战”，较好地完成了全年目标任务。实现（预计，下同）地区生产总值 56.2 亿元、增长 8.5%，旅游总收入 219.6 亿元、增长 22%，一般公共预算收入 5.94 亿元、增长 5.6%，固定资产投资总额 35.4 亿元、增长 18%，社会消费品零售总额 15.24 亿元、增长 10.8%，城乡居民人均可支配收入分别达 27520 元、12100 元，增长 8.5%、10%，经济社会实现平稳健康发展。

2017 年，是攻坚克难的一年。我们扎实巩固脱贫攻坚成果，全面小康建设走在全省三类区县前列；全力配合中央环保督察，打赢了核心景区环境综合整治攻坚战；主动防范化解经济风险，成功置换政府性债务 17 亿元；创新管理合作机制，谈判收回峪园公路门票分成权和索溪河用水主导权；深入推进农村环境综合整治，探索打造“四美”武陵源样本。

2017 年，是极不平常的一年。我们既面对着主要海外客源市场低迷、交通不畅、周边景区竞争日益激烈等外部环境，又面对着用地政策从严从紧、债务化解压力巨大、项目前期审批程序繁杂等多重挑战，更面对着利益关系深刻调整、工作任务异常繁重、社会不稳定因素增多等复杂局面。在这种情况下，我们不等不靠，保持定力、精准发力，能够保持经济社会发展稳中有进实属不易，在旅游等领域能出现亮点和新意更是来之不易。这充分表明，全区人民有能力战胜任何困难险阻，我们的经济社会持续向好有潜力、有优势、有底气，明年的发展前景一定会更加美好。

2017 年，我们主要抓了以下八个方面的工作。

——加强重点项目建设，夯实经济发展基础。压实工作责任，精准落实“四个一”责任机制，强化项目督查调度，奋力推动“六大战区”“十大战场”项目攻坚。着力破解土地、资金、项目前期等瓶颈，夜以继日推进征地拆迁，大力开展“夏季攻势”“清零行动”，成功解决百溪边城、朝阳寺、天马路等遗留问题，全年征地 1489 亩，拆迁房屋 15.7 万平方米；全力以赴强化资金保障，实现土地收入 6.7 亿元，向上争取资金 6.5 亿元，融资贷款 13.6 亿元，降低融资成本 0.2 个百分点，特别是在旅游专项资金争取上取得较大突破，2016 年起连续三年每年争得 1000 万元支持；坚持不懈抓协调，调整天际大观园、亘立酒店等 11 个项目规划，借用耕地占补指标 150 亩，完成农用地转用 1866 亩，追加旅游用地指标 375 亩，特别是以城乡建设用地增减挂钩方式报批文风收储项目用地 1249 亩，节约直接报批费用 3680 万元，节约购买水田指标资金 8 亿元左右。全年 69 个重点项目完成总投入 50.1 亿元，投资对经济增长的贡献率达 31%。

——不断加快旅游发展，对标提质实现新突破。深入推进景区“六大提质”工程，天子山游客服务中心一期、吴家峪游客服务中心主体工程基本完成，杨家界、梓木岗游客服务中心正加紧推进项目前期，袁家界游步道改扩建全面完工，黄石寨游步道即将提质改造，推进厕所革命，第二轮 11 个旅游厕所即将建设，一批“第三卫生间”投入使用。大力提升旅游管理服务水平，扎实开展服务全域旅游创“三优”、服务游客“三必须”、平安满意在张家界、核心景区劳动服务竞赛等专项活动，旅游警察组建正在抓紧实施。创新推进旅游宣传营销，回访促销东南亚、欧洲等地客源市场，在台北设立 2 个形象推广店；争取市政府支持出台“十免一”等优惠政策，促进核心景区一次进山人数企稳回升；举办首届“张家界网红旅游直播节”“西班牙网红走进张家界”等网络营销活动，创新开展三八妇女节、重阳节等多项优惠利民活动，形成网络自发传播的热点爆点。丰富完善旅游业态，桃花溪欢乐谷等项目进展较好，张家界千古情、武陵古镇、天际大观园、锣鼓塔生态停车场等项目稳步推进。全年实现旅游接待 2674 万人次、增长 17%，接待过夜游客 1388 万人天、增长 24%。

——大力推进“六城同创”，不断提升城镇品质。强化规划引领，完成城区规划设计、协合乡总规、天子山专项规划编制，调整优化岩门片区规划。强化规划执行，规范农村建房，对违法建设“零容忍”，共拆除违法建设 4 万多平方米。加快推进“三化三改”，点亮武陵路、张清公路，完成索溪河“三段”亮化的规划设计，军邸路、宝峰路等 7 条道路亮化正加快推进。高云公园正式开园，高云桥西侧小公园、军邸路绿化提质升级全面完成，天马路绿化工程基本完工。岩门商贸城正式开业，城区农贸市场主体完工，宝峰路西侧、刘家里等五大片区综合整治稳步推进，索溪河综合治理正在进行初步设计。武陵路南侧等城中村改造接近扫尾，完成百花洲、文风等片区棚户区改造 1722 户 27 万平方米。岩门一街五街、天马路建成通车，未央路、玉泉路完成“白改黑”，索溪大道进展顺利，岩门大桥、天际桥主体完工。城区地下污水管网普查全面完成。实行“路长制”，扎实推进市容环境和道路交通秩序综合整治，优化城区交通组织规划设计，施划停车位 502 个，启动实施城区道路停车收费管理，成功创建国家森林城市。

——着力抓好美丽乡村建设，推动农业农村发展。全面完成第二轮城乡互助共建，三年累计投入资金 3 亿元，实施项目 1217 个，农村生产生活水平稳步提升。大力推进农村环境综合整治，投入资金 3000 多万元，完成整治项目 60 个，农村环境面貌大为改观。实施乡村标配建设，整合涉农资金 1 亿多元，完成项目 61 个，农村基础设施进一步完善。农业产业化步伐加快，超额完成“523”行动计划，大鲵养殖规模达 15 万尾，商品蔬菜基地达 1 万亩，协合莱葛基地获批国家农业标准化示范区，鱼泉贡米、清香葛粉荣获中国中部（湖南）农博会金奖。乡村旅游加快发展，完成乡村旅游发展规划、特色民宿客栈布局专项规划编制，制定野溪铺、插旗峪片区、张家界村三个示范点发展指导方案，开展星级特色民宿评定，五号山谷、回家的孩子持续走热，水木潇湘、镜立方、大庸秘境等一批特色民宿成为新亮点。始终将巩固脱贫攻坚成果作为头等大事，顺利通过国家、省两轮抽检验收，成功举办全省脱贫摘帽对标交流会。

——深化改革创新开放，激发发展活力。完成省市交办的改革任务 118 项，实施旅游管理等自主改革 7 项。深化“放管服”改革，取消、调整行政权力事项 7 项。深化农村改革，全面完成永久基本农田划定、土地利用总规调整完善和农村土地确权登记颁证，下放农村宅基地审批权，有序开展“两权抵押”。深化医疗卫生改革，推行“三医联动”，启动实施家庭医生签约服务。深化商事制度改革，完成“个转企”“小升规”36家。深化投融资体制改革，成立争资办统筹推进并联审批，与省咨询公司建立项目前期合作机制，完善政府投资管理办法，健全产业公司重大经营与投资决策程序。深化财税体制改革，建立涉农资金整合机制，成立国地税联合办税服务中心，在全市率先实现国库集中支付全覆盖。创新资源盘活模式，把握政企分开、政资分开的改革机遇，积极与省相关单位衔接沟通，文苑山庄、湘法培训基地等闲置地块实现合作开发，国税烟草办公区域实现置换。建立创新驱动发展机制，设立众创空间，吸引10家企业入驻。大力发展开放型经济，签约雪松旅游小镇等4个项目，协议总投资67亿元，实际利用内资5.84亿元，同比增长18%。

——严守生态红线，筑牢发展根本。完成生态保护红线划定，建立环保联合执法机制，积极创建国家生态文明建设示范区，环境保护的制度基础不断完善。攻坚克难抓好核心景区环境综合整治，关停取缔违法违规经营场所199家，依法拆除违法违章建设1.1万平方米，核心景区移民搬迁加快推进。全面实行河长制，深入开展水环境问题治理，大力整治私采地下水、私接地表水行为，开工建设中湖、天子山污水处理厂，索溪峪污水处理厂提质改造基本完成，袁家界、老磨湾中水回用站建成使用，禁养区内养殖场关停取缔成效明显，成功实施索溪河生态补水，金鞭溪沿线旅游厕所实现零排放。城区宾馆酒店、餐饮企业基本实现油烟净化，黄标车全面退出，扬尘污染得到有效治理，环境空气质量在全市率先达标，优良率达92%。新建天子山、锣鼓塔、索溪峪垃圾中转站13座，景区城区垃圾做到日产日清，农村生活垃圾定点存放清运率达100%。

——织密民生保障网，保持社会和谐稳定。全年民生支出达7.9亿元，占一般公共财政预算支出的63%，同比增长4%。完成农村综合服务平台等重点民生实事项目36件。计生“创国优”成果进一步巩固，新建索溪峪街道社区卫生服务中心，医保在全市率先实现跨省异地结算，为城乡居民、干部职工报销医药费7100万元。完成农村教师周转房建设134套，新建天子山和机关幼儿园，高考各项指标连续13年居全市第一。完成就业技能培训1500多人，新增城镇就业903人，农村劳动力转移就业407人。支持社会养老机构发展，新增养老床位56张，退休人员养老金同步提高6.7%。食品检验检测中心基本完工，国家食品安全示范城市创建有序开展。文风、岩门等房源建设前期积极推进，完成农村危房改造200户，发放低收入群体住房补贴338万元。武陵山大道、杨家界大道、环景区公路南线、插分公路等大交通项目进展顺利，完善农村公路安保设施10公里，提质改造农村公路29公里。成功举办“欢歌颂党恩 喜迎十九大”等大型文艺活动，群众精神文化生活不断丰富。村（居）“两委”换届顺利完成。安全生产等工作处于全省前列，社会治理成效显著，连续12年荣获全省“平安区县”。

——践行忠诚干净担当，树立政府良好形象。认真学习贯彻党的十九大精神，深入推进“两学一做”学习教育常态化制度化，“四个自信”全面增强，“四个意识”牢固树立，理解力、落实力、执行力不断提高。坚持全面依法行政，严格贯彻执行重大行政决策程序，废止规范性文件12件。自觉接受人大、政协和群众的监督，办结人大代表建议129件、政协委员提案69件，聘请民主党派无党派人士30人开展特约监督，办理“12345热线”、区长信箱群众来信来电712件。强化人才队伍建设，公开招录各类人才53名。严守中央、省市区委有关作风建设的各项规定，打好审计监察巡察组合拳，查处一批违纪违法案件，三公经费支出同比减少5%。

各位代表！一年来取得的成绩，是市委市政府和区委坚强领导的结果，是全区人民团结一心、奋勇拼搏的结果。在此，我谨代表区人民政府，向全区人民，向各位人大代表、政协委员，向各民主党派、工商联和社会各界人士，向驻武陵源官兵、公安政法干警，向所有关心、支持武陵源建设发展的同志们、朋友们，表示衷心的感谢！

总结成绩的同时，也不能忽视我们发展过程中面临的困难和挑战：一是旅游发展稳增量提质量压力较大，旅游产业结构不优，信息化国际化水平不高，高端旅游产品供给不足。二是受土地、资金、规划等方面制约，发展空间受限，回旋余地不大。三是生态环境保护任务艰巨，在保护中加快发展的压力不小。四是政府自身建设还存在不少薄弱环节，干部队伍的思想作风、能力水平与新时代的新要求还存在一定差距。我们必须直面这些挑战，敢于克服困难，倍加努力、奋发有为，推动政府工作再上新台阶。

二、2018 年主要目标任务

党的十九大，是在全面建成小康社会决胜阶段、中国特色社会主义进入新时代的关键时期召开的一次十分重要的大会。我们必须把学习贯彻党的十九大精神，作为当前和今后一个时期的首要政治任务，在学懂弄通做实上狠下功夫。学习贯彻党的十九大精神，必须充分把握新时代蕴含的新机遇。中国特色社会主义进入新时代，人民对美好生活需要日益广泛，旅游已成为美好生活的重要构成，必将促进全域旅游快速发展；创新驱动发展战略的实施，人工智能等新技术的爆发，必将带来旅游体验的全面革新；乡村振兴战略的实施，国家政策、资金将更多地向农村倾斜；区域协调发展战略的实施，国家将加力支持民族地区、贫困地区、革命老区发展；可持续发展战略的实施，国家将更加重视生态功能区、自然保护区的统筹发展，等等这些机遇必将为我们带来巨大的政策红利，注入强大的发展动能。必须积极适应新时代提出的新要求。中国特色社会主义进入新时代，面对社会主要矛盾转化的新要求，我们必须把工作思路、工作手段放到解决发展不平衡不充分的问题上来，更好地满足人民日益增长的美好生活需要。面对贯彻新发展理念的新要求，我们必须把眼界从“数量、速度”投到“质量、效率”上来，把发展路径从投资依赖转到创新开放驱动上来，推动经济持续健康发展。面对生态环境保护的新要求，我们必须用“保遗产保环境就是保饭碗”的理念指导各项工作开展，妥善处理好发展与保护的关系，坚决保护好绿水青山，为子孙后代留下金山银山。必须努力推动武陵源实现新发展。中国特色社会主义进入新时代，我们必须坚持新发展理念，担起发展重任，确保“两个建成”目标如期实现。我们相信，那时候的武陵源，伴随着诸多重大项目的建成，生态资源的后发优势全面凸显，全区将迈入厚积薄发、加速崛起的新阶段；伴随着旅游供给侧结构性改革的深入推进，经济将呈现稳增长与高质量高效益并重的新态势；伴随着全域旅游的高位推动，精品景区、特色城镇、美丽乡村交相辉映，一个个城乡互动、错位发展、独具魅力的特色小镇闪亮登场，将极大拓展发展的新空间；伴随着创新开放的有效深入，干事创业环境更为优越，将持续释放改革发展的新动能；伴随着社会事业的不断进步、社会治理的不断完善，全区人民将迎来更加美好的新生活！

各位代表！2018 年，是深入贯彻落实党的十九大精神的开局之年，也是张家界建市、国务院批准武陵源设区三十周年。做好全年各项工作，意义十分重大。

2018 年全区经济社会发展的总体要求是：全面贯彻落实党的十九大精神，以习近平新时代中国特色社会主义思想为指导，坚持稳中求进工作总基调，紧扣“两个建成”目标，大力推进对标提质，抓重点、补短板、强弱项，努力打造精品景区、特色城镇、美丽乡村，促进经济平稳健康发展和社会和谐稳定，以优异成绩向建市设区三十周年献礼。

2018 年全区经济社会发展的预期目标是：实现地区生产总值 61 亿元，增长 8.5%；旅游接待规模 3075 万人次，增长 15%；核心景区一次进山人数 427.4 万，增长 5%；入境游客人数 192 万，增长 20%；旅游总收入 274.5 亿元，增长 25%；一般公共预算收入 6.53 亿元，增长 10%；固定资产投资总额 40.71 亿元，增长 15%;社会消费品零售总额 17 亿元，增长 11%；城乡居民人均可支配收入分别达到 30000 元、13310 元，增长 9%、10%；安全生产、节能减排等完成省市目标任务。

实现上述目标，必须把握以下五个方面。

——坚持党对一切工作的领导。自觉用习近平新时代中国特色社会主义思想武装头脑，坚定道路自信、理论自信、制度自信、文化自信，牢固树立政治意识、大局意识、核心意识、看齐意识，坚决把党的十九大的新思想、新战略、新部署落实到武陵源建设发展的具体实践中，在思想上政治上行动上与党中央保持高度一致。

——坚持以人民为中心的发展思想。始终坚持人民主体地位，践行全心全意为人民服务的根本宗旨，把党的群众路线贯穿到政府各项工作中。坚持问计于民、问政于民、问需于民，多办让人民满意的好事、实事，不断满足人民日益增长的美好生活需要。

——坚持贯彻新发展理念。摆脱速度情结、换挡焦虑、投资冲动、政绩偏差，坚定不移贯彻创新、协调、绿色、开放、共享的发展理念，抢抓发展先机，厚植发展优势，创新发展举措，增强发展动能，走出一条符合武陵源实际的发展新路子。

——坚持稳中求进工作总基调。坚决稳住经济社会发展基本面，在旅游营销、项目建设、招商引资上求突破，充分发挥武陵源船小好调头的优势，力争全区各项工作在全市当先锋，推动亮点工作在全省、全国争先进。

——坚持提质升级主题不动摇。积极应对发展新挑战，牢牢抓住产业建设这个重点，加快推进景区、城镇、农村三大板块提质升级，继续打好“四大攻坚战”，巩固提升武陵源在全市旅游的核心地位。

各位代表！面对新机遇、新要求、新发展，面对新时代赋予的新使命，我们必须凝聚起全区人民推动发展的磅礴力量，扎实做好每一件事，努力回应好全区人民对美好生活的新期待！

三、2018 年主要工作

（一）坚守绿水青山就是金山银山，像保护眼睛一样保护生态环境

以共抓大保护、不搞大开发为根本遵循，大力推进生态文明建设，让绿色成为武陵源最鲜明的底色，为子孙后代留下用之不竭的“绿色银行”。举全力抓好核心景区移民搬迁。核心景区移民搬迁是重大的生态保护工程，是中央省市交办的重要政治任务，我们要举全区之力、集全区之智，坚决完成这件历年来一直想干的大事。坚持拆建安并举，优化顶层设计，完善方案政策，确保景区居民搬得出、稳得住、能致富。加快向家坪二期、宋家边安置区建设，配套完善服务设施，构建宜居宜业、美丽幸福新家园。保持景区居民生活费、集体经济分红稳中有升，谋划更多的景区搬迁居民入股分红经营项目，鼓励引导景区搬迁居民创新创业，形成多层次保障体系，让景区搬迁居民过上美好新生活。巩固环保督察成果。持续抓好突出环境问题整治，城区重点抓好餐饮油烟、餐厨垃圾、建筑垃圾、扬尘等污染防控，全面完成索溪峪、锣鼓塔污水处理厂和污水管网提质改造；农村着力抓好面源污染、畜禽养殖等环境整治；景区突出抓好地质遗迹、植被水体等生态资源保护。强化环境综合执法，健全集中打击、长效管控机制，坚决制止和惩处破坏生态环境行为，坚决落实好中央环保督察整改措施和要求。创建国家生态文明建设示范区。认真贯彻落实《湖南省武陵源世界自然遗产保护条例》，加快实施《武陵源风景名胜区总体规划（2005—2020）》评估和修编，提升环境保护法治化水平。倡导简约适度、绿色低碳的生活方式，开展绿色创建和绿色出行活动。加强森林生态系统保护，抓好森林防火和森林病虫害防治。认真落实河长制，推进索溪河、金鞭溪、

百溪沟等溪流溪沟综合治理，实施“补水、蓄水、治水”工程，让武陵源的岸更美、水更清。确保世界地质公园评估验收顺利通过，切实抓好第43届世界遗产大会对武陵源世界自然遗产保护工作的“审查大考”，守住底线、擦亮品牌，为武陵源生态文明建设添彩。

（二）牢牢将项目建设抓在手中，切实发挥有效投资对稳增长调结构促升级的关键作用

坚持以项目论英雄、排座次、定奖惩，推动项目建设不断实现新突破。大力推进项目建设。突出产业项目建设，抓好桃花溪欢乐谷、张家界千古情、天际大观园、武陵古镇、黄龙古寨、人防基地、湘西魅力盘山客栈、原生态绿景休闲园等项目推进，加速产业兴城、产城融合。突出大交通项目建设，配合省市做好磁悬浮项目论证开工，配合市政府重点推进武陵山大道、杨家界大道、中瑞公路建设，争取市政府尽快启动环景区公路北线以及南线兴隆至马公亭段建设，加快推进环景区公路南线、插分公路、中天公路建设，不断完善内畅外达的交通路网体系。突出水利设施建设，开工建设天子山、清风峡水库，提质改造卸甲峪、磨子峪水库，配套完善水厂及供水管网，逐步建成覆盖城乡的供水网络。突出商品房源建设，着力推进文风、岩门、沙坪、百溪边城等小区建设，努力改善群众居住条件。着力破解项目难题。紧扣中央、省市政策盘子，谋划一批旅游提质、道路交通、民本民生、生态保护等项目，做到项目与政策精准对接，年内争取各项资金6亿元以上，破解资金难题。加快项目征地拆迁，努力争取用地指标，力争年内完成征地1000亩、土地报批600亩，破解用地难题。建立项目储备制度，安排项目前期专项经费，积极争取省市职能部门有力支持,破解审批难题。全力提升项目工作水平。落实落细“一个项目、一名领导、一套班子、一抓到底”工作机制，严格执行重点工程项目奖惩考核办法，全面压实工作责任。强化调度督查，坚持会议调度、分线调度、现场调度，加强责任督查、进度督查、专项督查，找问题、补短板，凝聚合力推动项目建设。坚持“三个到位”，严把“五道关口”，精益求精抓好施工每个细节、每道工序，努力建设经得起历史和人民群众检验的精品工程。

（三）深化旅游供给侧结构性改革，对标提质推进旅游转型升级

贯彻落实“对标提质 旅游强市”战略，做精做美全域旅游，进一步提升武陵源的知名度、美誉度。持续提升景区品质。深化核心景区提质升级，建好吴家峪游客服务中心，加快杨家界、天子山、梓木岗游客服务中心建设，实施黄石寨、天子山索道上站至老屋场临崖高台观光游步道提质改造，开工建设丁香榕至老屋场观光电车，分区域规划建设游客服务中心及站点，完成第二轮旅游厕所建设，全面启动第三轮旅游厕所建设，提升景区的可进入性和游客的舒适度、满意度。积极丰富旅游新业态。围绕旅游“六大新要素”，推出个性化旅游产品，满足不同层次的游客需求。充分挖掘本土文化内涵，打造天子山红色文化游、魅力湘西民俗游、溪布老街特色风情游等产品；借助森保节、黄龙音乐季、骑行赛等活动，打造养生运动、文化体验、体育竞技等产品；依托“张家界地貌”，打造婚纱摄影游、科普探险游、地质地貌游等产品，让游客全季节、全时空、全行程观景休闲度假。全面增强旅游软实力。坚持创新铸品牌，加快“智慧武陵源”建设，推行私人定制旅游服务，完善自驾游、自助游等旅游服务设施，为游客提供独特的出行体验。坚持服务铸品牌，深化服务全域旅游创“三优”，充分发挥袁谋文党代表工作室、旅游警察、旅游检察、旅游速裁法庭示范作用，让游客更满意。坚持管理铸品牌，深化“平安满意在张家界”专项活动，持续整治规范旅游秩序，实现“安全、秩序、质量、效益、文明、畅通”目标。不断扩大品牌影响力。抓好核心景区品牌和政策营销，适时推出优惠政策，让武陵源为更多人所知所享，塑造武陵源社会责任形象。抓好媒体营销，大力推进与湖南卫视、红网等媒体的战

略合作，在长沙高铁站等地投放形象广告，携手网红、达人开辟宣传新阵地，开展 AR、VR、大数据等新兴营销，吸引游人眼球。抓好营销机制创新，成立旅游营销智囊团，聘请专业团队实行委托营销，筹划推进“双遗联盟”，与国际国内遗产地加强交流合作，实现强强联合、互利共赢。

（四）优化拓展城镇建设发展空间，着力打造魅力特色旅游城镇

主动对标国内外精品旅游城市，不断提升城镇功能品位，构建富有独特吸引力的旅游城镇。着力优化规划布局。抓好城区综合交通路网、索溪河生态修复等专项规划编制，完成张清公路沿线、岩门、文风、野猫峪等重点区域的规划设计。强化规划执行，维护规划权威，深化控违拆违专项治理，充分保障城镇建设发展空间。启动城区街区业态调整，把黄龙洞、杨家坪片区打造成客栈民宿集聚区、非物质文化展演基地，把文风片区打造成文化旅游演艺主题公园，把高云、野猫峪片区打造成城市休闲旅游综合体，把张清公路沿线打造成特色民俗街区，培育壮大商圈经济。着力提升建设品位。全面推进城区“三化三改”，完成索溪河“三段”、城区“三大路四小路”亮化，启动城区楼宇亮化工程，实施宝峰路、武陵中路绿化提质，建好高云大桥至标志门沿河休闲栈道；开通岩门大桥、天际桥，启动喻家嘴大桥改扩建，加快建设索溪大道，提质改造武陵西路、军邸路、金鞭大道，抓好岩门新区路网建设，做好文风片区路网前期，推进城区排水防涝工程，完成刘家里、犀牛寨、宝峰路西侧、毛儿岩、塘上等五大片区综合整治，精心扮靓城市客厅。坚持错位发展，抓好产业支撑，突出集镇特色，加快推进天子山民族特色旅游小镇、中湖旅游特色风情小镇、协合美丽乡村休闲旅游小镇、锣鼓塔高端养生旅游服务区建设。着力构建科学规范管理体系。坚持以省级文明城区创建为总揽，统筹推进“六城同创”。大力开展城区道路交通秩序综合整治，抓好城区交通组织，提质锣鼓塔生态停车场，启动城区多功能停车场建设，规划建设杨家坪游客服务中心，健全城区道路停车收费模式。出台城市管理办法，落实“路长制”，实施环卫市场化改革，综合整治市容环境，重点搞好小街小巷清洁卫生，打造管理有序、干净整洁、优美宜居的特色城镇。

（五）大力实施乡村振兴战略，加快建设美丽乡村

按照产业兴旺、生态宜居、乡风文明、治理有效、生活富裕的总体要求，加快农村提质升级，让农民富起来、农业强起来、农村美起来。继续巩固脱贫攻坚成果。瞄准总体目标，下足“绣花功夫”，严格落实驻村帮扶、结对帮扶“两个责任”，全力做好帮扶脱贫、脱贫巩固、跟踪服务“三个一批”，切实做到惠民政策、帮扶措施、工作力度、责任追究“四个不变”，坚决抓好脱贫攻坚成果巩固这个头等大事和第一民生工程。启动第三轮城乡互助共建，不断推进乡村基础设施完善、农业产业提质增效。做活旅游扶贫这篇大文章，引导农业向旅游业转型，农村向乡村旅游目的地发展，农民向旅游从业者转变，农产品向旅游产品提升，让贫困群众真正断穷根、富长久。做优做强乡村旅游。高起点、高品位做好片区规划，着力转变“遍地开花”的投入方式，集中财力物力，分年度实施，实现“一年有变化、三年大变样”。加强特色民宿、休闲庄园等产品开发，重点打造野溪铺、梓木岗、张家界村三个片区，力争成功创建全省乡村旅游示范点，力争全省乡村新型产业——田园综合体在武陵源办点示范。大力发展观光农业和休闲农业，充分挖掘双文、杨家坪、泗南峪、青龙垭等乡村旅游资源，打造三至五条乡村旅游精品游览线。实施乡村基础设施标配建设。不断完善集镇污水处理、垃圾收集、供水设施、道路交通、商贸物流等体系，建好中湖、天子山污水处理厂及配套管网，做好协合、黄龙洞污水处理厂前期，完成全区集中饮用水源地保护规范化建设，抓好中湖、锣鼓塔、天子山集镇街道“白改黑”前期，完成中湖农贸市场、停车场建设，力争索溪峪、中湖、天子山综合服务平台投入使用。不断完善村（居）

水电路网、便民服务、公共服务等体系，建设中大型水池7座、自来水管网6000米，升级10个村（居）电网，完成县乡公路改造，实现所有行政村水泥路宽不低于4.5米，推动有线数字电视、宽带网络进村入户，高标准建成14个农村综合服务平台、10个村（居）卫生室。深化农村环境综合整治。继续实施人居美、环境美、生态美、乡风美“四美”行动，推进农村厕所革命，强化农村建房管理，完成梨子坪隧道至城区、峪园隧道至琵琶溪宾馆、杨家界门票站至五号山谷沿线和天子山向家院子、梓木岗门票站片区民居风貌改造，全面绿化美化庭院，实现达标庭院全覆盖，建设宜居、宜业、宜游的美丽乡村。

（六）加快创新开放步伐，不断提高发展质量和效益

全面融入创新引领开放崛起大局，将改革向纵深推进，抢得先机、赢得主动。创新提高支撑保障能力。实施人才强区战略，创新人才引进使用机制，培育工匠精神，完善人才服务和保障措施。创新资金筹措渠道，推广使用PPP模式，深化政府和社会资本合作，吸引更多民间资本进入。创新资源盘活模式，采取收购、置换、划拨、合作开发、综合整治等多种途径，重点盘活中煤疗养索溪峪休养所、兰苑宾馆等闲置设施，华邑酒店、台湾山庄等沉淀土地，张清公路沿线、野猫峪片区、黄龙路杨家坪片区等优质地块，鼓励支持居民私房优化整合，让沉睡的资产资源活起来。深化重点领域改革。凝聚共识，深入推进景区管理体制改革，有效激发景区管理活力。深化农村改革，稳步推进农村集体产权制度改革，积极开展“两权抵押”，落实承包地“三权分置”，促进农村土地承包经营权有序流转。深化商事制度改革，推行工商注册制度便利化。深化财税金融改革，实行财政投入与项目资金绩效挂钩机制，积极化解置换政府债务，推进普惠金融发展。深化行政审批制度改革，落实权力清单、责任清单、负面清单制度，抓好政务服务平台建设，实行网上审批、并联审批、联审联批，优化服务流程，压缩办结时限，提高办事效率。统筹推进教育、卫计、文化、体育、殡葬等重点民生领域改革，充分释放社会发展的巨大潜力。大力发展开放型经济。坚持“择商选资”，积极对接世界、中国500强，对接湘商会、对接北上广、对接长株潭，引进有诚意、大品牌投资商来武陵源投资创业，争取雪松旅游小镇、宝峰山国际旅游休闲度假区、罗公坪旅游文化项目等招商落地。支持区旅游产业公司、绿源公司、交投公司做大做强，加快增资扩股步伐，探索入股分红、兼并收购、委托经营等方式，与大企业、大集团强强联合，壮大国有经济。推动民营经济发展，加快形成小企业铺天盖地、大企业顶天立地的发展格局。搭建西兰卡普、莱葛等特色产品外贸平台，线上线下推动对外贸易发展，让特色产品走出大山、走向世界。

（七）努力保障和改善民生，精准补齐全面小康社会建设短板

把人民对美好生活的向往作为奋斗目标，抓好微建设，做好微服务，努力让幸福更有质感。做到幼有所育。完成中湖、黄家坪、画卷路、森林公园幼儿园建设，不断建立健全覆盖城乡的学前教育体系。做到学有所教。坚持教育优先发展，引进培育高素质师资队伍，开工建设区一中体育馆、艺术馆及旅游职业学校，做好城区二完小前期工作，完成鱼泉峪小学建设和区二中体育运动场改造，建好城区教师周转房。做到劳有所得。新增城镇就业900人，新增农村劳动力转移就业400人，登记失业率控制在4.5%以内。做到病有所医。实施健康武陵源战略，提升卫计服务水平，整合区人民医院和区妇幼保健计划生育服务中心，启动中湖乡卫生院项目前期，实现家庭医生签约服务全覆盖，充分保障人民群众健康权。做到老有所养。推进社会化养老服务，新增养老床位40张，每千名老年人养老床位数达45张以上。做到住有所居。完成棚户区翻改扩2000户，规范公共租赁住房管理，简化申请审批程序，力争解决1200户进城务工者、中低收入家庭公共租赁

住房补贴。做到弱有所扶。全面落实城乡困难群众临时救助、医疗救助制度，对因重病、灾害和意外事件造成困难的群众给予3000元至3万元的资金救助，对低保对象给予最高90%、最低70%的住院补助。同时，不断加强国防后备力量建设，支持工青妇、工商联、科协、侨联、台办、残联、文联、关工委、红十字会工作，关心老科协、慈善总会、教育基金会等社团组织发展。进一步抓好粮食供销、民族宗教、外事侨务、史志档案、机要保密等工作，充分发挥各民主党派参政议政作用。

（八）全面提升社会治理水平，为经济社会发展创造和谐安宁稳定的环境

坚持共建、共治、共享，推动社会治理创新，促进社会公平正义，进一步提升人民获得感、幸福感和安全感。大力培育社会新风尚。抓好精神文明创建，支持志愿服务、学雷锋等活动开展。推进“诚信武陵源”建设，持续开展旅游行业诚信服务等级评定活动，完善社会诚信体系，在全社会营造守信光荣、失信可耻的良好氛围。不断健全公共文化服务体系，深入实施文化惠民工程，努力丰富群众性文化活动。培育和践行社会主义核心价值观，办好市民学校、市民大讲堂，不断提升市民素质和社会文明程度。切实做好矛盾纠纷化解。坚持源头治理、依法治理，重点围绕征地拆迁、移民搬迁、项目建设等风险点，加大矛盾隐患排查力度，将问题化解在基层，化解在萌芽状态。推行阳光信访、责任信访，坚持领导干部坐班接访、带案下访和部门联合接访制度，努力化解信访积案，畅通信访渠道，引导群众依法依规表达诉求。不断健全社会治安防控体系。严格落实社会稳定风险评估制度，有效防范、化解、管控各类风险，切实提升预测、预警、预防能力。强化硬件保障，抓好“雪亮工程”建设，开工建设武警营房，建好喻家嘴派出所，改扩建袁家界、张家界、水绕四门派出所。提升网格化服务管理水平，以“小网格”撑起“大平安”。重视网络舆情监管，提高新媒体时代舆情引导水平。广泛开展平安创建活动，严密防范和依法打击各类违法犯罪。推进“法治武陵源”建设，加强普法教育宣传，引导全民自觉守法、遇事找法、解决问题靠法。抓牢抓实安全生产。坚决守住安全底线，全面落实“一单四制”，围绕旅游、交通、消防、建筑、地灾、危化品、食品卫生以及特种设备等重点领域和重点行业，抓好隐患排查整改，确保不发生较大及以上安全生产事故。继续保持打非治违高压态势，依法惩处各类非法违法经营行为。加强应急救援工作，提高应急处置能力，科学应对处置各类突发事故。

各位代表！新时代，我们要办好武陵源的事，要实现“两个建成”目标,共圆“全面小康梦旅游胜地梦”，必须着力建设一个为民务实高效廉洁的政府。

一是强化本领意识，在新时代要有新能力。习近平总书记对党员干部提出要增强“八个本领”，这是时代的要求，也是实践的需要。我们要搭建平台，注重在移民搬迁、征地拆迁、项目建设、招商引资等重点工作中锻炼干部,注重在基层一线、维稳一线、服务一线锻炼干部，用实践推动能力提升。我们要用好学习调研机制，把“八个本领”同“不忘初心、牢记使命”主题教育、部门业务培训、大调研活动等贯通起来，以学习促进能力提升，以深化调研促进决策科学。我们要抓住“关键少数”，领导干部身体力行，带头学习、带头实践，引领能力提升，把工作主动权牢牢握在手中。

二是强化法治意识，在新时代要有新水平。权力就是责任，我们要认真履行法治政府建设职责，落实武陵源区法治政府建设实施方案，严格按照法定权限和程序行使权力。强化决策法定程序的刚性约束，落实政府重大行政决策合法性审查、责任倒查和终身追究办法，提高行政决策科学化、民主化、法治化水平。完善行政执法程序，加强行政执法队伍建设，提高行政执法水平。自觉接受人大及其常委会的法律监督、工作监督和政协的民主监督，认真办理人大代表议案建议和政协委员提案，主动接受社会公众和新闻舆论监督，积极推进决策公开、

执行公开、管理公开、服务公开、结果公开，提高依法行政水平。

三是强化担当意识，在新时代要有新效率。效率是担当的生命，我们不要语言上的口头担当，要行动上的落实担当。在政府系统培养马上就办、紧抓快办、办就办成的执行力，把“政府提速”传导到每个人，把“马上就办”落实到各环节，坚决整肃庸政懒政怠政，决不允许占着位子不干事、做一天和尚撞一天钟，决不允许遇事推来推去、“使起猴子捉蛇”。推行政府工作项目化管理，实行“工作倒逼法”，以目标倒逼进度、时间倒逼程序、督查倒逼落实，确保各项决策部署落地生根。加强政府效能建设，实行“零距离”指导、“零停留”办公、“零利益”服务，让群众和客商不受冷落、少跑路、少花钱。

四是强化廉洁意识，在新时代要有新形象。海晏河清、朗朗乾坤是我们的不懈追求。严格落实主体责任和“一岗双责”，认真执行《中共中央政治局贯彻落实中央八项规定的实施细则》，纠正“四风”不止，力戒形式主义、官僚主义新表现。持之以恒抓好政府系统纪律建设和反腐败斗争，全面推行痕迹化管理，加强对重点领域和关键环节权力运行的制约监督，进一步规范项目招投标、国有产权交易、政府采购等行为。支持配合监察体制改革，综合运用巡察、审计、“互联网＋监督”等手段，严肃查处各种不正之风和腐败问题，以政府的“清廉指数”提升人民的“满意指数”。

各位代表！新时代要担负新使命，新时代要再创新辉煌。武陵源的奇峰秀水、金字招牌是我们发展的信心所在，武陵源的旅游升级、生态保护是我们发展的永恒追求，武陵源的六万人民群众是我们发展的力量源泉。今天的武陵源，历史的眼光注视着我们，人民的期待激励着我们，崇高的事业召唤着我们。让我们紧密团结在以习近平同志为核心的党中央周围，在市委、市政府和区委的坚强领导下，不忘初心、牢记使命，团结奋进、善作善成，为率先建成全面小康社会、基本建成国际旅游休闲度假区做出新的更大的贡献！

《政府工作报告》名词解释

六大战区：指景区项目建设、乡村旅游建设、主城区建设项目、社会事业项目、农村及水利项目、交通项目建设六大重点领域。

十大战场：指核心区入口主干道风貌改造、核心景区移民建镇天子山移民建镇、核心景区移民建镇袁家界移民建镇、索溪河流域综合整治、智慧武陵源、武陵古镇、张家界千古情、张清公路沿线棚户区改造、棚户区综合整治、杨家坪游客集散中心十大重点项目。

核心景区六大提质升级工程：旅游厕所、游步道、服务站（点）、安全防护设施、景区信息化、污水处理。

服务全域旅游创“三优”：创优良形象须在自身建设上做到“三好”，即领导班子好、党员队伍好、游客反映好；创优质服务须在真情服务上做到“三必须”，即有问必答、有难必帮、有诉必果；创优秀业绩须在干事创业上做到“三比”，即比创新、比发展、比贡献。

六城同创：创建省级文明城市、国家卫生城市、国家森林城市（由于2017年已经创建成功，2018年替换为国家食品安全示范城市）、国家生态文明建设示范市、国家环境空气质量达标城市、国家交通管理模范城市。

三化三改：实施城市亮化、绿化、美化，推进棚户区和城中村改造、道路设施改造、地下管网改造。

索溪河“三段”亮化：宝峰桥至高云桥索溪河北岸、高云桥至标志门索溪河南北两岸。

“放管服”改革：简政放权、放管结合、优化服务改革。

两权抵押：农村承包土地经营权和农民住房财产权抵押贷款。

三医联动：协调推进医疗、医保、医药联动改革。

两个建成：力争在建区30周年时，率先在全市全面建成小康社会；力争在建党100周年时，基本建成国际旅游休闲度假区。

三个到位：项目建设程序履行到位、施工组织措施到位、工程质量监管到位。

五道关口：工期控制、质量控制、安全控制、污染控制、廉洁控制。

旅游六大新要素：商、养、学、闲、情、奇。

AR：增强现实技术（Augmented Reality，简称AR），是一种实时地计算摄影机影像的位置及角度并加上相应图像、视频、3D模型的技术，这种技术的目标是在屏幕上把虚拟世界套在现实世界并进行互动。

VR：虚拟现实技术（Virtual Reality，简称VR），它利用计算机生成一种模拟环境，是一种可以创建和体验虚拟世界的计算机仿真系统，是一种多源信息融合的、交互式的三维动态视景和实体行为的系统仿真，使用户沉浸到该环境中。

三大路四小路：宝峰路、军邸路、金鞭大道，柳荫巷、白鹭路、未央路、玉泉路。

PPP模式：（Public—Private Partnership），即政府和社会资本合作，是公共基础设施中的一种项目运作模式。

承包地“三权分置”：所有权、承包权、经营权分置并行。

“雪亮工程”：以区、乡、村三级综治中心为指挥平台、以综治信息化为支撑、以网格化管理为基础、以公共安全视频监控联网应用为重点的“群众性治安防控工程”。

一单四制：重大事故隐患清单，实行交办制、台账制、销号制、通报制。

八个本领：学习本领、政治领导本领、改革创新本领、科学发展本领、依法执政本领、群众工作本领、狠抓落实本领、驾驭风险本领。

人大常委会工作报告

——在武陵源区第七届人民代表大会第二次会议上

武陵源区人大常委会主任　许忠亮

（2017 年 12 月 21 日）

2017 年工作回顾

2017 年，区人大常委会在区委的坚强领导下，在市人大常委会的指导下，坚持以习近平新时代中国特色社会主义思想为指导，全面贯彻落实党的十八届六中全会精神，深入学习领会党的十九大精神，坚持党的领导、人民当家作主、依法治国的有机统一，紧紧围绕全区工作大局，履行宪法法律赋予的职责，发挥地方国家权力机关的职能作用，较好地完成了区七届人大一次会议确定的各项任务，为促进我区经济社会平稳较快发展，推进率先全面建成小康社会，基本建成国际旅游休闲度假区做出了积极贡献。

一、坚持党的领导，忠诚履职

常委会认真贯彻落实中央〔2015〕18 号、省委〔2015〕26 号文件和省委人大工作会议精神，始终坚持把加强党的领导、贯彻党的路线方针政策落实到人大工作的全过程和各个方面。

积极配合地方立法调研。常委会积极配合省、市人大常委会做好地方立法工作，法制委员会和法工委结合省、市立法工作规划，认真开展工作调研，听取各方面意见建议，在《张家界市扬尘污染防治条例》《张家界市全域旅游促进条例》等地方性法规的立法过程中，提出了建设性意见，发挥了积极作用。

依法行使重大事项决定权。常委会坚持“抓大事、议大事”的原则，深入调查研究，依法审查审议，及时作出决议决定。一年来，共召开常委会议 8 次，主任会议 15 次，作出有关经济、文化、社会和生态文明建设等方面的决议、决定 12 项。根据中央决策部署，认真配合区委做好行政监察体制改革，目前这项改革工作正在依法紧锣密鼓地推进。

依法行使人事任免权。常委会坚持党管干部和人大依法任免相统一的原则，不断完善任免工作机制，规范任免程序，严格依法任免。一年来，依法任免区人民政府副区长 1 名，国家机关工作人员 19 名，人大工作人员 6 名，任免法官、检察官 4 名。依法补选市人大代表 2 名，区人大代表 7 名，接受代表辞职 7 名，因调离本行政区域，代表资格自行终止 2 名。

积极参与区委中心工作。常委会班子成员按照区委的安排，积极投身区委中心工作。常委会主任、副主任在各自联系村扎实做好精准扶贫工作。一年来，区人大机关为联系村组织资金上百万元，完成了饮水、道路加宽、蔬菜基地等项目建设，解决了部分群众饮水难、出行难等问题。同时，各位副主任还在区重点工程项目建设中勇于担当，不辱使命。

二、坚持服务中心，依法履职

常委会把人民对美好生活的向往作为一切工作的出发点和落脚点，紧紧围绕区委区政府工作中心，做到监督与支持相统一，综合运用听取审议专项工作报告、执法检查、跟踪监督等多种监督方式，扎实开展工作监督，促进“一府两院”依法行政、公正司法。

深化预决算审查监督。常委会大力推动预算的科学编制，强化对预算草案的会前审查。听取和审议预算执行、政府性债务和审计工作等报告，审查和批准本级财政预算、决算和调整预算，实现全过程监督。针对经济运行、社会发展、财源税源、惠民政策落实以及全口径预算监督等方面提出意见，督促区人民政府积极加强整改，切实转变预算理念，强化预算管理和监督，提高财政资金使用绩效。积极探索创新监督办法，首次以票决方式，对8个被审计单位的整改情况进行满意度测评，提高审议质量，增强监督实效。

注重重大民生工作监督。常委会聚焦重大民生工作，强化监督措施，促进民生改善。切实加强全区安全生产监督。组织开展安全生产专项调研，重点调研学校、企业、重点工程、餐饮业存在的突出问题，以及交通、消防等方面存在的安全隐患，督促区人民政府增加投入，积极整改，不断提高安全监管水平。积极推动全区学前教育升级发展。听取和审议了全区学前教育工作情况报告，要求进一步加大投入、改善办学条件、加强教师队伍建设，补齐学前教育这块“短板”。高度重视药品管理工作。听取和审议药品管理法贯彻执行情况报告，督促区人民政府进一步强化医疗机构和药品零售企业管理，从严把关从业人员资质，全面落实价格公示制度，规范药品流通和使用程序，确保群众用药安全。

强化法律工作监督。常委会听取和审议区人民政府关于治安管理处罚法贯彻实施情况报告，要求进一步加大对法律的宣传，增强公民的法治意识，提高职能部门依法行政水平。配合省、市人大组织开展传染病防治法、传染病防治法实施办法、著作权法、道路交通安全法等法律法规贯彻实施情况的执法检查，促进相关法律法规在我区有效实施。采取市、区两级人大联动方式对“法、检”两院公正司法实施专项监督，8月份配合市人大对区人民检察院行政监察工作进行调研。按照有件必报、有报必审原则，常委会有效开展规范备审工作，全年共接收报送备案的规范性文件29件，没有发现与国家法律法规相抵触的情形。认真做好信访工作，依法受理人民群众来信来访，督促相关单位落实好信访事项，全年办理群众来信来访33件225人次。

加强专项工作监督。常委会始终关注全区经济社会发展运行情况，坚持年中听取和审议全区上半年国民经济和社会发展计划执行情况报告，同时听取和审议全区重点工程建设、《湖南省农村扶贫开发条例》在我区贯彻执行等专项工作报告，提出了合理化建议。持续开展世界自然遗产和生态环境保护监督，重点围绕中央环保督察组交办问题，督促区人民政府加强全区生态环境保护。认真开展《张家界市城镇绿化条例》专项执法检查，针对检查中发现的问题及时作出决议，督促区人民政府迅速整改，确保整改实效。

三、坚持代表主体，主动履职

常委会坚持尊重代表主体地位，提升服务保障水平，创新代表活动方式，密切代表联系，代表履行职务更加规范有效。

切实做好服务保障工作。常委会坚持“双联”制度，深入开展“双联”工作，定期走访乡、街道人大代表和选民，听取代表意见建议，倾听选民心声。进一步扩大代表参政议政权，邀请代表列席人大常委会议17人次，组织市、区人大代表参加调研、座谈、执法检查等活动70人次。建立和完善代表履职服务网络平台，利用人大网站及时传递信息，为代表寄送《全国人大》《人民之友》和相关文件资料，有效拓宽了代表知情知政渠道。举办武陵源区第七届区级代表专题学习班，邀请省人大专家授课，切实提高代表素质，提升履职能力。指导乡、街道人大发挥人大代表联系群众工作平台作用，规范代表履职档案和小组活动记录，促进代表履职经常化、规范化、制度化。继续抓好乡、街道人大代表报告履职工作，自觉接受广大选民监督，促进人大代表更好地知民情、聚民智、解民忧。组织评选表彰7名区人大代表履职先进个人，激发代表履职积极性和主动性。

创新代表活动方式。常委会高度重视闭会期间代表活动，修订完善《张家界市武陵源区第七届人民代表大会代表活动分组安排》，出台了《张家界市武陵源区人民代表大会代表联系选民的意见》。将市、区两级代表分别编为11个代表活动小组，健全代表小组活动机制，确保代表小组活动有计划、有阵地、有制度、有考核，保证代表依法行使职权。积极为市人大代表开展活动创造条件，10月常委会为市人大代表武陵源活动小组专题视察乡村旅游发展提供了服务保障。组织部分市、区代表就全区重点工程、安全生产、环保督查等工作进行专题调研，邀请6名代表参加庭审听证。指导乡、街道人大代表开展调查研究，提高和增强了代表履职的针对性和时效性，代表履职的途径更加多样、活动的内容更加丰富。

认真督办代表建议。常委会把代表建议办理作为增强代表履职动力的基础性工作狠抓落实。对区七届人大一次会议期间收到的85件代表建议、批评意见，及时向区人民政府交办。5月底组织开展办理进度督查，8月底常委会主任带队对办理结果进行满意度测评，经测评，85件建议中，满意的63件，占总数的74%；基本满意的17件，占总数的20%；不满意的5件，占总数的6%。针对测评不满意的5件建议和基本满意的17件建议，区人民政府高度重视，及时进行二次交办，经二次办理后，满意的84件，满意率为99%。

四、坚持自身建设，效能履职

常委会认真贯彻落实中央全面从严治党的要求，注重加强思想政治建设、履职能力建设和机关效能建设，进一步提高工作能力和水平。

狠抓思想政治建设。常委会坚持用正确的理论武装头脑，指导实践，推动工作。按照市委、区委的总体部署要求，扎实推进“两学一做”学习教育常态化制度化。把学党章党规、学系列讲话精神作为经常性教育的基本内容，精心安排，深化拓展，按照“四讲四有”标准，坚持问题导向，边学边改。通过抓实学习教育常态化制度化，进一步坚定了党员干部的理想信念，坚定了中国特色社会主义道路自信、理论自信、制度自信、文化自信，牢固树立了“四个意识”，党员干部的党性修养进一步提升，政治站位进一步提高。

狠抓履职能力建设。常委会切实加强常委会党组中心组学习，利用常委会会议、举办专题讲座等多种形式，有针对性地加强了人民代表大会制度的基本理论和有关法律法规等业务知识学习。今年6月，组织区人大常委会全体常委前往全国人大深圳培训基地开展学习培训，进一步提升了常委会组成人员依法履职的能力和水平。

狠抓机关效能建设。常委会按照“制度先行，规范运行”的原则，不断创新工作运行机制，适时修订完善了机关管理制度，明确了各个工作委员会职责，进一步规范议事程序，提高议事质量和效率。强化作风建设永远在路上的理念，认真落实全面从严治党要求，强化党纪党规教育，切实加强党风廉政建设，坚决做到依法履职，廉洁行权。推进机关效能建设，突出服务主题，形成良好工作机制，不断提高机关服务大局、服务“三会”、服务代表、服务群众的能力和水平，同时全面加强了机关法治创建、文明单位创建、“六票”管理工作。

努力做好宣传工作。常委会采取多种形式，大力宣传人大制度和人大工作，全面反映区人大及其常委会依法行权履职的全过程。一年来，在省、市、区等媒体上稿60多篇。接待外地人大来武陵源学习考察15批次，在友好交流中，有效推介了武陵源。

各位代表，过去一年区人大常委会取得的成绩，是区委正确领导的结果，是全体区人大代表共同努力的结果，是常委会组成人员、各专门委员会组成人员以及区人大机关工作人员辛勤工作的结果，是“一府两院”、社会各界大力支持的结果。在此，我代表区人大常委会向大家表示崇高的敬意和衷心的感谢！

各位代表，我们也清醒地看到，常委会的工作离全面依法治国的新要求、人民群众对民主法治建设的新期待还有较大的差距。主要体现在：监督工作的实效还有待增强；代表建议的督办方式仍需改进；代表主体作用的发挥还有待提高。对此，我们将高度重视，并在今后工作中采取有效措施认真加以解决。

2018年主要任务

2018年是全面贯彻落实党的十九大精神的第一年，也是大力实施“十三五”规划的关键年。区人大常委会工作的总体要求是：紧密团结在以习近平同志为核心的党中央周围，高举中国特色社会主义伟大旗帜，以马克思列宁主义、毛泽东思想、邓小平理论、“三个代表”重要思想、科学发展观、习近平新时代中国特色社会主义思想为指导，全面贯彻落实党的十九大精神，按照“五位一体”总体布局和“四个全面”战略布局，坚持党的领导、人民当家作主、依法治国有机统一，履行好宪法法律赋予的各项职权，为实现“两个建成”目标做出新贡献！

一、坚持党的领导

常委会要坚持人大工作正确的政治方向，增强坚持党的领导、人民当家做主、依法治国有机统一的自觉性，增强坚持和完善人民代表大会制度的坚定性，增强服务和保障全区工作大局的主动性。要全面学习贯彻党的十九大精神，紧密结合区情实际，自觉对标区委的重大决策部署，依法将人大监督工作重点与区委的目标任务要求高度契合起来，并贯穿于人大依法履职的全过程和各方面。要认真落实常委会党组向区委请示报告工作制度，在区委的统一领导下，彰显人大作为，为“两个建成”目标凝心聚力。

二、增强履职实效

常委会要主动适应全区经济发展和民主法治建设的新形势，全面履行宪法法律赋予的职权，统筹推进立法、监督、决定、任免等各项工作，努力提高履职水平和工作成效。结合全市立法规划，协助搞好立法调研。认真贯彻实施监督法，把事关全区改革发展稳定大局和人民群众普遍关注的热点难点问题作为监督重点，在抓好国民经济和社会发展计划执行、“十三五”规划中期评估、区级预决算、审计、医疗卫生、社会保障、文化教育等工作监督的同时，重点抓好旅游提质升级、核心景区移民搬迁、乡村旅游、农村环境综合整治等方面工作监督。积极开展相关法律法规执法检查，切实维护法律法规的权威性和严肃性，保障法律法规得到有效实施，通过有效监督，促进政府依法行政、监察委依法行使监察权、“法、检”两院公正司法。要不断完善重大事项监督机制，明确重大事项监督范围，坚持集体行权，依法决定重大事项。要坚持党管干部与依法任免的有机统一，严格遵循法定程序，依法行使人事任免权。要加强规范性文件备案审查，促进政府行政行为有据合法。要切实做好人大信访工作，充分发挥人大常委会桥梁纽带作用。

三、强化代表服务

常委会要认真贯彻落实中央、省委关于改进代表工作和加强代表履职监督的新要求，不断创新代表工作机制，为代表依法履职创造条件，搭建平台，更好地为代表履职提供服务和保障。要改进“双联”工作，坚持常委会组成人员联系乡、街道人大代表制度，进一步发挥代表联系群众工作平台的作用，密切与人大代表和人民群众的联系。要重视代表建议工作，通过专题培训、组织视察调研、拓宽代表知情知政渠道等措施，不断提高代表建议的质量，完善代表建议、批评意见交办督办机制，加大重点建议督办力度，更好地促进代表建议有效落实。要继续开展代表培训，提高代表素质，加强代表思想政治作风建设。要加强代表履职监督，建立健全代表履职档案，发挥好代表履职服务网络平台作用，优化代表履职服务保障，增强闭会期间代表活动实效。

四、加强自身建设

十九大报告要求："各级人大及其常委会要成为担负起宪法法律赋予的各项职责的工作机关，要成为同人民群众保持密切联系的代表机关"。成为"两个机关"是新时代中国特色社会主义思想和基本方略作出的战略安排、制度安排、组织安排和工作安排，是做好新时代人大工作的根本遵循和工作指引。常委会将围绕新定位、牢记新使命、明确新职能、丰富新内容，自觉抓好常委会及机关的思想、作风和制度建设，坚决杜绝新变异的"四风"突出问题。全面贯彻党的十九大精神，严肃政治纪律和政治规矩，牢固树立"四个意识"，始终同以习近平同志为核心的党中央保持高度一致，坚定不移维护党中央权威和党中央集中统一领导。以"不忘初心，牢记使命"教育为契机，不断推进学习教育常态化制度化。认真贯彻党内政治生活准则、党内监督条例，深入落实党风廉政建设，坚定不移推进全面从严治党。进一步加强履职规范化建设，增强常委会会议实效，提升常委会工作质量和水平。进一步加强人大机关效能建设和干部队伍建设，增强机关活力。注重发挥专门委员会作用。统筹做好对外交往、理论研究、新闻宣传等工作。密切与省、市人大常委会的联系，加强对乡、街道人大的工作联系与指导，合力推进地方人大工作新发展。

各位代表，武陵源发展充满希望，履职为民责任重大。我们要以党的十九大精神为指引，在区委的正确领导下，紧紧依靠全区人民，紧跟核心，紧扣中心，紧贴民心，不忘初心，牢记使命，砥砺前行，以务实的作风干事创业，以创新、协调、绿色、开放、共享的发展新理念，开辟武陵源发展新境界，为率先全面建成小康社会，基本建成国际旅游休闲度假区做出新的更大的贡献！

政协常委会工作报告

——在政协武陵源区第六届委员会第二次会议上

政协武陵源区委员会主席 余开平

（2017年12月19日）

2017年工作回顾

自去年底换届以来，区政协在区委正确领导和市政协指导下，认真贯彻党的十八届三中、四中、五中、六中全会以及十九大会议精神，高举爱国主义和社会主义旗帜，坚持团结和民主两大主题，紧紧围绕全区发展大局和区委中心工作，认真履行政治协商、民主监督、参政议政职能，加强自身建设，各项工作取得新成效，为推动全区经济社会发展做出了积极贡献。

（一）坚持把党的领导贯穿政协工作全过程，坚定了政治方向

一年来，区政协自觉提高政治站位，切实增强政治意识、大局意识、核心意识、看齐意识，旗帜鲜明地把对党忠诚放在最高位置，认真贯彻落实党的十八届六中全会和十九大精神，严格按照《关于新形势下党内政治生活的若干准则》和《中国共产党党内监督条例》全面从严治党。认真贯彻落实省委、市委、区委各项决策部署和工作要求，自觉维护和接受区委的领导，在制定工作要点、开展调研视察活动、召开常委会和全体会议等重大事项、重要问题上，区政协党组都主动向区委请示汇报，征求区委区政府的意见，邀请党政领导和有关部门负责人参加。会议和调研结束后，及时向区委报送成果和调研报告，始终做到与区委在政治上同向、思想上同心、工作上同步。同时，我们始终把纪律和规矩挺在前面，在事关道路、制度、旗帜、方向等根本问题上，始终做到立场不含糊、原则不动摇，底线不触碰，切实把握好协商议政的边界和底线，不说极端话，不做过头事，坚决维护党中央权威和区委工作大局。

（二）坚持把协商民主贯穿政协工作全过程，推动了全区发展

采取全会协商、专题协商、对口协商、界别协商、远程协商等形式，组织政协委员先后对我区“一府两院”、发改、财政、环保等6个工作报告，对国际旅游休闲度假区、全域旅游和重点工程等重大决策，对2017年财政预算方案、城区停车收费、乡村旅游、农村环境综合整治等重要工作，开展充分协商。还组织政协委员通过政协云参与省政协2次远程协商，为“实施开放崛起战略，建设开放强省”和“推进我省教育扶贫”发表建言和评论20多条。坚持在协商中参与，在参与中协商，区政协班子成员发扬“白＋黑”“5+2”工作作风，积极参与党政中心工作，带头联系重点工程项目，全力推动核心景区移民搬迁、中央投资业务用房、智慧武陵源等重点工程项目建设，带头参与城乡互助共建、农村环境综合整治、巩固脱贫、双联双解等中心工作，对脱贫攻坚中存在的对象识别不准、脱贫把关不严、群众意见较大、

资金报账较慢等突出问题的整改措施，以及重点项目的规划、设计、建设、管理等工作，积极协商建言，许多合理化建议被区委区政府采纳，为推动全区经济社会健康持续发展发挥了重要作用。

完善民主监督机制，选派20名政协委员担任法院、检察院、公安、税务、财政等单位特约人员，开展日常工作监督。采取视察、座谈、听取工作汇报等方式，对核心景区8个管委会的工作进行民主评议，促进了旅游管理服务水平提升。强化提案办理监督，对区政协六届一次全会立案的52件提案进行了全面督办，将《关于解决城区停车难问题的建议》《关于规范我区房屋征收工作的建议》等重点提案分别由一名副主席和一名委室主任负责督办，办理成效明显。强化社情民意监督，编发《社情民意》10期，及时向区委区政府反映涉及民生民本的焦点难点等问题，其中《百丈峡路段不能简单地一封了之》《鹞子山违法建设需引起重视》《专家村沿岸公园休息亭急需维修》引起市、区两级政府的高度重视，所涉及问题均得到及时解决。

（三）坚持把开展活动贯穿政协工作全过程，增强了工作实效

开展特色履职活动。根据省政协“助推新发展，建设新湖南”活动要求，以“展示新风采、建功武陵源”为主题，组织广大政协委员开展“我为政协添光彩”主题摄影、“我为文化建一言”主题建言、委员活动周等系列履职活动，充分调动了全区广大政协委员的履职热情，共收到履职图片47张（组）、文化建言44条、社情民意13份、调研报告8篇。组织开展了《武陵源大纪事》文史资料收集、整理、采编活动，并如期完成编印工作。

开展专题调研活动。围绕区委、区政府重点工作和全区广大干部群众普遍关心的核心景区提质升级、城区停车难、乡村旅游发展等问题，成立3个专题调研组，开展了全面深入的实地调研、座谈讨论、对比考察，形成了高质量的调研报告，其中《我区乡村旅游示范村发展现状及对策》被《武陵源工作》编发给全区各单位借鉴学习，为区委、区政府科学决策提供了有价值的参考。

开展脱贫帮扶活动。持续深入参与全区脱贫攻坚工作，每个班子成员带头联系1个脱贫巩固村，每个机关干部带头联系4~5个脱贫巩固户，坚持每月入户开展结对帮扶工作。组织全区所有政协委员积极响应省、市政协号召，深入开展“三个一”扶贫行动，共结对帮扶117户398人。扎实做好区政协机关联系村檀木岗的驻村帮扶工作，共筹集资金340多万元用于该村基础设施、产业发展、环境整治、村部建设等，为巩固全区脱贫成果发挥了重要作用。

（四）坚持把联络联谊贯穿政协工作全过程，凝聚了发展合力

加强与区内各民主党派、工商联、无党派人士、知识分子、民族宗教、新社会阶层等各界人士的团结联谊，走访每个民主党派，积极为各民主党派参与政治协商、民主监督、参政议政搭建平台。配合省市政协开展优化非公经济发展法治环境、中小学法制教育机制、区处合一、校车安全、基层民族文化综合服务体系建设、西线旅游开发等调研视察工作，承办了全市政协公务接待工作调研座谈会。积极参加湘鄂黔渝边区县（市、区）政协工作联系会，在34次联系会上就我区旅游扶贫工作经验作了题为《坚持走旅游与扶贫融合发展之路》大会发言，调研报告《对武陵源发展全域旅游的思考》在35次联系会上进行了书面交流，两篇经验交流材料受到与会人员的普遍好评。借与来访的西藏波密县、贵州荔波县、陕西志丹县等14批次省内外兄弟区县政协开展联谊交流活动的机会，大力宣传推介武陵源，为提升武陵源知名度发挥了积极作用。

（五）坚持把自身建设贯穿政协工作全过程，提升了履职能力

加强政治业务学习，采取以会议和活动代训、印发资料、建立委员学习微信群等方式，组织区政协机关和所有政协委员，认真学习贯彻党的十八届三中、四中、五中、六中全会和十九大精神，学习

贯彻中办《关于加强人民政协协商民主建设的实施意见》《关于加强和改进人民政协民主监督工作的意见》和省政协《关于政治协商、民主监督、参政议政的规定（试行）》等，系统学习了《政协章程》、提案办理、社情民意和文史资料工作等业务知识。

加强干部队伍作风建设，结合“解放思想大讨论”，深入开展“两学一做”学习教育常态化制度化活动，以政协委员先进典型陈艳辉同志为榜样，号召全区政协委员爱岗敬业、乐于奉献，积极发挥作用。不断强化规矩意识、纪律意识，修订完善区政协机关工作管理制度，对苗头性、倾向性问题做到早预防、早提醒，防微杜渐，机关干部作风进一步加强。同时，加强政协宣传工作，认真做好各类会议和活动宣传报道，传递政协声音，营造良好履职氛围。

各位委员，区政协工作一年来所取得的成绩，是中共武陵源区委正确领导的结果，是区人大常委会、区政府大力支持的结果，是区直各部门、各乡镇党委、政府和社会各界积极给力的结果，是政协各参加单位、广大委员和机关全体同志扎实履职、团结奋斗的结果，在此，我代表常委会一并表示衷心的感谢！

各位委员，在肯定成绩的同时，我们也非常清醒地认识到工作中还存在不少问题和不足。主要是，部分提案质量不高、有的课题调研深度不够、委员履职参与度不够均衡、人民政协协商民主的机制不够健全、履职成果转化落实不够到位等。所有这些问题，需要引起高度重视并努力加以改进。真诚希望各位委员和列席同志提出宝贵意见，以利于各项工作做得更好。

2018 年工作部署

2018 年是贯彻党的十九大精神的开局之年。在新的一年里，要以深入学习宣传贯彻党的十九大精神为动力，坚持以马列主义、毛泽东思想、邓小平理论、“三个代表”重要思想、科学发展观、习近平新时代中国特色社会主义思想为指导，紧紧围绕贯彻落实市委七届三次全会、区委五届四次全会精神，组织动员政协各参加单位和政协委员切实履行职能，为促进全区经济社会发展再上新台阶做出新贡献。

（一）更加注重委员的学习引导，坚持人民政协正确的政治方向

要按照习近平总书记提出的“懂政协、会协商、善议政”的新要求，更加注重政协委员和政协机关的思想政治建设，把学习宣传贯彻党的十九大精神作为今后一个时期政协工作的首要政治任务。通过多种途径和方式，组织和引导委员认真学习党的十九大精神，全面准确领会党的十九大报告中提出的重大理论观点、重大战略思想和重大战略部署，特别是关于社会主义民主政治建设的新部署、新要求、新举措，自觉把思想统一到中共十九大精神上来，把力量凝聚到中共十九大确定的各项任务上来。要把学习贯彻中共十九大精神与实现市、区党代会确定的目标任务结合起来，与贯彻落实区委区政府重大决策部署结合起来，努力把学习中共十九大精神的成果转化为履行职责的具体行动，转化为服务全区科学发展的实践成果，推动政协各项工作再上新水平。

（二）更加注重调查研究，为保持经济持续快速健康发展建言献策

要坚持以科学发展为主题，以深入推进供给侧改革为主线，着眼于全面建成小康社会和基本建成国际旅游休闲度假区的奋斗目标，全面履行政治协商、民主监督、参政议政职能。要按照区委推进“四大战役”的部署要求，紧紧围绕景区提质升级、核心景区移民搬迁、乡村旅游、环境治理等重大问题，发挥政协组织优势，开展具有综合性、战略性、前瞻性的课题研究，多建睿智之言，多献务实之策，助推全区经济发展。

（三）更加注重民计民生，维护和发展稳定和谐的社会环境

要把实现好、维护好、发展好人民群众的根本利益作为参政议政的出发点和落脚点，充分发挥各

界别委员和乡街道联络组的作用和优势，使建言献策具有更坚实的群众基础。自觉围绕教育、就业、住房、养老、人民健康、社会治理、生态环境等民生问题，运用民主评议、调研、视察、提案、社情民意信息等履职方式，积极建言献策。要大力倡导、组织政协委员和各界人士，把承担社会责任、多为群众服务作为履行政协委员职责的价值实现和不懈追求，继续深入开展“三个一”扶贫行动，多做得人心、顺人心、暖人心的好事实事，增强政协工作的感染力、凝聚力，促进改革发展成果更多、更公平地惠及全区人民。

（四）更加注重有序的政治参与，发挥好政协组织协商民主的重要渠道作用

要着眼于扩大公民有序的政治参与，更好地发挥人民政协在推进协商民主中的功能作用，通过坚持、发展和完善协商民主，建立和完善公民的利益表达机制和公共决策机制，使不同社会群体在规则制定和公共决策中能够充分表达和反映自身利益诉求，努力形成全社会和谐相处的政治局面。要不断推进政治协商的新实践，规范协商内容，完善协商形式，增强协商实效；要积极探索完善民主监督的新机制，畅通民主监督渠道，建立健全相关制度，提高民主监督的实效；要努力拓展参政议政的新思路、新领域、新方法、新载体，使参政议政成为广泛体现民主、充分反映民意、切实集中民智的有效方式和重要途径，真正做到“有事好商量，众人的事情由众人商量”。

（五）更加注重自身建设，努力提高政协工作科学化水平

要努力为政协参加单位和政协委员知情议政创造条件。支持民主党派和无党派人士在人民政协中充分发挥作用，保障其通过政协会议和活动履行职责的权利；完善界别调研、视察、提案等工作机制，发挥界别在扩大公民有序政治参与中的重要作用；建立专委会定期向主席会议汇报制度，发挥好专委会在政协工作中的基础作用；完善委员履职考评动态管理机制，加强对委员的服务和管理，充分调动委员的积极性、主动性、创造性，使广大政协委员能够更好地奉献社会、服务人民。政协机关要扎实开展“不忘初心，牢记使命”专题教育活动，以加强政协常委会思想政治建设为重点，推进学习型、服务型、创新型、和谐型政协组织建设，为政协工作的创新发展提供坚强的组织保证。

各位委员，党的十九大确定了“两个一百年”的宏伟目标，区第五次党代会提出了“两个建成”的奋斗目标，为人民政协发挥作用提供了广阔的舞台。新时代、新任务，人民政协大有可为、大有作为。让我们在区委的坚强领导下，紧密团结在以习近平同志为核心的党中央周围，高举中国特色社会主义伟大旗帜，认真学习贯彻习近平新时代中国特色社会主义思想，锐意进取，埋头苦干，为全面建成小康社会和基本建成国际旅游休闲度假区而努力奋斗！

大事记

Chronlcle of events

2017 年武陵源区大事记

1 月

1 月 3 日，武陵源区获“全省美丽乡村建设先进县市区”称号。协合乡杨家坪村获“2016 年度湖南省美丽乡村建设示范村”称号。

1 月 4 日，区委书记朱用文在区政府五楼会议室主持召开区委常委会 2017 年第 1 次会议，传达学习省委、市委经济工作会议精神，安排部署全区 2017 年经济工作，研究全区综治维稳工作先进单位评选奖励办法。

1 月 5 日，区委副书记、区长郑小胡主持召开武陵源区政府总第七届第 3 次常务会议，听取并审议《武陵源区加快发展养老服务业的实施办法（送审稿）》《张家界市武陵源区林地保护利用规划 (2010—2020)》调整修改情况，听取并研究武陵源世界自然遗产保护工作。

△武陵源旅游区被省旅发委和省文明办选树为全省文明旅游先进单位。祝超文、赵运凡、郑遐松、肖湘立、李还美、张蔚 6 人获评全省文明旅游先进个人。

1 月 9 日，张家界市第七届人民代表大会第一次会议举行第三次全体会议。武陵源区委书记朱用文当选为张家界市第七届人民代表大会常务委员会副主任。

1 月 10 日，中共张家界市武陵源区委五届二次全体会议召开。会议通过票决遴选出 2 名出席中共十九大代表候选人初步人选。

1 月 16 日，市人大常委会副主任、武陵源区委书记朱用文在区政府五楼会议室主持召开区委常委会 2017 年第 2 次会议，安排部署 2017 年春节前各项工作，研究召开区委常委会领导班子 2016 年专题民主生活会和干部人事任免。

△省住建厅专家组一行到张家界武陵源风景名胜区和国家森林公园管理局（以下简称张管局）进行遗产地保护管理情况实地检查。张管局总工程师张雁陪同检查。

1 月 17 日，住房城乡建设部建设司副司长朴凤兰一行到武陵源区，就世界自然遗产保护管理工作进行检查。

1月18日，市人大常委会副主任、武陵源区委书记朱用文到天子山街道黄河村走访慰问困难贫困户，为他们送去关怀及春节祝福。区委常委、区委办主任张德献参加慰问。

△区委副书记、区长郑小胡主持召开武陵源区2016年乡（街道）和区（垂）直单位党委（组）书记抓基层党建述职评议会。市人大常委会副主任、武陵源区委书记朱用文出席会议并讲话。

△区委副书记、区长郑小胡主持召开武陵源区政府总第七届第4次常务会议，听取宝峰路西侧等片区城中村综合整治项目、武陵源创建全国食品安全景区工作情况，讨论并审议《武陵山大道景区段拓宽改造建设项目（武陵源段）房屋拆迁补偿安置方案（送审稿）》、老木峪隧道提质改造项目工程变更情况。

1月19日，武陵源区召开创建国家森林城市推进会，安排部署2017年度“创建国家森林城市”收官工作，迎接上级检查验收。

△中共张家界市武陵源区委常委会领导班子2016年度专题民主生活会召开。市委常委、市委组织部部长艾可知到会指导，市人大常委会副主任、武陵源区委书记朱用文主持会议。

△区委副书记、区长郑小胡主持召开武陵源区政府党组2016年度专题民主生活会。区领导侯铁夫、彭齐星、万齐坤、李湘耀、杨勇、秦进廷、李红、周奉荣参加会议。

1月22日，区人大常委会党组领导班子2016年度专题民主生活会召开。区人大常委会党组书记、主任许忠亮主持会议，党组班子成员参加会议，彭玉周、王治文及机关党员干部列席会议，区委组织部、区纪委相关负责人应邀到会指导。

△区政协党组书记、主席余开平到协合乡看望慰问困难群众、老人和老党员等，为他们送去党和政府的关怀及祝福。区委常委、区委组织部部长高志军，区政府副区长杨勇，区政协副主席唐国贵一同慰问。

1月23日，武陵源区召开2017年春节黄金周旅游接待工作会议。市人大常委会副主任、区委书记、张管局党委书记朱用文，区委副书记、区长，张管局党委副书记、局长郑小胡出席会议并讲话。

1月24日，副省长张剑飞到武陵源区调研张家界旅游观光磁浮专线项目。区领导朱用文、郑小胡参加调研或座谈会。

△市委书记、市人大常委会主任虢正贵到武陵源区看望慰问景区春节期间值班人员，检查旅游接待工作。市区领导刘桦、朱用文、欧阳斌、郑小胡等陪同慰问和检查。

2月

2月3日，市人大常委会副主任、武陵源区委书记朱用文，区委副书记、区长郑小胡，区人大常委会主任许忠亮，区政协主席余开平一行到天子山贺龙公园扫墓，深切缅怀贺龙元帅。全区在家处级领导干部参加活动。

2月4日，区委副书记、区长郑小胡主持召开武陵源区政府总第七届第5次常务会议，听取和审议2016年度全区绩效考核、2016年度全区机关事业单位一般工作人员年度考核奖励工作情况，研究沙坪安置区四期建设项目有关情况。

2月10日，武陵源区召开2017年城市管理工作座谈会。市人大常委会副主任、区委书记朱用文，区委副书记、区长郑小胡出席会议并作讲话。

2月13日，市人大常委会副主任、武陵源区委书记、张管局党委书记朱用文书记主持召开张管局项目建设书记、局长办公会，听取黄石寨、金鞭溪、袁家界景区旅游基础设施提质改造和收购锣鼓塔生态停车场有关问题汇报。

△区委副书记、区长郑小胡主持召开武陵源区政府总第七届第6次常务会议，听取《武陵源区2017年财政预算（草案）》《武陵源区推进农村环境综合整治行动计划(2017—2018)(讨论稿)》，研究审

议区一中旅游职业教育教学综合楼项目外墙保温材料变更、武陵源区 2016 年度农业产业化发展等 4 个办法考核奖励工作情况。

2 月 14 日，市人大常委会副主任、武陵源区委书记朱用文在区政府五楼会议室主持召开区委常委会 2017 年第 3 次会议，审议《关于加快推进国际旅游休闲度假区建设的意见（送审稿）》《武陵源区推进农村环境综合整治行动计划（2017—2018 年）（送审稿）》，讨论书记、区长在区委经济工作会议上的讲话材料及区五届纪委二次全会工作报告（送审稿），研究审定 2016 年度全区绩效考核结果和区管干部 2016 年度考核等次评定结果。

2 月 15 日，市人大常委会副主任、武陵源区委书记朱用文在区政府五楼会议室主持召开区委常委会 2017 年第 4 次会议，传达学习市纪委七届二次全会，全省组织部长会议，全国、全省宣传工作会议，全省统战工作会议，中央、省委政法工作会议精神，审议《武陵源区 2017 年财政预算（草案）》，通报 2016 年农村环境综合治理“6+1”行动四季度检查情况，研究区人武部后勤科长刘磊随军家属林晓娜安置事宜。

2 月 15 日，深圳中电嘉旺控股有限公司与武陵源区人民政府成功签约武陵源区智慧交通项目。区委副书记、区长郑小胡出席签约仪式。

2 月 16 日，武陵源区首个城市公园——高云公园向市民开放。公园于 2016 年 7 月开工建设，项目总投资 1280 万元，用地规模 6.76 万平方米，建设面积 4.16 万平方米。

2 月 17 日，市人大常委会副主任、武陵源区委书记、张管局党委书记朱用文主持召开武陵源区委、张管局党委经济工作会议。区委副书记、区长、张管局党委副书记、局长郑小胡，区委副书记、张管局党委副书记、常务副局长阙道文出席会议并讲话。

△省人民政府下达批复文件，正式同意张家界市武陵源区率先脱贫摘帽。

2 月 18 日，以老挝人民革命党中央委员，乌多姆赛省委书记、省长配沙孔·龙阿派为团长的老挝乌多姆赛省高级代表团考察张家界核心景区武陵源。市区领导欧阳斌、秦进廷陪同考察。

2 月 21 日，武陵源区入围 2016 年全国义务教育发展基本均衡县（市、区）名单。

2 月 28 日，区委副书记、区长郑小胡主持召开武陵源区政府总第七届第 7 次常务会议，通报中共张家界市武陵源区人民政府党组 2016 年度专题民主生活会情况，学习传达省、市推行河长制暨水利工作会议精神，研究并通过《张家界市武陵源区纳税服务中心建设方案（送审稿）》，讨论研究核心景区非法营运卡点运行工作情况，研究审议天子山向家坪安置区项目统建住宅工程外墙保温材料变更、2017 年度区人大代表建议和政协委员提案任务分解情况。

3月

3 月 2 日，市人大常委会副主任、武陵源区委书记朱用文主持召开武陵源区 2017 年旅游宣传营销座谈会。

3 月 6 日至 8 日，区委副书记、区长郑小胡带队赴浏阳市和长沙市天心区，分别考察学习农村环境综合整治和城市棚户区改造工作。

3 月 8 日，张家界武陵源风景名胜区和国家森林公园管理局门票管理中心吴家峪口经营部工作人员袁谋文荣获“全国三八红旗手”称号。这是武陵源区建区以来首位“全国三八红旗手”。

△武陵源核心景区首次面向全球女性游客免票开放。

3 月 10 日，市人大常委会副主任、武陵源区委书记朱用文在区政府五楼会议室主持召开区委常委会 2017 年第 5 次（扩大）会议，审议《张家界市武陵源区 2017 年农村环境综合整治实施方案（送审稿）》《武陵源区 2017 年村（社区）党组织换届选举工作方案（送审稿）》。

△由武陵源区绿化委牵头组织，区委办、区人大办、区政府办、区政协办、区林业局、区农业农村局、区水利局、区民政局、索溪峪街道办事处等单位在金杜村开展义务植树活动。共栽种桃树1800株、银杏200株。

3月13日，2017张家界旅游产品天津推介会在天津举行。天津市旅游局副局长何智能、武陵源区人民政府副区长、张家界武陵源风景名胜区和国家森林公园管理局副局长秦进廷出席并讲话。

3月17日，区委副书记、区长郑小胡主持召开武陵源区政府总第七届第8次常务会议，学习传达2017年全市安全生产工作会议精神，听取全区环境保护、行政审批项目调整工作情况，讨论研究《张家界市武陵源区委、区人民政府领导班子成员安全生产“一岗双责”制度（讨论稿）》，研究并审议《张家界市武陵源区2017年控违拆违工作考核奖惩办法（讨论稿）》《张家界市武陵源区农业产业化发展考核奖惩办法（送审稿）》和《关于张家界市武陵源区村居换届选举工作实施方案（讨论稿）》。

3月21日，市人大常委会副主任、武陵源区委书记朱用文在区人大一楼会议室主持召开区委常委会2017年第6次会议，传达学习全国“两会”精神、省领导在张家界调研时的重要讲话精神、全省扶贫开发工作会议暨全省扶贫办主任会议精神以及全市脱贫攻坚工作暨农村工作会议精神，听取环境保护工作有关情况的汇报，审议《张家界市武陵源区2017年控违拆违工作考核奖惩办法》《张家界市武陵源区委、区人民政府领导班子成员安全生产“一岗双责”制度》，研究讨论区纪委组建巡察机构和推进派驻机构管理、区乡纪检监察工作一体化改革方案。

3月22日，世界摄影（旅游）大会暨第五届国家摄影大典组委会在北京公布“中国十大典藏摄影旅游景区”名单，湖南张家界武陵源景区榜上有名。

3月29日，市人大常委会副主任、武陵源区委书记朱用文在区政府5楼会议室主持召开区委常委会2017年第7次会议，传达学习市委七届三次全委（扩大）会议精神，虢正贵书记在市委党校学习贯彻十八届六中全会和习近平总书记系列重要讲话精神专题培训班开班仪式上的重要讲话精神，全市组织、宣传工作会议精神，全市政法工作会议暨社会治安综合治理创新会议、“2·23”“2·24”全国电视电话会议精神，全市宗教工作暨统战部长会议精神，听取区人大、区政协关于2017年工作要点的汇报，研究文明创建及新闻舆论引导工作。

△由区委党史研究室编撰的《中共张家界市武陵源区党史大事记》一书正式出版发行。市人大常委会副主任、武陵源区委书记朱用文为该书作序。

3月30日，武陵源区重奖406位区内外宣传工作者，兑现2016年度新闻文艺宣传贡献奖42万余元。

△宋城集团董事长黄巧灵一行到武陵源区，就张家界千古情项目推进情况进行考察。市人大常委会副主任、武陵源区委书记朱用文，区委副书记、区长郑小胡，区委常委、区委宣传部部长谢贵湘等陪同考察。

3月31日，武陵源区荣获全省三类县中第一个小康达标县及全面小康推进工作前十位县的荣誉。张家界市人大常委会副主任、武陵源区委书记朱用文在全省全面建成小康社会推进工作电视电话会省委主会场上作典型发言。

4月

4月4日，市人大常委会副主任、武陵源区委书记朱用文在区政府5楼会议室主持召开区委常委会2017年第8次会议，研究落实市委书记虢正贵到武陵源督查清明假期值班情况的指示精神。

4月5日，市人大常委会副主任、武陵源区委书记朱用文在区政府5楼会议室主持召开区委常委会2017年第9次会议，听取2017年一季度经济形势分析、棚户区改造、景区移民安置区建设、城乡环境整治及巩固脱贫工作等有关情况的汇报。

△在联合国教科文组织于上海同济大学举行的“世界遗产与可持续旅游”中国试点项目签约仪式上，张家界武陵源“世界遗产与可持续旅游”研究项目成功签约。

4月7日，武陵源区城市文明劝导活动正式启动。区委常委、区委宣传部部长谢贵湘出席启动仪式。

4月11日至14日，2017写意潇湘·中国写意油画学派张家界写生创作研究活动在武陵源进行。

4月14日，区委副书记、区长郑小胡主持召开武陵源区政府总第七届第9次常务会议，传达学习2017年国务院、省政府廉政工作会议、省、市审计工作会议和全省民政工作及民宗委主任会议、全市宗教工作会议精神，听取全区禁毒工作情况，讨论研究全区中小学教师补充工作情况，研究并审议《张家界市武陵源区实施河长制工作方案（送审稿）》。

4月18日，市人大常委会副主任、武陵源区委书记朱用文主持召开智慧武陵源建设推进协调工作会议，听取智慧武陵源项目整体建设、智慧交通项目建设、天网工程建设及网格化社会管理工作情况汇报。

△市人大常委会副主任、武陵源区委书记朱用文主持召开区委常委会2017年第10次会议，传达学习《关于深入学习贯彻习近平总书记在中央政治局第三十九次集体学习时的重要讲话精神更好推进精准脱贫的通知》、全省领导干部会议精神、中共张家界市委常委会2017年第10次会议精神，听取关于2017年一季度农村环境综合整治“6+1”行动检查考核督查通报，听取贯彻落实习总书记脱贫攻坚讲话精神意见、关于14个突出环境问题整改落实情况的汇报。

△由武陵源区委党史研究室编纂的《中共张家界市武陵源区党委工作纪事》一书正式出版发行。

4月21日，武陵源区以“五会合一”的方式召开工作推进会，贯彻落实中央、省、市各项会议精神，安排部署环境保护暨迎接中央环保督察、防汛抗旱暨全面推行河长制、安全生产暨落实“企业安全生产主体责任年”、巩固脱贫攻坚成果、综治民调五项工作。市人大常委会副主任、武陵源区委书记朱用文出席会议并讲话。会议由区委副书记、区长郑小胡主持。

4月22日，“世界遗产地·绝版武陵源”2017中国山地户外健身休闲大会在武陵源核心景区水绕四门生态广场开幕。

△中国首个“文化和自然遗产日”系列活动“关爱遗产·为爱行走”公益徒步活动在张家界市武陵源分会场举行。

4月24日，市委副书记刘革安带领市国土局、市住建局、市规划局等相关单位负责人深入武陵源区，就棚户区改造进行调研。武陵源区委副书记、区长郑小胡，区领导秦永辉、王磊、杨勇、李红等参加调研。

△“世界遗产地·绝版武陵源”旅游项目投资专场推介会在深圳举行。张家界市人大常委会副主任、武陵源区委书记朱用文出席专场推介会，武陵源区委常委、常务副区长侯铁夫致欢迎辞。

△在2017年湖南（香港）投资贸易洽谈周（港洽周）锦绣潇湘·张家界全域旅游产业项目推介会上，武陵源区与欢聚时代集团成功签约一投资约10亿元项目。张家界市人大常委会副主任、武陵源区委书记朱用文，武陵源区委常委、常务副区长侯铁夫，副区长秦进廷出席签约仪式。

△武陵源区组织收看中央第六环保督察组督察湖南省工作动员会电视电话会议。区领导郑小胡、向绪杰、秦永辉、高志军、王磊等出席分会场会议。

4月25日，张家界市人大常委会副主任、武陵源区委书记朱用文带队分别拜访广东联泰集团和深圳京武集团，双方就旅游项目投资事宜进行互动交流。武陵源区委常委、常务副区长侯铁夫，副区长秦进廷参加拜访活动。

△区委副书记、区长郑小胡深入武陵山大道景区段、环景区公路（南线）、插分公路、G241武陵源

城区段提质改造工程等交通重点项目就其建设情况进行实地调研。

4月27日，武陵源区旅游工作委员会召开"五一"假期暨旅游高峰接待工作动员会，全面部署"五一"假期及旅游旺季各项接待服务工作。武陵源区委副书记、张管局常务副局长向绪杰，副区长、张管局副局长秦进廷参加会议并讲话。

4月28日，市人大常委会副主任、武陵源区委书记朱用文在区政府5楼会议室主持召开区委常委会2017年第11次会议，安排部署中央环保督察信访举报件交办任务、"六城同创"环境问题视频曝光整改任务及"五一"小长假旅游接待工作，审议《张家界市武陵源区实施河长制工作实施方案（送审稿）》《张家界市武陵源区"十三五"脱贫攻坚规划》《张家界市武陵源区脱贫攻坚突出问题集中整改方案》（审议稿），研究有关人事事项。

△区委副书记、区长郑小胡主持召开武陵源区政府总第七届第10次常务会议，听取并研究城区商住建筑地下停车场改变使用性质、武陵源区配合中央环保督察工作、《2017年度武陵源区统筹整合财政涉农资金使用方案》调整情况，讨论《张家界市武陵源区脱贫攻坚突出问题集中整改方案》《张家界市武陵源区"十三五"脱贫攻坚规划（2016—2020年）》，研究审议《武陵源区城市道路停车收费实施方案》《武陵源区城市道路实行"路长制"工作方案》《武陵源区城区交通秩序整治工作方案》。

△区委副书记、张管局党委副书记、常务副局长向绪杰主持召开中央环保督察交办信访案件办理工作推进会。

4月30日上午，市人大常委会副主任、武陵源区委书记朱用文带领区环保督察工作组和相关职能部门主要负责人到核心景区袁家界，现场召开核心景区环境整治问题整改工作现场督办会。

4月，清明节特别森林防火期间，军地坪街道办事处大力倡导"保护生态 文明祭祀"活动，推行的"七个一"（提倡上一炷香、献一束花、敬一杯酒、植一棵树、诵读一篇祭文、扫一墓、拢一坟）文明祭祖方式在张家界电视台、湖南卫视等媒体上进行宣传报道，其经验被广泛推介。

5月

5月3日，市委副书记、市长王志刚到武陵源区就环保督察交办问题整改情况进行调研。市人大常委会副主任、武陵源区委书记朱用文，副市长李培其，区领导郑小胡、向绪杰、王磊等陪同调研。

5月5日，市委书记、市人大常委会主任虢正贵带队到武陵源核心景区，就中央环保第六督察组交办的关于袁家界片区和天子山片区的违建拆除、无证经营取缔2个重点问题进行整改督查。市人大常委会副主任、武陵源区委书记朱用文就工作开展情况作详细汇报，副市长李培其，区领导郑小胡、向绪杰、张德献等陪同督查。

△市人大常委会副主任、区委书记朱用文在区政府五楼会议室主持召开区委常委会2017年第12次会议，传达学习市委书记虢正贵到武陵源督查中央环保督察组重点关注案件时重要讲话精神，听取区环保分局、区工商分局、区食品药品监督管理局、区规划分局有关情况的汇报，对核心景区突出环境问题集中整治进行再安排、再部署、再督战、再施压。

5月9日，市人大常委会副主任、武陵源区委书记朱用文，区委副书记、区长郑小胡到核心景区对环境整治工作进行再督查再调度。

5月10日，市委常委、市纪委书记袁美南到武陵源区督查指导中央环保督察组交办问题、脱贫攻坚和村（社区）"两委"换届选举风气监督工作。武陵源区委常委、区纪委书记王磊参加汇报会。

△市人大常委会副主任、武陵源区委书记朱用文与到访的中科招商集团代表就武陵山片区旅游项目开发事宜进行交流洽谈。区委副书记、区长郑小胡，副区长秦进廷出席。

△市人大执法检查组就中央环保督查对武陵源景区突出环境问题的整改落实情况进行再次跟踪督查。区人大常委会副主任彭玉周陪同督查。

5月13日晚，区委副书记、区长郑小胡主持召开武陵源区食品安全工作调度会议。副区长万齐坤、秦进廷、李红参加会议。

5月14日，区委副书记、区长郑小胡主持召开武陵源区政府总第七届第11次常务会议，听取并研究建立武陵源区国家投资项目运行机制、沙坪四期等安置区项目建设情况，听取并审议峪园公路经营权收回有关情况。

5月18日，武陵源区召开野猫峪片区城市棚户区改造拆迁动员大会。区委副书记、区长郑小胡出席会议并讲话，区委常委、区纪委书记王磊等领导出席会议，副区长李红主持会议。

5月19日，市委常委、常务副市长罗智斌到武陵源就武陵山大道建设情况进行调研。市人大常委会副主任、武陵源区委书记朱用文，区委常委、区委办主任张德献，区人大常委会副主任阳艳，副区长杨勇等陪同调研。

5月22日，市人大常委会副主任、武陵源区委书记朱用文在青和锦江酒店二楼1号会议室主持召开区委常委会2017年第13次(扩大)会议，听取关于脱贫攻坚突出问题整改落实情况汇报，通报市脱贫攻坚第二巡查组向武陵源区反馈的巡查意见，学习习近平总书记精准扶贫重要战略思想、省委省政府脱贫攻坚相关会议精神及指示、市委市政府脱贫攻坚会议精神、脱贫攻坚基本知识和武陵源区精准扶贫工作概况。会议还传达贯彻省党代表会议精神、市州委书记座谈会精神和近期省委常委会议精神，并对全区当前重要工作进行安排部署。

5月23日，武陵源区召开关工委成立十五周年暨全区关心下一代工作表彰大会。会议由武陵源区委常委、区委办主任张德献主持。市人大常委会副主任、武陵源区委书记朱用文出席会议并讲话。

5月24日，市委副书记刘革安带领市委办、市农委、市旅外委及市环保局相关负责人到武陵源区，就农村环境整治和脱贫攻坚突出问题集中整改情况进行调研。市人大常委会副主任、武陵源区委书记朱用文，区委常委、区委办主任张德献，副区长万齐坤参加调研。

5月25日，武陵源区七届人大常委会第三次会议召开。会议学习《湖南省人民代表大会常务委员会工作条例》和《湖南省人民代表大会常务委员会议事规则》，听取区人民政府关于政府性债务风险应急处置情况的报告和关于《中华人民共和国政府采购法》整改落实情况的报告，听取和审议区人民政府关于《张家界市城镇绿化条例》贯彻执行情况报告及区人大常委会执法检查组关于检查《张家界市城镇绿化条例》在全区贯彻实施情况的报告，听取和审议区人民政府关于《中华人民共和国药品管理法》贯彻执行情况的报告。会议批准区人民检察院《关于对个别人大代表采取强制措施的报告》的决定，表决通过《张家界市武陵源区优秀人大代表评选办法》及《张家界市武陵源区办理人大代表建议工作先进单位和先进个人评选办法》。区人大常委会主任许忠亮，副主任彭玉周、胡金堂、戴云峰、姚国军出席会议，副区长李红列席会议。

5月31日，受市人大常委会副主任、武陵源区委书记朱用文委托，区委副书记、区长郑小胡在青和锦江酒店二楼1号会议室主持召开区委常委会2017年第14次（扩大）会议。会议专题听取关于迎接省委脱贫攻坚工作大督查的情况汇报，就省委脱贫攻坚督查组到武陵源区开展脱贫攻坚督查工作进行全面安排部署。

6月

6月2日，市委常委、市委组织部部长艾可知率市水利局、市防汛办等单位负责人一行到武陵源检查指导全区防汛工作。武陵源区委副书记、区长郑小胡，区委常委、区委组织部部长高志军，副区长万齐坤等陪同检查。

6月4日，常德市人大常委会副主任戴君耀带领桃花源旅游管理区管委会考察团一行到武陵源区考察交流。张家界市人大常委会副主任、武陵源区委书记朱用文，副区长秦进廷、杨勇陪同考察。

△晚上8时，区委副书记、区长郑小胡主持召开省委省政府脱贫攻坚大督查武陵源区见面会。省委省政府督查组组长、省委组织部副部长蔡建和及督查组其他成员出席，市人大常委会副主任、武陵源区委书记朱用文出席并作情况汇报。

6月6日，区委副书记、区长郑小胡主持召开武陵源区政府与旺旺集团项目投资座谈会。副区长秦进廷参加座谈会。

6月8日，市人大常委会副主任、武陵源区委书记朱用文在区政府5楼会议室主持召开区委常委会2017年第15次会议，传达学习中央、省、市防范处理邪教工作及全市“六城同创”动员大会精神，审议《张家界市武陵源区脱贫攻坚大督查反馈问题整改方案》《区直机关科级非领导职务配备办法》，研究有关区管干部党纪处分事宜。

△区委副书记、区长郑小胡主持召开武陵源区政府总第七届第12次常务会议，学习传达全省环境治理战役“夏季攻势”动员会议和市领导在防汛工作督察座谈会上的讲话精神，听取全区突出环境问题整治、省脱贫攻坚督察问题整改及食品安全工作情况，研究参战退役人员“5·23”赴市集访情况，研究并审议索溪水厂提质改造项目工程量变更有关情况。

6月10日，首个“文化和自然遗产日”启动活动暨中国世界自然遗产推进会在湖北神农架召开。武陵源区委副书记、区长郑小胡，区委副书记、张管局党委副书记、常务副局长向绪杰参加会议。

6月12日，武陵源区召开“两学一做”学习教育常态化制度化工作推进会。市人大常委会副主任、区委书记、张管局党委书记朱用文出席会议并讲话。

6月14日，区委副书记、区长郑小胡主持召开武陵源区政府总第七届第13次常务会议，学习传达省、市“两权”抵押贷款工作会议精神，听取国家土地例行督察有关情况，研究并审议《张家界市武陵源区创建国家生态文明示范区实施方案（送审稿）》《张家界市武陵源区创建国家卫生城市实施方案（送审稿）》。

△武陵源区召开市纪委移交的关于省委省政府脱贫攻坚工作督查发现问题线索集中交办会。区委常委、区委组织部部长高志军，区委常委、区纪委书记，张管局党委委员、纪委书记王磊出席会议。

6月15日，武陵源区文风土地收储第一期协议签订和腾房让地动员大会召开。会议由区委常委、常务副区长侯铁夫主持，市人大常委会副主任、武陵源区委书记朱用文出席并讲话。

6月16日，区委副书记，张管局党委副书记、常务副局长向绪杰主持区召开武陵源区“六城同创”暨2017年旅游行业诚信评定工作推进会。市人大常委会副主任、武陵源区委书记朱用文出席会议并讲话。区委副书记、区长郑小胡作“六城同创”工作主题报告。

6月18日，全国政协常委、北京大学光华管理学院名誉院长、著名经济学家厉以宁到武陵源核心景区参观考察。

6月21日至28日，张家界市武陵源区领导干部综合能力提升培训班在浙江大学玉泉校区举行。全区共50余人参加第一期培训班学习。

6月28日，市委常委、市纪委书记袁美南一行到武陵源区督查脱贫攻坚问题线索处置情况。区委常委、区纪委书记王磊就武陵源区收到市纪委交办的问题线索调查处理情况进行专题汇报。市人大常委会副主任、武陵源区委书记、张管局党委书记朱用文参加会议并讲话。

△湖南省张家界旅游文化广告创意基地项目评审会在武陵源区召开。武陵源区委常委、常务副区长侯铁夫出席会议并致辞。

6月29日，市委副书记刘革安深入武陵源区就核心景区体制改革情况进行调研。市区领导欧阳斌、向绪杰、侯铁夫、王磊、秦进廷参加调研。

△2017第二届中国张家界民俗文化活动月暨首届国际网红直播旅游节开幕式“千人狂欢大摆手”活动在武陵源核心景区水绕四门拉开序幕。市区领导刘革安、欧阳斌、李培其、向绪杰、侯铁夫参加启动仪式。

△市委常委、市委组织部部长艾可知到武陵源区走访慰问老党员和先进模范党员，为他们送上节日的祝愿和慰问金。区委常委、区委组织部部长高志军陪同慰问。

6月30日上午，武陵源区人大常委会主任许忠亮到索溪峪街道慰问百岁党员陈昌玉和胡秀井，为他们送上节日的祝福和慰问金。

7月

7月1日，市人大常委会副主任、武陵源区委书记朱用文先后走访慰问模范党员邓耀华和困难党员毛善德，为他们送上节日祝福和慰问金。区委常委、区委组织部部长高志军陪同慰问。

7月4日下午，市委书记、市人大常委会主任虢正贵到张家界武陵源风景名胜区和国家森林公园管理局，就深入开展“两学一做”学习教育进行调研指导。市委常委、市委组织部部长艾可知，市人大常委会副主任、武陵源区委书记、张管局党委书记朱用文，武陵源区领导郑小胡、向绪杰、张炎、高志军、张德献、王磊、秦进廷参加调研。

7月7日，市人大常委会副主任、武陵源区委书记朱用文在区人大一楼会议室主持召开区委常委会2017年第16次（扩大）会议，传达学习市委书记虢正贵调研指导张管局党委“两学一做”学习教育时重要讲话精神、刘奇葆在湖南省调研时的讲话精神、市委人才工作领导小组会议精神、市委干部教育工作领导小组会议暨党性教育基地建设研讨会精神、全市干部监督工作会议精神，安排部署迎接国务院扶贫开发领导小组脱贫攻坚巡查工作，研究深化改革及“两学一做”学习教育常态化、制度化工作，审议《关于举办全区领导干部学习贯彻党的十八届六中全会精神专题培训班的通知》。

△武陵源区召开迎接国务院扶贫开发领导小组脱贫攻坚巡查工作部署会。市人大常委会副主任、武陵源区委书记朱用文，区委常委、区委组织部部长高志军出席会议，副区长万齐坤主持会议。

△区委副书记、区长郑小胡主持召开武陵源区政府总第七届第14次常务会议，听取关于国务院扶贫开发领导小组脱贫攻坚巡查精神传达贯彻有关情况汇报、关于武陵源区索溪河生态补水实施方案情况汇报和武陵源区重点项目建设责任制考核及奖励办法修订有关情况汇报，审议《武陵源区深化供销合作社综合改革的实施意见（送审稿）》，研究调整核心景区居民生活保障金和恢复发放天子山街道办事处工作人员乡镇工作补贴等事项。

7月13日，市委常委、市委组织部部长艾可知深入武陵源区，就“两学一做”学习教育和服务全域旅游“创三优”工作开展情况进行调研。武陵源区委副书记吴俞萍，区委常委、区委组织部部长高志军参加调研。

7月14日，区委副书记、区长郑小胡主持召开武陵源区政府总第七届第15次常务会议，学习传达省、市安全生产工作会议精神，听取并研究全区棚户区改造“夏季攻势”、上半年经济形势、安全生产工作，研究审议《张家界市武陵源区城区道路机动车临时停放管理办法（草案）》《张家界市武陵源区安全生产奖惩办法（草案）》，研究中湖、天子山集镇污水处理厂建设等事项。

△武陵源区政府与湖南省国际工程咨询中心有限公司签订战略合作框架协议书。区委副书记、区长郑小胡出席签约仪式。

7月17日，市政协党组书记、主席汪业元带队到武陵源区就“区处合一”运行机制课题进行调研。市人大常委会副主任、武陵源区委书记、张管局党委书记朱用文，市政协副主席褚新年出席调研座谈会。

7月20日，市人大常委会副主任、武陵源区委书记朱用文主持召开区委常委会2017年第17次（扩大）会议，传达学习市委工作会议精神，听取武陵源区上半年全区经济运行、财政收支、旅游形势、农村环境综合整治、核心景区移民搬迁、城镇提质升级、巩固脱贫成果、全面小康社会建设等情况汇报。

7月21日，市人大常委会副主任、武陵源区委书记朱用文主持召开区委常委会2017年第18次（扩大）会议，会议传达《关于学习贯彻习近平总书记重要批示精神进一步做好防汛抗灾救灾工作》《中共中央办公厅国务院办公厅关于甘肃祁连山国家级自然保护区生态环境问题督查处理情况及教训的通报》精神，讨论区委五届四次全体（扩大）会议方案（审议稿）、《关于贯彻落实〈关于在“锦绣潇湘”全域旅游基地建设中发挥龙头作用的意见〉的实施意见（审议稿）》《张家界市武陵源区深化供销合作社综合改革的实施意见（审议稿）》，听取统计工作和高学历人才引进情况汇报，研究有关人事任免、干部问题处理等。

7月24日，武陵源区举办学习贯彻十八届六中全会精神培训班暨区委学习中心组第三次集中（扩大）学习。市人大常委会副主任、武陵源区委书记、张管局党委书记朱用文作开班讲话暨“两学一做”专题党课辅导。

7月25日，市纪委第二巡察组正式进驻武陵源区并召开工作会议。

7月27日，市人大常委会党组副书记、副主任，市总工会主席陈红日一行到张家界国家森林公园金鞭溪景区开展夏季“送清凉”活动。武陵源区委副书记，张管局党委副书记、常务副局长向绪杰，张管局联合工会主席张交通参加活动。

△区委副书记、区长郑小胡主持召开武陵源区政府总第七届第16次常务会议，传达学习全省脱贫攻坚巡查整改工作会议精神，听取并研究全区生态保护红线划定、绩效评估工作情况，研究审议《张家界市武陵源区环境保护“夏季攻势”实施方案（草案）》《张家界市武陵源区突发事件总体应急预案（草案）》《张家界市武陵源区公共租赁住房分配和运营管理实施细则（草案）》，专题学习政府系统廉洁从政和遗产保护政策。

7月28日，武陵源区七届人大常委会第四次会议召开。会议听取和审议区人民政府2016年度财政决算、2017年上半年财政预算执行情况、2016年度预算执行情况和其他财政收支审计工作报告以及2017年上半年国民经济和社会发展计划执行情况报告，听取区人民政府贯彻实施《湖南省农村扶贫开发条例》情况的报告，通过对区人民政府副区长丁运来、区林业局局长邓众望两名同志的任命。

8月

8月1日，市委常委、常务副市长罗智斌到武陵源区就抗旱救灾及全面推行河长制工作进行调研。区委副书记、区长郑小胡陪同调研。

△市人大常委会副主任、武陵源区委书记朱用文在区政府5楼会议室主持召开区委常委会2017年第19次会议，传达学习习近平总书记在深度贫困地区脱贫攻坚座谈会上的重要讲话精神、习近平总书记在省部级主要领导干部专题研讨班上的重要讲话精神，听取全区抗旱救灾工作、保密工作及统战工作情况，研究武陵源区生态红线划定工作，审议《武陵源区环境治理战役“夏季攻势”实施方案（讨论稿）》，通报二季度农村环境综合整治行动督查结果。

8月2日，区委副书记，张管局党委副书记、常务副局长向绪杰主持召开武陵源区旅游市场秩序整治暨“平安满意在张家界”专项工作会议。

8月3日，区委副书记、区长郑小胡深入核心景区开展“双联双解六攻坚”和服务全域旅游创“三优”活动。区领导向绪杰、张德献、李湘耀、杨勇、秦进廷、张瑛参加活动。

8月7日，市政府督查组到武陵源区就市政府第6次至13次常务会议交办工作、人大代表建议和政协委员提案办理工作、市政府工作报告任务落实情况进行督查。

8月8日，区委副书记、区长郑小胡主持召开武陵源区政府总第七届第17次常务会议，传达学习全省教育扶贫工作电视电话会议和全省教育脱贫攻坚工作推进会议，市委常委、常务副市长罗智斌，副市长邹菊芳督查武陵源落实河长制和抗旱救灾讲话精神，听取并研究全区推进河长制、行政许可标准化及索溪峪污水处理厂特许经营补充协议编制等工作情况。

8月10日，副市长欧阳斌带领市委宣传部、市政府办、市旅外委、市发改委、市交通局、市公安局、张旅集团等部门主要负责人到武陵源区现场办公，研究解决武陵源区旅游发展的相关问题。区领导郑小胡、向绪杰、彭玉周、秦进廷等参加会议。

8月11日，区委副书记、区长郑小胡主持召开武陵源区政府总第七届第18次常务会议，传达学习全市落实中央环保督察问题整改工作会议、全市脱贫攻坚巡查整改暨年度脱贫任务攻坚会议精神，听取并研究启动《武陵源风景名胜区总体规划（2005—2020）》评估修编工作情况，研究并审议武陵源游客服务中心项目工程量变更、《武陵源游客服务中心项目建设补充协议（审议稿）》、《索溪水库中央环保督察问题整改方案（草案）》。

8月16日，副省长隋忠诚到武陵源区调研脱贫摘帽工作，并召开全省脱贫摘帽对标交流会。市领导虢正贵、王志刚、刘革安、朱用文、谢振华，区领导郑小胡、吴俞萍、张德献参加调研。

8月17日，区委副书记、区长郑小胡主持召开武陵源区政府总第七届第19次常务会议，传达学习2017年全省第二次易地扶贫搬迁工作推进会和全省脱贫摘帽对标交流会精神，听取全区棚户区改造工作、政府性债务、消防工作情况，研究并审议《S248插旗峪—分水岭公路建设项目（武陵源段）房屋征收补偿安置方案（讨论稿）》《张家界群盛车技表演馆项目投资协议（审议稿）》《雪松·张家界武陵源旅游小镇项目投资开发合作框架协议（送审稿）》。

8月18日，市人大常委会副主任、武陵源区委书记朱用文在区政府5楼会议室主持召开区委常委会2017年第20次会议，传达学习习近平总书记李克强总理关于四川九寨沟地震重要指示批示精神、隋忠诚副省长在全省2017年脱贫摘帽工作推进会上的讲话精神、宁乡县防汛救灾责任追究情况及其教训的通报，听取“六城同创”及2017年绩效评估工作情况的汇报，审议恢复发放天子山街道办事处工作人员乡镇工作补贴事项，研究有关干部违纪处理问题。

△“欢乐潇湘快乐武陵源”2017年“邮政杯”全区大型群众文艺会演在魅力湘西大剧院举行。

8月22日，以“世界遗产地·绝版武陵源”为主题的2017年张家界旅游产品推介会在呼和浩特举行。市人大常委会副主任、武陵源区委书记朱用文参加推介会。

8月23日，砂石画“百米长卷绘武陵”启动仪式在武陵源水绕四门广场隆重上演。“砂石画”创始人李军声现场创作。活动通过网红直播向全世界进行发布与传播。

8月24日，市人大常委会副主任、武陵源区委书记朱用文率团到内蒙古自治区兴安盟阿尔山市，宣传介绍张家界武陵源景区旅游，了解学习阿尔山市旅游基础设施建设、旅游城市管理等旅游业发展经验。

△区委副书记、区长郑小胡主持召开武陵源区政府总第七届第20次常务会议，学习传达张家界市中央环保督察反馈意见整改工作推进会议精神，听取并研究2017年全区卫生和计划生育、信访维稳、农村环境综合整治、安置房源建设等工作情况，听取并审议《张家界市武陵源区长途客运班线实名制工作方案（讨论稿）》。

8月28日，市人大常委会副主任、武陵源区委书记朱用文在区政府5楼会议室主持召开区委常委会2017年第21次会议，传达学习全市党校工作会议精神，省、市秘书长工作会议精神，全市深化改革工作会议精神和市委巡察工作动员部署会、市纪委派驻机构全覆盖工作会议精神，听取文风一期拆迁工作有关情况的汇报。

8月30日上午，广西北海市人大常委会一行到武陵源区考察学习旅游监管和旅游投诉快速处理机制管理经验。区人大常委会主任许忠亮陪同。

9月

9月1日，区委副书记、区长郑小胡主持召开武陵源区政府总第七届第21次常务会议,听取全区“六城同创”工作情况汇报，全区地方史志工作、天子山红色文化教育基地建设及全区文物工作情况汇报，全区招商引资和开放型经济情况汇报。

9月4日至5日，武陵源区举行世界自然遗产能力建设培训暨区委学习中心组2017年第五次集中(扩大)学习。

9月5日，市委书记、市人大常委会主任虢正贵深入武陵源区就旅游接待和部分项目建设情况进行实地调研。市人大常委会副主任、区委书记朱用文陪同调研。

9月9日至10日，国家林业局副局长李树铭、湖南省林业厅党组书记胡长清到武陵源区核心景区调研森林防火工作。

9月12日，张家界武陵源风景名胜区和国家森林公园管理局与江西庐山风景名胜区管理局签订缔结友好景区协议书。

9月13日，“精准扶贫在三湘”网络主题活动走进武陵源区，70多名全国网络媒体记者、省市网信办代表和网络名人到武陵源区采访报道精准扶贫工作。

9月15日，市人大常委会副主任、武陵源区委书记朱用文在区政府五楼会议室主持召开区委常委会2017年第22次会议，传达学习中央、省委关于市县党委建立巡查制度有关文件和王岐山书记在湖南调研讲话精神，全省加强县乡人大工作和建设推进会精神，全市党的十九大信访维稳安保动员会议精神，全市综治信息化和公安“四大中心”建设工作现场推进会精神，听取迎接中共十九大信访维稳安保工作情况、峪园公路经营权收回相关问题及纪检体制改革工作的情况汇报，研究有关干部人事任免及干部处分问题。

△区委副书记、区长郑小胡主持召开武陵源区政府总第七届第22次常务会议，研究审议《张家界市武陵源区政府投资管理办法(草案)》，听取武陵源区2018年政府投资项目前期工作部署情况汇报，传达《做好十九大信访工作迎接党的十九大胜利召开》文件精神，听取十九大安保方案情况汇报，研究政府投资管理、2018年项目储备、十九大安保等工作。

9月18日，浙江大学·武陵源区领导干部综合能力提升培训班(二期)开班仪式在浙江大学玉泉校区图书馆举行。区委副书记、区长郑小胡作动员讲话。

9月21日，在张家界市第三次重大招商项目签约仪式上，武陵源区人民政府与深圳市群盛投资有限公司，广州雪松文化旅游投资有限公司成功签约两个投资项目，合计投资总额52亿元。市人大常委会副主任、武陵源区委书记朱用文出席签约仪式。

△区委副书记吴俞萍在国宾酒店3楼多功能厅主持召开贺晓英先进事迹武陵源区报告会。

9月28日，市人大常委会副主任、武陵源区委书记朱用文在区政府5楼会议室主持召开区委常委会2017年第23次会议，专题研究部署国庆中秋假日旅游接待工作，传达学习省委省政府关于做好2017年国庆节和中秋节期间有关工作的通知精神，听取区旅工委办公室有关情况的汇报。

△区委副书记、区长，张管局党委副书记、局

长郑小胡主持召开武陵源区 2017 年国庆中秋假日旅游接待工作会议。市人大常委会副主任、武陵源区委书记、张管局党委书记朱用文出席会议并讲话。

9 月 29 日晚，区委副书记、区长郑小胡主持召开武陵源区政府总第七届第 23 次常务会议，听取《张家界市集镇和村庄村(居)民建房管理办法》实施意见(审议稿)起草情况说明汇报，传达市政府第 23 次政府常务会议精神，并就遗产保护、信访维稳、环保督察、法治政府、预算支出、民族宗教等工作进行研究部署，传达贯彻省安委办《关于认真做好国庆期间安全生产工作的通知》文件精神，安排部署全区第四季度重点工作，研究武陵源风景名胜区总规修编、区一中建设发展等问题。

10月

10 月 2 日，市人大常委会副主任、武陵源区委书记朱用文深入核心景区，就国庆中秋假日旅游接待工作进行督查。

10 月 4 日上午，市委副书记、代市长刘革安带领市政府、市旅外委、交通、公安、交警等部门负责人到武陵源区检查国庆中秋假日期间旅游接待工作。市人大常委会副主任、武陵源区委书记朱用文，区领导郑小胡、向绪杰、吴俞萍、侯铁夫、秦进廷陪同检查。

10 月，张家界市创建国家森林城市工作通过验收。10 月 10 日，国家林业局授予张家界“国家森林城市”。

10 月 11 日，市人大常委会副主任、武陵源区委书记朱用文在区人武部三楼会议室主持召开区委常委会 2017 年第 24 次会议，传达学习省、市巡视巡察工作电视电话会议精神，听取全面深化改革、区残疾人联合会、区慈善总会、老干部工作等有关情况的汇报，审议《关于〈张家界市集镇和村庄村（居）民建房管理办法〉的实施意见（审议稿）》。

10 月 13 日，武陵源区“欢歌颂党恩·喜迎十九大”歌咏大赛在魅力湘西大剧院举行。区委副书记、区长郑小胡宣布歌咏大赛正式开始，区委副书记吴俞萍致辞。

10 月 15 日，区委副书记、区长郑小胡接受新湖南客户端记者采访，亮出全区旅游产业提质升级“成绩单”，向中共十九大献礼。

10 月 18 日，区委副书记、区长郑小胡主持召开武陵源区政府总第七届第 24 次常务会议，研究分析 2017 年第三季度全区经济形势等工作，传达全市创建国家卫生城市调度会、全市项目建设和棚户区改造及控违拆违工作推进会、全市创建国家食品安全示范城市工作推进会精神。

10 月 19 日，市委常委、市委统战部部长田华玉一行到溪布老街文化旅游有限公司党支部指导服务全域旅游创“三优”工作。区委常委、区委统战部部长陈贤德陪同调研。

10 月 20 日，市人大常委会副主任、武陵源区委书记朱用文在区人武部三楼会议室主持召开区委常委会 2017 年第 25 次会议，传达学习全市项目建设、棚户区改造和控违拆违工作推进会议精神，听取武陵源区第三季度重点项目建设情况及全区棚户区改造工作情况汇报，传达学习全市国家食品安全示范城市创建工作推进会精神及贯彻落实情况，听取武陵源区创建国家食品安全示范城市情况汇报，听取关于脱贫攻坚巩固工作的情况汇报及关于全面建设小康社会工作情况的汇报。

10 月 23 日，市委副书记、代市长刘革安带领市国土、交通、规划、经投、住建等部门负责人深入张花高速西出口文化广场项目、杨家界大道和杨家界门票站改扩建工程等建设现场，就重点项目的建设情况进行调研。区领导朱用文、郑小胡、李湘耀、秦进廷参加调研。

10 月 25 日，市委常委、市纪委书记袁美南到武陵源区开展巡察工作督查和调研。市人大常委会副主任、武陵源区委书记朱用文，区委常委、区委组织部部长高志军，区委常委、区纪委书记王磊参加督查和调研。

10月27日，市人大常委会党组副书记、副主任、市总工会主席陈红日到索溪峪街道调研督导人大工作。区人大常委会主任许忠亮陪同调研。

10月29日，武陵源区召开传达学习中共十九大精神会议。市人大常委会副主任、武陵源区委书记、张管局党委书记朱用文出席会议并讲话，区委副书记、区长，张管局党委副书记、局长郑小胡主持会议。

11月

11月1日至2日，"喜庆十九大美丽乡村行"2017全市百名文艺家采风活动走进武陵源区。区委副书记吴俞萍出席联谊活动并致辞。

11月5日上午9时，"多彩马拉松·醉美武陵源"2017年张家界山地马拉松在武陵源区标志门广场拉开帷幕。市人大常委会副主任、武陵源区委书记朱用文宣布开幕。

11月6日，2017年武陵源区科级干部培训班开班仪式在区委党校举行。区委副书记、区委党校校长吴俞萍出席开班仪式并讲话。

11月7日，区委副书记、区长郑小胡主持区召开武陵源区脱贫攻坚工作督办调度会。市人大常委会副主任、武陵源区委书记朱用文出席会议并讲话。

△张家界市创建省级园林城市通过检查验收。

11月8日，市人大常委会副主任、武陵源区委书记朱用文主持召开区委常委会2017年第26次会议，听取六大片区、十个指挥部重点项目进展情况和督查情况的汇报，研究区残疾人联合会换届人事安排及人事任免事项。

11月9日，武陵源区委副书记、区长郑小胡主持召开区政府总第七届第25次常务会议，听取全区2017年主要经济指标及统计工作相关情况和2017年1月至10月全区省市绩效评估指标完成情况汇报，会议审议通过《张家界市武陵源区城乡医疗救助实施细则》和《张家界市武陵源区城乡困难群众临时救助实施细则》，研究棚户区综合整治、核心景区移民搬迁等工作。

11月10日，武陵源区人民检察院驻区环保分局检察联络室挂牌成立。

11月13日，武陵源区委常委、常务副区长侯铁夫率旅游、发改、城管、人社等单位负责人赴云南调研旅游综合管理建设情况。

11月15日，省委法治建设考核验收组一行对武陵源区申报全国"法治建设先进区"创建工作进行检查验收。区委常委、区委政法委书记秦永辉陪同检查并参加汇报会。

11月16日，武陵源区人民检察院驻区食品药品监督管理局检察联络室挂牌成立。

11月17日，"一带一路"主流媒体聚焦"锦绣潇湘"大型主题采访团走进武陵源，聚焦旅游发展。武陵源区委副书记吴俞萍，副区长秦进廷参加活动。

11月23日，区委副书记、区长郑小胡主持召开武陵源区政府总第七届第26次常务会议，传达贯彻省委书记杜家毫来张家界调研指示精神和市州委书记幻真会议精神，省委书记杜家毫和省委副书记、省长许达哲关于全省城乡义务教育一体化推进会议精神，全市重点项目观摩会议精神，全省产业扶贫会议精神及全省脱贫攻坚视频会议精神，通报省政府2017年重点工作综合督查反馈会情况，审议通过《张家界市武陵源区政府投资管理办法》，研究深化文化市场综合执法改革等工作。

11月24日，市委宣讲团党的十九大精神报告会在武陵源区召开。市委讲师团主任刘明成作宣讲报告，市人大常委会副主任、武陵源区委书记朱用文主持报告会。

11月28日，武陵源区党外干部学习贯彻党的十九大精神培训班开班。区委副书记吴俞萍出席开班仪式并讲话，区委常委、区委统战部部长陈贤德主持开班仪式。

11 月 29 日，2017 溶洞保护与灾害预防国际研讨会在武陵源区召开。市委常委、常务副市长罗智斌，区委常委、常务副区长侯铁夫出席会议并致辞。

12 月

12 月 4 日，受市人大常委会副主任、武陵源区委书记朱用文委托，区委副书记、区长郑小胡在区政府 3 栋会议室主持召开区委常委会 2017 年第 27 次会议，研究部署全区深化国家监察体制改革试点工作。

12 月 5 日，区委副书记、区长郑小胡主持召开武陵源区政府总第七届第 27 次常务会议，听取武陵源区 2018—2019 年项目库建设、推行家庭医生签约服务和健康扶贫工作、“五化”民政示范区创建工作情况汇报，原则同意推行“全域旅游贷”政银合作。

12 月 6 日，市人大常委会党组书记、常务副主任余怀民到武陵源区调研代表联系工作。市人大常委会副主任、武陵源区委书记朱用文，区人大常委会主任许忠亮陪同调研。

12 月 8 日，市人大常委会副主任、武陵源区委书记朱用文在区人武部三楼会议室主持召开区委常委会 2017 年第 28 次会议，听取关于召开武陵源区 2018 年“两会”、深化文化市场综合执法改革、2017 年度党风廉政建设工作、关于举办武陵源区科级干部学习贯彻党的十九大精神集中轮训班情况汇报，通报关于 2017 年第三季度农村环境综合整治“6+1”督查情况，审议并原则通过《关于进一步规范和落实党内报告工作制度的实施意见（审议稿）》和《张家界市武陵源区政府投资管理办法（审议稿）》。会议还研究了有关人事任免事项。

△武陵源区工商联获 2017 年全国“五好”（领导班子好、会员发展好、商会建设好、作用发挥好、工作保障好）县级工商联殊荣。

12 月 11 日，市人大常委会副主任、武陵源区委书记、张管局党委书记朱用文在纳百利酒店五楼会议室主持召开区委常委会 2017 年第 29 次（扩大）会议，传达学习省委十一届四次全体会议、省委常委会（扩大）会议精神、省政府第九次全体会议、市委常委会第 32 次（扩大）会议精神，听取各乡（街道）、部分区直单位及张管局有关工作情况的汇报，分析研判 2017年全区经济发展形势,研究讨论2018年经济工作。

12 月 12 日，区委副书记、区长郑小胡主持召开武陵源区政府总第七届第 28 次常务会议，传达学习全市脱贫攻坚工作调度督办会议精神，审议《2018 年政府工作报告（审议稿）》、区政府党组向区委常委会汇报的年度工作报告及区政府党组（扩大）会议方案、《2017 年国民经济和社会发展计划执行情况及 2018 年国民经济和社会发展计划（草案）的报告》《2017年财政预算执行情况和2018年财政预习（草案）的报告》，听取张家界世界地质公园迎接检查评估工作和《武陵源世界自然遗产迎接 43 届世界遗产大会审查工作方案》《武陵源区旅游产业公司增资扩容方案》工作汇报。

12 月 13 日，市人大常委会副主任、武陵源区委书记朱用文在区人武部三楼会议室主持召开区委常委会 2017 年第 30 次会议，传达学习中办、省委办公厅有关文件精神，听取区人大常委会、区政府、区政协、区人民法院、区人民检察院党组工作情况汇报，研究讨论并原则通过《政府工作报告（审议稿）》，审议通过《2018 年全区重点工程计划》，听取区两会有关工作准备情况的汇报。会议研究人事任免等其他工作。

12 月 19 日，中国人民政治协商会议张家界市武陵源区第六届委员会第二次会议召开。朱用文、郑小胡、向绪杰、许忠亮、余开平、陈贤德等区领导和区政协常委在主席台就座。大会应到委员 105 名，实到 88 名，请假 17 人，符合政协章程有关规定。余开平代表政协张家界市武陵源区第六届委员会常务委员会向大会作工作报告。

12 月 20 日，武陵源区第七届人民代表大会第二次会议召开。大会执行主席是：朱用文、郑小胡、向绪杰、吴俞萍、许忠亮、高志军、王磊、阳艳、彭玉周、胡金堂、戴云峰、姚国军。大会应到代表135人，因病因事请假4人，实到131人，符合法定要求。区委副书记、区长郑小胡向大会作政府工作报告。书面听取和审查《张家界市武陵源区2017年国民经济和社会发展计划执行情况与2018年国民经济和社会发展计划(草案)的报告》《张家界市武陵源区2017年度财政预算执行情况和2018年度财政预算(草案)的报告》《武陵源区环境保护工作报告》。区人大常委会主任许忠亮主持会议。

12月21日，武陵源区七届人大二次会议举行第二次全体会议。大会应到代表135名，因病因事请假7人，实到代表128名，符合法定要求。区委副书记、区长郑小胡主持大会。区人大常委会主任许忠亮、区人民法院院长梅中才、区人民检察院检察长李澧分别向大会作工作报告。会议表决通过《张家界市武陵源区第七届人民代表大会第二次会议选举办法(草案)》。

△政协张家界市武陵源区第六届委员会第二次会议举行第二次全体委员会议，进行大会选举。区政协党组书记、主席余开平主持大会。经过无记名投票，会议补选政协张家界市武陵源区第六届委员会常务委员2名，唐蜜、祝超文当选为政协张家界市武陵源区第六届委员会常务委员。

12月22日，武陵源区七届人大二次会议举行第三次全体会议。大会应到代表135名，因病因事请假7人，实到代128名，符合法定要求。区委副书记吴俞萍主持大会。本次全体会议的主要议程是选举。大会首先表决通过总监票人、监票人、计票人名单。大会选举产生张家界市武陵源区监察委员会主任1名、张家界市武陵源区第七届常务委员会委员2名。选举结果为：王磊当选为张家界市武陵源区监察委员会主任；邹辉、钟高峰当选为张家界市武陵源区第七届人民代表大会常务委员会委员。

△武陵源区监察委员会挂牌成立，标志全区深化国家监察体制改革工作取得重要进展。

12月25日，武陵源区科级干部学习贯彻中共十九大精神第一期集中轮训班开班。区委副书记、区长郑小胡出席开班仪式并作动员讲话。

12月27日，市人大常委会副主任、武陵源区委书记朱用文在区人武部三楼会议室主持召开区委常委会2017年第31次会议，传达学习省委经济工作会议、市委七届四次全会和市委经济工作会议精神，听取武陵源区“四风”问题新表现的调研情况汇报，听取关于全市社会治安综合治理工作会议精神及贯彻意见的汇报，听取关于市州委书记和区县委书记抓基层党建工作调查核实的情况汇报。会议还传达听取湖南省市区领导干部产业升级创新驱动专题培训暨励志示范班精神、市经投公司和区旅游产业公司报表合并的情况汇报。

12月28日，区委副书记、区长郑小胡主持召开武陵源区政府总第七届第29次常务会议，传达学习省委经济工作会议、市委七届四次全会、市政府七届二次全会、市委经济工作会议精神，审议通过《2018年〈政府工作报告〉任务分解方案(草案)》，传达全市脱贫攻坚调度会议精神。

武陵源概况

Wulingyuan overview

武陵源是世界著名的旅游胜地，是湖南省的旅游龙头，拥有世界自然遗产、世界地质公园、国家第一个森林公园、全国文明风景旅游区、国家AAAAA级景区。2010年，被国际学术界命名为“张家界地貌”。独具特色的张家界地貌是武陵源世界自然遗产和世界地质公园主体，具有极高科学价值、美学价值和旅游价值。境内共有峰林3103丛，大型峡谷6条。

武陵源，史书上称为“禹甸之灵境”“赤县之奥区”，自古神秘莫测，是历代文人雅士歌颂向往的理想境地。早在唐代，诗人李白就有“功成拂衣去，归入武陵源”的向往，王维有“居人共住武陵源，还从物外起田园”的追求。把理想变为现实，是20世纪80年代。1984年，著名画家黄永玉最早将张家界、索溪峪、天子山3个景区合称“武陵源”。1985年年初，中共中央总书记胡耀邦将张家界、索溪峪、天子山三大景区命名为“武陵源”。1988年5月经国务院批准成立武陵源区，为张家界市辖区。

自然地理

【位置面积】 位于湖南省西北部的武陵山脉中部，隶属于张家界市，与永定、慈利、桑植三县区交界。东邻慈利县三官寺乡、阳和乡、许家坊乡。南抵永定区兴隆、禹溪、新桥、沙堤和合作桥五乡。西与永定区教字垭、桥头和桑植县瑞塔铺等乡镇接壤。北同桑植县竹叶坪、汨湖、空壳树三乡毗连。地处北纬29° 16′ 25″ ~ 29° 24′ 25″、东经110° 22′ 30″ ~ 110° 41′ 15″，总面积397.48平方公里，其中风景游览区面积264.6平方公里。区治军地坪。

【地形地貌】 属泥盆沉积地层，以红砂岩、石英岩为主，还有部分石灰岩地区，地势天子山最高，索溪峪最低，水流从天子山、森林公园流向索溪峪，构成地貌发育的差异。天子山为台地地貌，基本分为两层。上层在800米以上，是二叠纪泥质石灰岩；800米以下则是泥盆纪原层砂岩的石英砂岩，均成水平状分布。从地质剖面上看，表面的泥质石灰岩透水层溶蚀成许多溶洞和地下河。800米以下有很厚的石英砂岩不透水层，使地表水发育成由溶洞流出而形成瀑布。由于砂岩垂直节理发育，加之外营力的长期作用，从而出现两侧壁立的峡谷和板状石峰。再由板状石峰变成柱状石峰，先形成洞、桥，后断裂成柱峰。天子山尚处于地貌发育早期阶段。森林公园属地貌发育壮年期，在水流切割、侵蚀风化、崩落作用下，原来的台地变成众多的石峰。但部分地方仍保留原来台地风貌，它们同天子山基本同处一水平面。沿溪流的峡谷，与峰林形成几百米陡峭的高差，而独具景观特色。索溪峪属地貌发育后期，经过大自然亿万年风化、侵蚀、搬运作用，许多地方已夷为平地，保留下的山峰峰脚较大，因而视域开阔，且景区分散，加之居溪谷下游，形成较宽阔的冲积沙洲和土岗，其景区沿水流切割方向呈条状分布。

【土壤】 土壤的垂直分布地带明显，索溪峪东部、天子山南部海拔 500 ~ 1000 米的土壤多为黄红壤，母质石灰岩，碱性反应。西部（含森林公园）海拔 500 ~ 1000 米以上土壤为砂岩黄土壤，黄棕壤，母质石英砂岩，为砂岩的化合物，土壤疏松，酸性反应，缓坡为风化淤积土壤，土壤表层腐殖质积聚，有机质含量高，天然林发育良好。

【气象水文】 2017 年，武陵源区年平均气温 16.5℃，比历年平均 16.2℃偏高 0.3℃。年最高气温 41.8℃（7 月 27 日），年最低气温 -0.6℃（1 月 16 日）。年降水量 1466.8 毫米，比历年平均值 1445.3 毫米正常略偏多 1%，属正常水平。≥ 50.0 毫米的暴雨日数 2 天。

自然资源

【生物资源】 武陵源区属典型的中亚热带山原型季风湿润气候，生物多样性和垂直差异性十分明显，森林植被完整，野生动植物种类繁多。现境内森林覆盖率达 85.32%，并保存着两处原始次森林，为中国重要的古老孑遗生物的生长地区。境内植物物种多样性丰富，维管束植物达 192 科、689 属、1611 种（包括变种、变型）。其中藤类植物 38 科 77 属 215 种，裸子植物 5 科 7 属 12 种，被子植物 149 科 605 属 1384 种。天然林遍布景区的沟壑、峰林、坡岭；人工林以杉木为多，主要分布于森林公园，面积达 1133 公顷，人工马尾松林和檫树林等小块分散于各景区。境内陆生脊椎动物共有 50 科 116 种，其中包括《国家重点保护动物名单》中的一级保护动物 3 种，二级保护动物 10 种。武陵源动物世界中，较多的是猕猴，据初步统计为 500 只以上。大鲵，则遍布于溪沟、泉眼和深潭之中。境内有陆生脊椎野生动物 22 目 58 科 149 种，以鸟类居多，占种数的 46.9%；其次为兽类，占 28.9%；爬行类占 16.1%；两栖类占 8.1%。属国家一级保护的 3 种：豹、云豹、黄腹角雉；国家二级保护的 25 种：猕猴、短尾猴、苏门羚、穿山甲、黑熊、大灵猫、水獭、林麝、水鹿、豺、鸳鸯、鸢、雀鹰、松雀鹰、红腹角雉、白冠长尾雉、红腹锦鸡、褐翅鸦鹃、草鸮、斑头鸺鹠、短耳鸮、长耳鸮、虎纹蛙、大鲵。其中 18 种被列入《濒危野生动植物国际贸易公约》。属湖南省级保护的有獐、毛冠鹿、红嘴相思鸟等 54 种。还有脆蛇蜥、丽纹蛇、鱼游蛇以及索溪峪景区野人井内通体透明的盲眼鱼等奇异动物。

【水资源】 境内水资源十分丰富，溪流密布，有大小溪流 40 余条，主要靠降水补给，年均降水量 1380 ~ 1450 毫米，降水量随海拔升高而增加，天子山比军地坪年均降水量要多 10%。各月降水分布不均，集中在 4—7 月，降水日达 49 天，约占全年降水日 32%。强降水集中期为 5—7 月，降水量达 650 毫米，占全年总量的 46%，是洪灾易发期。12 月至次年 1 月降水少，约 56 毫米，仅占全年总量的 4%。据索溪峪土家族乡水文资料，20 年一遇的洪水量达 644 立方米 / 秒，50 年一遇的洪水量达 835 立方米 / 秒。每年的地表径流集中于汛期，占全年总水量的 74.3%。地上地下径流因地质不同而异。板页岩地层，易风化，无孔隙，透水性能差，多地表径流，少地下水；石灰岩、砂岩地层，内多孔隙，贮水丰富，为中等含水岩层，多溶洞、多伏流，降雨后地下径流大，地下水丰富，形成地下暗河和阴潭。建区后，为保护世界自然遗产，停止了对水资源的开发。

【矿产资源】 武陵源矿产资源蕴藏量较大，但都是贫矿，主要有景区内的石英砂岩（硅酸盐）、天子山顶的褐煤矿、景区外围的石灰矿（碳酸钙）和茅花界倒栽落的硫黄矿（硫化铁）等。建区前，为发展当地经济，时断时续开采和炼矿，产量不大，经济效益不高，石英砂岩被当作建材使用，硫黄基本上全部外销，石灰供本地建设和改良酸性土壤使用。褐煤品位低，热值不大，含硫量高，没有开采价值。建区后，虽然境内矿产资源潜在价值巨大，但为保护旅游资源和世界自然遗产，政府禁止探矿和采矿。

【土地资源】 境内以中低山丘陵地貌为主，系综合雨养农业区。农地可分为低山丘陵区、中山丘陵区和高海拔山区3个区域，人均耕地少，平均不足1亩。低山丘陵区有21个村，耕地1040公顷，一般在海拔300米以下，农业基础设施较好。主要种植水稻、红薯、马铃薯、大豆、油菜、蔬菜等，实行稻油轮作，是区内稻油主产区。中山丘陵区有16个村，耕地800公顷，一般在海拔300米以上，灌溉条件差，系雨养农业区，主要种植玉米、红薯、马铃薯、大豆、烤烟等旱土农作物。高海拔山区有5个村，耕地190公顷，一般在海拔500米以上，主要种植茶叶、耐寒水果等多年生经济作物。建区后落实退耕还林政策，农业资源逐渐萎缩。

【森林资源】 生态公益林面积为34917.9公顷，占国土总面积的87.8%，森林覆盖率为85.32%，其中核心区高达98%，林地用地中有林地占75.1%，灌木林地占10.2%，未成林地占1.2%，宜林地占1.7%，非林地占12%，活立木总蓄积量3343644立方米。公益林中幼龄林、中龄林、近龄林、近熟林、成过熟林所占比例分别为21.6%、58.5%、2.3%、11.9%、5.7%。武陵源优势树种为杉木、马尾松和阔叶树。2017年，全区林地面积35002.1公顷，占全区土地总面积的88.1%，其中有林地面积29805.4公顷，灌木林地4051.3公顷，未成林面积479.7公顷，宜林地665.7公顷，非林地面积4745.9公顷。森林覆盖率达85.32%，林木绿化率85.45%。活立木蓄积量达334.36万立方米，总立竹量54.99万根。

【旅游资源】 境内自然景观十分丰富，特色鲜明。主要有峰林、柱石、石寨、石桥石门、峡谷、溪流、湖瀑、泉潭、洞穴、高台田园、武陵松林、云海、日出、雪景等。峰林称雄斗奇，柱石拙倔秀俊，石寨险绝高远，石桥石门奇巧乖张，峡谷仄逼幽深，溪流丰沛跌宕，湖瀑明丽大气，潭泉生动恣肆，洞穴诡秘神奥，高台田园独具野趣，武陵松苍劲挺拔，云海日出壮观浩荡，雪景独具风韵。

（一）*峰林*。1986年4月至1988年10月，湖南省环境地质总站历时两年半，开展《湖南省武陵源砂岩峰林地质自然保护区区划及科学考察》工作。经航片判读统计，境内共有峰体3103个。峰体分布于500米至1100米，比高由20多米至400米不等。三五座独立峰柱或更多峰体相拥成群，构成峰林。峰林造型景体几乎达到完美无缺的程度，若人若仙，似禽似兽，百态千姿，栩栩如生。其数量之多，形态之奇，风神之美，天下独有。森林公园内有闺门倒影、幽峡幻境、天桥遗墩、蓬瀛仙境、前花园、三姊妹、层岩涌塔、五女拜帅、迷魂台、后花园等。索溪峪景区有西海、众仙拜观音、四十八将军岩、七姊妹峰、斋公湾峰林、十四罗汉拜宝峰、八龙献宝等。天子山景区有武士驯马图、点将台前峰林、神堂湾、五指松前峰林、神兵聚会等。杨家寨景区有群仙开宴、仙人数峰、五将把关、天门阵等。其中最出名的有迷魂台、云青岩、西海峰林等。

（二）*柱石*。境内造型奇异、神韵绝妙的独立峰柱、石柱或巨石数以千计，给人以高峻、坚韧、劲拔、俊秀、清瘦、憨厚、粗犷、丑拙、奇异之美感。其形态生动、突出并已命名的主要有金鞭岩、醉罗汉、文星岩、千里相会、天书宝匣、雾海金龟、夫妻岩、紫蛇峰、金交椅、转阁楼、寿星迎宾、采药老人、锦鼠观天、插旗峰、御笔峰、仙女献花、石船出海、将军岩、屈子行吟、玉玺峰、倚门望儿、锦鸡峰、八戒背妻、棒槌峰等187处。其中最有名的有金鞭岩、采药老人、御笔峰等。

金鞭岩位于森林公园金鞭溪内。溪南侧一峰拔地而起，高350米左右，似锥柱孤标挺立，上冲霄汉，雄伟异常。岩峰三面如刀切，壁面线条笔直，棱角分明。相传秦始皇持鞭赶山填海至此，鸡叫天明，山赶而不动，遂遗金鞭于此成岩。立峰东北60多米的溪畔仰视，峰色一日数变：拂晓，峰在烟云缭绕下，呈暗褐色；午时阳光直射，金辉熠熠；傍晚夕阳涂抹，峰似火红；晴夜月朗，峰体银光闪烁；若遇烟雨迷蒙，峰则隐约飘忽，如天穹砥柱。清乾隆《永定县志》称其“上插霄汉，晴辉雪积，最擅奇观”。

（三）石寨、石桥、石门。境内石寨、石桥、石门众多，为石英砂岩峰林地貌造就的自然奇观。石寨峰顶大多较为平坦，四周为崖，险峻非常，寨下沟谷密布，无路可通。若登其上，大都依崖攀援树藤而上。居高临下，四周风云动静尽收眼底。雄峙者有黄石寨、腰子寨，险峻者有乌龙寨、鹰窝寨、躲官寨、棕堡寨等。石桥造型雄伟者有森林公园境内的袁家界大石桥、奇巧者有天子山景区内的茶盘塌小石桥。石门有通天门、南天门、东天门、小龙门、小天门等。

（四）峡谷。境内深切峡谷纵横，密布如网，形态各异，景象万千，或张扬开朗，空阔大度；或仄逼幽深，神秘莫测；或吐清纳秀，清凉怡人；或藏珍匿奇，夺人魂魄。主要有金鞭溪—水绕四门—吴家峪、畲刀沟、十里画廊、百丈峡、董家峪、王家峪、黑槽峪、周家峪、矿洞溪峡、香芷溪峡、龙泉峡等12条峡谷。

（五）溪流。境内植被茂密，沟壑众多，这一独特的自然环境产生了无数溪涧，或长或短，或大或小，或奔泻，或细流，姿态各异，生机盎然。主要有金鞭溪、畲刀沟溪、索溪、矿洞峪溪、插溪、香芷溪、泗南峪溪、干溪、施家峪溪、王家峪溪、周家峪溪、黑槽峪溪、龙泉峪溪、琵琶溪、龙尾溪、网泉峪溪、香楠峪溪、黄龙泉溪等40余条溪流。溪中多鱼虾，又产娃娃鱼（大鲵）。境内最长、最美的溪流是索溪。

（六）湖瀑。境内有宝峰湖、索溪湖，皆为人工修造。虽为人造，却胜似天工。因湖位于奇峰环抱、绿树拥围之中，湖光山色，浑然一体。天子山顶有天池，为自然湖。境内瀑布众多，百态千姿，有鸳鸯瀑、天悬白练、三跌瀑、烟斗瀑、九天银练、龙泉瀑、九曲泻玉、吊篮湾瀑布、王岩洞瀑布、荷花瀑布、漂水岩瀑布、余家湾瀑布、夹湾瀑布、六月飘雪、百跌瀑、米花瀑布等30余处。其中以鸳鸯瀑布、烟斗瀑为最奇绝。境内最大的湖泊为索溪湖。

（七）潭泉。武陵源溪流遍布，形成了无数水潭，或大或小，大者如塘，小者如池。或深或浅，深则一泓玉绿，浅则亮丽可掬。其泉更是如星坠地，分布在景区山上山下和山根坡脚。主要有紫草潭、跳鱼潭、清心潭、白龙潭、八珠潭、缸钵潭、猪槽潭、清爽池、知音潭、鸳鸯泉、乌龙泉、白马泉、樟树泉、圆鼓泉、张龙泉、阳雀泉、仙女洞泉、茶杯泉、张公泉、黄龙泉、风响泉等20余处。最出名的潭是紫草潭。

（八）洞穴。景区东北面为大面积石灰岩溶地貌，蕴藏众多岩溶洞府。已发现探明的石灰岩溶洞、漏斗有30余个，洞洞藏奇纳秀，玄奥壮观。石英砂岩地貌因其特殊的地质构造很难形成洞穴，个别洞穴因自然风化、崩塌形成，当地人称之为“岩屋”。已知名的有黄龙洞、观音洞、野人井、夹人洞、乌龙洞、悬寺洞、骆驼洞、仙女洞、仙花洞、龟栖洞、水帘洞、双合洞、穿眼洞等。地理学家评论：“武陵源的岩溶景观，为整个东西亚地区岩溶景观的缩影。”其中以黄龙洞、观音洞、悬寺洞为最奇。

（九）高台田园。高台田园为武陵源风景区独具魅力的自然风光。大自然将山体分为两段，上段为峰为峦，至半腰突然平缓伸出一长溜台地，宽窄长短不一，宽则300米，窄处仅几米左右，长则4千米，短则百米不足，延续不断，逶迤缠绕在峰峦腰间。出台地则是悬崖峭壁，沟壑峡谷。台地上居住着土家人，木屋掩映在绿荫之中，炊烟缭绕，鸡鸣犬吠。夏末初秋，梯田水波泛绿，或大块橙黄，油菜花香；深秋季节，稻谷玉米，瓜果飘香。此外，还有高坡、沟谷田园。典型的有老屋场田园和袁家界田园。

（十）武陵松。武陵源石英砂岩峰林地貌，以其独特的地理、气候、土壤等自然条件，孕育、生长出数以万计顶翠抖绿的青松。1991年，经中南林学院著名植物学家祁承经教授鉴定，作为一个新的物种命名为“武陵松”。武陵松是武陵源的一大绝景，它生长在峰柱、悬崖之上，或傲然孑立，清俊秀美；或盘根拥抱，挺拔不屈；或龙身虬枝，坚韧苍劲。森林公园袁家界的黑枞垴、羊寨、松子岗、腰子寨，索溪峪景区的唐家山、卧龙岭、斋公湾，天子山景区的贺龙公园、点将台、神堂湾，杨家寨景区的乌龙寨、空中走廊等地都生长着大片武陵松。金鞭岩光秃的石顶上有一棵高不过4米、直径约10厘米的小松树，却枝丫卷曲，躯干刚劲。西海石林峰顶上一株高约6米的秃顶怪松，树根穿石插岩，树冠倒挂峭壁。

（十一）云海、日出、雪景。武陵源的云雾景观主要集中于夏季初秋，一般在阵雨或久雨初晴之后出现云海、云瀑等云霭景观。若阴雨连绵，时阴时晴，云海极少出现，然轻云薄雾，时而笼罩眼前，所有峰峦不见踪影；时而缠绵于沟壑之间，柔情万种；时而奔走于柱峰林阴之中，狂放不羁，瞬间消失。在天子山、黄石寨观云海，云涛漫涌于峰壑之间，峰柱沉浮，偶露峥嵘，如舰似艇，似堡如楼。若云凝雾结，白茫无际，偶尔几节峰峦探出，碧绿如洗，奇秀无比。

武陵源日出日落于三千奇峰之间，吐红吞玉，镶金抹银，灿烂夺目，魅力独具。最具特色的是在大观台观日出。大观台位于天子山景区茶盘塌，站在台上远望，台前空旷，峰峦如屏。夏秋晴日清晨，只见东边天际渐露鱼白，靠近天边的山峦一抹黑晕，依次淡化成黑蓝、瓦蓝。之后渐现红晕，与山峦边黑晕相融，如水彩浸润。不久，红晕慢慢扩大、加深，天空随之蓝亮，靠近的云被染成黑红、棕红，逐渐浅显亮丽。接着黑晕变细，红晕扩展，由深红变为血红、金红。这时，金黄色的太阳冉冉上升，起初如红唇一线，继而如镰，再而如半边金鼓。远近峰峦，依次清晰。右边的斜镶一抹金色，左边的依然如黛，层次格外分明、壮观。

武陵源雪景奇巧精致。每年正月和冬、腊月常见雪景，万千峰柱银装素裹，宛如巨形玉雕，一尊尊傲然挺立，清瘦练达，英气夺人。若遇日出，更是壮美。阳光映照，眼前的雪峰冰柱闪金流银，像打开千年宝库，光彩夺目。雪后放晴，常常出现云海，此时云海与夏日的云海相比，显得更纯洁、深沉。天子山、黄石寨顶常常出现雪凇、雾凇和巨大的冰挂、冰柱、冰帘。

境内有较丰富的人文景观资源，其内容以寺庙文化和旅游文化最为显著。

（一）寺庙遗址。武陵源地处永定、桑植、慈利三县区边陲，交通闭塞，文化落后，古时人烟稀少，民风古朴。景区腹地，雄峰林立，峭壁凌云，林阴蔽日，幽野神奇的山水是修行炼道的理想境地。明清以降，这里寺庙丛集，香火鼎盛，钟鼓之声，遥相呼应。名山古刹，相得益彰。方圆数十千米的范围内，拥有寺庙数十处。如中湖乡的回龙寺、永镇寺、牛落庵、保月庵、黄河庵、文昌庙、白马山庙、黑神庙等。天子山上有天子庙3座。森林公园内有朝天观、龙凤庵、清平寺、竭功庙、马公庙等。索溪峪有白虎庙、鹰窝庙、红岩寺、云台寺等。还有宝峰寺、镇江寺介于索溪峪镇和协合乡之间。这些寺庙经历兵乱和新中国成立后的破除，大多已毁，唯存遗址。规模较大的要数朝天观、龙凤庵、云台寺、黑神庙和天子庙。

（二）公园、亭阁。1982年以后，武陵源区除利用外围保护地带和景区空隙地建设宾馆等旅游服务设施外，还在景区内进行配套建设。对洞穴、湖、潭等加以整修、配套、加固，以便游览;修建亭、阁、公园、碑刻等,增添新的景观,有的还可供休憩、娱乐;建设景区公路、游道、索道、电梯、桥梁等。此外，还将景区内的几个旅客集散中心，逐步建设成为旅游城镇，形成新的人文景观。其建筑风格古朴自然，与周围环境和谐一体。

一些区位和景观相对独立，便于管理的景点建成公园，如贺龙公园、宝峰湖公园、猴园等；一些水库除保留原功能外还改成以游览为主的山中湖（如索溪湖、宝峰湖等）。亭阁中规模较大的有六奇阁、天子阁、水绕四门长廊、黄龙洞爬山廊、武陵源标志门等。其他随景点而建的亭台茶厅则达数十处。较典型的有张家界公园内的展卷亭、分北亭、土家圆木亭、夫妻亭、骆驼亭，宝峰湖公园的山歌亭、借鉴亭、数峰亭、清凉亭、抱瀑亭、三角亭、半山亭，还有宝峰茶厅、十里画廊茶厅、西海停轿亭以及以防火瞭望为主要功能的防火亭等。

（三）其他文化遗址。包括古墓、古石雕石刻以及官署民居等。古墓有汉留侯张良墓，明代锣鼓塌但氏墓和索溪峪文凤袁大杰墓等，古石雕石刻有天子山石雕水牛、刘霜环诗碑、百丈峡摩崖石刻等，官署有中湖明土司衙门、锣鼓塌明大庸所指挥使官署等,民居有索溪峪文凤邓家大院,中湖戴万卷屋场、金鞭溪清代彭士柏故庐等。（孙　超）

建置·区划·人口

【建置】 武陵源古属楚地，周后，地方行政一直隶属慈利，民国时期分属慈利、大庸。1949年10月，中华人民共和国成立后，武陵源的几个乡镇分别在其市县管辖下，成立了区乡村人民政权，经历了减租减息、清匪反霸、土地改革、社会主义改造、反右派斗争、“文化大革命”、改革开放、旅游开发等一系列政治经济事件。至1988年建区前，境内国营张家界林场（即今张家界国家森林公园，下同）、协合乡、中湖乡隶属湘西自治州所辖的大庸市（今永定区），索溪峪镇属常德专区所辖的慈利县，天子山镇属桑植县（1953年属大庸县，后属慈利县，1958年隶属桑植县）。（于　媛）

【区划】 2017年武陵源区辖4街道2乡（军地坪街道、锣鼓塔街道、索溪峪街道、天子山街道，中湖乡、协合乡），15个建制村、18个居委会。军地坪街道地处武陵源中心城区，下辖吴家峪、宝峰路、画卷路3个居委会、1个国有林场。锣鼓塔街道辖张家界、锣鼓塔、袁家界3个居民会及张家界国有林场。索溪峪街道辖喻家嘴、文风路、迎宾路、黄龙路、白虎堂5个居委会，双文、双星、田富、金杜4个村。天子山街道辖泗南峪居委会、向家坪居委会、天子山居委会、黄河村等4个村（居）。中湖乡辖青龙垭、鱼泉峪、定家庄、石家峪、三家峪、檀木岗6个村和杨家界、野溪铺2个居委会。协合乡辖李家岗、杨家坪、协合、黄家坪村4个村和插旗峪、龙尾巴2个居委会。（于　媛）

【人口】 武陵源区人口以土家族为主。

年末全区总户数19703户，户籍总人口55475人，其中男性27950人，女性27525人，男女性别比50 ∶ 49。总人口中非农业人口35893人，占总人口的64%。全区少数民族共52091人，其中土家族50963人、白族887人、苗族241人。全年出生人口801人，出生率为14.43‰。死亡人口708人，死亡率为12.76‰，自然增长24人，人口自然增长率为4‰。

2017 年人口数及其构成

表 1

指　标	年末数（人）	比　重（%）
全区总人口	55475	100
其中：男性	27950	50.38
女性	27525	49.62
其中：18 岁以下	12708	22.91
18—35 岁	12098	21.81
35—60 岁	21718	39.15
60 岁及以上	8951	16.13

（撰稿人：杜坤儒）

国民经济和社会发展

【经济总量增长】 2017 年，全年实现地区生产总值（GDP）560725 万元，同比增长 8.7%。其中，第一产业增加值 17614 万元，同比增长 3.8%；第二产业增加值 7297 万元，同比增长 2.9%；第三产业增加值 535814 万元，增长 8.9%。三次产业结构由上年的 3.5 ：1.4: 95.1 调整为 3.1 ：1.3 ：95.6。一、二、三产业对 GDP 增长的贡献率分别为 1.5%、0.5% 和 98.0%，分别拉动经济增长 0.2 个百分点、0 个百分点和 8.5 个百分点。（杜坤儒）

【旅游业增长】 2017 年，全区累计接待国内外游客 2632.53 万人次，同比增长 15.2%，其中：接待境外游客 176.4 万人次，同比下降 20.6%；接待过夜游客人数 1355.39 万人天，同比增长 22.1%；进武陵源核心景区团队 195.53 万人，同比下降 4.70 %；自助游 212.5 万人，同比增长 5.49%；民俗节庆及活动接待 56.2 万人次；户外及休闲接待合计 617.9 万人次。实现旅游总收入 2186978 万元，同比增长 21%。景区景点门票收入 152564.98 万元，同比下降 2.23%。全年，旅游活动丰富多彩。成功举办了无人机航拍摄影大赛、生态武陵源摄影大展、写意潇湘 · 中国写意油画学派张家界写生创作研究活动、第二届民俗文化活动月系列节会活动及冬季旅游营销系列活动；旅游宣传绘声绘色。参加省旅博会及旅游产业联盟大会；赴美国、加拿大参加“世界遗产、美丽中国”旅游推广活动等系列宣传促销活动。加大在央视、《人民日报》、湖南卫视、《湖南日报》等传统主流媒体进行旅游整体形象宣传力度；在湖南交通广播电台（FM90.5）开展交通导向宣传；在张花、常张高速公路沿线设置路线指示标牌；适时出台旅游群体优惠及免票政策，实施妇女节、重阳节、教师节、双 11、十万微友、武陵山片区 71 个县市门票优惠政策，及 500 人以上大型团队“10 奖 1”、淡季旅行社团队“10 免 1”等一系列优惠奖励政策。（杜坤儒）

【城镇建设提质升级】 强化规划引领，完成城区规划设计、协合乡总规、天子山专项规划编制，调整优化岩门片区规划。强化规划执行，规范农村建房，对违法建设“零容忍”，共拆除违法建设 4 万多平方米。完成武陵路、张清公路亮化，完成索溪河“三段”亮化规划设计，推进军邸路、宝峰路等 7 条道路亮化。高云公园正式开园，高云桥西侧小公园、军邸路绿化提质升级全面完成，天马路绿化工程基本完工。岩门商贸城正式开业，城区农贸市场主体完工，宝峰路西侧、刘家里等五大片区综合整治稳步推进。

武陵路南侧等城中村改造接近扫尾，完成百花洲、文风等片区棚户区改造1722户27万平方米。岩门一街五街、天马路建成通车，未央路、玉泉路完成“白改黑”，索溪大道进展顺利，岩门大桥、天际桥主体完工。城区地下污水管网普查全面完成。实行“路长制”，扎实推进市容环境和道路交通秩序综合整治，优化城区交通组织规划设计，施划停车位502个，启动实施城区道路停车收费管理，成功创建国家森林城市。2017年年底，全区城镇建成区面积323公顷，绿地面积136.36公顷，绿化覆盖面积达144.54公顷，绿地率达42.21%，绿化覆盖率达44.74%。人均公共绿地面积达10.02平方米。绿化养护总面积达20611平方米，其中城区养护面积141131平方米、水岸养护面积27980平方米、通道养护面积37000平方米。城镇污水处理率达95%。（杜坤儒）

【农业农村不断发展】 推动美丽乡村建设，农村生产生活水平稳步提升。大力推进农村环境综合整治，投入资金3000多万元，完成整治项目60个，农村环境面貌大为改观。实施乡村标配建设，整合涉农资金1亿多元，完成项目61个，农村基础设施进一步完善。农业产业化步伐加快，超额完成“523”行动计划，大鲵养殖规模达15万尾，商品蔬菜基地达1万亩，协合菜葛基地获批国家农业标准化示范区，鱼泉贡米、清香葛粉荣获中国中部（湖南）农博会金奖。乡村旅游加快发展，完成乡村旅游发展规划、特色民宿客栈布局专项规划编制，制定野溪铺、插旗峪片区、张家界村3个示范点发展指导方案，开展星级特色民宿评定，民宿“五号山谷”“回家的孩子”持续走热，水木潇湘、镜立方、大庸秘境等一批特色民宿成为新亮点。巩固脱贫攻坚成果，顺利通过国家、省两轮抽检验收，成功举办全省脱贫摘帽对标交流会。

2017年全区实现农林牧渔业总产值30635万元，同比增长4%。全年农作物总播种面积5.82千公顷，同比增长3.01%。粮食播种面积3.18千公顷，同比增长3.92%；油料播种面积0.7千公顷，同比增长1.45%；蔬菜种植面积1.17千公顷，同比增长6.36%；瓜果种植面积4350千公顷，同比增长2.96%。全年粮食产量15354吨，同比增长1.68%，油料产量1620吨，蔬菜产量33031吨，同比增长24.48%。水果产量4350吨，同比增长2.96%，茶叶产量199吨，同比增长6.42%。出栏生猪3.4万头、牛0.32万头、羊0.44万只、家禽35.5万羽；肉类总产量达3698吨。圆满完成“523”行动计划任务，全区蔬菜基地面积达1万亩，总产量3.3万吨，产值0.7亿元。天子山剁辣椒蔬菜特色产业园被认定为2017年度全省现代特色产业园省级示范园，新认证“御笔峰”绿色水稻1000亩，扩展认证“鱼泉贡米”绿色食品1个，天子茶叶完成有机转换认证食品4个、有机茶园转换认证600亩，新增茶叶基地500亩。新增农村土地流转1639亩（累计达9934亩），新发展农民专业合作社10家（累计达89家）、家庭农场10家（累计达38家），新建水肥一体化设施210亩，地膜覆盖面积达5000多亩；推广稻田综合种养，创建“稻+鱼”“稻+鸭”实验示范基地1470亩，种植再生稻650亩。（张　闹）

【工业与建筑业增长平稳】 武陵源工业体量很小。全年全部工业增加值同比增长5.9%，规模工业销售产值3326万元，同比下降51.6%。全年实现建筑业增加值5045万元，同比增长0.8%。（王　琴）

【固定资产投资与项目建设】 2017年，全区共批复政府投资项目44个，备案企业投资项目24个，社会发展项目7个，共计75个项目。向上争取资金6320.5万元。全年实现全社会固定资产投资36.5亿元，同比增长18.4%，其中固定投资（不含农户）投资35.5亿元，同比增长44.5%；房地产开发投资完成1.06亿元，同比下降83.1%。全年实施5000万元以上项目23个，完成投资27.4亿元。其中，武陵源区天马路改建与绿化工程、武陵源区索溪峪镇岩门路网建设项目、岩门安置新村配套基础设施建设项目、张家界庄主会馆精品酒店项目、海王国际大酒店建设项目已经完成并投入使用；武陵山大道景区段建设工程、武陵源区桃花溪谷旅游开发建设项目、G241武陵源城区提质改造工程（市政道路）、环武陵源景区公路（南段）、武陵源插旗峪至分水岭公路工程等项目为武陵源区固定资产投资做了强大支撑，项目有序推进。武陵源宏源农贸市场提质升级改造建设项目顺利完工。（王 琴）

【财政收支增长】 2017年，全区实现财政总收入59367万元，同比增长12.6%，其中完成税收收入37333万元，占财政总收入的62.9%。国税收入20637万元，同比增长22.7%；地税收入16696万元，同比下降6.6%。地方财政预算收入41909万元，同比增长11.2%。政府性基金收入56505万元，同比增长127%。全年公共财政预算支出117846万元，同比增长2%，其中，一般公共服务支出18188万元，同比增长17%。政府性基金支出58319万元，同比增长188%，其中：社会保障和就业基金支出132万元，同比增长106%；城乡社区事务基金支出57684万元，同比增长196%;农林水事务基金支出46万元，同比增长24%;商业服务业等事务基金支出42万元;其他基金支出415万元，同比下降33%。（杜坤儒）

【社会事业全面进步】 科技：2017年全区专利申请27件，同比下降10%；当年发明专利申请量16件，同比增长45.5%，当年发明专利申请占比59%；实用新型7件；外观设计4件，发明授权专利3件，发明授权率37.5%。

教育：2017年年末全区共有中小学校12所，其中完全中学1所、九年一贯制学校2所、中心小学4所、片完小1所、村小及教学点4个。在校学生8680人，其中小学生4697人、初中学生2451人、普高学生943人、职高学生589人。小学教职工275人，其中专任教师271人；中学教职工292人，其中专任教师282人。幼儿园在园幼儿人数211人，小学适龄儿童入学率100%，高中阶段毛入学率90.27%，小学毕业生升学率100%。

文化：2017年，全区共有艺术表演团体8个，群众文化馆1个，公共图书馆1个，总藏书量3.5万册，放映农村公益电影540场，广播综合人口覆盖率99.5%，电视综合人口覆盖率99.5%，有线电视用户1.86万户。全区有文化产业经营单位120多家，文化相关产业法人企业60家，其中，规模以上文化产业法人企业4家。娱乐经营单位6家，艺术培训单位4家，电影放映经营单位1个，艺术品经营单位5家，网络经营单位9个，娱乐业经营单位6家，印刷（复印、打字社）经营单位7家等，从业人员达到800多人。

卫生：全区共有医疗卫生机构60个，其中：区直医疗卫生机构4家（区人民医院、区疾控中心、区妇幼保健计划生育服务中心、区卫生计生综合监督执法局），乡镇公立医疗卫生计生机构12家（乡镇卫生院2家、社区卫生服务中心4家、计划生育服务所6家），村卫生室26家，个体诊所13家，民营医院1家，景区医疗救护站4家。全区卫生工作人员239人，其中:执业医师和执业助理医师121个，注册护士76人。医院、卫生院共有床位286张，其中乡镇卫生院床位数86张。组织开展无偿献血集中招募活动22次，完成555人次。2006名农村适龄妇女享受了“两癌”免费检查，563名孕产妇接受免费产前筛查。（杜坤儒）

【居民收入增长】 2017年，全区城乡居民人均可支配收入21726元，同比增长8.9%。其中：城镇居民人均可支配收入27571元，同比增长8.7%。农村居民人均可支配收入12029元，同比增长9.5%。

（杜坤儒）

【资源环境和安全生产不断改善】 2017年末全区有27个市级生态村、5个市级生态社区、5个市级绿色小区、6所绿色学校、27家绿色宾馆。2017年，全区地表水水质总体良好，饮用水源水质达标率达100%，大气环境良好，优良天数达312天，空气质量达标率为92.3%。二氧化硫排放量为122吨，氮氧化物排放量为306吨，COD排放量763吨，氨氮排放量为90吨。年末全区共有国家级生态公益林51.34万亩，自然保护区4个，面积为1.556万公顷。全区年末活立木蓄积达314.95万立方米，森林覆盖率达85.32%。人工造林5200亩，封山育林1000亩，景区森林覆盖率达95%，全年无森林病虫害和火灾发生。

全年发生各类生产经营性安全事故6起，比上年净增3起；死亡2人，比2016年减少2人；受伤0人；直接经济损失3.74万元，比去年净减1.69万元。工矿商贸企业生产经营性安全事故死亡人数为0人。全年共发生非生产经营性事故27起，造成3人死亡、25人受伤，直接经济损失77.78万元，同比净增35.82万元。全年没有发生较大以上生产安全事故，安全生产形势总体稳定，获评省市安全生产工作先进区县。（杜坤儒）

【劳动就业增长】 2017年全区新增城镇就业903人，失业人员再就业100人，就业困难对象再就业50人，城镇登记失业率控制在2.88%以内，全区新增农村劳动力转移就业406人，全年共培训各类人员1527人，其中农民工和农村劳动预备制培训56人，创业培训218人，失业人员培训152人，企业职工培训201人，新办理发放“就业失业登记证”128本，“零就业家庭”援助动态清零，援助率100%。（杜坤儒）

【社会保障不断完善】 全年累计征缴基本养老保险费13500万元，其中企业养老保险征缴基金4432万元，机关事业单位养老保险征缴基金8701万元。全年失业保险基金征缴229万元，城镇职工医疗保险征缴基金5906万元，城乡居民医疗保险征缴基金2703万元，工伤保险征缴基金414万元，生育保险征缴基金180万元。全年发放城乡居民养老金720万元。机关事业单位养老保险参保人数5211人。城乡居民养老保险参保人数27900人，企业职工养老保险参保人数4598人，失业人员参保总人数8445人，新增407人。全年共计发放城乡低保资金1297.3555万元、临时救助资金支出220万元，现全区农村低保救助水平平均为211.5元/月，较2016年度161.8元/月提高了30.7%；城乡居民住院医疗救助1232人次，支出104.5万元，对自付费用较高且家庭特别困难的，通过大病医疗再行救助14人次，支出5.2万元，门诊救助218人次，共计2.5万元；全区现有特困供养人员418人，其中农村分散供养特困人员222人，分散城市供养特困人员68人，集中供养特困人员128人，自2017年1月1日起，实现农村分散供养特困生活补助标准3934元/年，城市分散供养特困生活补助标准6552元/年，集中供养特困人员补助标准12000元/年，全年共计支出特困供养资金290万元。2017年全年累计建成公租房60套、安置房192套（为景区移民搬迁），完成城市棚户区改造1157套（现都是货币补偿，只提供市场安置房源），发放住房租赁补贴1044户，资金264万元。完成审批风貌改造29户。（杜坤儒）

精神文明创建

【概况】 2008年，区精神文明建设指导委员会办公室（以下简称文明办）由区委宣传部代管，主要职责是：制定全区群众性精神文明建设活动规划，做好组织协调、督促落实工作；组织精神文明建设工作经验的交流推广，及时向区委、区政府和区精神文明建设指导委员会反映并提出建议；综合、协调、组织、指导全区开展创建文明单位、文明村镇、文明城市、文明景区、文明行业等活动和其他精神文明创建活动；负责组织、协调军（警）民共建和其他有关共建活动，承办区委、区政府、区精神文明建设指导委员会交办的其他事项。2017年，全区精神文明建设工作以培育和践行社会主义核心价值观为主线，以提升市民文明素质、城市文明程度和市民生活质量为目标，着眼于倡导和谐理念、培育和谐精神、传播和谐文化，努力在加强公民思想道德建设、树立文明风尚、推动城乡共建、融洽人际关系等方面取得实效，为推进全区“两个建成”目标的实现营造良好的社会环境。（毛艳艳）

【培育和践行核心价值观】 在交通主干道、景区门票站等人员集中地设置公益广告、宣传橱窗、高架广告、文明劝导引导牌，大力宣传中国梦，宣传传统美德，宣传生态文明，使社会主义核心价值观从理论殿堂走进广大群众，融入人的心灵和血脉。开展社会主义核心价值观“五进”（进机关、进社区、进企业、进农村、进学校）活动，引导全区广大干部群众立足本职，服务游客、服务群众。（毛艳艳）

【提升市民文明素质】 在军地坪街道画卷路社区开展城市社区精神文明创建试点工作。规范农家书屋、文化活动室，在公共活动场所添置健身活动器材、设置争做文明市民公益广告；落实市民文明素质提升活动，设置社区特色文化墙，让居民在生活中感受浓厚的文化氛围，促进邻里团结、和谐，增强居民“爱我家园”意识。通过全区6个重点示范村实施制定管理制度、开设道德讲堂、提质农家书屋、制作宣传标牌、开展文体活动、组建志愿队伍、评选创建典型等“七个一”措施，提高农民思想道德文化素质和农村社会文明程度。（毛艳艳）

【评选道德模范】 积极向中央、省、市推荐道德模范候选人及身边好人，先后有赵群娥等6人上榜2017年度“湖南好人”，陈自英被评为市级诚实守信道德模范，毛国友获提名奖。扎实开展区级道德模范评选表彰活动，共评选出邓昌华、李景军、谢傲萍、赵如秋、邓克云、张功祥、胡海云、余宗健、李伊舒、代春奇、柯立胜、唐娇、邓师勇、陈琳松等14名区级道德模范和胡婷婷、毛希兮、李源、熊婧怡、戴嘉桉、朱语晨、毛虹靓、伍佳欣8名道德小模范，使其成为全区人民可敬、可亲、可学的先进人物。通过在红网武陵源、武陵源新闻网开设“讲道德做好人”等专题专栏，深入学习宣传各级道德模范、身边好人的优秀事迹，积极倡导凡人善举、树立道德棒样标杆，弘扬社会正气，扩大影响力。（毛艳艳）

【旅游行业诚信评定】 抓好旅游行业诚信评定工作：通过评选旅游诚信景区景点、旅游诚信宾馆酒店、旅游诚信餐馆、旅游诚信购物点等，进一步提升旅游企业、旅游从业人员诚信意识，在旅游行业形成“讲诚信、守信用”的良好发展氛围。做好诚信企业的监督管理工作：探索开通“武陵源诚信企业访谈”栏目，邀请行业专家及诚信旅游企业负责人参与访谈，讲述守法诚信经营，企业品质提升等方面的好经验好做法，将访谈视频上传至区级门户网站、相关网络媒体等，通过现身说法展示旅游行业诚信评定工作成效。（毛艳艳）

【群众性精神文明创建】 重点做好第四批全国、省级文明标兵单位、文明单位、文明村镇推荐申报工作，推进农村精神文明创建。扎实开展“我们的节日”主题活动，联合组织“欢歌颂党恩·喜迎十九大”歌咏大赛。组织开展文明餐桌、文明交通、文明旅游、文明上网系列活动。开办公民道德大讲堂，在文明单位及新申创单位开设道德讲堂，全面提高公民道德素质。军地坪街道、索溪峪街道、锣鼓塔街道共有7个社区建立市民学校教师资源库，根据群众生活需求精选相应课程，每两个月授课1次。（毛艳艳）

【未成年人思想道德建设】 做好吴家峪社区未成年人心理健康辅导站建设，抓好网络、手机、荧屏、声频净化和网吧、校园周边环境整治，为未成年人健康成长创造良好文化环境。通过开展培育践行社会主义核心价值观、“做一个有道德的人”等系列主题实践活动，通过开展文明学校、文明班级、文明师生、美德少年评选活动以及举行国旗下的讲话、召开主题班会、开办主题板报、举办校园文化艺术节等系列活动，全面提升学生文明素养。（毛艳艳）

【学雷锋志愿服务活动】 实施学雷锋志愿服务工程，重点扶持建立武陵源阳光公益协会志愿者服务组织，指导志愿服务团队开展相关志愿服务活动；建好吴家峪社区雷锋号志愿者工作站，与养老院等结成对子，建立长期志愿服务帮扶机制；同时积极发动青年志愿者，抓好旅游黄金周期间的志愿服务活动。抓好爱心送考活动，组织30多辆出租车、20多辆公交车在高考期间为全区考生提供免费接送服务。广泛组织开展志愿服务活动，重点围绕特殊群体开展关爱空巢老人、关爱留守儿童、关爱贫困学生、关爱环卫工人、关爱道德模范、关爱孤残儿童等活动，摸清相关底数，建立档案，结成帮扶对子，并分类逐步予以帮扶，充分发挥文明单位和爱心分队示范带动作用，在全区形成“学雷锋做好事，人人争当志愿者”的良好氛围。抓好网络文明传播志愿者队伍建设，开展网络文明传播活动，积极参与网上宣传，打造网络文明传播志愿者特色团队。（毛艳艳）

区、张管局、区直单位副科级以上干部，民主党派和垂直单位负责人名单

中共武陵源区委员会

朱用文　市人大常委会副主任、区委书记
郑小胡　副书记
向绪杰　副书记
吴俞萍　副书记
秦永辉　常委
谢贵湘　常委
高志军　常委
侯铁夫　常委
毛善猛　常委
张德献　常委
王　磊　常委
陈贤德　常委
邓昌平　正处级干部

武陵源区人民代表大会常务委员会

许忠亮　党组书记、主任
阳　艳　党组副书记、副主任
彭玉周　副主任
胡金堂　党组成员、副主任
戴云峰　党组成员、副主任
姚国军　党组成员、副主任
王治文　原党组副书记、副主任（正团职）

武陵源区人民政府

郑小胡　党组书记、区长
侯铁夫　党组副书记、副区长（常务）
彭齐星　党组成员、副区长
万齐坤　党组成员、副区长
李湘耀　党组成员、副区长
杨　勇　党组成员、副区长
秦进廷　党组成员、副区长
李　红　党组成员、副区长
丁运来　党组成员、副区长（挂职）
周奉荣　副调研员

中国人民政治协商会议武陵源区委员会

余开平　党组书记、主席
陈贤德　党组副书记
杨春云　党组副书记、副主席
张　瑛　副主席
唐国贵　副主席（兼）
胡弥弥　副主席（兼）
戴一清　党组成员、副主席
陈俊志　正处级干部

邓昌辞　正处级干部

张家界武陵源风景名胜区和国家森林公园管理局

朱用文　党委书记
郑小胡　党委副书记、局长
向绪杰　党委副书记、常务副局长
张　炎　党委副书记
王　磊　党委委员、纪委书记
刘先宇　党委委员、副局长
秦进廷　党委委员、副局长
宋伯胜　党委委员、副局长
张　雁　总工程师
朱法林　党委委员、副局长
张交通　党委委员、工会主席
黄新春　原森林公园党委副书记、张管处副处长
田爱群　副处级干部
张功发　副处级干部
宋志光　副处级干部
杨少强　副处级干部

武陵源区人民武装部

毛善猛　部长
孙　海　政委
王登超　副部长

中共武陵源区委工作机构及相关部门

区委办公室

张德献　主任
尹华友　副主任
佘昆昆　副主任
赵云飞　副主任
唐朝晖　区委督查室主任（高配正科）
毛方圆　副主任科员
胡　毅　副科级干部
邓　凰　副主任科员
曹淑莉　副主任科员

区委机要局（保密局、国家密码管理局）

邓宝华　局长
邓　鹏　副局长

区委党史研究室

毛中平　主任
高　建　副主任科员

区档案局（馆）

代春元　局长
卓林璁　副局长

区接待办公室

陈宏权　主任
褚开平　副主任

区委组织部

高志军　部长
龙占军　副部长
谢　明　副部长，区非公有制经济组织和社会组织工作委员会书记（兼）
符亚宾　部务委员
孟伟钢　区直机关工委常务副书记
李　冰　区委远教中心主任（高配正科）
刘　君　区非公有制经济组织和社会组织工作委员会专职副书记、区直机关工委委员
杨惟名　区直机关工委专职副书记
陈　丹　区委基层党建工作领导小组办公室主任
孟放云　副科级组织员
卓子钰　副科级组织员
金虹屹　副科级组织员
陈少玉　副科级组织员

区委机构编制委员会办公室

彭　晖　主任
周晓军　主任科员

区委党校（区行政学校）

吴俞萍　区委党校校长
侯铁夫　区行政学校校长
陈　丹　区委党校（区行政学校）副校长
许　谨　区委党校（区行政学校）副校长

彭　翔　区委党校正科级干部

赵　琼　区委党校正科级干部

区委老干部局

胡凌文　局长、区委组织部副部长（兼）

邓兰芳　主任科员

区委宣传部

谢贵湘　部长

李　鑫　副部长

杨海军　副部长

杨贵兰　部务委员

毛艳艳　区文明办主任

陈国珍　正科级干部

区新闻网络信息中心

谢　军　主任

朱宏伟　副主任

区委统一战线工作部

陈贤德　部长

唐　蜜　副部长

陈宏平　区台办主任

覃兰英　主任科员，区侨联主席（兼）

区工商业联合会

胡弥弥　主席

施　俊　党组书记、副会长、秘书长，区委统战部副部长（兼）

李伊军　党组成员、主任科员，区非公有制经济组织和社会组织工作委员会副书记（兼）

区委政法委员会

秦永辉　书记

李修明　副书记

郑公平　副书记、综治办主任

朱华平　政治办主任

吴远元　维稳办主任

邓　远　区委防范和处理邪教问题领导小组办公室专职副主任

宋清林　主任科员

中共武陵源区纪律检查委员会（武陵源区监察委员会）

王　磊　纪委书记，监委主任

杨孚文　区纪委副书记，区监察委员会副主任

吴方锐　区纪委副书记，区监察委员会副主任

于泽鑫　区纪委副书记，区监察委员会副主任

李鹏艳　区纪委常委，区监察委员会委员

谷和兵　区纪委常委，区监察委员会委员

杨　川　区纪委常委，区直机关工委委员

施永红　区纪委常委，区监察委员会委员

赵韩英　区纪委常委

祝　园　区纪委副科级干部

袁　林　区纪委办公室主任

王　琼　区纪委党风政风监督室（区政府纠正行业不正之风办公室）主任

李树声　区纪委第一纪检监察室主任

龚　苹　区纪委第二纪检监察室主任

向靖宇　区纪委案件审理室主任

刘　觅　区纪委信访室主任

吴远霞　区纪委正科级纪检员

杜　琳　区监察局正科级监察员

袁小红　区纪委正科级纪检员

伍良贵　区监委副科级干部

区委巡察工作领导小组办公室

周　刚　区委巡察办主任

宋红梅　区委巡察办副主任

张　乐　区委巡察办正科级巡察专员

邓文华　区委第一巡察组组长

卓晖程　区委第一巡察组副组长

陈　辉　区委巡察组正科级巡察专员

文　斌　区委第二巡察组组长

唐文益　区委第二巡察组副组长

唐西政　区委巡察组正科级巡察专员

区纪委派驻纪检组

邱心红　区纪委驻区委办纪检组组长

陈振华　区政府办党组成员、区纪委驻区政府办纪

检组组长
何星红　区纪委驻区委政法委纪检组组长
杨友元　区纪委驻区委政法委纪检组副科级纪检员
贺　艳　区财政局党组成员、区纪委驻区财政局纪检组组长
周　宾　区纪委驻区财政局纪检组副科级纪检员
宋清洪　区住房和城乡建设局党组副书记、区纪委驻区住房和城乡建设局纪检组组长
熊春银　区纪委驻区住房和城乡建设局纪检组副科级纪检员
李若刚　区农业农村工作局党组成员、区纪委驻区农业农村工作局纪检组组长
张玫瑰　区纪委驻区农业农村工作局纪检组副科级纪检员

武陵源区人民法院

梅中才　党组书记、院长
吴远春　党组副书记、副院长
刘松扬　党组成员、副院长、正科级审判员
彭　涛　党组成员、政治办主任
覃　穗　党组成员、正科级审判员
覃玉奇　副院长、正科级审判员
向左斌　审判委员会专职委员、正科级审判员
赵文英　刑事审判庭庭长、副科级审判员
郑小兰　民事审判一庭庭长、副科级审判员
张桃益　行政审判庭庭长、副科级审判员
雷清波　立案庭庭长
唐　亮　民事审判二庭庭长
孟全富　张家界法庭庭长
李赞荣　法警大队政委
吴扬顺　执行局局长
姚　杰　司法技术室主任（高配副科）
陈龙科　正科级干部
朱文科　主任科员
黄志能　主任科员
左红艳　副科级干部
李松儒　副科级干部

武陵源区人民检察院

李　澧　党组书记、检察长
张育红　党组副书记、副检察长、主任科员
唐国贵　副检察长
甄　杰　党组成员、副检察长、正科级检察员
陈军海　党组成员、政工监察科科长、正科级检察员
滕　婷　副检察长(挂职)
滕　辉　检察委员会专职委员、正科级检察员
张星辉　控告申诉民事行政检察科科长
吴远康　司法警察大队队长（高配副科）
张　勇　司法警察大队政委
伍洲红　办公室主任
谷成欣　正科级检察员
陈立敏　正科级检察员
田际松　主任科员
罗　斌　正科级检察员
唐　军　正科级检察员

武陵源区人大常委会工作机构

熊廷辉　区人大党组成员，办公室主任
谷晓明　区人大内务司法工委主任
宋选成　区人大教科文卫工委主任
熊廷锋　区人大法制委员会主任委员、区人大常委会法制工委主任
戴清华　区人大财政经济委员会主任委员、区人大常委会预算工委主任
唐　卓　区人大农业农村工作委员会主任
龚仙梅　区人大选举任免联络工委主任
汪小华　区人大办公室副主任
吴远祥　区人大办公室正科级干部
吴飞虎　区人大办公室主任科员
陈　勇　区人大办公室主任科员

武陵源区人民政府工作机构及相关部门

区政府办公室（挂区政府法制办公室、区政府金融工作办公室牌子）

万其松　区政府党组成员，区政府办党组书记、主任
杨文忠　区政府办党组副书记、副主任
彭振华　区政府办党组成员、副主任
顾　旭　区政府办党组成员、区政府办（法制办）副主任
罗　伟　区政府办党组成员、副主任
宋德锦　区政府办党组成员、副主任、区直机关工委委员
王　铁　区政府金融办专职副主任
何　亮　区政府法制办专职副主任
吴　俊　区政府经济研究室主任
廖承勇　主任科员
向延勇　主任科员
张　俊　主任科员
郭先军　主任科员
李实英　副主任科员
伍　超　区政府办（法制办）副主任科员

区信访局

罗　成　区政府办副主任（兼）、区信访局局长
李耀文　副局长
邓昌德　主任科员

区公务用车服务中心（机关事务服务中心）

邓红艳　主任
陈　林　副主任
王　妮　副主任

区政务公开政务服务管理办公室

刘金刚　区政府办党组成员、区政务公开政务服务办公室主任
汤锦程　副主任
熊隆安　主任科员

武陵源世界自然遗产保护办公室

胡新华　主任
邓　琼　副主任
李珍娥　主任科员

区发展改革和科学技术局（挂区商务和粮食局牌子）

李祥永　党组书记、局长
毛诚云　党组副书记、副局长
陈　志　党组成员、区优化经济环境领导小组办公室主任
刘经科　党组成员、副局长
赵　瑛　党组成员、副局长
唐美娥　区张家界地震台台长
李小红　区旅游产品开发办主任
王　欣　主任科员
谭　晖　主任科员
陈政炎　主任科员
毛前前　主任科员
汤建国　副主任科员
吴扬奎　区价格监督检查局干部（副科级）

区重点项目建设办公室

余　勇　主任
何　盼　副主任

区投资促进事务局

王　鹏　局长
许金鹏　正科级干部

市公安局武陵源分局

彭齐星　党委书记、局长、警务督察长
欧春霞　党委副书记、政委（高配副处级）
龚培标　党委副书记、副局长
唐　菲　党委委员、副局长
朱立业　党委委员、政治办主任
唐承海　党委委员、副局长、交警直属二大队大队长
彭俊强　市党委委员、副局长
牛文武　党委委员、主任科员
朱鸿梁　党委委员、刑事侦查大队大队长、主任科员
杜修峰　工会主席
万昌盛　政治办主任科员
李佳梅　人口与出入境管理大队大队长
李军周　指挥中心副主任

朱霜林　指挥中心副主任
谢爱雄　警务督察大队主任科员
甘　敬　警务督察大队大队长
贾　煌　警务督察大队教导员
向天生　警务保障室主任
邓秀平　警务保障室副主任
李江洲　警务保障室主任科员
钟　华　警务保障室副主任科员
向　琳　法制大队大队长
田仕军　法制大队教导员
李晓红　法制大队副主任科员
向文艺　法制大队副主任科员
李松清　国内安全保卫大队大队长
向丽涓　国内安全保卫大队教导员
彭生平　治安管理大队大队长
宋新年　治安管理大队教导员
刘水平　治安管理大队副大队长
蔡元森　治安管理大队主任科员
黄文明　治安管理大队主任科员
彭　松　警保卫大队大队长
唐　艺　警保卫大队教导员
王　静　人口与出入境管理大队教导员
罗俊湘　人口与出入境管理大队副主任科员
毛　平　刑事侦查大队教导员
唐西敏　刑事侦查大队副大队长
毛勇飞　刑事侦查大队副大队长
徐　涛　刑事侦查大队副大队长
覃　健　禁毒大队大队长
唐　锐　禁毒大队教导员
谷成祥　禁毒大队副主任科员
贾　宁　经济犯罪侦查大队大队长
肖　飞　经济犯罪侦查大队教导员
廖志洋　经济犯罪侦查大队副主任科员
符惠明　经济犯罪侦查大队副主任科员
黄光明　巡逻防暴警察大队大队长
陈拥军　巡逻防暴警察大队教导员
邓昌忠　军地坪派出所所长
李凯敬　军地坪派出所教导员
杨　锦　军地坪派出所副所长
王鹏程　军地坪派出所副所长
柴锋林　军地坪派出所主任科员
李　云　军地坪派出所主任科员
杨万欣　军地坪派出所副主任科员
陈进铣　军地坪派出所副主任科员
屈　斌　军地坪派出所副主任科员
宋晓武　军地坪派出所副主任科员
李金岩　军地坪派出所副主任科员
杨春云　军地坪派出所副主任科员
毛善锦　军地坪派出所副主任科员
喻春山　军地坪派出所副主任科员
黄　明　张家界派出所所长
王榆文　张家界派出所教导员
邓学军　张家界派出所副主任科员
唐元清　喻家嘴派出所所长
唐　龙　喻家嘴派出所教导员
李龙彬　喻家嘴派出所主任科员
王文献　喻家嘴派出所主任科员
方平华　喻家嘴派出所主任科员
吴朝晖　喻家嘴派出所副主任科员
贺洪涛　协合派出所所长
席在龙　协合派出所教导员
李深红　协合派出所副主任科员
李祖民　水绕四门派出所所长
吕　斌　水绕四门派出所教导员
朱国成　水绕四门派出所副主任科员
黎　平　天子山派出所所长
秦晓桦　天了山派出所教导员
陈文升　天子山派出所主任科员
汤　菲　中湖派出所所长
姚　攀　中湖派出所教导员
陈泽培　中湖派出所主任科员
李　松　袁家界派出所所长

彭　宁　袁家界派出所教导员
向伯周　袁家界派出所副所长
符安升　袁家界派出所副主任科员

区旅游和外事侨务局

彭　斌　党组书记、局长
冯文军　党组副书记、副局长
毛剑波　副局长
彭　佩　党组成员、副局长
唐纯礼　区旅游质量监督管理所所长（高配副科）
李　宁　区旅游宣传促销办主任
毛诚华　主任科员
唐志刚　主任科员
胡凌虹　区旅游宣传促销办干部（副科级）
屈　灿　区旅游宣传促销办干部（副科级）

区教育局

肖忠义　党组书记、局长
李　海　党组副书记、副局长
孙泽远　党组成员、区政府主任督学
丁云平　党组成员、副局长
唐玲林　党组成员、副局长
孙泽文　主任科员
毛善明　招生办副科级干部
邓中华　副科级干部（军地小学校长）

区第一中学

杜佳红　党支部书记、校长
廖玉华　副校长
杜其林　副校长
姚运元　工会主席
陈　蕾　副校长

区民政和民族宗教局

郭仲清　党组书记、局长，区非公有制经济组织和社会组织工作委员会副书记（兼）
杜　俊　党组成员
孙芳霞　党组成员、副局长
唐国生　党组成员、副局长
吴开旻　区老龄办主任
刘经理　主任科员
刘　波　主任科员
罗元玲　主任科员

区司法局

何安民　党组书记、局长
李志进　党组成员、副局长
戴兴国　党组成员、副局长
向文雅　党组成员、政治办主任
唐华椿　副局长
毛诚艺　主任科员
戴春丽　主任科员
高　磊　锣鼓塔街道副主任科员（司法所长）

区财政局

聂立群　党组书记、局长
黄章新　党组副书记、副局长
申群毅　党组成员、副局长
许　斌　党组成员、副局长
邓学飞　党组成员、总会计师
姜继耀　区非税收入征收管理局局长
康克昌　区国库集中支付核算中心主任
邓　敏　区国有资产监督管理局专职副局长
龚佑群　区农业综合开发办主任
杜芳梅　副主任科员
曹光普　副主任科员
许云专　副主任科员
陶新文　副主任科员
胡新勇　副主任科员
黎秋瑾　副主任科员
张建军　区财政局国资办干部（副科级）

区人力资源和社会保障局

周迪光　党组书记、局长，区委组织部副部长（兼）
汤勇辉　党组副书记、副局长
王凤田　党组成员
覃章文　党组成员、副局长
万宏丽　党组成员、副局长
刘经义　主任科员

汪燕春　主任科员
李小平　区人力资源和社会保障局干部（副科级）
吴贤福　区人力资源管理服务中心干部（正科级）
邓昌明　区人力资源管理服务中心干部（副科级）
吴於星　区人力资源和社会保障局职业技能鉴定所干部（副科级）

区社会保险管理服务局

唐汇清　局长
张景春　主任科员
滕小红　副主任科员

区医疗工伤生育保险管理服务局

胡晓曦　局长
全德权　副局长
刘　惠　副主任科员

区劳动就业管理服务局

向兆文　局长
李建国　区人力资源和社会保障局主任科员

区农业农村工作局（加挂区委农村工作办公室牌子）

顾庆云　党组书记、局长
刘伟军　党组副书记、副局长
薛　云　党组成员、副局长
曾珊珊　区委农村工作办公室副主任
吴联辉　党组成员、副局长
张小兰　区农业农村工作局总农艺师
龚楚芳　原区农办联合工会主席
唐朝阳　主任科员
陈　旭　主任科员
宋　诚　主任科员

区农村经营服务站

毛成军　站长
郭先云　主任科员
解庆辉　副科级干部

区畜牧兽医水产局

唐勇军　局长
屈逢秋　副局长
刘　敏　区动物卫生监督所所长
杨万银　副科级干部

区扶贫开发办公室

邓湘江　党组书记、主任
刘金平　党组副书记、副主任
陈圆圆　党组成员
何回湘　副主任科员

区住房和城乡建设局

陈　勇　党组书记、局长
彭长国　副局长
姚　勇　党组成员、副局长
邓师晖　党组成员、副局长
毛诚勇　党组成员、总工程师
钟　赢　原区建设局联合工会主席
徐南斌　主任科员
李若滔　副科级干部

市城市管理行政执法局武陵源分局

覃永忠　党组书记、局长
唐　楹　党组成员、副局长
李　政　党组成员、副局长
陈　军　主任科员
熊建国　正科级干部

区环境卫生管理处

郭先绪　区城管局主任科员，区环境卫生管理处主任

市房地产管理局武陵源分局

钟为福　党组书记、局长
彭曙旗　副局长
姚金泉　党组成员、副局长
喻治松　区国有土地上房屋征收补偿管理办公室主任
杜　祥　区房管分局国有土地上房屋征收补偿管理办公室副主任

区交通运输局

龚　平　党组书记
戴小芬　局长
毛成周　党组成员、副局长

侯万兴　总工程师
杜建平　党组成员、副局长
邓学龙　联合工会主席
李　伟　区地方海事处主任

区道路运输管理所

符羽龙　所长

区公路局

黎昌森　党组书记、局长
宋宏成　党组成员、副局长
骆丕琼　党组成员、副局长
余宗吉　正科级干部

区交通建设质量安全监督管理所

胡建军　所长
毛辉辉　副所长

张清公路老木峪隧道管理所

杨　涛　所长
王　慧　副所长
陈小莉　副科级干部

区水利局

李佰胜　党组书记、局长
邓比武　党组副书记、副局长
李开平　总工程师
李永贵　党组成员、副局长
邓克猛　区防汛抗旱指挥部办公室主任
邓建国　主任科员

区林业局

邓众望　党组书记、局长
陈俊清　党组副书记、副局长
张德军　党组成员、副局长
代桂香　党组成员、副局长
粟云霆　总工程师
邓道海　主任科员
杨　波　主任科员
刘湘珍　主任科员

市森林公安局武陵源分局

龙洪波　区林业局党组成员、张家界市森林公安局武陵源分局局长
刘　晖　政委
叶新田　副局长
朱涛涛　副主任科员

市森林公安局张家界国家森林公园分局

李建军　局长
李彬瑜　政委
汪文锦　副局长
龚锦英　正科级侦察员

区文化体育广电新闻出版局

向延初　党组书记、局长
邓秀莉　党组成员、副局长
陈金平　党组成员、副局长
李　艳　总工程师
胡华健　市文化市场综合执法局武陵源分局局长
朱凤英　区图书馆（文化馆）馆长
李辞国　副主任科员
彭继德　副主任科员
刘　俊　副科级干部

区卫生和计划生育局

张国正　党组书记
何　岚　局长
邓先明　党组副书记、副局长
王作永　党组成员、副局长
罗　峥　党组成员、副局长
邓先志　主任科员
毛诚祥　副科级干部
金永明　副主任科员
李祥远　区卫生计生综合监督执法局局长
李青文　区妇幼保健计划生育服务中心主任
李英銮　区计生协会副会长、秘书长

区疾控中心

朱　攀　主任

区人民医院

朱湘龙　院长
杨新慧　副院长

邓美英　工会主席

区审计局

吴扬学　党组书记、局长

王邦勋　党组成员、副局长

陈华美　副局长

谢育恒　党组成员、总审计师

刘　刚　区经济责任审计工作领导小组办公室专职副主任

叶亚田　主任科员

区安全生产监督管理局

黎飞跃　党组书记、局长

许长城　党组成员、副局长

邓春红　副局长

李元成　党组成员、总工程师

黎　斌　区安监局安全生产执法大队队长

彭碧森　主任科员

毛文君　副主任科员

区食品药品监督管理局

毛常青　党组书记、局长

徐松江　党组成员、副局长

刘　娟　党组成员、副局长，区食品药品安全委员会办公室专职副主任

汤遵鹏　市食品药品稽查支队武陵源大队大队长

石　银　主任科员

袁卫明　中湖乡食品药品监督管理所所长

沈俊敏　锣鼓塔街道食品药品监督管理所所长

区统计局

张　莉　党组书记、局长

赵生权　党组成员、副局长

向婷婷　区统计调查队队长

市环境保护局武陵源分局

李景强　党组书记、局长

李　宁　党组副书记

秦思砺　党组成员、副局长

姜孝群　主任科员

邓　超　监察大队大队长

甄应福　办公室主任

区供销合作社联合社

胡绍华　主任

王　科　副主任

王贵珍　副主任科员

武陵源区政协工作机构

张程轶　区政协党组成员、秘书长、办公室主任

胡少丛　区政协提案法制联络联谊委主任

彭常龙　区政协经济科技委员会主任

廖春华　区政协人口与资源环境委主任

邓学斌　区政协民族宗教文史委主任

毛腊珍　区政协办主任科员

李红霞　区政协办主任科员

朱玉斌　区政协办主任科员

覃　玮　区政协办副科级干部

民主党派

民盟

唐国贵　主委

朱明先　副主委

吴伏宝　委员

高　磊　委员

民进

邓昌明　主委

邓菊华　副主委

李亚妮　委员

农工党

唐汇真　主委

何　岚　副主委

李海英　副主委

肖　扬　委员

致公党

戴小芬　主委

邓春红　工委委员

九三学社

邓学斌　主委

毛剑波　副主委
谢映辉　委员

社会团体

区总工会

胡金堂　主席
陈宏健　副主席
雷　锦　经费审查委员会主任
封　瑛　主任科员
龚爱群　副科级干部
李　静　副科级干部

共青团武陵源区委员会

欧独芳　副主任科员

区妇女联合会

覃　晴　主席
王冬英　副主任科员

区科学技术协会

邓　凯　主席

区文学艺术界联合会

朱明先　副主席

中国国际贸易促进会武陵源支会

李亚宏　会长

区残疾人联合会

杜　俊　理事长
宋国新　副理事长

区红十字会

李　红　会长
袁谋慧　副会长
何华丽　副主任科员

武陵源区旅游产业公司

王爱民　党委副书记、总经理、董事长，区工商联党组成员（兼）
柳新华　党委书记
张德明　党委委员、监事会主席
毛善群　党委委员、副总经理
蔡阳兵　党委委员、副总经理
彭朝坤　党委委员、纪委书记

张家界武陵源风景名胜区和国家森林公园管理局所属单位

陈忠贤　办公室主任
赵舶帆　办公室副主任
董必胜　办公室副主任
郑　珊　办公室副主任
彭　云　法制科科长
杨新顺　法制科副科长
舒　娟　法制科副科长
李　伟　风景名胜管理科科长
张罗斌　风景名胜管理科副科长
罗启平　风景名胜管理科副科长
张功平　资源保护科科长、张家界国有林场场长、张家界自然保护区管理站站长
周仕厚　资源保护科副科长
李核隆　资源保护科副科长
刘　颖　张家界国有林场副场长
赵书明　资源保护科副科长
李元阳　宣传营销科科长
郑海燕　宣传营销科副科长
张　君　宣传营销科副科长
侯万明　安全监督科科长
黄剑峰　安全监督科副科长
张晋荧　安全监督科副科长
杨孚文　纪委副书记
宋文胜　纪委副书记、监察审计科科长
刘　雁　纪委副书记
朱法军　监察审计科副科长
林　琴　监察审计科副科长
袁剑雄　组织人事科科长
阳　丹　组织人事科副科长
欧　芳　组织人事科副科长
卜茂军　计划财务科科长
丁学理　计划财务科副科长

雍　樱　计划财务科副科长
张文广　计划财务科副科长
陈前进　企业科科长
张　颜　企业科副科长
李阳东　机关事务服务中心主任
田丹丹　机关事务服务中心副主任
周海军　机关事务服务中心副主任
张　迷　机关事务服务中心副主任
张友明　景区综合执法大队大队长
吕　龙　景区综合执法大队副大队长
张功恒　景区综合执法大队副大队长
覃冬海　景区综合执法大队副大队长
李文仲　黄石寨景区综合执法中队中队长
邓学辉　天子山景区综合执法中队中队长
李跃雄　吴家峪门票站综合执法中队中队长
童安定　索溪峪景区综合执法中队中队长
苏兴武　鹞子寨景区综合执法中队中队长
金仁志　杨家界景区综合执法中队中队长
张　毅　森林公园门票站综合执法中队中队长
黄丽英　琵琶溪景区综合执法中队中队长
王松青　金鞭溪景区综合执法中队中队长
宋宝生　黄石寨景区管理委员会主任、黄石寨自然保护区管理站站长
张功金　黄石寨景区管理委员会副主任
张　娜　黄石寨景区管理委员会副主任
方　军　黄石寨景区管理委员会副主任
田　伟　黄石寨自然保护区管理站副站长
张　立　金鞭溪景区管理委员会主任、金鞭溪自然保护区管理站站长
杨建平　金鞭溪景区管理委员会副主任
晏美文　金鞭溪景区管理委员会副主任
毛文武　金鞭溪景自然保护区管理站副站长
徐伟民　索溪峪景区管理委员会主任、索溪峪国有林场场长、索溪峪自然保护区管理站站长
邓师鹏　索溪峪景区管理委员会副主任
郭玖高　索溪峪景区管理委员会副主任
李媛媛　索溪峪景区管理委员会副主任
袁贻海　索溪峪国有林场副场长
叶闪明　索溪峪自然保护区管理站副站长
毛建明　天子国有林场副场长
丁云鹏　天子山景区管理委员会副主任
刘本权　天子山景区管理委员会副主任
向永棠　天子山景区管理委员会副主任
秦浩军　天子山景区管理委员会副主任
雷荣林　天子山自然保护区管理站副站长
覃友志　杨家界景区管理委员会主任、杨家界自然保护区管理站站长
郑明铭　杨家界景区管理委员会副主任
秦　督　杨家界景区管理委员会副主任
秦　粼　杨家界景区管理委员会副主任
胡姝颖　杨家界自然保护区管理站副站长
龚建勇　袁家界景区管理委员会主任、袁家界自然保护区管理站站长
张琰军　袁家界景区管理委员会副主任
覃治洁　袁家界景区管理委员会副主任
滕　晔　袁家界景区管理委员会副主任
金　瑶　袁家界自然保护区管理站副站长
龚承业　琵琶溪景区管理委员会主任、琵琶溪自然保护区管理站站长
张宏波　琵琶溪景区管理委员会副主任
周怀恩　琵琶溪景区管理委员会副主任
罗廷华　琵琶溪景区管理委员会副主任
宋　星　琵琶溪自然保护区管理站副站长
向　波　鹞子寨景区管理委员会主任、鹞子寨自然保护区管理站站长
唐　斌　鹞子寨景区管理委员会副主任
邓玲芳　鹞子寨景区管委会副主任
王　丹　鹞子寨景区管委会副主任
张　胭　鹞子寨自然保护区管理站副站长
彭兴海　门票管理中心主任
陈　诚　门票管理中心副主任
罗文静　门票管理中心副主任

覃　迅　门票管理中心副主任
张仁孝　森林公园门票站站长
吴献中　森林公园门票站副站长
吴玉见　森林公园门票站副站长
张稚渃　森林公园门票站副站长
毛坚坚　吴家峪门票站站长
唐汇国　吴家峪门票站副站长
钟高云　吴家峪门票站副站长
张宏春　吴家峪门票站副站长
罗　奎　天子山门票站站长
熊恩来　天子山门票站副站长
周怀君　天子山门票站副站长
张　捷　杨家界门票站站长
黎国平　杨家界门票站副站长
金　玲　杨家界门票站副站长
赵德文　梓木岗门票站站长
张　懿　梓木岗门票站副站长
宋登科　梓木岗门票站副站长
田祥辉　原森林公园武装部部长
潘星炎　原森林公园工会副主席
赵慧文　原森林公园团委书记
王光英　原森林公园妇联主席
杨坤明　张管局正科级干部
田开丰　张管局正科级干部
胡世清　张管局正科级干部
孟祥富　张管局正科级干部
何　维　张管局正科级干部
杨四清　张管局正科级干部
瞿国成　张管局正科级干部
汤平泉　张管局正科级干部
陈生平　张管局正科级干部
赖晓晓　张管局正科级干部
刘　涛　张管局正科级干部
童绍荣　张管局副科级干部
张　雯　张管局副科级干部
邹梅芳　张管局副科级干部
刘更祥　张管局副科级干部
贵金元　张管局副科级干部
王　毅　张管局副科级干部
罗振明　张管局副科级干部
张心朗　张管局副科级干部
张　华　张管局副科级干部
宋　鑫　张管局副科级干部
全国治　张管局副科级干部
赵勇军　张管局副科级干部
袁寅洲　张管局副科级干部
张业龙　吴家峪门票站副科级干部

垂直单位

区地方税务局

周景斌　局长
全显礼　副局长
向子文　副局长
莫胜众　纪检组组长
刘　红　副局长
许　玮　副局长
李　莉　副局长

区国家税务局

张子彪　局长
陈中华　副局长
杨满红　副局长
张　猛　副局长
邓　刚　纪检组组长
向绪银　副主任科员
周国玉　人事教育科科长
高佳胜　副主任科员
杨　炜　主任科员
邓安桂　副主任科员
李　丹　收入核算科科长
龚初芒　索溪峪税务分局局长
唐　炳　副主任科员
朱　刚　主任科员

市公安局交警支队直属二大队

唐承海　大队长
陈安毛　教导员
张生桂　副大队长
邓秋生　副大队长
王典辉　副大队长
王龙友　交管股股长
杜红梅　行财股股长
罗　圆　三中队指导员
龚磊林　事故中队中队长
李先军　副主任科员
毛新波　科技股股长
蒋峥嵘　主任科员
罗　勇　一中队中队长
袁兆兵　一中队指导员
李　铁　副主任科员
周国政　二中队中队长
胡宏波　三中队中队长
丁　亮　四中队中队长

市工商行政管理局武陵源分局

于木生　局长
张建平　党委副书记
戴正清　副局长
文　斌　副局长
刘　帆　副局长
曾银堂　副主任科员
金　利　副主任科员、财务股股长
邓昌辉　法制行政审批股工作人员
杨　衡　市场规范和网络交易监督管理股股长
董建平　“12315”和消费权益保护执法大队队长
董拥军　经济检查大队队长
田辉军　旅游工商所所长
张功新　张家界工商所所长
余治国　天子山工商所所长
李志军　索溪峪工商所所长
于志刚　中湖市场监督管理所所长

市国土资源局武陵源分局

彭国周　局长
刘声贵　副局长
谢　毅　副局长
张凤俐　党组成员
龚海斌　储备中心主任
杨登林　局重点办主任
陈　剑　执法大队大队长
李文振　不动产登记中心主任
毛善文　副主任科员
李现生　党建办主任
廖雪群　副主任科员

市规划管理局武陵源分局

罗方平　局长
郑跃进　主任科员
刘湘勇　副局长
张　文　纪检组组长
熊朝顺　总工程师
孙晓辉　规划监察大队长
戴寿章　规划监察副大队长

市质量技术监督管理局武陵源分局

陈观永　局长
胡廷兵　主任科员
吴四化　副局长
吴凤英　副科级干部

武警武陵源区中队

汪　凡　中队长
谭　琛　指导员

区公安消防大队

罗　飞　政治教导员
陈晓明　大队长

区住房公积金管理部

吴进军　主任

区供电公司

戴宏斌　总经理
尹　进　党支部书记、副总经理

毛成军　副总经理

区烟草专卖局

彭云韶　局长

代朝辉　副局长

田学忠　纪检组组长

中国邮政武陵源分公司

吴贤文　总经理

关志初　副总经理

中国电信武陵源分公司

吕传锦　总经理

张乾坤　副总经理

周　初　副总经理

中国移动武陵源分公司

杨喻涵　经理

中国联通武陵源分公司

董　林　负责人

中国工商银行武陵源支行

黄明锋　行长

吴险峰　副行长

覃　烺　行长助理

田　园　行长助理

中国农业银行武陵源支行

廖　明　行长

李发雨　纪委书记

尚　强　副行长

罗廷芳　副行长

中国建设银行武陵源支行

刘　芳　行长

刘拥军　副行长

谷秀芳　副行长

刘　双　营业主管

中国银行武陵源支行

陈琼华　行长

吴　泳　副行长

施　超　副行长

中国邮政储蓄银行武陵源支行

唐小青　行长

张家界农村商业银行武陵源支行

张海滨　行长

刘兰英　副行长

李灼华　副行长

中国人民财产保险武陵源支公司

唐金勇　经理

中国人寿保险武陵源支公司

朱慈元　经理

张家界市电视台武陵源记者站

宋　浩　站长

中国共产党武陵源区委员会

Wulingyuan District Committee of the Communist Party of China

综　述

【概况】 2017年，中共张家界市武陵源区委紧紧围绕“两个建成”目标，全力推进核心景区移民建镇、城市提质升级、脱贫攻坚全面小康、农村环境综合整治“四大攻坚战”，经济社会持续健康发展、社会大局和谐稳定。全年实现地区生产总值55.5亿元，同比增长（下同）9.2%；地方公共财政预算收入4.17亿元，增长10.2%；固定资产投资总额33.74亿元，增长15%；社会消费品零售总额15.2亿元，增长10.8%；景区接待旅游人数2537万人次，增长11%；接待过夜总人数1276万人次，增长14%；核心景区一次进山人数415万人，增长2%；旅游总收入151亿元，增长16%；城镇居民人均可支配收入27200元，增长9%；农村居民人均可支配收入12100元，增长10%。

狠抓全面从严治党。扎实开展中共十九大精神学习、宣传、贯彻工作，开展4期科级干部轮训班，深入学习习近平新时代中国特色社会主义思想和中共十九大精神，推进“两学一做”学习教育常态化制度化建设，全面履行“两个责任”，不断提高全面从严治党水平。出台加强作风建设等方面规定10项，新建加强基层党建工作制度22项。结合“两学一做”学习教育常态化制度化建设，创新开展服务游客专项活动，设立旅游警务室、旅游速裁法庭联络室、旅游检察工作室等快速反应机构，建立旅游投诉、医疗救助等快速联运机制，打造了“10分钟应急救援圈”和“10分钟旅游投诉受理圈”。深入推进服务群众“三三制”，构建党员干部定期深入“一线”服务群众、服务发展的工作格局。38名区级领导干部带队，1300多名党员干部建立服务联系点，累计接待群众8900多人次，受理征地拆迁等问题300多个，办结240多个。结合村居换届，着力调优配强村居班子，重点整治软弱涣散村居班子；投入2000多万元，加强党组织阵地建设，分步建设21个农村综合服务平台。加大党建工作督查考核问责力度，以考核问责倒逼工作落实；持久不懈纠“四风”，实现了派驻监督和巡视巡察工作“两个全覆盖”，严肃查处了一批违纪案件和“雁过拔毛”式腐败问题。

狠抓重点项目建设。坚持把项目建设作为提质升级的核心载体，加强协调，强力推进。全年铺排重点项目69个，概算投资231.35亿元，年内计划完成投资56.15亿元。全年完成投资50.1亿元。其中，武陵源一中配套设施建设、食品检验检测中心等7个项目完工或基本完工，桃花溪谷、索溪大道、天马路改扩建与绿化工程等32个项目开工或在建。着力推进征地拆迁，大力开展“夏季攻势”“清零行动”，成功解决百溪边城、朝阳寺、天马路等遗留问题。积极开展招商引资工作，完成招商项目开发21个，签约雪松旅游小镇等招商项目4个，协议总投资达67亿元。

狠抓精品景区建设。牢牢坚守“绿水青山就是金山银山”的理念，以核心景区移民搬迁为重点，全力做好景区“保护、提质、扩容”文章。全面启动核心景区移民搬迁工作，向家坪安置区一期建设基本完工，宋家边安置区即将开工。坚持强化自然遗产保护，打赢了核心景区环保督察战，关停、取缔非法经营场所198家，拆除违法建设1.1万平方米，恢复植被1.2万平方米，景区生态环境进一步改善。全力推进核心景区旅游设施“六大提质”升级工程，袁家界游步道、天子山游客集散中心一期、吴家峪游客服务中心主体工程完成或基本完成，“智慧旅游”信息平台基础搭建成功。深入推进“平安满意在张家界”、服务游客“三必须”和服务全域旅游“创三优”活动，旅游便捷度、舒适度、满意度持续提升。

狠抓特色城镇建设。坚持以拉长旅游城镇短腿、补齐旅游消费短板为目标，不断完善旅游基础设施，提升旅游承载力。启动《武陵源风景名胜区总体规划（2005—2020）》评估和修编，完成中心城区、2个乡（街道）、7个村的规划设计。以“三化三改”为抓手，大力完善城镇功能，城区主要道路、公园、棚户区提质改造和主要区域的绿化、美化、亮化工作初显成效。高云公园正式开园，高云桥西侧滨水公园、军邸路绿化提质升级全面完成，天马路绿化工程基本完工，岩门大桥、天际桥主体完工，索溪大道进展顺利。大力开展征地拆迁清零行动，全年拆除违法建筑面积4万多平方米，实现违法建设“零增长”。深入开展“六城同创”工作，认真实施城市管理综合整治“八大行动”，扎实推行城区道路停车收费、路长制、环卫市场化等改革，市容市貌进一步改观。

狠抓美丽乡村建设。坚持统筹城乡建设，把工作力量、财政资金向农村倾斜，加速推进农业农村发展，全区农村用水用电、网络宽带、交通出行、医疗卫生、文化教育等服务实现100%保障，基本实现人口100人以上的自然村通水泥路，全面实现行政村客运班车全覆盖，农村自来水普及率达100%。全面推进农村环境综合整治，以“干净、整齐、点亮、美化”为要求，以野溪铺、插旗峪—龙尾巴、张家界村三个乡村旅游示范点和核心景区五大门票站入口公路沿线（三点五线）为重点，完成核心景区五大入口公路沿线40公里绿化，集镇和农村庭院整治成效显著。实施乡村旅游“三乡十村”发展工程，高标准启动乡村旅游示范点建设，认真打造以环景区公路为重点的乡村旅游交通体系。至年底全区已规划启动12个乡村旅游产业项目，20多个村（居）享受到乡村旅游的发展红利，鱼泉贡米、五号山谷、禾田居蔬菜等一批乡村旅游品牌正在形成。

狠抓民本民生改善。制定出台《关于武陵源区2017—2020年稳定巩固脱贫成果的实施意见》，创新实施帮扶脱贫一批、脱贫巩固一批、跟踪服务一批等“三个一批”分类巩固帮扶模式，不断巩固提升脱贫攻坚成果。统筹推进重点民生工程，补齐民生事业“短板”，民生支出6.2亿元，完成为民办事项目25件36项，医保在全市率先实现跨省异地结算，退休人员养老金同步提高7.4%。深入开展“平安武陵源”“法治武陵源”建设，连续12年荣获全省“平安区县”，连续22年荣获“全省社会管理综合治理先进县市区”。

（胡　毅）

【省委书记杜家毫到武陵源调研旅游发展等工作】 11月21日，省委书记、省人大常委会主任杜家毫深入武陵源区，实地考察旅游发展、城市管理和基础设施建设项目。省委常委、省委秘书长谢建辉，张家界市委书记、市人大常委会主任虢正贵，市委常委、市委秘书长单铸飞等参加调研。杜家毫在考察武陵源区高云十八栋旅馆区、溪布街夜市后强调，要始终站在广大游客的角度去找重点、补短板和强弱项，加快完善吃住行娱购等基础配套，促进张家界旅游产业提质升级；要牢牢把握武陵源区作为核心景区的发展定位，加强顶层设计，合理功能布局，有所为有所不为，做精做美全域旅游，实现科学发展、互补发展、可持续发展，进一步提升张家界国际国内知名度、美誉度。（胡　毅）

【省委副书记乌兰到武陵源调研精准脱贫和全域旅游】 2月14日至15日，省委副书记乌兰到武陵源区杨家坪村，走进村民王作定家中细算收入支出账，查验脱贫成效。乌兰提出，要围绕地方优势资源大力发展特色产业，实现产业健康发展、农民持续增收，全力以赴打赢脱贫攻坚这场硬仗。她在考察袁家界景区后强调，要加快全域旅游发展，不能仅仅依靠几个大的景区，还要不断创造新业态，由观光式旅游向体验式旅游发展，研究多元化产品满足不同消费层次的需求；张家界旅游资源得天独厚，发展前景广阔，建市以来的丰富实践和快速发展，为湖南旅游品牌建设做出了重要贡献，今后要努力在全省“锦绣潇湘”全域旅游基地建设中发挥龙头作用。

（胡　毅）

【虢正贵到武陵源区调研项目建设】 9月5日下午，张家界市委书记、市人大常委会主任虢正贵到武陵源区，就部分项目建设情况进行实地调研。市领导罗智斌、刘桦、朱用文一同参加。调研中，虢正贵一行先后来到黄龙古寨及罗公坪地块开发、文风武陵古镇、宋城千古情、天马路改建与绿化工程等项目施工现场，实地了解各项目推进情况，并认真听取了各项目的规划设计方案。虢正贵强调，要抓紧时间、下定决心，加大项目推进力度，做到未建项目抓开工，开工项目抓进度，切实增强责任感、紧迫感，确保投资到位，工程顺利建设；要结合实际，在符合武陵源区总体规划的前提下，高起点规划，高标准建设，使项目科学合理布局。他要求，相关职能部门要密切配合，强化服务，切实做好搬迁安置、施工安全等工作，确保各项目按照时间节点如期完工。（胡　毅）

重要会议

【区委五届二次全体会议】 1月10日，市人大常委会副主任、武陵源区委书记朱用文主持召开中共张家界市武陵源区委五届二次全体会议。区委委员参加会议，区委候补委员列席会议。会议听取区委组织部关于全区推荐提名出席党的十九大代表候选人初步人选的情况说明并讨论通过候选人名单，会议通过票决遴选出2名出席党的十九大代表候选人初步人选。会议强调，党的十九大代表候选人初步人选推荐提名工作是严肃的党内政治任务和工作，要严格遵循程序规定和要求，做好推选工作。党员领导同志要严格按照基层党组织的要求积极参加推选活动，组织部门要严格把关，认真落实上级提名要求，要按时间节点，完成好上级的任务部署，确保全区党的十九大代表候选人初步人选推荐提名工作的顺利进行。（胡　毅）

【武陵源区重点项目建设动员大会】 1月11日，武陵源区召开2017年重点项目建设动员大会，对2017年全区重点项目建设进行安排部署。市人大常委会副主任、武陵源区委书记朱用文，区委副书记、区长郑小胡出席会议并作讲话。阙道文、许忠亮、余开平、侯铁夫等区领导及各乡（街道）、区直单位和张管局相关负责人参加会议。会议宣读了武陵源区重点项目建设总协调领导小组成员名单，并就《2017年全区重点工程责任分解表》进行说明。会议指出，要充分认识项目建设的重要意义，抓项目建设是落实省市经济工作会议和市政府工作报告的具体行动，是巩固旅游龙头地位的内在要求。会议要求加强顶层设计，把好项目设计关；要注重生态环保，严格执行环境保护和遗产管理相关规定；要树立精品意识，把项目建成样板、精品工程；要严格质量标准，严格落实建设程序，努力建设人民群众放心工程。会议强调，项目建设是社会经济发展的“牛鼻子”，是武陵源区经济社会发展的第一动力和第一抓手。一是进一步提高抓项目建设的思想认识水平。牢固树立抓项目就是抓经济、抓民生、抓提质、抓财政的理念，牢固树立企业是市场主体和经济社会发展鲜活力量的理念，牢固树立时间和环境是企业效益的理念。二是进一步提高项目建设的工作水平。要及时掌握项目总情况，及时为项目进展排忧解难，坚持高品质规划、高质量建设和高水平管理，建世纪精品工程。三要进一步建立健全抓项目保障机制。建立健全抓项目建设领导机制，成立项目建设协调指挥部，建立健全抓项目督促奖评机制和激励奖励机制，激发党员干部干事创业的积极性，促进经济发展。

（胡　毅）

【区委常委会领导班子2016年专题民主生活会】 2017年1月19日，中共张家界市武陵源区委常委会领导班子2016年度专题民主生活会召开。市委常委、组织部部长艾可知到会指导，市人大常委会副主任、武陵源区委书记朱用文主持会议。会上，朱用文首先通报专题民主生活会准备情况和上一次民主生活会整改落实情况，代表区委常委班子作对照检查发言。随后，朱用文带头自我批评，其他常委同志逐一开展批评。最后，其他班子成员依次作自我批评以及相互批评。艾可知在点评中指出，此次民主生活会开得认真、深刻、严肃，自我检查和剖析到位，达到预期效果，开出了高质量和高水平。就下一步工作，艾可知强调了三点意见：一是抓好民主生活会整改落实，形成推动工作的新动力；二是抓好班子建设，凝聚发展合力；三是抓好党建，促进武陵源区社会经济发展。（胡　毅）

【区委五届三次全体（扩大）会议】 2月16日，中共张家界市武陵源区委五届三次全体（扩大）会议召开。市人大常委会副主任、区委书记朱用文主持会议并讲话，所有在家处级领导，区直、张管局各单位主要负责同志和各乡（街道）班子成员以及村（居）委会书记等参加会议。会上，各位区委常委分别就2017年分管、联系的工作进行了安排部署。会议指出，要实现“全面建成小康社会和基本建成国际旅游休闲度假区”的宏伟目标，谱写好“全面小康梦、旅游胜地梦”的武陵源篇章，关键在党，关键在人，关键在干部。会议要求，忠诚、干净、担当是党员干部的核心素养，要牢记责任，恪尽职守，一心为公，肩挑重任，直面问题，善于担当，肩负起党和人民赋予的光荣使命。会议强调，要积极营造干事创业的和谐社会环境，全力以赴推动工作落实和事业发展。

（胡　毅）

【武陵源区委、张管局党委经济工作会议】 2月17日，武陵源区委、张管局党委经济工作会议召开，总结2016年经济工作，对2017年经济工作进行安排部署。市人大常委会副主任、区委书记、张管局党委书记朱用文主持会议并讲话，区委副书记、区长、张管局党委副书记、局长郑小胡，区委副书记、张管局党委副书记、常务副局长阙道文出席会议并讲话。所有在家处级领导，区直、张管局各单位主要负责同志和各乡（街道）班子成员以及村（居）委会书记等参加会议。会上，张管局党委副书记张炎宣读张管局2016年度目标考核表彰通报，区委常委、常务副区长侯铁夫宣读2016年度全区绩效考核表彰通报及农业产业化、重点工程、控违拆违、招商引资4个奖励政策兑现情况通报和旅游行业诚信评定情况通报。区直和张管局各单位负责人递交了2017年综治、信访、计划生育、安全生产工作责任状。会议指出，加快建设国际旅游休闲度假区其时已至、其势已成。会议要求，要突出重点、不忘核心，必须抓住规划布局不放松，抓住产品开发不放松，抓住设施完善不放松，抓住服务提升不放松，抓住景区这个核心吸引物不放松。会议强调，加快建设国际旅游休闲度假区要把握关键、狠抓落实，牢牢把握高端引领、基础支撑、项目抓手、民族特色、强化保障等关键，进一步解放思想，转变作风，务实

工作，加快建设国际旅游休闲度假区，创造武陵源旅游发展更加辉煌的明天，以优异的成绩迎接中共十九大胜利召开。（胡 毅）

【“六城同创”暨2017年旅游行业诚信评定工作推进会】 6月16日，武陵源区召开“六城同创”暨2017年旅游行业诚信评定工作推进会。市人大常委会副主任，武陵源区委书记朱用文出席会议并讲话。区委副书记、区长郑小胡作“六城同创”工作主题报告。本次大会由区委副书记，张管局党委副书记、常务副局长向绪杰主持。全区所有在家处级领导，“六城同创”主创建单位、市级以上文明单位全体干部职工，创建单位班子成员，张管局局属各单位、区内其他相关单位主要负责人，各乡（街道）所有班子成员、各村（居）委会支部书记，各民主党派、驻武企业、诚信企业、旅游企业负责人，以及教师代表、社区居民代表和志愿者代表，共计2000余人参加会议。会议指出，“六城同创”是一项覆盖面广、牵涉范围大、关联度高的系统工作，既是持久战也是攻坚战，全区上下务必将思想、行动进一步统一到市委市政府、区委区政府的决策部署上，创则必成，志在必得。会议强调，坚持提质升级不动摇，要坚决贯彻落实中央、省、市的决策部署，用新的理念、新的思想，指导新的实践，实现新的发展；坚持提质升级不动摇，要紧紧瞄准“两个建成”目标，在打造精品景区、打造特色城镇、打造美丽乡村、提升市民文明素质上持续发力；坚持提质升级不动摇，要全力打赢“四大攻坚战”，打好脱贫成果巩固提升和全面小康建设“硬仗”、农村环境综合整治“硬仗”、核心景区移民搬迁“硬仗”、城区提质升级“硬仗”；坚持提质升级不动摇，要突出“六城同创”，突出重点真抓实干、对照短板真抓实干、创新举措真抓实干、干群合力真抓实干。（胡 毅）

【区委五届四次全体（扩大）会议】 7月25日，区委五届四次全体（扩大）会议召开。市人大常委会副主任，区委书记、张管局党委书记朱用文出席会议并讲话，区委委员和候补委员出席会议，在职处级领导、区纪委委员、乡（街道）党政正职、区直正科级单位党政主要负责人、张管局下属单位主要负责人、垂直单位主要负责人、民主党派负责人列席会议。会上，区委副书记、区人民政府区长，张管局党委副书记、局长郑小胡向大会报告全区上半年经济社会发展情况，并就下半年经济工作进行安排部署。区委副书记、张管局党委副书记、常务副局长向绪杰向大会通报了《关于贯彻落实〈关于在“锦绣潇湘”全域旅游基地建设中发挥龙头作用的意见〉的实施意见（全会审议稿）》起草情况。区委委员表决通过了《关于贯彻落实〈关于在“锦绣潇湘”全域旅游基地建设中发挥龙头作用的意见〉的实施意见（全会审议稿）》。会议指出，上半年，武陵源区严格落实“对标提质、旅游强市”战略，扎实推进“四个武陵源”建设，各项工作取得较好成效。全区地区生产总值（GDP）、固定资产投资总额、社会消费品零售总额、公共财政预算总收入分别达22.3亿元、17.1亿元、7.1亿元、3.2亿元，同比增长8.9%、11%、11.4%、13.7%，实际利用外资实现“破零”，地区生产总值、社会消费品零售总额增幅居全市第一，接待过夜游客人数、财政收入、城乡居民人均可支配收入等指标实现“双过半”。会议强调，全区上下必须要紧紧咬住全年任务目标，扛起发展主责，科学研判形势，保持定力、精准发力、形成合力，以创新引领开放崛起指引全区大发展，坚定不移推进旅游提质转型升级，全力抓好重点项目建设，着力提升城镇品质品位，统筹推进农业农村发展，全面打好生态环境保护战，努力抓好民本民生改善，全力维护社会和谐稳定，切实加强作风建设，努力完成全年经济社会发展目标任务，以优异的成绩向党的十九大献礼。（胡 毅）

【国庆中秋假日旅游接待工作会议】 9月28日，武陵源区召开2017年国庆中秋假日旅游接待工作会议，全面安排部署假日期间各项旅游接待服务工作。市人大常委会副主任，武陵源区委书记、张管局党委书记朱用文出席会议并讲话，会议由区委副书记、区长，张管局党委副书记、局长郑小胡主持，区领导向绪杰、吴俞萍、许忠亮、余开平、张炎、秦永辉、高志军、侯铁夫、毛善猛、张德献、陈贤德等参加会议。会上，区委副书记，张管局党委副书记、常务副局长向绪杰宣读了《武陵源区2017年国庆中秋假日旅游接待工作方案》，成立总协调指挥中心，划分城区和景区两大片区，设旅游接待、旅游交通、后勤保障应急、旅游信息、督查5个工作组，重点抓好城区五条线（梨子坪隧道口至区公路局、区公路局至百丈峡口、魅力湘西广场至老木峪隧道出口、老木峪隧道口至锣鼓塔门票站、喻家嘴至吴家峪门票站）的交通秩序管理，实行“统一、协调、片线结合、划分职能、各负其责”的管理责任体制，全力保障假期旅游接待服务工作。会议指出，2017年黄金周是国庆节与中秋节双节叠加的特殊假日，又处于中共十九大重要节点，各单位各部门要进一步提高认识，克服麻痹思想，全力做好国庆中秋假日旅游接待工作，确保实现“安全、畅通、有序、文明、质量、效益”六统一目标。会议要求：充分认识此次黄金周与以往不同，认清形势，做好充足的思想准备。明确国庆中秋假日旅游接待的目标和要求，坚决落实市委、市政府提出的“八个不发生”目标要求，重点确保“五个绝不发生”。集中力量，确保游客进入核心景区的交通畅通。集中力量，确保游客在核心景区游览有序。严格把关，着力检查，确保旅游安全。齐心协力，团结协作，为游客提供良好的假日旅游氛围。加强组织领导和调度指挥，健全组织领导体系。

（胡　毅）

【武陵源区传达学习中共十九大精神会议】 10月29日上午，武陵源区召开传达学习中共十九大精神会议。市人大常委会副主任、武陵源区委书记、张管局党委书记朱用文出席会议并讲话，区委副书记、区长，张管局党委副书记、局长郑小胡主持会议。全区在家处级领导干部，各乡（街道）、区直单位、驻武单位及张管局局属单位等相关负责人参加会议。会议全面传达了十九大会议基本情况、十九大报告主要精神等有关内容，并就全区学习贯彻落实十九大精神作安排部署。会议指出，当前和今后一个时期，传达学习和宣传贯彻十九大精神，是全区上下的首要政治任务。全区各级党组织和广大党员干部要充分认识学习宣传贯彻十九大精神的重大意义，切实把思想和行动统一到十九大精神上来，把智慧和力量凝聚到十九大确定的奋斗目标和各项任务上来，创新形式、创新载体，快速度、立体式、全覆盖掀起学习宣传贯彻十九大精神的热潮。会议要求，一是要坚持研读原文，学习内容上要突出重点。深刻领会大会主题、过去五年历史性成就和历史性变革、中国特色社会主义进入新时代、新时代中国共产党的历史使命、习近平新时代中国特色社会主义思想和基本方略、决胜全面小康社会和开启全面建设社会主义现代化国家新征程等重点内容。二是精心组织部署，学习形式上要创新载体。采用领导带头学、讲坛启发学、巡回宣讲学、征文研讨学、结对互促学、竞赛考试学等多种方式，引导全区党员干部群众积极参与学习。三是树牢“四个意识”，学习宣传上要把握导向。全方位开展新闻宣传，多视角开展网络宣传，高密度组织社会宣传，使全区干部群众进一步坚定“四个自信”，以更大的热情和更足的干劲投身到第一个一百年目标实现和第二个一百年目标开篇的伟大征程之中。会议强调，切实用十九大精神武装头脑、指导实践、推动工作。以十九大精神为引领，动员全区广大党员干部和人民群众以时不我待的紧迫感，舍我其谁的责任感，迅速进入角色，真抓实干、埋头苦干、大干快干，全力以赴完成各项经济指标，进一步加快推进重大项目建设，认真细致做好脱贫攻坚巩固工作，保障社会大局安全稳定和谐，科学谋划明年工作，奋力

开启全区发展建设的新篇章，早日实现“两个建成”奋斗目标。（胡　毅）

重大活动

【全省脱贫摘帽对标交流会】　为确保2017年预脱贫摘帽的12个县市区顺利摘帽，8月16日，湖南省副省长隋忠诚到武陵源区调研脱贫摘帽工作，并召开全省脱贫摘帽对标交流会，学习已摘帽区武陵源区脱贫摘帽工作的好经验好做法。在协合乡李家岗村和杨家坪村，隋忠诚仔细翻阅精准扶贫档案，详细了解脱贫经验做法，并到脱贫户王作定家中进行走访，与他拉起家常，了解他的脱贫历程及脱贫政策落实情况。隋忠诚还参观了扶贫重点产业项目莱葛种植基地和乖幺妹土家织锦基地，认真询问产业扶贫运作模式和利益联结机制，并向村民了解收入情况。他指出，要拉长葛根产业链条，将“产权到村、收益到户”真正落到实处。交流会上，武陵源区作经验发言。7个市州及2017年预脱贫摘帽的12个县市区就工作中所存在的问题进行发言，省扶贫办作针对性解答。隋忠诚指出，要聚焦产业发展、易地扶贫搬迁、危房改造、贫困人口脱贫压力、群众满意度低等问题，要坚持问题导向，对标先进经验，着力补齐短板;精准识贫、精准扶贫永远在路上，要严格按照贫困县退出验收标准,下实“绣花”功夫，做细做实做精脱贫工作；要完善扶贫机制，加强对贫困县工作指导，做到有问必答，提升群众满意度，确保脱贫摘帽工作顺利推进；要狠刹脱贫攻坚中的形式主义，加大指导力度，减少督查任务，切实减轻基层负担。（胡　毅）

【中央环保督察整治行动】2017年，武陵源把配合中央环保督察作为政治任务和民生根本，集中全区力量关停、取缔核心景区198家非法经营场所，拆除违法建设1.1万平方米，恢复植被1.2万平方米，保卫了核心景区的绿水青山。（胡　毅）

【张家界山地马拉松赛在核心景区举行】11月5日，张家界山地马拉松赛在核心景区举办。省市区领导周光正、杨余茂、曾韦栋、杨家进、向绪杰、谢贵湘、秦进廷出席活动。经过近四个小时的精彩比拼，最终来自广西桂林的选手蒋晓明以1小时59分4秒的成绩夺取男子组冠军。参赛选手有来自日本、法国、加拿大、乌干达、肯尼亚、津巴布韦、埃塞俄比亚等10多个国家的20多名外籍选手，国内选手除张家界本地的外，也有来自北京、上海、河南、浙江、河北、天津、广东、广西、云南等全国各地的选手。

（胡　毅）

办公室工作

【概况】2017年，中共张家界市武陵源区委办公室围绕“三服务”，通过抓好“四大建设”，打造“四型”办公室，努力当好区委的“核心智库”“坚强前哨”和“巩固后院”，调研献策、文稿撰写、信息报送、督促检查、办文办会、队伍建设等方面得到进一步提升。一是抓政治建设，着力打造学习型办公室。打造一个学习平台。着力把党支部建设成党员干部学习的阵地、交流的平台、提升战斗力的堡垒，严格落实“三会一课”制度，坚持每周党小组学习日和每月党员学习日。开展一个学习活动。开展“共读一本好书”活动，要求每名党员干部每天至少抽出1小时读书、看报，全年通读3~5本经典著作，营造“在工作中学习、以学习促工作”的浓厚氛围。抓好一个学习培训。举办了1期办公室人员业务知识培训，不定期邀请专家学者授课，努力使办公室干部成为“张口能讲、提笔能写、无事能思、有事能办”的行家里手。二是抓能力建设，着力打造服务型办公室。围绕全区中心工作，坚持把服务放在首位，努力为领导服务、为基层服务、为群众服务。坚持办文精益求精，坚持办会细中求细，坚持办事快中求准，坚持其他工作高效有序。三是抓队伍建设，着力打造创新型办公室。建立交流锻炼机制。坚持加强干部多岗位锻炼，适时进行轮岗，先后选派4名年轻干部到省、市跟班学习，安排2名基层人员到区委办公室跟班学习，打造阶梯式人才储备队伍。突出抓好调查研究。积极组织干部外出学习、下乡调研，既为做好参谋助手掌握第一手资料，又让干部在学习调研中拓展视野、增长才干。四是抓作风建设，着力打造效能型办公室。健全工作落实制度。先后完善办公室主任联席会议、主任会议、值班工作等制度，规范了文稿服务、会议服务、领导公务活动服务、文件审核等工作程序，形成了“靠制度管人、按制度办事”的良好机制。严抓办事效率。按照“流程最优、环节最少、时间最短、效率最高”的原则，扎实开展“五不”行动（即不让工作在我手中延误、不让文件在我手中积压、不让差错在我这里发生、不让群众在我这里冷落、不让形象在我这里受损），着力营造马上就办、真抓实干的办公室文化。年内，区委办公室连续6年被市委评为党内规范性文件备案优秀单位，邓凰被评为优秀个人，曹淑莉被评为全省、全市党委信息工作先进个人。

（许　谨）

【参谋助手】 2017年，武陵源区委办公室紧紧围绕区委重点工作、社会关注焦点、基层反映热点问题，精心谋划区委领导年度重大调研课题，深入开展调研活动，撰写高质量、高水平的调研材料，为领导决策支高招、当高参。先后围绕经济社会发展、2017年全区经济工作思路、全区经济运行情况及重点工作和重点项目建设、发展全域旅游、乡村振兴等热点、难点问题组织多次调查研究，形成一批调研成果，为区委领导掌握全局、把握大势、正确决策提供参考依据，为促进各项工作开展提供坚实保障。信息报送工作扎实。充分发挥党委办公室信息报送主渠道作用，广泛收集、深入挖掘、精心提炼，全方位、深层次、宽领域地做好信息采写和上报工作，全面反映武陵源区的工作动态。2017年，共报送内网信息169条，被省办采用55条，中办采用1条，全年得分244分，全省排名38位，全市排名第2位，实现了年初预定在全市排位前进1位的目标。向市上报信息12篇，采用7篇；发布武陵源动态8期。上报党内重大事项报告9篇，市委主要领导对其中2篇作了专门批示。精品文稿数量多。文稿起草在吃透上情、把握下情、了解外情的基础上，贴近决策部署、贴近领导思路，贴近群众意愿，反复琢磨，精心锤炼，确保高质量。先后组织起草了《关于加快推进国际旅游休闲度假区建设的意见》《关于贯彻落实〈关于在“锦绣潇湘”全域旅游基地建设中发挥龙头作用的意见〉的实施意见》等区委重大决策文件以及区委全会、区委经济工作会议等会议领导讲话、发言材料20余篇，撰写了各类汇报材料、综合材料30多篇，编发《武陵源工作》5期。（许　谨）

【综合协调】 坚持办会细中求细。全年共负责全省脱贫攻坚对标交流现场会等会务及大型接待活动9次，组织全区性会议6次、区委常委会议和专题办公会议等50余次，全省脱贫攻坚对标交流现场会的组织工作得到了省市与会领导的一致好评。坚持办事快中求准。充分发挥承上启下、协调左右、联系内外的中枢作用，定期召开五大家办公室主任会议，注重加强与区、局五大家办公室的深入联系，强化对区直部门的工作协调，有力推动区委重大决策和全区重点工作及时有效落实。坚持其他工作高效有序。保密和机要部门接、发、转及时准确，全年处理密码电报323份、明传电报242份，值班工作24小时到岗到位；对全区进行保密检查4次，配合省级保密检查2次、市级保密检查3次，办理保密违规案件2起。党史部门完成《湖南年鉴（武陵源篇）》等史志组稿5篇，《中国共产党武陵源历史》等3本史书编撰稳步推进。档案部门完成了新档案馆建设并投入使用，全年共接收21个单位的文书档案，完成368卷档案整理。接待部门全年共接待来宾1356批11012人次，圆满完成了各项接待任务。（许　谨）

【督查督办】 2017年，区委督查室围绕区委重大决策部署和重点工程、扶贫攻坚、环保督察、六城同创等重点工作，全面强化督查督办工作，全年开展各类督查56次，编发《督查通报》27期，办理领导批办、交办事项8件，办理人大建议政协提案5件，真督实督，有力推动了区委各项决策的落实。严格绩效考核，组织制定并实施《2017年度张家界市武陵源区绩效评估实施意见》，促进张管局，各乡（街道）、区直及驻武各单位认真履行职责，全面完成各项目标任务。深入开展区级领导“双联”活动，切实帮助联系项目、联系企业解决困难问题，推动项目建设和企业发展。（许　谨）

【接待工作】 武陵源区接待办成立于2006年，归口区委办公室，为参公正科级全额事业单位，定编3人，其中设主任1名、副主任1名。2017年，区接待办共接待客人1356批11012人次，其中完成警卫任务6批131人次，部级任务25批436人次，国外考察团5批126人次，协助友好景区单位完成重大接待11批111人次，到武陵源区检查工作18批176人次。重点接待法国艾克斯莱班市代表团、泰国考察团、全国政协常委厉以宁、国家工商总局原局长王众孚、省委书记杜家毫等领导。接待客人批次和人数继续回落，较2016年接待任务（1420批13294人次）分别下降5%和17%。（陈宏权）

组织工作

【概况】 1989年8月，设立区工委组织部，区直机关工委与区工委组织部合署办公。1993年6月，区机构编制委员会、区劳动人事局并入区工委组织部。1997年10月，成立中共张家界市武陵源区委组织部，为武陵源区委工作部门，主管全区组织事务。2017年，区委组织部共设一室四组一中心（办公室，党建组、干部组、人才组、干部教育监督组、干部信息管理中心），归口管理区直机关工委、区委远教中心、区委基层党建办、区委“两新”工委，有编制数17个，干部职工20人，领导班子成员6人。

2017年，武陵源区组织工作坚持以习近平新时代中国特色社会主义思想为指引，全面贯彻落实中共十九大精神，推进“两学一做”学习教育常态化，推动组织工作提质进位、争创一流，为“两个建成”提供坚强组织保证。

突出规范管理，干部工作有新成效。严格按照《党政领导干部选拔任用工作条例》规定，认真把握用人标准，规范操作程序，努力做到坚持原则不动摇，把握标准不走样，履行程序不变通。深化制度改革。出台《关于进一步规范机关事业单位人员调配工作的意见》《武陵源区机关事业单位借调人员管理暂行办法》，实现干部工作制度体系化，做好干部任免全程纪录，做到“一批一档”“一人一表”。完成干部档案专项审核工作。加强干部调配。全年共研究干部7批次，调整任免干部272人次，其中提拔重用干部110人。完成纪检监察体制改革班子配备和人员划转。推进干部能上能下，充分运用年度考核考察、党建考核、区委巡察等结果，重用干部32名，对5名不适宜担任现职领导干部进行免职。按要求完成非党干部、女干部配备。强化干部监督。加强干部任前、任中和任后监督，积极开展科技干部个人重大事项报告。出台《关于对区管乡科级干部进行提醒、函询和诫勉的实施办法》，对24名干部进行提醒谈话，1名干部进行诫勉谈话。积极参与文风、百花洲拆迁、控违拆违、环境综合整治等重点工程。优化干部培训。全年共举办1期科级干部培训班，1期十八届六中全会精神专题培训班，4期十九大精神集中轮训班，联合浙江大学举办2期领导干部综合能力拓展培训班，共计培训干部903人次。

突出固本强基，党建工作有效提升。强化党建引领。扎实推进“两学一做”学习教育常态化制度化，建立健全学习教育长效机制。创新学习方式抓日常，建立以学促建机制，制定合格党员、合格支部标准，推动“做合格党员、创合格支部”建设。创新以学促用抓实效，38名区级领导干部带队，1300多名党员干部建立服务联系点，累计接见群众8900多人次，开展群众思想工作4800多人次。筑牢工作基础。村（社区）“两委”换届顺利完成，配齐配强基层党组织班子。积极加强基层党组织阵地建设，24个农村综合服务平台建设有序推进。强化村级组织运转保障，村级运转经费和村主干报酬逐步增长。基层党建主体责任全面压紧压实，党建10项基本制度有效落细落实，基层基础明显夯实。助力中心工作。始终坚持抓党建促脱贫攻坚，抓党建促乡村旅游发展，抓党建促重点项目建设，抓党建促农村环境综合整治，抓党建促环保督察交办问题整改落实，基层党建和区委中心工作得以深度融合，党建引领作用得到充分发挥。擦亮窗口品牌。深入开展“双服务双满意”活动，深化拓展旅游窗口党建工作，《服务游客“三必须”，旅游党建同频共振》《武陵源区创“景区党建精品”提升旅游服务水平》《对标旅游强市，提升队伍素质》等经验在全省推介。

突出高端引领，人才工作有新作为。启动“人才强区112计划”，计划五年内通过人才引进、公务员招录、事业单位公开招聘等方式引进博士研究生10名、硕士研究生100名、全日制本科生200名。2017年共引进硕士研究生14名，提拔11名高学历人才为副科级领导干部，调任14名高学历人才到公务员单位任职。促成境外人才引智工作，为区一中引进外籍教师1名。鼓励高学历人才通过多种方式到更高平台发展，为上级部门输送硕士以上研究生6名。引进省、市科技特派员9名。开展农村医学生定单定向培养、本土化乡村医生培养。加大骨干教师队伍培养，落实教师待遇增长机制，评选武陵源名师50名。积极开展旅游人才、农村实用人才、社会工作人才培训，现有人才作用得到进一步发挥。

（龙占军　陈　丹）

【王少峰调研基层党建工作】 2017年3月4日，省委常委、组织部部长王少峰到武陵源区就基层党建工作进行调研。在核心景区吴家峪标志门，王少峰考察了区人民法院旅游速裁法庭、区人民检察院服务旅游发展工作台和袁谋文党代表工作室，听取工作人员介绍党建情况。吴家峪门票站袁谋文党代表工作室自2013年成立以来，共接待党员群众及游客咨询3万多人次，帮助化解各类问题2000余个，成为武陵源区一张靓丽名片。2017年武陵源区有6个党代表工作室。王少峰为武陵源区的创新做法点赞，并希望不断创新工作方式方法，着力实现党建工作与旅游产业发展两促进、双提升。（陈　丹）

【虢正贵调研张管局“两学一做”工作】 2017年7月4日，市委书记、市人大常委会主任虢正贵到张家界武陵源风景名胜区和国家森林公园管理局，就深入开展“两学一做”学习教育进行调研指导。虢正贵一行首先看望慰问困难党员熊志强，随后到琵琶溪景区管理委员会义务咨询台、森林公园门票站党员咨询台、门票管理中心等窗口，了解基层党员代表“两学一做”学习教育推进情况，倾听基层党员代表心声。调研中，虢正贵强调要通过“两学一做”学习教育，把党支部的战斗堡垒作用发挥出来，把党员的形象树立起来，把党内政治生活规范起来，推进党的基层组织全面进步、全面过硬。（陈　丹）

【完成村（社区）党组织换届】 2017年2月，武陵源区启动村（社区）党组织换届选举工作，4月底全区33个村（社区）党组织换届全部顺利完成。全区共有2个乡4个街道33个村（社区）党组织，村（社区）党组织党员总数为1717人，参加换届投票选举的党员共1300人，参选率75.7%，共选出党组织班子成员（含书记）122人，新进班子24人（其中新当选书记 7 人），大学生村官专职专选副书记 3 名。122 名党组织成员中农村致富能手 80 人（与上届相比增加 47.5%）、外出务工经商返乡人员 24 人、回乡大中专毕业生 7 人、转业退伍军人 3 人、机关事业单位选派 5 人、大学生村官 3 人。在年龄层次上 35 岁以下人员 24 人、36 至 45 岁人员 36 人、46 岁至 59 岁人员 59 人、60 岁以上人员 3 人，平均年龄 43.6 岁（与上届相比平均年龄下降 2.55 岁，其中书记平均年龄 46.3 岁，与上届相比，年龄下降 1.56 岁）。在学历结构上本科以上学历 9 人（与上届相比增加 4 人）、大专以上学历 36 人、高中（中专）学历 46 人、初中及以下学历 31 人（与上届相比减少 22.5%）。

（邓丽珍）

【深化纪检监察体制改革】 完成纪检体制改革区管领导干部调配工作，完成巡察办、巡察组、纪委派驻纪检组人员配备，共选配人员 19 人。共撤销纪检组（委）28 个，安置纪检组长、纪检员 28 名，其中 11 名到纪检系统任职，6 名在原单位保留党内职务，6 名提拔正科级非领导职务，3 名交流改任副局长，2 名交流至乡、街道任纪（工）委书记。（孟放云）

【引进培养优秀人才】 为实施人才强区战略，加快建设旅游人才高地，区委决定，从 2017 开始，实施“人才强区 112 计划”，计划五年内通过人才引进、公务员招录、事业单位公开招聘等方式引进博士研究生 10 名、硕士研究生 100 名、全日制本科生 200 名。2017 年共引进硕士研究生 14 名，提拔 11 名高学历人才为副科级领导干部，调任 14 名高学历人才到公务员单位任职。鼓励高学历人才通过多种方式到更高平台发展，为上级部门输送博士研究生 1 名，硕士研究生 5 名。

（金虹屹）

【举办领导干部综合能力提升班】 2017 年 6 月、9 月，组织全区 120 名正科级以上的党政领导干部赴浙江大学参加领导干部综合能力提升培训班，通过学习安吉、桐庐美丽乡村建设经验，经过名师讲授民宿经济、旅游经济、区域经济，启发学员关于武陵源乡村旅游、经济发展的思路。学习期间，严格培训纪律，制定严格的学习纪律和请假制度，采用全封闭管理模式，统一食宿、集中学习，确保学习时间到位，强化对学员的监督管理。经过 5 天的集中统一学习，全区领导干部综合素质进一步提升，发展意识进一步增强，发展思路进一步清晰。

（卓子钰）

宣传工作

【概况】 1989 年 8 月，区工委宣传联络部成立；1990 年 8 月更名为区工委宣传统战部，履行思想政治工作职能。2006 年 8 月，区委宣传统战部更名为区委宣传部，其统一战线工作职能划出。2017 年，区委宣传部内设办公室、新闻组、文产办、理教组，代管国防教育办公室、精神文明建设指导委员会办公室、文学艺术界联合会，管理人员参照公务员制度。主要职责：一是贯彻党和国家关于宣传思想、文化、广播电视工作的方针、政策，制订全区宣传思想工作规划和措施，协调全区宣传文化系统各部门各单位之间的关系。二是负责指导全区理论研究、理论学习、理论宣传工作。三是负责引导社会舆论，指导、协调全区新闻工作。四是负责从宏观上指导、协调全区文化艺术特别是精神产品的生产；联系区文体广电新闻出版局；代管区文联，并在政治方向和方针、政策方面实施领导。五是负责规划、部署全局性的思想政治工作任务和全区群众性精神文明建设活动；配合区委组织部做好党员教育工作；会同有关部门研究和改进思想政治教育工作，代管区精神文明建设指导委员会办公室。六是负责全区对外、对港澳宣传工作的协调和管理，协同有关部门开展涉台问题的对外宣传工作；指导和协调全区对外文化交流工作。七是受区委委托，协同区委组织部管理区宣传文化系统各单位的领导干部；对乡、镇、街道办事处宣传委员的任免提出意见；配合组织部搞好全区宣传文化系统有关领导骨干的培训；负责全区企事业单位政工干部职称评定工作。八是负责提出全区宣传思想文化事业发展的指导方针，配合政府有关部门指导、协调宣传文化系统的事业建设。九是承办区委交办的其他事项。2017年，全区宣传思想文化战线始终坚定政治方向，站稳政治立场，紧扣中心，着眼大局，求真务实，开拓创新，各项工作迈上新台阶。（游　恋）

【意识形态】 首次组织全区6个乡（街道）党（工）委书记进行履行意识形态工作责任述职。将意识形态工作纳入领导班子、领导干部目标管理和党校主题班教学培训考核体系，建立意识形态风险防控相关制度，全年未发生意识形态安全事件。全面完成文化体制改革，组建成立市文化综合执法局武陵源分局，深入开展“扫黄打非”整治行动，做实“清源、净网、护苗、秋风、固边”等专项行动，着力营造风清气朗的网络空间。（游　恋）

【理论学习】 一是抓好习近平新时代中国特色社会主义思想和中共十九大精神学习。在强化区委理论学习中心组集中学习的基础上，组建区、乡（街道）、村（居）三级宣讲团，分层次深入全区企业、农村、机关、校园、社区、军营、景区展开宣讲，共开展宣讲60多场次，群众性宣讲活动200余场次。选聘23名同志成立区委宣讲团，实行菜单式宣讲，由各单位党委（党组）“按需点菜”。二是抓好区委中心组学习。全年共组织区委中心组学习6次，撰写心得体会、理论文章和调研报告50多篇。三是抓好“凝心聚力，开放奋起”解放思想大讨论活动。（游　恋）

【社会宣传】 突出旅游特色，集中开展“新时代新气象新作为”网络主题活动，实现网上网下联动。共投入资金近100万元，采用高架广告、宣传景观、大型宣传牌、电子显示屏、公交站台广告、宣传窗、文化墙等多种形式，开展“贯彻十九大·开启新征程”主题宣传。组织全区各级党代表、党员、干部，积极深入联点的10个党代表工作室、23个景区服务游客“三必须”站点、33个村(社区)服务群众“三必须”站点，积极开展党的十九大精神宣传。（游　恋）

【新闻宣传】 以党的十九大精神为主题主线，开展对市、区战略目标、宏伟蓝图的专题宣传。成功举办无人机航拍大赛、国际妇女节免费接待全球女游客、张家界民俗文化活动月启动仪式、“溪布腔调”系列民俗活动等活动，启动以“观秋景·赏冬雪·拍民俗”为主题的摄影大赛暨摄影展活动，吸引上百名海内外媒体记者前来采访报道。先后接待中央媒体精准扶贫采访团、国家重点外宣影视VR项目《本色中国》摄制组、“一带一路”主流媒体聚焦“锦绣潇湘”大型主题采访团等近50批次媒体记者赴武陵源拍摄制作节目、深度采访报道。《人民中国》杂志强力推介世界遗产武陵源风景名胜区。据统计，全区在《人民日报》《湖南日报》、央视、湖南卫视、中新网、新华网等各类媒体发表稿件1500余篇。全年未发生较大的网络舆情事件，维护了旅游区良好整体形象。（邓道理）

【对外宣传】 先后成功举办“喜庆十九大·美丽乡村行”全市百名文艺家采风和“喜庆十九大醉美武陵源”张家界山地马拉松等活动。接待“一带一路”境外主流媒体聚焦“锦绣潇湘”大型主题采访团，推出“冬游张家界嗨动全世界”核心景区门票优免政策。举办第二届航拍武陵源摄影大赛，共吸引1500多名摄影爱好者参赛，提交作品逾5000幅。湖南省旅游宣传片3分钟版在武陵源风景名胜区拍摄，全国侗族歌王、中央电视台“寻找刘三姐”全国总冠军王馨担任主要演员（此前拍摄的30秒版，已在中央电视台、湖南电视台等电视媒体及多家网络媒体集中发布）。举办黄龙音乐季活动（含国际钢琴艺术周和国际合唱艺术周），来自全国各地的797名钢琴爱好者、150支合唱团先后在黄龙洞广场表演。海内外有上百家主流媒体竞相报道，宣传片登录美国时代广场大屏，黄龙洞音乐厅更是被网友评为中国九大地标建筑之一，武陵源成为“带着耳朵去旅行”的主要目的地。湖南金鹰卡通卫视《童趣大冒险》播出专题节目《寻找遗落的宝藏》，为广大观众揭开世界自然遗产武陵源神堂湾的部分秘密。节目先后在湖南卫视、金鹰卡通卫视、芒果TV三大平台播出，扩大了武陵源在全国青少年中的影响力。

（邓道理）

统一战线

【概况】 1989年8月，成立武陵源区工委宣传联络部。1990年8月，区工委宣传联络部更名为区工委宣传统战部，负责全区思想政治工作和统一战线工作。1996年7月，《关于印发中共张家界市武陵源区委宣传统战部三定方案的通知》（张武工办发〔1996〕19号）确定其内设机构为一室二组，即办公室、新闻宣传组、统战组。2006年6月，区委统一战线工作部从区委宣传统战部划出，正式成立区委统一战线工作部，与区台办、区侨联合署办公。2017年，共有人员编制6名，其中行政编制3名、事业编制3名（参照公务员管理），在编5人。统战部部长单列。统战部副部长不再兼任工商联党组书记，改为工商联党组书记兼任统战部副部长，统战力量进一步加强。区编委会明确区侨联为正科级行政机构。2017年，统战工作首次被评为全市先进单位。选派5批次6名干部参加浙江大学、省台办、市委党校等组织的各类培训和学习。认真抓好“两学一做”常态化制度化学习教育，积极开展主题党日活动，加强统战干部思想政治教育。积极宣传统战工作，全区统战工作信息在三湘统战、张家界在线等媒体共上稿70余篇，同往年相比有大幅提升。

（罗元军）

【民主党派无党派人士工作】 组织全区各民主党派无党派学习贯彻党的十九大精神，深入领会习近平新时代中国特色社会主义思想。继续开展“两学一做”“不忘合作初心、继续携手前进”等思想教育活动。举办全区党外干部学习贯彻党的十九大精神培训班。引导各民主党派成员中的人大代表和政协委员围绕旅游经济发展、扶贫攻坚等中心工作提交提案议案和社情民意36条。邀请各民主党派代表列席区党代会和全区经济工作会议并形成制度。制定出台《武陵源区特约人员聘请及管理办法》，全区29家政府职能部门聘请30位民主党派无党派人士担任特约人员。制定出台《关于支持各民主党派开展脱贫攻坚民主监督工作的实施方案》。协助农工党市委来武陵源区开展巩固脱贫成果民主监督活动，先后组织召开4次协调会支持脱贫攻坚民主监督，许多意见和建议已被区委区政府采纳并落实。对全区党外干部队伍建设情况进行全面调查摸底，并撰写《武陵源区党外干部队伍调研报告》。加大党外干部交流使用力度，2017年提拔重用党外干部19名，交流使用2人。新配备一名党外正职，达到配备2名党外正职领导干部的要求。制定出台《武陵源区民主党派工作活力指数评估指标》，支持各民主党派加强自身建设，激发党派工作活力。

（罗元军）

【非公有制经济工作】 区委、区政府制定出台《关于加强乡（街道）基层商会工作的实施意见》，引导乡（街道）成立基层商会组织。6个乡（街道）均成立基层商会。选派10名企业家到长沙知名企业挂职锻炼，培养锻炼一批“眼界广、思路新、素质高、能力强”的优秀企业家队伍。区工商联牵头成立非公有制企业法律顾问委员会，聘请法律顾问，协调处理各类经济纠纷或侵权案件，维护会员合法权益。组织非公有制经济人士与政府职能部门政商沟通交流座谈会，现场解决企业发展中遇到的问题，促进非公有制经济健康发展。年底，武陵源区荣获全国“五好”县级工商联称号。

（罗元军）

【台侨工作】 春节等传统节日，走访慰问在武台资企业、侨资企业、台胞、侨胞，送去慰问金 4 万余元。深入到黄石寨客运索道有限公司、新旺阳体育育乐有限公司、武陵源索道有限公司进行调研，深入了解其建设、生产经营、工作生活情况以及急需解决的问题。组织一行 14 人赴台湾进行旅游城镇建设考察活动，学习交流旅游城镇建设与管理先进经验，撰写《台湾城镇化建设发展考察报告》，宣传推介武陵源风景资源。组织法顾委成员开展"走进侨资企业，排忧解难促发展"主题调研活动，发放侨法知识宣传手册近 500 份，撰写《武陵源区侨资企业调研报告》，帮助侨资企业圣多明歌国际大酒店协调解决环卫费用缴纳问题。 （罗元军）

机构编制工作

【概况】 1989 年 6 月 19 日，成立区机构编制委员会（下设办公室）。1993 年 6 月，区机构编制委员会并入区工委组织部，区机构编制委员会办公室为副科级行政单位，归口区工委组织部管理。1997 年 1 月 17 日，单位升格为正科级行政单位。2002 年 4 月 21 日，加挂事业单位登记局牌子。2017 年，区机构编制委员会办公室人员编制 3 名，在编人员 3 名，设主任 1 名。

2017 年，修改完善《张家界市武陵源区机关事业单位机构编制事项审批办理程序规定》，明确机构编制事项申报、编制使用核准、人员出入编等工作程序。加强全区机构编制、人员的规范管理。根据各单位人员变化及时调整编制统计表，严格控制机构编制总量。进一步完善实名制数据库信息，实名制系统台账全录入，做到机构、编制、人员等信息真实准确。 （唐亚兰）

【行政审批制度改革】 一是取消调整下放相关行政审批事项。严格按照中央、省、市文件要求，及时取消、承接、调整本级行政审批事项，非行政许可项目已全部取消。二是扎实做好权责清单工作。对全区有关部门行政权力清单进行第三次动态调整，下发《张家界市武陵源区人民政府关于调整有关部门行政权力事项的通知》（张武政发〔2017〕16 号），取消 3 项行政许可事项，承接 1 项权力事项，调整 4 项权力事项。三是大力开展行政许可标准化和政务服务事项梳理。梳理公开区级公共服务事项目录共计 124 项。开展全区减证便民专项行动，全区共有 20 个单位对减证便民进行自查清理，共涉及证明材料 90 项。

（唐亚兰）

【事业单位登记管理】 组织实施事业单位法人年度报告，及时进行公示。全区 150 个事业单位开展年度报告公示工作，报告率 100%，合格率达 100%。共办理事业单位设立登记 3 个，变更登记 67 个，注销登记 12 个，全部实现网上办理。做好统一社会信用代码赋码工作，完成 150 个事业单位的赋码工作，办理机关群团类单位赋码 54 个。切实加强网上名称管理和网站挂标工作。全区注册中文域名 200 个，均按要求在网上进行中文域名续费申请，并全部完成续费工作。党政机关事业单位挂标工作全面完成。

（唐亚兰）

【区编委会会议】 11 月 22 日，区委副书记郑小胡主持召开区编委会议，讨论研究有关机构编制调整、区扶贫办等 7 个单位增设领导职数、退伍安置、人员调动等事项。审议通过《张家界市武陵源区机构编制委员会工作规则》和《张家界市武陵源区机关事业单位机构编制事项审批办理程序规定》。

（唐亚兰）

保密工作

【概况】 1997 年 4 月武陵源区保密局成立，与区委机要局“两块牌子，一套人马”，属于区委办公室归口管理二级机构，主要负责全区保密工作。核定行政编制 3 人。主要工作职责是组织和监督保密法律法规的实施；指导、协调、监督本行政区域内党、政、军和人民团体及其企事业单位的保密工作，组织开展保密检查，实施泄密案件的查处；组织开展保密法制宣传教育等。（邓宝华）

【组织领导】 各单位保密工作呈现以下特点：一是完善各项制度；二是领导机构健全；三是单位内部保密检查经常化、制度化，各单位基本做到思想上重视，组织上机构健全，责任上落实，较好地解决了保密工作工作中的一些实际问题。区委保密委定期召开保密委成员会议，研究解决保密工作中存在的一系列问题。区委还将保密工作纳入绩效和综治考核中，纳入区委中心组学习内容。（邓宝华）

【保密检查、执法】 区保密局按照全年保密工作目标，一是由保密局实施，采取重点抽查、全面检查、年终考核相结合的办法，适时对全区各单位保密工作进行动态管理，薄弱环节一经发现，督促单位立即整改；二是联合区委督查室对区直各单位进行督查，切实增强各单位抓好保密工作的责任感和使命感。2017年，共开展保密执法全面检查3次，督查2次，办理保密案件 2 起。（邓宝华）

【保密宣传】 坚持保密宣传教育常抓不懈。2017，保密局给每位处级领导订购《领导干部保密工作手册》《保密工作》。制作 20 块保密法制宣传图片展板在区政府办公楼一楼大厅和政府大门口展出；专门印制以《保密法》为主要内容的宣传资料 500 多份，分送全区党政领导和各单位工作人员手中；组织各单位订阅《保密工作》杂志 40 份；注重加强保密人员的业务培训，在重要涉密单位开展保密工作专题讲座 4 次，重点对保密制度、保密规章和保密岗位业务进行培训，区委党校将保密课列入党校常设课程，增强广大领导干部保密观念和保密意识。（邓宝华）

【保密技术保障服务】 认真做好安全保密管理工作，防止泄密事件发生。一是加强计算机分类管理，尤其是涉密计算机保密管理。2017 年，在全区发放计算机分类标识 1500 余个，为涉密计算机安装保密“三合一”防护系统 70 余套，安装保密检查管理应用系统 30 套。二是积极服务考试保密工作。2017 年共服务高考、高学历人才引进、网格员招录等考试保密工作 5 次。三是在抓好涉密文件（纸介质）管理的同时，还适时加强网络（磁介质、光盘）的保密管理。2017 年，送到市保密局销毁涉密或内部文件 2000 余份、计算机硬盘 20 多个。（邓宝华）

老干部和涉老工作

【概况】 1995 年 11 月，成立武陵源区老干部管理办公室，直属于区委组织部。2007 年 2 月，单独成立中共张家界市武陵源区委老干部局，是财政全额拨款的正科级参照公务员管理的事业单位。全局现有干部职工 4 人，退休人员 1 人。区委老干部局现服务的离退休老干部共 36 人，其中离休干部 2 人，代管离退休干部 2 人。2017 年，围绕中心服务大局，牢牢把握为党和人民事业增添正能量的价值取向，全区老干工作稳中求进，取得了新成绩和新突破。（李　娟）

【落实老干部“两项建设”】 加强离退休干部党组织建设。10 月 11 日，区委召开 2017 年第 24 次常委会，在会上听取全区老干部工作情况汇报，并原则同意成立中共张家界市武陵源区离退休干部工作委员会。不断完善和落实“三会一课”制度，确定每月的 15 日为党支部主题党日。5 月，对党小组进行调整，为每个党小组指定 1 名组长，要求每月召开 1~2 次党小组会，每月召开一次支委会，每季度最后一个月的15日召开支部党员大会。为加强党支部阵地建设与党员教育管理，促进组织活动经常化、制度化、规范化。3月，在老干局建立党员活动室，并在醒目位置特设主题教育墙，包括入党誓词、党员权利义务、“三会一课”制度等内容，为老干党支部加强对党员干部教育培训，开展各项党组织活动提供了平台，增强了离退休党员的凝聚力和向心力。加强思想政治建设。分别于3月15日、6月15日、9月15日、12月20日组织区离退休老干党支部召开集中学习会，促进老干部思想常新、与时俱进。10月18日，中共十九大胜利召开之后，先后多次召开专题会议，组织离退休老干部和全局干部职工深入学习贯彻中共十九大精神，重温中共十九大盛况，并将学习宣传贯彻中共十九大精神确定为当前和今后一个时期的首要政治任务。

（李　娟）

【落实老干部“两项待遇”】 全面落实老干部政治待遇。保证老干部按规定及时阅读文件、参观学习、参加重要会议和重大活动。落实定期通报情况、重大节日走访慰问等制度，重大决策充分听取老干部的意见。为每一位老干局管理的离退休老干部订阅了一份《老年人》杂志，为部分有需要的老干部订阅了《张家界日报》和《快乐老人报》等。4月，组织支委会成员深入天子山街道办事处和中湖乡就景区移民搬迁项目进行了调研，让老同志在深感区委、区政府关心、爱护的同时，为区委、区政府决策部署、重点项目、重大工程的推进帮忙、鼓劲。9月，组织支委会成员深入区人社局、区教育局和区住建局开展秋季巡查工作，具体了解人社工作、教育工作、重点工程和离退休干部职工服务管理工作等情况。全面落实老干部生活待遇。始终坚持“四常规五必到”的工作方式，竭力为离退休干部做好服务工作，不定期地对生病住院、生日、家庭贫困的老干部进行走访慰问。在春节期间，对全区离休、退休处级干部、享受副处级待遇退休的干部和2名离休干部的遗孀进行了慰问。重阳节到来之际，为老干局管理的离退休干部组织了体检、慰问、娱乐等系列活动，10月27日，召开了离退休老干部重阳节座谈会，市人大常委会副主任、武陵源区委书记朱用文，郑小胡、向绪杰、吴俞萍、余开平、高志军、侯铁夫等区四大家领导与离退休老干部欢聚一堂，听取了老干部们的意见和建议。

（李　娟）

【区关工委工作】 认真贯彻省、市关工委关于全面开展“学雷锋、树新风、做好人”的指示精神，在全区范围内深入开展“人人学雷锋、共筑中国梦”活动。5月23日，召开了武陵源区关工委成立十五周年暨全区关心下一代工作表彰大会。编辑出版了《情洒朝阳》《托起朝阳》两本书，创作演唱了《情洒朝阳》歌曲。5月，在全区开展了第三届“关爱明天、普法先行”——青少年普法教育活动先进团体和先进个人的评选活动，共有1个先进集体、2所零犯罪学校、4名先进个人、7名优秀辅导员受到中国关工委表彰。加大对贫困儿童的救助力度，为全区40多名贫困学生送去助学金近5万元。积极动员近两年新退下来的年纪较轻、热爱关心下一代事业的老同志参与关工委工作，使“五老”队伍不断壮大。

（李　娟）

【区老年大学工作】 坚持把老年大学建设成为离退休干部老有所学、老有所为传递正能量的活动阵地平台。2017年，老年大学共开设养老、书画、文艺、太极拳和门球五个系，共11个班。为了提高教学质量，还聘请了专业教师，实行班长教学全面负责制，教师专业教学负责制，使教学内容由单纯的自娱自乐逐渐向寓教于乐延伸，增强了活动学习阵地的吸引力和凝聚力。太极拳班于5月在郴州参加全省太极拳交流大赛，取得了团体三等奖和个人第二名；文艺系在2017年全国夕阳红巡演活动中荣获三等奖，在全区“欢乐潇湘、快乐武陵源”群众文艺会演中表演的舞蹈和器乐合奏荣获优胜奖。（李　娟）

【区老年保健工作】 编辑《武陵源保健》会刊四期，印发2000余份；编辑《武陵源中老年保健知识》读本两本，印发4000余册。全年协会会长、副会长、理事长下到乡（街道）、村居（社区）达12次，为老年朋友送去养生保健知识，使老年健康、老年保健知识深入人心，受到了广大离退休干部和广大老年同志的欢迎。（李　娟）

史志工作

【概况】 1990年年底，中共大庸市武陵源区工委机构编制委员会下发大武编发〔1990〕41号文件，成立武陵源区地方志办公室。由于当时的党史工作没有专门机构和人员，区工委把党史工作放在区政府办，成立区史志办公室，负责党史和地方志工作。2002年3月21日，中共张家界市武陵源区委员会、张家界市武陵源区人民政府下发《关于印发〈张家界市武陵源区机构改革方案的实施意见〉的通知》（张武发〔2002〕05号）文件，武陵源区史志办公室更名为中共张家界市武陵源区委党史研究室（张家界市武陵源区地方志编纂委员会办公室与其一个机构、两块牌子），正科级，由区委办公室管理。同日，中共张家界市武陵源区委机构编制委员会下发《关于张家界市武陵源区科级事业单位和其他科级机构设置的通知》（张武编办〔2002〕07号）文件，明确中共张家界市武陵源区委党史研究室为承担行政职能的正科级事业单位。2002年4月19日，区委办公室下发《关于印发〈中共张家界市武陵源区委办公室职能配备内设机构和人员编制方案〉的通知》（张武办〔2002〕12号），文件明确了中共张家界市武陵源区委党史研究室（张家界市武陵源区地方志编纂委员会办公室）的主要职责和机构编制数。核定事业编制2人，其中主任1名，管理人员参照公务员制度管理。

自武陵源建区以来，区史志部门参与了《武陵源风景志》编纂和《湖南党委工作纪事》《湖南年鉴》《张家界年鉴》《湖南乡镇简志·张家界卷》组稿，编纂出版首部《武陵源区志》。开展全省苏区县认定申报，与慈利县委党史研究室合编出版《拓荒者的回忆——武陵源索溪峪景区早期开发实录》，与市委党史研究室合编出版《向世界报告——武陵源保护与开发》。编辑出版首部《中共张家界市武陵源区党史大事记》和《中共张家界市武陵源区党委工作纪事》，与武陵源区中共党史联络组合编《峥嵘岁月》武陵源回忆录丛书共5集，启动了《中国共产党武陵源历史（第一卷）》编写工作。

2017年，区委党史研究室（区地方志编委会办公室）结合本地区和本部门的实际，在史志组稿、史书编修、专题研究等方面取得了新成绩。

一是史志组稿有新突破。除完成《湖南年鉴》《湖南党委工作纪事》年度组稿和《武陵源政报》日常组稿外，新启动《湖南特色志丛书·武陵源志》主体组稿，完成森林公园金鞭溪红军路和天子山贺龙公园两个红色历史现场教学点的教学资料编写工作。

二是史书编撰有新进展。与区党史联络组共同启动了《峥嵘岁月》（武陵源回忆录丛书之六）的征稿工作，至2017年年底，共征集回忆文稿10余万字。《中国共产党武陵源历史（第一卷）》的资料搜集整理工作在2016年基础上继续进行。

三是专题研究有新亮点。根据区政府领导的指示和安排，启动了武陵源战争地名文化挖掘工作。2017年重点加强与区文联合作，加快推进武陵源战争地名文化资源的挖掘，编撰出版一本地域文化书籍。至2017年底，形成初稿10余万字。（高　建）

【《湖南年鉴（2017年卷）》组稿】 《湖南年鉴》是由省人民政府主办的综合性地方年鉴，主要记载湖南省国民经济和社会发展的基本情况与重大事件。各地州市及区县每年负责为其“市州县概况”部类撰稿。按照撰稿要求和注意事项，结合武陵源区2016年国民经济和社会发展统计公报相关数据撰写稿件。对部分统计公报中没有的数据，主动联系区直相关部门及其上级部门及时获取。对收集的资料进行严格筛选，把本地区有较大作用、影响的事件精选出来形成专条，突出地方特色、年度特色，保证了专条撰写质量。至4月底，稿件经分管副区长审核定稿并上报。（高　建）

【《湖南党委工作纪事（2017年卷）》组稿】《湖南党委工作纪事》是经省委同意，由省委办公厅、省委党史研究室组织编纂的一部大型综合性年刊，记录全省各级党组织年度工作大事要事、热点亮点及工作经验。各县市区每年负责为其“县市区亮点”版块撰稿。根据省委办公厅《关于做好〈湖南党委工作纪事〉2017年卷有关工作的通知》文件精神，

区委党史研究室与年鉴组稿同步启动该项工作。结合省委党史研究室关于稿件撰写的要求，概况严格把好数据关，确保每一个数据有出处，做到准确无误；条目把反映年度工作中成效明显、优势突出、特色鲜明的思路、作法、成就及经验的稿件筛选出来。2017年度共拟定“一次进山人数突破400万大关”“在全省率先实现整区脱贫摘帽”“重点项目建设平稳推进”“基层党建焕发新活力”“景区环境和谐稳定”5个条目，并对相关内容进行了补充完善。至5月中旬，稿件经区委办审核定稿并上报。

【《湖南特色志丛书·武陵源志》组稿】 根据省地方志编委的工作安排，市地方志编委于2017年全面启动了《武陵源风景志》的重新修编，计划编纂出版《湖南省特色志丛书·武陵源志》一部。该书篇幅约60万字，时间断限上起事物发端，下限至2016年年底。篇目初步设置分概述、大事记、自然环境、景区景点、景区建设、景区管理、旅游服务、旅游文化、民俗风情、名人揽胜、附录十一个部分。该书编撰工作由市地方志编委牵头组织并参与部分编纂，武陵源区地方志办公室负责主体部分撰稿，其他区县地方志办公室协助配合。2017年上半年，区地方志办公室按照市地方志编委要求，开展了相关内容的试写工作。下半年，结合省市地方志编委新要求，全面启动了稿件的征编。根据区政府常务会议精神，将资料收集、编撰等工作进行外包，保证了组稿的工作进度和质量。至年底，大部分组稿单位已完成稿件报送。（高　建）

【《武陵源政报》（大事记栏目）组稿】《武陵源政报》是武陵源区人民政府机关刊物，履行区人民政府公报职能，每两个月出版发行一期。根据责任分工，区委党史研究室承担大事记栏目的组稿编辑工作。共向区委办、区人大办、区政府办、区政协办等单位征集重大事件文稿8万余字，经过整理和编辑上报至区政府办，确保了2017年度《武陵源政报》第一期至第六期的顺利出版发行。（高　建）

【《峥嵘岁月》（武陵源回忆录丛书之六）征编】《峥嵘岁月》（武陵源回忆录丛书）是由武陵源区中共党史联络组和中共武陵源区委党史研究室联合主编的一本刊物。主要以回忆性文章记载武陵源建区以来的风雨历程和沧桑巨变，集中反映在景区旅游开发、自然遗产保护、社会建设等方面所取得的辉煌成绩和宝贵经验。2017年启动该回忆录丛书之六的征稿工作，向各乡镇党委、街道党工委，区直及相关单位邀稿。同时，区委党史研究室还在网络上广泛宣传，向全社会进行征稿。截至年底，共征集到省内和省外各类稿件共计15万余字，其中首次征集省外稿件2篇。（高　建）

【《中国共产党武陵源历史（第一卷）》编写】 根据区委安排，2016年开始由区委党史研究室组织编写《中国共产党武陵源历史（第一卷）》，并成立专门编辑部。2017年，编辑部在2016年的基础上，继续查阅区委区政府档案，并进行电子文本的转档。截至年底，共查阅翻印1989年至2015年的区委区政府档案，完成区委1989年至2013年、区政府1989年至1999年的纸质资料转电子档工作。（高　建）

党校工作

【概况】武陵源区委党校创建于1990年3月，1997年3月创建武陵源区行政学校，与区委党校实行两块牌子、一套班子。为创建大专体制和创办合格党校的需要，武陵源区委党校于2007年9月更名为中共张家界市委党校武陵源分校，但人员编制、办学体制等保持不变，仍属武陵源区委、区政府统一管理。武陵源区委党校校长由区委副书记吴俞萍担任，区行政学校校长由区委常委、常务副区长侯铁夫担任，党校日常工作由副校长陈丹主持。武陵源区委党校现有编制6人，内设办公室、教务教研室、财务室3个科室。党校原校址位于喻家嘴，虽然地理位置优越，但因建设时间长，年久失修，学员的住宿条件、教职员工的办公条件以及教学条件都十分简陋。基础设施落后已经严重制约着党校的教学和长远发展。2011年，区政府专门召开区长办公会议，决定将原老磨峪隧道管理所办公场所及房产进行产权置换，全部划归区委党校，老磨峪隧道管理所作为区委党校的新校区，进行全新的规划和重建。经过两年多的规划论证与建设，2014年10月武陵源党校正式迁入新校区。党校新校区面积9.84亩，建筑面积3668平方米，多媒体教室3间，学员宿舍24间，床位50张，食堂面积300平方米，可以同时容纳300人就餐。新校区规划合理，环境优雅，教学设施齐全，功能完善，完全可以满足任何层次的办学需要。2017年武陵源区委党校以贯彻落实全国党校工作会议精神为契机，以建设合格党校为目标，以加强党校基础设施建设和队伍建设为重点，加强软硬件建设，党校教学质量和办学水平得到明显提高，党校培训主阵地、主渠道作用得到明显发挥，推动了武陵源区经济社会科学发展、和谐发展、跨越发展。2017年区委区政府首次将党校主体班培训经费纳入区财政统筹，不再由各学员单位自筹培训经费。

（彭　翔）

【教育培训】2017年区委党校举办科级干部培训班、入党积极分子培训班、党务工作培训班3期主体班，旅游执法培训班等部门班7期，共培训740人次。为提高培训质量，区委党校做出许多改革与探索。在培训内容上注重党性教育，把党性教育摆在教学工作的重要位置；在课程设置上突出实效性导向，认真调研、开发组织需求、岗位需求和干部个人成长需求的课题；在培训方式上注重教学方式的创新，大量地采用案例式教学、情景式教学、模拟式教学、开放式教学、互动式教学、研究式教学等教学方式，有力提高解决党校培训效果；在学员管理上，突出学员自我管理，通过组织部跟班制度、学员考勤制度、请假制度、单位信息反馈制度等一些行之有效的管理制度，提高班级管理效果和学员培训积极性；在教师队伍建设上，积极探索适合武陵源区情并且适合干部培训需要的专兼职教师相结合的师资结构新模式。2017年区委党校为认真贯彻学习宣传中共十九大报告，精心组织、集中力量编写十九大学习培训辅导教材《聚焦十九大——新时代党校培训读本》。

（彭　翔）

档案工作

【概况】1991年，区档案馆成立；1995年，区档案局成立。2001年11月，升格为财政全额拨款的正科级事业单位。2008年，在档案馆增设现行文件服务中心。局（馆）两块牌子，一套机构和人马，归口区委办公室，履行档案收集、整理、保管、利用和全区档案事业行政管理职能。档案局定编7个，实际在岗6人。全馆有档案全宗25个，库藏档案21098卷。2017年，区档案工作在档案基础设施建设、档案开发利用、档案资源建设、档案宣传工作、档案数字化建设、档案干部队伍建设等各方面取得较好成绩，推动全区档案事业实现新的发展。

（陈敏怡）

【丰富馆藏】 共接收21个单位的文书档案，共整理完成368卷档案。收集接收文明创建档案175卷、森保节资料4卷、中央环保督查相关档案134卷、区委办重要领导讲话资料30卷。开展对精准扶贫专项工作档案收集和整理，为下一步精准扶贫档案移交入馆奠定基础。（陈敏怡）

【档案业务培训】 举办全区档案业务培训班，来自张管局、乡、街道和区直（垂直）单位的130名党办工作人员、档案员参加培训。举办农村土地确权颁证登记工作档案知识培训班，全区共40多名乡镇、村（居）业务专干参加培训。组织全区档案员参加市局举办的赴外地学习考察活动和全市档案信息化培训班。（陈敏怡）

【档案服务提质】 区档案局与区委党史研究室联合编纂《党委工作纪事》《中共张家界市武陵源区党史大事记》两本书籍。为收集到最真实、最基础、最原始的第一手资料，先后查阅部分区委档案和区政府档案，共计查阅档案1297卷，摘录7万多页文件，5000万多字。其中，查阅区委档案1989～2016年共622卷，查阅区政府档案1989—2010年共535卷。（陈敏怡）

【综合档案馆竣工】 区综合档案馆建设项目于2012年6月立项，项目总投资648万元（中央投资404万元、地方配套资金244万元），总建设面积2077平方米。2015年4月，区综合档案馆建设项目纳入中央投资业务用房暨机关大院穿衣戴帽综合工程建设项目一并建设实施。2017年底，区旅游综合档案馆竣工并投入使用，建设总面积为2069.89平方米，比审批面积减少了7.11平方米，其中库房面积占建筑总面积的50%。馆内还配套建设对外服务用房、信息技术用房、报告厅（多媒体视听室）等基础设施，馆库建筑符合《档案馆建筑设计规范》要求，功能布局合理。（陈敏怡）

【档案保密执法检查】 区档案局和保密局组成检查组在全区开展档案和保密联合执法检查，执法检查范围覆盖全区39个区直单位和6个乡镇、街道，档案工作依法管理有所强化，档案的规范问题和安全问题得以解决。（陈敏怡）

【档案信息化建设】 配备了1间信息中心机房，内含服务器、数据库处理器等硬件设备，已具备防火、防盗、稳压等条件。经区政府采购办公开招标，与上海中信信息发展股份有限公司签订采购合同，购置服务器、办公设备，并配套全省统一馆藏档案综合管理系统软件，用于数据录入、数据转换、日常管理、信息服务、检索查询、安全备份等。采购的档案馆弱电系统主要由综合布线系统、安防系统、信息中心机房、媒体互动系统等13个系统构成，其中购置的媒体互动系统、电子查询查阅系统、网络交换系统、主机存储系统为实现档案数字化加工处理，推进全区档案信息化建设打下基础。（陈敏怡）

【档案特色宣传】 一是加大档案法制宣传力度。举办以“档案--我们共同的记忆”为主题的2017年国际档案日系列活动：“培育好家风·传承好家训”主题展览、“档案——我们共同的记忆”主题征文活动、好家风好家训故事系列专题报道、“百姓家训家规档案”征集活动；开展“‘12·4’档案法律法规及案例警示教育活动”。二是下基层送档案法。组织人员深入协合、中湖、索溪峪等6个乡街道进行《中华人民共和国档案法》宣传，并对其进行“一对一”业务指导。三是开展好家风好家训系列宣传活动。区档案局联合区联通、移动、电信公司向全区群发“好家风，好家训”故事征集公告。共收集“好家风·好家训”故事32篇，张家界市档案局从中选定10篇在全市进行宣传报道。在张家界市电视台连续推出10期“好家风·好家训”系列报道。开展“培育好家风，传承好家训”主题宣传活动，介绍一系列讲诚信、节俭、孝道的家风家训故事，弘扬中华传统美德，树立良好的廉政文化。（陈敏怡）

武陵源区人民代表大会

Wulingyuan District People's Congress

综　述

【概况】 2017年年底,全区共有市级人大代表20名(驻张家界市级人大代表3人),区级人大代表135名,乡级人大代表92名(中湖乡47名、协合乡45名)。武陵源区第七届人大常委会共有组成人员31名,其中主任1名、副主任5名、委员25名。武陵源区第七届人民代表大会设立法制委员会和财政经济委员会2个专门委员会,机构级别为正科级。武陵源区第七届人大常委会设立办公室、内务司法工作委员会、教育科学文化卫生工作委员会(加挂民族侨务委员会)、选举任免联络工作委员会、预算工作委员会(加挂环境资源保护工作委员会、农业农村工作委员会)、法制工作委员会等工作、办事机构,机构级别为正科级。其中财政经济委员会和预算工作委员会、法制委员会和法制工作委员会合署办公,实行"两块牌子、一套人马"。

【调研视察和法律监督】 一是加强专项工作监督。持续开展世界自然遗产和生态环境保护监督,重点围绕中央环保督察组交办问题督促区人民政府加强全区生态环境保护。认真开展《张家界市城镇绿化条例》专项执法检查,针对检查中发现的问题及时作出决议,督促区人民政府迅速整改。二是注重民生工作监督。先后开展安全生产、学前教育、食品药品管理等专题调研,督促区人民政府增加投入,积极整改,不断提高安全监管水平,补齐学前教育发展"短板",确保群众用药安全,促进一批民生事项的落实解决;开展"环保世纪行"三湘农产品质量安全行"三湘农民健康行""民族团结进步行动"等专项活动,促进一些民生问题解决,维护人民群众切身利益。三是强化法律工作监督。组织开展湖南省农村扶贫开发条例、传染病防治法、传染病防治法实施办法、著作权法、道路交通安全法等法律法规执法检查,对普法工作进行专项调研,提出意见和建议,推动相关法律贯彻实施;先后组织两次12人次区人大代表临案听审;综合评议公诉和庭审行为,促进司法公正;结合工作监督和法律监督,改进信访工作,全年共接待上访群众255余人次,受理群众来信33件次,维护人民群众合法权益。 (汪小华　熊廷辉)

【国家工作人员任免】 依法任免区人民政府副区长1名,国家机关工作人员19名,人大工作人员6名,任免法官、检察官3名。依法补选市人大代表2名,区人大代表7名,接受代表辞职7名,因调离本行政区域代表资格自行终止2名。 (汪小华　熊廷辉)

【代表履职】 一是做好代表服务保障工作。定期走访乡、街道人大代表和选民，听取代表意见建议，倾听选民心声；进一步扩大代表参政议政权，邀请代表列席人大常委会议 17 人次，组织市、区人大代表参加调研、座谈、执法检查等活动 70 人次；建立和完善代表履职服务网络平台，利用人大网站及时传递信息，为代表寄送《全国人大》《人民之友》和相关文件资料，有效拓宽代表知情知政渠道；举办武陵源区第七届区级代表专题学习班，邀请省人大专家授课，切实提高代表素质，提升履职能力；指导乡、街道人大发挥人大代表联系群众工作平台作用，规范代表履职档案和小组活动记录，促进代表履职经常化、规范化和制度化。二是创新代表活动方式。高度重视闭会期间代表活动，修订完善《张家界市武陵源区第七届人民代表大会代表活动分组安排》，出台《张家界市武陵源区人民代表大会代表联系选民的意见》；将市区两级代表分别编为 11 个代表活动小组，健全代表小组活动机制，确保代表小组活动有计划、有阵地、有制度、有考核，保证代表依法行使职权；为市人大代表武陵源活动小组专题视察乡村旅游发展提供服务保障；组织部分市区代表就全区重点工程、安全生产、环保督查等工作进行专题调研，邀请 6 名代表参加庭审听证；指导乡、街道人大代表开展调查研究，提高和增强代表履职的针对性和时效性。三是促进代表履职。邀请专家授课，组织专题培训，提高代表依法履职能力；组织全体常委前往全国人大深圳培训基地开展学习培训；开展“为民履职代表行”“代表活动日”活动，组织代表以不同的方式深入基层，服务群众。

（汪小华　熊廷辉）

【督办代表建议】 区七届人大一次会议期间收到 85 件代表建议、批评意见，及时向区人民政府交办。5 月底组织开展办理进度督查，8 月底常委会主任带队对办理结果进行满意度测评。针对测评不满意的 5 件建议和基本满意的 17 件建议，区人民政府高度重视，及时进行二次交办，推动一批事关民生工程的建议办理。

（汪小华　熊廷辉）

【配合地方立法调研】 法制委员会和法工委结合省市立法工作规划，认真开展工作调研，在《张家界市扬尘污染防治条例》《张家界市全域旅游促进条例》等地方性法规立法过程中提出了建设性意见。

（汪小华　熊廷辉）

重要会议

【概况】 2017 年，武陵源区人大常委会共组织召开代表大会 1 次、常委会会议 9 次、主任会议 13 次，听取和审议“一府两院”专项工作报告 20 个，决定任免地方国家工作人员 30 人次。2017 年，常委会作出有关经济、文化、社会和生态文明建设等方面的决议、决定 12 项。听取和审议财政预算执行情况、国民经济和社会发展计划执行情况以及财政审计等专项报告，依法审查和批准财政决算和调整预算；积极探索创新监督方法，首次以票决方式对 8 个被审计单位的整改情况进行满意度测评，提高审议质量，增强监督实效。

（汪小华　熊廷辉）

【区七届人大二次会议】 2017 年 2 月 20 日至 22 日，武陵源区第七届人民代表大会第二次会议在武陵源宾馆大会议室召开。大会应到代表 135 人，实到代表 131 人。

会议审查通过了区人大常委会工作报告、“一府两院”工作报告；书面听取和审查了《武陵源区 2017 年国民经济和社会发展计划执行情况与 2018 年国民经济和社会发展计划（草案）的报告》《武陵源区 2017 年财政预算执行情况和 2018 年财政预算（草案）的报告》《武陵源区环境保护工作报告》。

大会选举王磊为武陵源区监察委员会主任，选举邹辉、钟高峰为第七届人民代表大会常务委员会委员。

（汪小华）

武陵源区人民政府

Wulingyuan District people's government

综　述

【概况】2017年，是武陵源区第七届政府开局之年，全区积极应对经济发展新常态，贯彻落实稳中求进工作总基调，全力推进精品景区、特色城镇、美丽乡村建设，统筹打好旅游提质升级、核心景区移民搬迁、乡村旅游、农村环境综合整治“四大攻坚战”，扎实巩固脱贫攻坚成果，全面小康建设走在全省三类区县前列；全力配合中央环保督察，打赢核心景区环境综合整治攻坚战；主动防范化解经济风险，成功置换政府性债务17亿元；创新管理合作机制，谈判收回峪园公路门票分成权和索溪河用水主导权；深入推进农村环境综合整治；成功创建国家森林城市。安全生产等工作处于全省前列；社会治理成效显著，连续12年荣获全省“平安区县”。

2017年，实现地区生产总值56.1亿元，同比增长8.7%；接待游客2632.5万人次，增长15.2%；核心景区一次进山408万人，增长0.24%；旅游总收入218.7亿元，增长21%；一般公共预算收入5.9亿元，增长12.6%；固定资产投资36.5亿元，增长18.4%；社会消费品零售总额15.2亿元，增长10.8%；城、乡居民人均可支配收入分别达到27521元、12029元，分别增长8.7%、9.5%。签约雪松旅游小镇等4个项目，协议总投资67亿元，实际利用内资5.84亿元，同比增长18%。

全年民生支出达7.9亿元，占一般公共财政预算支出的63%、同比增长4%；完成农村综合服务平台等重点民生实事项目36件；全区养老、失业、医疗、工伤、生育五大保险共征缴基金1.86亿元、同比增长5%，支出1.06亿元、同比增长68.25%，滚存结余4.76亿元、同比增长22.68%；积极推进“阳光医疗”工程，为全区5306名建档立卡贫困人口和930名低保困难群众提供“多重医疗保障”，严防“因病致贫、因病返贫”；实施乡村标配建设，整合涉农资金1亿多元，完成项目61个，农村基础设施进一步完善；农业产业化步伐加快，超额完成“523”行动计划，大鲵养殖规模达15万尾，商品蔬菜基地达1万亩。（黎国平）

【建议提案办理】2017年，区政府一如既往重视建议提案办理工作，坚持把办理好、落实好人大建议和政协提案作为区政府的一项重要工作。所有建议、提案分别由区政府分管领导领办，45个单位承办。所有建议提案完成答复任务，办复率100%、沟通率100%、满意率100%。（黎国平）

【外事侨务工作】 主管部门为区旅游和外事侨务局。开展元旦春节侨眷侨属慰问。做好归侨学生、归侨子女、华侨在国内子女考生登录工作。对归侨侨眷工作、生产、就业、医疗、养老等问题进行摸底，详实掌握全区侨情，实时更新华侨信息资料，充实完善侨胞档案库，保证侨情资料信息库处于最新状态。依法依规稳妥处理涉外案件2起；做好区内境外非政府组织管理和宣传工作；为因公出国出境人员办理手续10件。 （张新富）

重要会议

【政府常务会议】 全年召开区政府常务会议27次。

第1次常务会议 1月5日上午，区委副书记、区长郑小胡主持召开区人民政府总第七届第3次常务会议，审议《张家界市武陵源区人民政府关于加快发展养老服务业的实施办法（送审稿）》，研究《张家界市武陵源区林地保护利用规划（2010—2020）》调整修改、世界自然遗产保护工作等事宜。

第2次常务会议 1月18日下午，区委副书记、区长郑小胡主持召开区人民政府总第七届第4次常务会议，审议《武陵山大道景区段（武陵源段）拓宽改造建设项目房屋拆迁补偿安置方案（送审稿）》，研究老木峪隧道提质改造项目工程变更、创建国家食品安全景区、宝峰路西侧等片区城中村综合整治等事宜。

第3次常务会议 2月4日上午，区委副书记、区长郑小胡主持召开区人民政府总第七届第5次常务会议，研究2016年度全区绩效考核、全区机关事业单位一般工作人员年度考核奖励和沙坪安置区四期项目开发建设等事宜。

第4次常务会议 2月13日下午，区委副书记、区长郑小胡主持召开区人民政府总第七届第6次常务会议，研究《武陵源区2017年度财政预算（草案）》、2016年度农业产业化发展等4个办法考核奖励、区旅游职业教育教学综合楼建设项目外墙保温材料变更、《武陵源区推进农村环境综合整治行动计划（2017—2018）（讨论稿）》等事宜。

第5次常务会议 2月28日上午，区委副书记、区长郑小胡主持召开区人民政府总第七届第7次常务会议，传达省市推行河长制暨水利工作会议精神，通报中共张家界市武陵源区人民政府党组2016年度专题民主生活会情况，研究区纳税服务中心建设、向家坪安置区项目统建住宅工程外墙保温材料变更、2017年度区人大代表建议和政协委员提案任务分解、核心景区非法营运卡点运行等事宜。

第6次常务会议 3月17日上午，区委副书记、区长郑小胡主持召开区人民政府总第七届第8次常务会议，传达贯彻2017年全市安全生产工作会议精神，研究武陵源区环境保护工作、控违拆违工作考核奖惩办法修订、行政审批项目调整、农业产业化发展考核奖惩办法修订、《张家界市武陵源区村居换届选举工作实施方案（送审稿）》等事宜。

第7次常务会议 4月14日下午，区委副书记、区长郑小胡主持召开区人民政府总第七届第9次常务会议，传达贯彻国务院、省政府廉政工作会议精神、省市审计工作会议精神和全省民政工作及民宗委主任会议、全市宗教工作会议精神，研究《张家界市武陵源区实施河长制工作方案（送审稿）》、禁毒、2017年全区中小学教师补充等事宜。

第8次常务会议 4月28日上午，区委副书记、区长郑小胡主持召开区人民政府总第七届第10次常务会议，研究武陵源“六城同创”、城市管理、脱贫攻坚、配合中央环保督察工作等事宜。

第9次常务会议 5月14日下午，区委副书记、区长郑小胡主持召开区人民政府总第七届第11次常务会议，研究峪园公路经营权收回、建立武陵源区上级投资项目运行机制和沙坪四期、百溪边城、文风、岩门二期等安置区项目建设模式等事宜。

第10次常务会议 6月8日下午，区委副书记、区长郑小胡主持召开区人民政府总第七届第12次常务会议，传达贯彻全省环境治理战役“夏季攻势”动员会议精神和市领导在防汛工作督察座谈会上讲话精神，研究省脱贫攻坚督察问题整改、突出环境问题整治、食品安全、索溪水厂提质改造项目工程量变更、参战退役人员“5·23”赴市集访等事宜。

第 11 次常务会议 6 月 14 日下午，区委副书记、区长郑小胡主持召开区人民政府总第七届第 13 次常务会议，传达省、市“两权”抵押贷款现场推进会议精神，研究《张家界市武陵源区创建国家生态文明示范区实施方案（送审稿）》、《张家界市武陵源区创建国家卫生城市实施方案（送审稿）》、国家土地例行督察等事宜。

第 12 次常务会议 7 月 7 日下午，区委副书记、区长郑小胡主持召开区人民政府总第七届第 14 次常务会议，传达贯彻国务院扶贫开发领导小组脱贫攻坚巡查精神，研究《张家界市武陵源区深化供销合作社综合改革的实施意见（送审稿）》、索溪河生态补水方案、区重点项目建设责任制考核及奖励办法修订、核心景区居民生活保障金调整、天子山街道办事处工作人员享受乡镇工作补贴、干部处分问题等事宜。

第 13 次常务会议 7 月 14 日下午，区委副书记、区长郑小胡主持召开区人民政府总第七届第 15 次常务会议，传达贯彻省市安全生产工作会议精神，研究 2017 年上半年全区经济形势、《张家界市武陵源城区道路机动车临时停放管理办法（草案）》、2017 年全区棚户区改造“夏季攻势”、2017 年上半年安全生产、《张家界市武陵源区安全生产奖惩办法（草案）》、中湖和天子山集镇污水处理厂建设、全区反恐防暴工作等事宜。

第 14 次常务会议 7 月 27 日上午，区委副书记、区长郑小胡主持召开区人民政府总第七届第 16 次常务会议，传达贯彻全省脱贫攻坚巡查整改工作会议精神，研究《张家界市武陵源区环境保护“夏季攻势”实施方案（草案）》及全区生态保护红线划定、《张家界市武陵源区突发事件总体应急预案》修订、《张家界市武陵源区公共租赁住房分配和运营管理实施细则（草案）》、2017 年全区绩效评估等工作，开展政府系统廉洁从政和遗产保护专题学习。

第 15 次常务会议 8 月 8 日下午，区委副书记、区长郑小胡主持召开区人民政府总第七届第 17 次常务会议，传达贯彻全省教育扶贫工作电视电话会议、全省教育脱贫攻坚工作推进会议、常务副市长罗智斌和副市长邹菊芳督察武陵源落实“河长制”和抗旱救灾工作讲话精神，研究索溪峪污水处理厂特许经营、河长制、行政许可标准化等事宜。

第 16 次常务会议 8 月 11 日上午，区委副书记、区长郑小胡主持召开区人民政府总第七届第 18 次常务会议，传达贯彻全市脱贫攻坚巡查整改暨年度脱贫任务攻坚会议、全市落实中央环保督察问题整改工作会议精神，研究《武陵源游客服务中心项目建设补充协议（审议稿）》、武陵源游客服务中心项目工程量变更、启动《武陵源风景名胜区总体规划（2005—2020）》评估修编、《索溪水库中央环保督察问题整改方案（草案）》等工作，开展政府合同审查专题学习。

第 17 次常务会议 8 月 17 日上午，区委副书记、区长郑小胡主持召开区人民政府总第七届第 19 次常务会议，传达贯彻 2017 年全省第二次易地扶贫搬迁工作推进会、全省脱贫摘帽对标交流会议精神，研究政府性债务、《S248 插旗峪—分水岭公路建设项目（武陵源段）房屋征收补偿安置方案（讨论稿）》、棚户区改造、消防、《张家界群盛车技表演馆项目投资协议（审议稿）》、《雪松·张家界武陵源旅游小镇项目投资开发合作框架协议（送审稿）》等事宜。

第 18 次常务会议 8 月 24 日上午，区委副书记、区长郑小胡主持召开区人民政府总第七届第 20 次常务会议，传达贯彻张家界市中央环保督察反馈意见整改工作推进会议精神，研究 2017 年全区卫生和计划生育、2017 年全区信访维稳、全区农村环境综合整治、长途客运班线实名制和沙坪四期、古镇文苑等安置区房源建设等事宜。

第 19 次常务会议　9 月 1 日下午，区委副书记、区长郑小胡主持召开区人民政府总第七届第 21 次常务会议，研究“六城同创”、地方史志、天子山红色文化教育基地建设、文物、招商引资、开放型经济、博海酒店征收评估等事宜。

第 20 次常务会议　9 月 15 日上午，区委副书记、区长郑小胡主持召开区人民政府总第七届第 22 次常务会议，传达《关于做好信访工作迎接党的十九大胜利召开的通知》文件精神，研究《党的十九大武陵源区安保方案（草案）》《张家界市武陵源区政府投资管理办法（草稿）》、2018 年政府投资项目前期工作部署、《武陵源核心景区天子山片区、袁家界片区生态移民搬迁补偿安置方案（草案）》和峪园公路经营权收回等事宜。

第 21 次常务会议　9 月 29 日晚上，区委副书记、区长郑小胡主持召开区人民政府总第七届第 23 次常务会议，学习传达省安委办《关于认真做好国庆期间安全生产工作的通知》文件精神和市政府第 23 次常务会议精神，研究《〈张家界市集镇和村庄村（居）民建房管理办法〉的实施意见（审议稿）》、《武陵源风景名胜区总体规划（2005—2020）》评估及修编项目采购方式、区国税局和区烟草公司征收及搬迁、第四季度重点工作部署等事宜。

第 22 次常务会议　10 月 18 日下午，区委副书记、区长郑小胡主持召开区人民政府总第七届第 24 次常务会议，传达全市创建国家卫生城市调度会、全市项目建设和棚户区改造及控违拆违工作推进会、全市创建国家食品安全示范城市工作推进会会议精神，研究 2017 年第三季度全区经济形势、干部处分问题等事宜。

第 23 次常务会议　11 月 9 日上午，区委副书记、区长郑小胡主持召开区人民政府总第七届第 25 次常务会议，研究 2017 年主要经济指标、统计工作、省市绩效评估指标完成情况、棚户区综合整治项目重大工程设计变更工作，审议武陵源区核心景区天子山片区、袁家界片区生态移民搬迁补偿安置方案（征求意见稿）及生产生活补偿政策方案（征求意见稿）、《张家界市武陵源区城乡医疗救助实施细则》和《张家界市武陵源区城乡困难群众临时救助实施细则》等文件方案。

第 24 次常务会议　11 月 23 日下午，区委副书记、区长郑小胡主持召开区人民政府总第七届第 26 次常务会议，传达贯彻省委书记杜家毫到张家界调研指示精神和市州委书记幻真会议精神，省委书记杜家毫和省委副书记、省长许达哲关于全省城乡义务教育一体化推进会会议精神，全市重点项目观摩会议精神、全省产业扶贫会议精神及全省脱贫攻坚视频会议精神，通报省政府 2017 年重点工作综合督查反馈会情况，研究《张家界市武陵源区政府投资管理办法（审议稿）》和深化文化市场综合执法改革等事宜。

第 25 次常务会议　12 月 5 日下午，区委副书记、区长郑小胡主持召开区人民政府总第七届第 27 次常务会议，研究 2018—2019 年项目库建设、推行“全域旅游贷”政银合作、推行家庭医生签约服务和健康扶贫、全省“五化”民政示范区县创建等事宜。

第 26 次常务会议　12 月 12 日上午，区委副书记、区长郑小胡主持召开区人民政府总第七届第 28 次常务会议，传达学习全市脱贫攻坚工作调度督办会议精神，研究审议《武陵源区人民政府工作报告（审议稿）》、武陵源区人民政府党组向区委常委会汇报的工作报告和区政府党组（扩大）会议方案、《2017 年国民经济和社会发展计划执行情况及 2018 年国民经济和社会发展计划（草案）的报告》和《2017 年财政预算执行情况和 2018 年财政预算（草案）的报告》，研究张家界世界地质公园迎接检查评估和《武陵源世界自然遗产地迎接 43 届世界遗产大会审查工作方案》等事宜。

第 27 次常务会议　12 月 28 日下午，区委副书记、区长郑小胡主持召开区人民政府总第七届第 29 次常务会议，传达学习中央和省市委经济工作会议、市委七届四次全会、市政府七届二次全会、全市脱贫攻坚调度会议精神，研究《2018年〈政府工作报告〉任务分解方案（草案）》、区旅游产业公司与市经投公司为解决景区门票重复入账问题合并财务报表、《武陵源区旅游产业公司增资扩容方案》等事宜。（黎国平）

【政府党组会议】 1月19日，区委副书记、区长郑小胡主持召开区政府党组会议，学习《县以上党和国家机关党员领导干部民主生活会若干规定》，召开2016年度专题民主生活会。

9月11日，区委副书记、区长郑小胡主持召开区政府党组（扩大）会议，并以《践行“五个坚持”，提升服务水平》为题为政府办系统、区财政局党员干部上党课。

10月30日，区委副书记、区长郑小胡主持召开区政府党组（扩大）会议，学习宣传贯彻中共十九大精神。（黎国平）

办公室工作

【概况】 2017年，政府办在区人民政府的领导下，积极搞好综合服务工作，为区政府各项决策提供参谋助手支持，为政府各项工作的推进提供周到全面的保障服务，有效推动了核心景区中央环保督查等多项重要工作。2017年，区政府办重点抓好综合协调、联络对接、文稿起草、文件收发、信息报送、会议服务等各项工作，为区政府领导出谋划策，有效推动了全区各项工作的顺利开展。全年共收文1537件，发文544件。（黎国平）

【重大活动】 1月24日，副省长张剑飞到武陵源区实地调研张家界旅游观光磁浮专线项目；2月14日，省委副书记乌兰调研武陵源区全域旅游发展情况；3月13日，省委常委、常务副省长陈向群一行到武陵源调研脱贫攻坚及旅游产业发展工作情况；5月10日，德国司法部长海科·马斯一行到武陵源考察；6月4日，常德市人大常委会副主任戴君耀带队考察武陵源；8月16日，副省长隋忠诚到武陵源区调研脱贫摘帽工作，并召开全省脱贫摘帽对标交流会；11月20日，省委书记杜家毫一行到武陵源调研，考察精准扶贫、旅游发展和基础设施建设项目等方面工作情况。（黎国平）

【应急管理】 强化组织机构建设，细化工作责任，完善预防体系，织牢应急机制网，强化经费和物资保障。制定修订区级总体预案1个、专项应急预案27个、部门应急预案45个，形成“横向到边、纵向到底”的基层应急管理预案体系；组织旅游企业举办专项应急预案演练8次，应急管理水平得到有效提升。（黎国平）

【金融管理】 不断加强组织领导和金融管理体系建设，进一步健全基层工作网络，全面互通信息，充分保障经费，不断加强非法集资风险专项排查，开展一系列宣传教育活动，营造安全稳定可靠的投融资环境。（黎国平）

人力资源和社会保障

【概况】 2010年11月30日，武陵源区人事局和武陵源区劳动和社会保障局合并为武陵源区人力资源和社会保障局，主要职责是做好武陵源区就业、社保、人才、收入分配、人事改革、劳动关系、绩效评估等工作。2017年，共有工作人员77人，含局机关26人、社保局22人、医保局16人、就业局13人。其中，科级干部18人，中共党员47人（含退休6名、退职3名）。内设10个股室，下辖4个参照公务员法管理事业单位：就业局、医保局、社保局、劳动保障监察大队，2个事业单位：人力资源管理服务中心、职业技能鉴定所。（罗勤学）

【就业创业】 城镇新增就业903人，创业带动城乡就业416人，完成104%；创业带动城镇就业200人，完成100%；新增农村劳动力转移就业406人，完成102%；新增困难劳动力转移就业58人，完成116%；新增创业担保贷款200万，完成比例100%。

（罗勤学）

【社会保障】 全年征缴五险基金1.86亿，社会养老保险覆盖34380人，基本医疗保险覆盖52678人，织就全市覆盖率最广的社会保障网。其中，企业养老保险征缴基金征缴入库4432万元，完成139%；城乡居民养老保险征缴基金完成428万元，完成285%；工伤保险基金征缴完成414万元，完成197%；生育保险基金征缴完成180万元，完成138%；失业保险征缴基金229万元，完成229%；机关事业单位养老保险在职参保登记3832人，完成202%；失业保险参保8445人，完成102%。社会保障卡持卡人数35119人，完成117%；离校未就业高校毕业生实名制登记率、跟踪回访率、就业服务率、就业率及就业准备率均达100%；新开工企业15家缴纳工伤保险费32.33万元，参保率100%；职工医保异地就医联网（直接）结算资金上解达100%，按指标数上缴55.4万元结算资金，实际职工实际转诊145人次，基金支付194.39万元；圆满完成脱贫攻坚“国检”验收，城乡居民大病报销100%，完成193人次、报销138.72万元。其中，建档立卡报销人数66人次、报销26.08万元，低保12人、报销8.22万元。城乡居民养老保险政府缴费和基础养老金补贴（含政府代缴）88.27万元，完成比例147.12%；全区8979名退休人员获得待遇6555万元，1152名退休人员获得生活补贴668万元。（罗勤学）

【人事管理】 公开招录各类人才53名，其中公务员9人，事业单位人员42名（管理岗位工作人员14名、教师17名、卫计人员11名），“三支一扶”大学生2名。从广东、河北及湘西等地选调教师22名，选调其他事业单位工作人员2名，区内调整调动工作人员30名。完成8批次62名专技人员确认下文、27名中高级职数申报及评审资料初审、29名中小学教师中级职称评审工作、58个事业单位专技人员继续教育培训及分类统计。推荐全区农村专业技术人才参加全省搭建贫困地区科技平台的专业培训10批次10人，推荐湘西地区特聘专家1名，支持区一中境外人才引智工作1名。完成军转安置任务1人。（罗勤学）

【农民工保障】 率先在全市出台《张家界市武陵源区治理拖欠农民工工资管理暂行办法》。全年处理劳动用工举报投诉78起（投诉量同比增长105%）、劳动人事争议仲裁47起（案件量同比增长161%）、工伤认定32起（案件量同比增长60%），追回780人拖欠的工资及社保待遇950万元。（罗勤学）

【养老和医疗保险】 社会养老保险覆盖34380人，基本医疗保险覆盖52678人，全年征缴五险基金1.86亿。圆满完成脱贫攻坚“国检”验收，居民基本医保人均财政补助标准由240元提高到450元；大病保险制度基本建立，193人次受益138.72万元；异地就医住院费用实现直接结算。全区8979名退休人员获得待遇6555万元，1152名退休人员获得生活补贴668万元。（罗勤学）

【“就业+健康”扶贫工程】 创新开展“订单式”培训，有序组织各类培训20期1527人。其中，545名获得初、中级职业资格证书的贫困劳动力培训补贴43.6万元；224名贫困劳动力享受职业介绍服务，87名贫困人员成功就业；先后输送3批30名务工人员到蓝思科技股份有限公司就业；为贫困家庭中初、高中毕业后五年内未能继续升学的富余劳动力举办园艺花卉培训2期20人，举办创业提升培训班3期218人，举办蔬菜种植、特色水稻种植、武陵山脆枣种植、“鱼泉贡米”精品水稻种植、药材种植等农村实用技术培训7期545人。全区5306名建档立卡贫困人口和930名低保困难人群享受基本医疗保障、大病保险补偿、民政医疗救助、财政医疗补助等多重医疗保障，受益人数达9010人次，受益金额达845万元。（罗勤学）

【化解民生热点问题】 积极办结信访维稳案交办件16件，动态跟进、积极协调张管局年休假问题、黄龙洞职业年金问题、桃花溪工资拖欠问题、标志门九院十街项目拖欠工资问题等重点涉稳事件4件。（罗勤学）

【足额落实社保红利】 全区191名失业人员获得生活费112.3万元、医疗保险费20.52万元，157名城乡居民获得独生子女奖励金12.28万元，151名民办和代课教师获得生活困难补助金13.1万元，55名乡村医生获得生活困难补助金7.6万元，11407名被征地城乡居民获得社会保障补贴562.08万元，8979名退休人员获得基本养老金6555万元，待遇提标633万元，100%实现社会化获得的平稳过渡。全年省内转诊职工145人次、总费用321.77万元、基金支付194.39万元，省内转诊居民193人次、总费用474.63万元、基金支付168.93万元。跨省异地结算系统中转诊3人次，总费用3.3万元，基金支付1.8万元。（罗勤学）

民族·宗教

【民族事务】 境内以土家族为主。土家族以外的民族人口数为5696人（男2747人、女2949人），占总人口的10.41%，其中汉族4440人（男2139人、女2301人），苗族284人（男128人、女156人），其他民族972人（男480人、女492人）。

2017年，区民政和民族宗教局以服务少数民族群众为己任，进一步提高服务意识，积极开展民族团结进步创建活动。结合宣传贯彻中共十九大精神和实施"七五"民族普法规划，采取形式多样的民族文化展演活动，大力宣传党的民族理论、民族政策和民族基本知识。积极申报索溪峪街道迎宾路社区为民族团结进步创建示范区。加强对到武陵源工作的少数民族人员的管理和服务。按照市综治办、市民委政法科的具体要求，成立外来少数民族服务管理工作组，制定外来少数民族服务管理工作方案和考核细则，做到管理、教育与服务相统一。认真组织摸排来武陵源少数民族人员情况，建立来武陵源少数民族人员的台账，全面掌握源头信息，认真鉴别与分析可能产生的问题和因素。强化服务，坚持"团结、教育、疏导、化解"的方针，妥善处理影响民族团结的问题。先后两次组织新疆籍来武少数民族人员参加新疆宣讲团会议，在武新疆籍经商的3兄弟多次为慈善捐款，资助当地贫困家庭，已累积捐款12000多元。贯彻落实好民族政策。落实高考优惠政策，积极做好高考考生的民族成分审核工作。2017年共对369人高考考生进行民族成分资格审查。合理利用少数民族项目资金。建立民族发展资金项目库，争取民族发展项目资金441万元，以涉农资金整合为契机，重点支持天子山街道特色村寨、协合乡杨家坪村游客中心、中湖乡野鸡铺村民居改造、魅力湘西民族文化传承基地等建设。按照《少数民族发展资金管理办法》，加强资金使用管理，严格民族项目管理，把好项目申报、实施、验收三个关口，确保项目有效落地，在10月上旬少数民族发展资金省级交叉检查中，赢得山西省民委一行检查人员的充分肯定和好评。做好少数民族特色村寨申报和指导工作，把特色村寨建设与扶贫攻坚、新农村建设、小城镇建设和危房改造等项目结合起来，利用特色村寨建设平台聚合政府和社会资源，推动基础设施建设，特色村寨面貌一新。（于　媛）

【宗教事务】 武陵源有佛教、道教、基督教。2017年，全区有区佛教协会、市道教协会2个宗教团体，登记发证宗教活动场所5处（佛教1处、道教1处、基督教3处）。全区备案实有宗教教职人员23名（道教 20 人、基督教 3 人)，基督教信徒 232 人。2017 年，区民政和民族宗教局以加强依法管理为核心，认真贯彻落实《宗教事务条例》，加强宗教政策的宣传教育，配合区委统战部搞好 2017 年深化教风创建活动，继续深化“和谐寺观教堂”创建，制定以“国法与教规的关系”为主题的《宗教政策法规学习月活动方案》，坚持每月按时组织宗教教职人员进行政策法规和安全知识学习，增强宗教领域和教职人员的政策法律意识，提高管理水平。引导宗教界参与慈善公益、社会服务活动。经常深入宗教活动场所调查了解情况，开展正面宣传教育，有效防止非法传教活动。依法开展宗教执法，不断净化宗教环境。加强与政法、公安等部门的协调配合，保持经常性联系，互相支持配合，及时互通宗教工作情况，防范和打击境内外非法宗教势力的渗透。做好宗教活动场所年检工作，促进宗教活动场所自身管理的制度化和规范化。保证爱国爱教人士和信教群众正常的宗教活动。坚持定期检查宗教活动场所制度。高度重视宗教活动场所安全工作，与各宗教活动场所签订安全、维稳、综治、防邪等目标责任书，坚持每季度召开一次宗教安全、维稳工作专题会议，专题研究安全工作隐患排查治理；每月坚持深入到宗教场所进行安全检查和隐患排查，督促及时消除安全隐患，确保全区宗教活动场所全年未发生任何安全事故。完成宗教活动场所紫霞观、喻家嘴聚会点、插旗峪聚会点、土地峪聚会点换发证工作，并对全区宗教活动场所进行检查。完成宗教活动场所信息采集工作。对辖区内的清真餐馆进行自查摸底，全区 3 家清真餐馆经营状况良好，无“清真食品不清真”现象存在。根据《湖南省生产经营清真食品管理办法》，对大马食阁清真食品经营予以许可。（于 媛）

信访工作

【概况】 2017 年，区委常委会、区政府常务会多次研究部署信访工作，书记、区长带头接访处访，区信访工作联席会议第一召集人、区委副书记吴俞萍每季度召开一次联席会议，帮助信访部门解决机构编制等困难。区委政府分管领导及时调研指导信访常态工作，强化各个特护期信访维稳工作调度指挥，按照“一岗双责”要求，轮流值班接访，自觉包案处理信访案件。在春节、全国及省市区“两会”期间、“暑期北戴河工作会议”“七一”“八一”国庆、中共十九大等信访特护期，主要领导先后 18 次组织召开信访工作部署和调度会，对全区的 42 起信访问题逐一进行研究讨论解决办法，并对 14 起重大疑难问题进行专项交办。全面深化信访工作制度改革，加速推进法治信访、责任信访、阳光信访、满意信访建设，抓好逐级走访、互联网 + 信访、领导包案、积案化解、联合接访、非访治理、基层基础强化等工作重点，加强源头预防和矛盾纠纷排查，推动信访问题依法及时就地解决。领导干部接访下访实现制度化，积案化解销号率达 100%，信访工作考核排名全市第一，并作为全市唯一具备资格的区县参加信访工作“三无”区县国家级创建。全年共接待群众来信来访 522 批 1612 人次，其中赴省访 32 批 44 人次、进京访 14 批 32 人次，非访登记为“零”。坚持从构建和谐社会大局出发，筑牢基层基础，落实领导责任，强化工作措施，创新工作机制，努力将信访问题解决在基层、消除在萌芽状态，合力依法及时就地解决城乡规划建设、征地拆迁、帮扶救助、农村农业、劳动保障等方面的问题。实现无群体性事件、无进京非访、无网络舆情炒作事件的“三无”工作目标，为全区经济发展和重点项目建设营造了良好的工作环境。

但工作中仍需面对四大困难：一是信访形势依旧严峻。七九参战人员、清退临时工、退休教师、非法集资、公路养护工、乡镇电话员等相关利益团体抱团上访。二是重点工程、重点项目推进中的利益矛盾依然严重。随着我区各重点项目的相继推进，征地、拆迁、迁坟、补偿等矛盾不断涌现，加之群众维权意识不断提高，全区此类案件的上访量也不断上升。

三是重复访、越级访、集体访压力很大。相关上访老户缠访、闹访不断，不时利用各个特护期内，组织、串联、煽动其他上访户到市赴省进京上访，以上访刷存在感。四是各级对部门与信访人要求不一致让相关部门无所适从。“畅通信访渠道”是针对信访人的要求，让信访人可以想去哪儿就去哪儿。“将人员吸附在当地”是对部门的要求，这就意味着信访人哪儿都不能去，尤其各个特护期，一方是上访人的上访威胁，一方是各级部门的严格要求，让各相关单位和各相关责任人无所适从。（雷　术）

【强化阵地建设】 先后投入资金 50 多万元，对信访系统网上信息系统硬件设施进行整改升级，确保“横向到边、纵向到底”全覆盖。在确保乡、街道群众工作站、村居群众工作室建设的同时，全面加强信访干部队伍建设，通过组织业务培训、加大宣传力度，固定信访专人负责、专人办理，组建“网上信访投诉代理员”队伍，信访队伍专业化水平不断提高。由宣传部门牵头，联合区政府热线办，全面加强网络舆情监听监看、交办转办和协调处置，确保全区无网络舆情事件发生。（雷　术）

【推行联合接访】 继续推行区级领导下部坐班接访、区直相关单位领导信访接待日、区直部分单位入驻人民群众来访联合接待中心等工作制度。继续加强部门联合接访、信访工作联席会议对重大信访问题调度处置工作力度，信访工作联席会议成员单位充分发挥各自工作职能，努力化解信访矛盾。（雷　术）

【攻坚积案化解】 严格遵循“有理诉求解决到位，无理诉求解释到位，实际困难帮扶到位，非法上访打击处理”原则，成功化解 14 起信访积案（市级交办 7 件、区级自办 7 件），在全市“信访积案化解暨信访秩序整治”专项行动中，率先完成工作任务，被市委、市政府评为积案化解工作先进单位。（雷　术）

【特护期零非访】 全年各个特护期达 200 天以上，通过认真做好值班应急和信息报送、积极参与群众集体上访的接访劝返、齐力营造专项节会良好环境，按照特护期相关工作要求，成立工作专门班子，前、后方合力做好特护期信访维稳安保工作，实现全年非访“零登记”，获得“特护期信访维稳安保工作”市级先进区县表彰，维护了社会大局和谐稳定。（雷　术）

政务公开政务服务

【概况】 2017 年，武陵源区政务公开政务服务管理办公室按照区政府《2017 年武陵源区政务公开工作要点》要求，全面推进决策、执行、管理、服务、结果公开，加强解读回应、调结构、惠民生、防风险，全面推行权力清单、责任清单和负面清单公开工作，以行政许可标准化、清理规范证明材料、梳理政务服务事项等工作为抓手，着力推进“互联网 + 政务服务”。

政务公开工作，按照“统一平台、集中发布、集中查询、统一管理”的原则，配合区政府办、区信息中心全面整合各单位政府网站，基本形成了功能齐全、内容充实、标准统一、管理规范、方便群众的政府信息公开统一发布平台。通过建立和完善各项管理制度推进政务公开工作有序开展。逐步建立健全政府信息公开制度、政府信息发布制度、依申请公开制度、保密制度、工作考核制度、社会评议制度、奖励和责任追究制度、台账管理制度等一系列制度，通过制度管理，增强了政府各部门单位主动公开政府信息的自觉性。规范政府网站政务公开平台建设，充分发挥政府网站政府信息公开的第一平台作用。通过政府网站集中发布、开设反馈意见箱、增加在线提交意见功能等方式，让公众了解放权情况、监督放权进程、评价放权效果。全年通过不同渠道方式主动公开政府信息 8128 条。其中，政府及其各部门单位通过政府门户网站公开政府信息 6561 条，涉及财政信息、文化教育、社会保障、医疗卫生、重点工程、依法从政、政策解读等方面；编辑、发行《武陵源区人民政府政报》，发布政府信息 136 条；政务微博政务微信公开信息 1431 条。

区政务服务中心大厅和纳税服务中心、人力资源和社会保障局办事大厅等部门大厅有序运转。通过推行信息公开制、一次性告知制、首问责任制、服务承诺制、责任追究制及文明服务制，不断完善窗口服务，开展服务评价，促进阳光审批和服务水平提升。按照张家界市乡镇（街道）便民服务中心建设提质升级总部署，全区完成了 6 个乡（街道）便民服务中心的提质升级，建成率达 100%。各便民中心组织机构健全、管理制度规范、办事流程清晰、日常服务到位，下放事项均进入了便民服务大厅，提高了办事效率，方便了群众，得到了群众一致好评。结合农村综合服务平台建设，指导村居社区便民服务点规范化建设，将低保、农保、惠农资金等与群众日常生活息息相关的事项纳入村居便民服务平台代办，切实解决服务群众“最后一公里”问题。2017 年年底，区政务公开办联合区政府办、区审改办、区新闻网络信息中心组织开展了区级行政许可标准化、公共服务事项梳理、政务服务事项实施清单编制、清理规范证明材料等工作，“互联网 + 政务服务”有序推进。全区各职能单位以“方便行政相对人”为原则，按照受理、审查、决定三个环节，根据每一事项的具体情况以文字对各个环节进行描述，编制完善流程图和办事指南。

由于受办公场地限制，区政务服务中心只能容纳部分单位集中办公，不能形成功能完整的集中办事大厅；有的单位主动公开、优质服务的意识还不够强，不能真正做到简化程序、优化流程、提高效率，群众反映“办事难”现象依然存在；部分单位政府信息公开还不够全面及时，一些重要领域的信息没有及时在政府网站上公开。（吴宇鸿）

【政务公开政务服务绩效考核】 为深入推进和科学评价全区政务公开政务服务工作，促进各单位认真履行职责，全面完成政务公开政务服务各项目标任务，从制度层面确保政务公开政务服务工作取得成效，制定下发《张家界市武陵源区 2017 年政务公开政务服务工作考核办法》，从建立政务公开政务服务工作机制、政策解读机制健全、申请公开政府信息渠道畅通、网站办事及时性等方面进行考核，将网上办事、信息公开、政策解读、网站信息内容更新等工作常态化。（吴宇鸿）

遗产保护

【概况】 2000 年，区世界自然遗产保护办公室成立，同时加挂武陵源世界自然遗产保护领导小组办公室牌子，属于区政府办公室归口管理二级机构，主要负责武陵源世界自然遗产保护的协调工作。2017 年，机关行政编制 3 人，事业编制 2 人。

2017 年起，将遗产保护工作纳入武陵源区人民政府相关单位的绩效考核内容。落实日常保护机制，组织环保、旅游、工商、食药等职能部门开展遗产地的日常综合巡查工作，保证核心景区保护到位。（邓　琼）

【“文化和自然遗产日”系列活动】 配合住建部城市建设司组稿出版《中国风景名胜区·世界遗产地》。举办“关爱遗产·为爱行走”公益徒步活动、遗产地景区 500 个免费体验活动、中国世界遗产成就展等活动，进一步向群众和游客宣传遗产保护工作重要性。（邓　琼）

【遗产能力建设培训】 9 月，举行由省、市、区主管和分管领导共计 209 人次参加的武陵源世界自然遗产能力建设培训班。同济大学教授、联合国教科文组织“世界遗产与可持续旅游”项目组中国试点项目负责人韩锋、复旦大学兼职教授肖潜辉、贵州

师范大学教授但文红及贵州师范大学副教授肖时珍作世界遗产专题辅导。（邓　琼）

【生物多样性编目】将武陵源世界自然遗产地动物与植物多样性编目项目分别委托给中南林业科技大学杨道德教授、喻勋林教授科研团队负责。2017年底完成标本制作和项目成果评审。研究成果将为武陵源遗产地生物多样性保护提供科学的基础数据支撑。（邓　琼）

信息化工作

【概况】2007年8月1日，区经济信息中心从区发改局划出，成立为副科级事业单位。2011年3月10日，更名为武陵源区新闻网络信息中心至今，为正科级事业单位，归口区委宣传部管理。设置主任1名，副主任1名。属财政全额拨款事业单位，在编人员共计8人。

电子政务公开。区电子政务公开工作包括全区党政部门政策法规、统计数据、财政信息、政府采购、重大项目、应急管理等六大项内容。区政府门户网站全年共发布转载各类政务信息9000余条，其中政务动态信息更新4200多条、信息公开目录信息更新600多条、解读信息发布34条、办事服务办件1159条、互动交流留言办理43条、征集调查收集意见167条。

网上行政审批。全区在网上受理审批事项673件，办结审批事项673件，办结率达100%。

“区长信箱”信件办理。全年受理收到群众来信来访36条并及时反馈给相关单位，按要求办理回复36条，回复率达100%。

门户网站改版升级。新建的集约化政府门户网站升级为政策法规、统计数据、财政信息、政府采购、重大项目、应急管理等六大应用系统。在技术和功能设计上将全区各职能部门网站纳入站群管理，实现应用系统共用和信息共享。

举办区政府网站信息员培训班，全区30多个单位信息员参加培训，培训内容为网站平台的操作流程和全区电子政务相关工作绩效考核工作。（唐汇勇）

【网上新闻宣传】开展《学习贯彻党的十九大精神》《六城同创》《旅游市场秩序综合整治》《平安武陵源》《珍爱生命 远离毒品》《脱贫攻坚》《村（社区）“两委”换届》《砥砺奋进的五年》《十一黄金周》等10多个专栏专题宣传。开通书记、区长专辑，完成微信公众号“武陵源发布”的改版。全年共采编新闻稿件4748条，转发上级指令性稿件400余条，微信公众号“武陵源发布”编发信息233期。（唐汇勇）

【网络舆情】投资30万元采购罗杰舆情监测系统，加强对主要新闻、论坛、博客、微博和微信公众账号上敏感信息的监测分析。全年共监测相关舆情129条，其中80%以上为旅游投诉类舆情，全部转交相关部门回复处理。（唐汇勇）

重点建设项目管理

【概况】1992年，武陵源区度假区管理委员会成立。因机构职能改革多次调整名称，2017年更名为张家界市武陵源区重点建设项目办公室，是武陵源区公益一类正科级事业单位。编制4个，其中领导职数2人，正科1人，副科1人，干部1人，职工1人。主要职责是承担对全区的重点建设项目安排、调度、督查、公示、考核等工作，同时参与重点项目建设中出现的重大问题协调处理等职责。2017年，主要开展了八个方面的工作：一是科学谋划和安排2017年重点项目，下发交办文件，召开重点项目推进会，把重点项目交办给相关责任单位和领导个人。二是修订完善2017年重点项目考核奖励办法，兑现2016年重点项目建设责任单位和个人的奖励。三是配合市、区各级对全区重点建设项目进行督查40多次，并采取多种形式进行通报。四是组织9次重点工程调度会，对项目存在的问题进行责任交办，对项目形象进度进行公示。五是为迎接区第五次党代会召开，组织5年重点项目建设成果展。六是认真配合区委办、区政府办搞好市委书记虢正贵、市长刘革安多次考察武陵源区的项目调研接待工作。七是通过组织重点项目调度、督查、协调、公示、考核等工作，圆满完成2017年度市级和区级重点项目年度目标。八是积极参加区政府办系统组织的党建活动、精准扶贫等其他工作。（万鹏飞）

【重点项目】 全区共谋划重点工程项目69个，实际完成投资50.1亿元，完成年度计划投资额的89.2%，同比增长47%。城区市政道路改造（玉泉路、未央路）、城区绿化工程（锣鼓塔）、集镇垃圾集中处理（中湖、天子山、锣鼓塔）、农村危房改造整体推进省级示范项目、天马路改扩建与绿化工程、岩门新区路网六街等项目已全面竣工。天子山向家坪安置区、游客服务中心（吴家峪生态停车场）、天子山游客集散中心、景区六大提质改造工程、岩门大桥、城中村改造、城区农贸市场提质改造、食品检验检测中心项目、武陵源一中配套设施建设工程等项目基本完工。城区亮化工程（锣鼓塔）、集镇集中污水处理（中湖、天子山、锣鼓塔）、城区污水处理厂扩容改造、人民防空疏散基地、环景区公路（南线）、索溪大道、武陵山大道、S248武陵源插旗峪—分水岭公路改造等项目正在抓紧建设。张家界千古情完成土地挂牌；武陵古镇一期签订协议566份，二期完成土地测量与确权摸底；野猫峪棚户区综合整治完成房屋测绘丈量；张清公路城区沿线棚户区改造完成房屋测绘公示。完成张家界群盛车技表演馆项目招商。（万鹏飞）

机关服务

【概况】 武陵源区机关事务服务中心前身是武陵源区筹备组后勤组，1990年6月成立武陵源区机关事务行政管理科；2010年5月24日，更名为“武陵源区机关事务管理局”；2016年1月7日，更名为“武陵源区机关事务服务中心”，为武陵源区政府办公室管理的正科级事业单位。核定主任职数1名、副主任职数2名。主要负责区委、区政府机关事务的管理、保障、服务工作；负责全区公务用车管理和办公用房管理工作；负责指导、管理机关大院内各单位的社会治安综合治理、消防、安全保卫等工作。2017年被评为全区先进单位。

【保障服务水平不断提升】 安全保卫工作实现了人防、技防、物防的有力结合，管理区域内取得连续8年安全无事故的好成绩。机关食堂2017年硬件设施全面升级改造，改善了就餐环境，提高了服务质量，职工早中餐就餐人数基本稳定在200人左右；接待餐既体现本土特色，又满足营养、健康、绿色的饮食需求，受到广大干部职工的一致好评。会议服务基本做到规范有序，会中服务及时，多媒体操作正常，每年接待大小会议约800多场次，服务参会人员约3万人次。政府办公大院和宿舍区基本做到全日保洁，无卫生死角。定期修剪花木及绿化带草皮，按季节更换花卉品种，营造干净舒适的办公和生活环境。规范公产房管理，建立完善档册，做到“一屋一档”。加强水电运行线路的日常管理及维护，定期排查水电隐患，发现问题及时处理、及时抢修，做到了小修及时、大修从快，确保正常工作和生活秩序。

【公务用车管理步入正轨】 按照车改要求快速完善管理服务平台建设，实现新旧机制下公务用车服务工作的无缝对接。制定完善相关管理办法和制度，基本实现“规范、高效、节约、透明”车改要求。遵循“预约先后，先应急后一般”的原则，实行申请派车制和使用登记制、“定车定卡定点”主副卡加油管理、“统一管理、驾修分离、多方询价、质量保障”车辆维修制，并对车辆实行“一车一档”痕迹化管理，在全市率先实行每季度定期公示制度，接受社会监督，使公车运行在“阳光下”。确保全区63家单位公务用车使用及时、调配合理和安全高效，受到各级领导一致肯定。车改后，每台车与车改前同期相比运行费用下降30%，节支率达11.58%。

【办公用房管理进一步规范】 严格执行《党政机关办公用房管理办法》，督促全区党政机关按标准规范使用办公用房，进一步加大规范管理办公用房力度，多次督查全区办公用房使用情况，对超标使用的办公室要求立行立改。建立办公用房使用情况台账，对清理腾退房子进行整合，全区统筹调剂使用。（机关事务服务中心）

政协武陵源区委员会

Wulingyuan District Committee of the Chinese People's Political Consultative Conference

综 述

【概况】 2017年，区政协认真学习贯彻中共十九大会议精神，高举爱国主义和社会主义旗帜，坚持团结和民主两大主题，紧紧围绕全区发展大局和区委中心工作，认真履行政治协商、民主监督、参政议政职能。召开主席会议12次，常委会议4次，全体会议1次。

组织区政协机关和所有政协委员，认真学习贯彻中共十九大精神和政协工作理论业务知识。结合“解放思想大讨论”，深入开展“两学一做”学习教育常态化制度化活动，对区政协机关工作管理制度进行修订完善。参与全市政协理论征文活动，其中《关于推进基层政协民主监督的思考》《发挥政协自身优势增强服务群众实效》获评二等奖，《浅谈基层政协如何引领政协委员践行“懂政协、会协商、善议政”》获评三等奖。

参与中心工作。班子成员带头联系重点工程项目，全力推动核心景区移民搬迁、中央投资业务用房、智慧武陵源等重点工程项目建设；带头参与城乡互助共建、农村环境综合整治、巩固脱贫、双联双解等中心工作，为驻村帮扶联系村檀木岗筹集资金340多万元，组织全区政协委员深入开展“三个一”扶贫行动，共结对帮扶117户398人。 （张程轶）

【政治协商】 对“一府两院”、发改、财政、环保等6个工作报告和国际旅游休闲度假区、全域旅游、重点工程等重大决策，以及2017年财政预算方案、城区停车收费、乡村旅游、农村环境综合整治等重要工作开展充分协商。组织政协委员通过政协云参与省政协“实施开放崛起战略，建设开放强省”和“推进我省教育扶贫”远程协商，发表建言和评论20多条。 （张程轶）

【民主监督】 选派20名政协委员担任法院、检察院、公安、税务、财政等单位特约监督员。对核心景区8个管委会工作进行民主评议。编发《社情民意》10期，其中《百丈峡路段不能简单地一封了之》《鹞子山违法建设需引起重视》《专家村沿岸公园休息亭急需维修》所反映问题得到及时解决。 （张程轶）

【参政议政】 围绕全区重点工作和广大干部群众普遍关心的核心景区提质升级、城区停车难、乡村旅游发展等问题开展深入调研，开展“我为政协添光彩”主题摄影、“我为文化建一言”主题建言和委员活动周等系列履职活动，收到履职图片47张（组），文化建言44条，社情民意13份，调研报告8篇；完成《武陵源大纪事》编纂工作。（张程轶）

【提案工作】 共收到提案52件，经审查予以立案42件，另外10件转作社情民意处理。经区政协主席会议研究确定《关于解决城区停车难问题的建议》《关于规范我区房屋征收工作的建议》《关于完善旅游服务配套基础设施车辆维修服务点的建议》《关于在城区设立食品生产作坊园区的建议》《关于加强基层医疗卫生机构服务能力建设的提案》等5件提案为重点提案，分别由1名副主席负责督办。进一步健全完善提案交办、办理、督办工作机制。42件提案、10件社情民意全部办复完毕。（张程轶）

【联络联谊】 走访每个民主党派，配合省市政协开展优化非公经济发展法治环境、中小学法制教育机制、区处合一、校车安全、基层民族文化综合服务体系建设、西线旅游开发等调研视察工作，承办全市政协公务接待工作调研座谈会，参加湘鄂黔渝边区县（市、区）政协工作第34、35次联系会，与省内外兄弟区县政协开展联谊交流活动14批次。（张程轶）

重要会议

【概况】 2017年，政协武陵源区委员会共召开了1次全体会议和4次常委会议。

【全体会议】 12月18日至21日，区政协在武陵源国宾酒店大会议室召开六届二次全会，听取和审议政协张家界市武陵源区第六届委员会常务委员会工作报告、提案工作情况报告，听取和协商区人民政府、法院、检察院、发改科技、财政、环保等6个工作报告，补选唐蜜、祝超文为六届区政协常务委员，对2017年政协工作有关先进单位和个人进行表彰，审议通过会议决议。（张程轶）

【常委会议】 3月14日，区政协召开六届一次常委会议，学习传达省市政协全会、2017年区委经济工作会议及区纪委五届二次全会精神，协商通过六届区政协各专门委员会委员建议名单、2017年区政协常委会工作要点及各委室工作要点、区政协2017年履职系列活动方案。7月12日，区政协召开六届二次常委会议，听取区政协六届一次会议提案办理情况汇报，听取核心景区八个管委会工作情况汇报并评议，协商通过《关于开展“展示新风采、建功武陵源”主题活动的实施方案》，讨论协商《我区乡村旅游示范村发展现状及对策》《关于武陵源城区停车难的调研报告》《关于加快推进武陵源核心景区提质升级的调研报告》3个专题调研报告，协商《武陵源大纪事》编辑方案。9月26日，区政协召开六届三次常委会议，听取重点提案办理情况汇报，传达学习省政协办公厅关于开展向陈艳辉同志学习活动的通知，协商区政协六届二次全会大会发言课题、提案办理考核细则。12月12日，区政协召开六届四次常委会议，协商通过六届政协委员辞职增补人选及界别划分名单，人事任免、委员活动联络组调整名单、六届二次会议有关事项。

（张程轶）

纪检·监察

Disciplinary inspection · Supervise

综　述

【概况】 自1993年4月起，区纪律检查委员会、区监察局合署办公，实行两块牌子、一套人马，履行党的纪律检查和政府行政监察职能。2017年12月22日，成立区监察委员会，原武陵源区监察局自动撤销，区纪委、区监委合署办公，履行监督执纪问责和监督调查处置双重职责。区纪检监察机关共核定编制62个，其中行政编制58个、事业编制2个、工勤编制2个。2017年年底，在编在岗48人，班子成员9人，其中女性班子成员2人。机关内设机构6个室：办公室、党风政风监督室、信访室、案件审理室、第一纪检监察室、第二纪检监察室。2017年度区纪委被评为全省纪检监察信息工作先进单位、全市纪检监察工作先进单位。（袁　林）

【"两个责任"落实】 区委带头履行管党治党主体责任，坚持党风廉政建设和反腐败工作与经济社会发展同谋划、同推进、同考核。区委主要领导认真落实"第一责任人"责任，多次主持召开常委会议、专题会议，研究部署党风廉政建设和反腐败工作，积极支持纪检监察机关监督执纪问责。各级党组织上行下效，认真抓好责任落实。纪检监察机关严格责任追究，否决党风廉政建设工作不力单位2家。（袁　林）

【开展专项整治】 围绕扶贫领域问题开展"雁过拔毛"式腐败问题专项整治：立案查处16人，组织处理88人，追缴违纪资金86.137万元，退还资金28.08万元，通报典型案例7件；开展违规参与涉矿等经营性活动专项整治：全区122家单位、3341名公职人员进行清理上报，3名领导干部按要求退出经营活动；开展违规征订中小学教辅材料专项整治：立案查处3人，组织处理83人，追缴资金31.22万元，清退资金7.88万元；开展"治陋习、树新风"专项整治：立案查处13人，组织处理113人；开展中央环保督查问题追责问责工作：立案查处27人，组织处理83人。（袁　林）

【纠正"四风"】 坚持作风督查常态化，做到一个节点一个节点坚守，实行节假日期间一日一督查、一日一通报、一日一整改。对8个村（居）、5家单位、3个项目指挥部财务开支情况进行专项检查，对发现的40个问题涉及的相关责任人进行提醒约谈，对20个问题进行延伸检查，移交问题线索3件，立案查处1人。制定出台《基层纪检机构实地巡察制度》《村（居）零招待费制度》《关于规范全区重点工程指挥部补助奖金管理的通知》《对全区党和国家工作人员履职不力实行“三必问”的通知》等制度，着力构建作风建设长效机制。（袁　林）

【纪律审查】 受理信访举报件77件，处置问题线索138件次，立案58件，结案57件，党纪政纪处分57人，移送司法机关3人。重点查处2起违纪案。谈话函询60人次，约谈谈话355人次；实践监督执纪“四种形态”（咬耳、扯袖、红脸、出汗成为常态，党纪轻处分、组织调整成为大多数，重处分、重大职务调整的是少数，严重违纪涉嫌违法立案审查的只是极极少数）153人次，分别占比62.7%、32.7%、2.6%、2%。（袁　林）

纪检监察体制改革

【纪律检查体制改革】 9月底，全面完成区纪委派驻机构建设，撤销全区26家单位纪检监察机构，核销4家单位纪检员职数，采取综合派驻形式，实现区纪委向区一级党和国家机关派驻纪检机构全覆盖。共设置区纪委派驻纪检组6个，综合监督单位57家，授权单位3家。每个派驻纪检组核定编制4个，其编制全部划归到区纪委机关。区纪委会同区委组织部对派驻纪检组组长人选进行提名考察，并经区委研究，共配备派驻纪检干部10名。制定出台《关于加强区纪委派驻机构建设的意见》，明确派驻机构的工作关系、职责权限和管理保障。（袁　林）

【巡察机构建设】 9月下旬，全区全面完成巡察机构建设，成立区委巡察工作领导小组，设立区委巡察办和两个巡察组，巡察办和每个巡察组核定编制4个，已配备干部9名。9月至11月，对区住建局、区交通运输局、区发改局、区卫计局、区食药监局、区安监局等6家单位开展首轮巡察。（袁　林）

【国家监察体制改革试点】 12月22日，区七届人大二次会议选举王磊为区监察委员会主任，并经主任提请议案，区七届人大常委会第九次会议通过区监委副主任和委员任命，杨孚文、吴方锐、于泽鑫为副主任，李鹏艳、谷和兵、施永红（女）为委员；区监察委员会挂牌成立，召开第一次干部大会暨集中培训会和区监察委员会班子第一次会议。从区检察院转隶伍良贵、李新、张理、甄芝娴4人。

（袁　林）

民主党派·工商联

Democratic parties · Federation of industry and commerce

民盟武陵源支部委员会

【概况】 中国民主同盟武陵源支部，成立于1997年9月28日，第一届主任委员田家顺，盟员4人。2017年，主任委员唐国贵，盟员19人，其中区人大代表3人，区政协副主席1人，区政协常委2人，区政协委员4人。

（吴开旻）

【加强自身建设】 认真学习中共十九大精神，充分运用电视、网络、报纸、会议等载体学原文、悟要义、谈体会。先后参加市委、区委、统战部、盟支部及所在单位的学习45人次，观看、浏览“十九大时光”“中国领航”等与十九大相关专题节目及相关博文108人次，撰写学习心得2万余字。通过学习，全体盟员更加坚定理想观念、坚定“四个自信”。积极参加集中培训。选派5名盟员参加民盟市委在慈利县举办的为期3天的全市骨干盟员培训班，盟支部主委担任班长，并按盟市委要求开展系列活动，建立培训班微信群。按要求选派4名盟员参加区委统战部组织的民主党派骨干成员培训班。通过学习，进一步提升民盟队伍的整体素养。发展壮大盟员队伍，经过本人申请、组织考察、层级汇报，吸纳了邓茵、唐小英两名新盟员，使盟员队伍发展到19人，年龄结构、性别结构、文化结构更加优化合理。改进工作方式方法，坚持双月召开支委会、季度召开盟员会、定期开展支部活动，先后带领盟员到桑植县人潮溪、慈利县江垭水库、大峡谷景区、禾田居度假区等地开展采风、踏青、康体、竞技等活动。同时，主动向区委统战部、区政协沟通联系，向盟市委汇报工作，提出建议，得到有关领导的充分肯定和大力支持。

（吴开旻）

【参政议政】 盟支部精心撰写的“建好索溪河风光带，打造武陵源城市之轴”专题调研报告得到区政府、区政协主要领导充分肯定。盟支部主委唐国贵在全国首开先河创立“旅游检察”品牌，组建全国首支“旅游检察”队伍，为游客提供独具武陵源特色的检察服务。此举受到国家旅游局党组成员刘金平、省委常委省委组织部长王少峰、省检察院检察长游劝荣、市委书记市人大常委会主任虢正贵等领导的肯定和中外游客广泛好评，中央电视台新闻频道、湖南卫视、北京卫视、《中国旅游报》《检察日报》竞相报道。旅游检察已成为武陵源旅游管理服务优化升级的一张新名片。支部副主委朱明先2017年发表诗歌、散文、杂文等文学作品近30篇，组织武陵源区作家协会开展“踏青桃花岭·探寻武陵春”、全市百名文艺家“喜庆十九大 美丽乡村行”“翰墨张家界 问道紫霞观”“空中有田园 古道传千年”等大型文创采风活动，大力宣传推介武陵源；盟员吴开旻全年撰写调研文章4篇，涉及旅游国际化、侨企运营、棚户区改造、城镇化建设等方面，发表宣传稿件近40篇。盟员凭借区政协全会、政协主席会、常委会、工作例会及其他平台，紧紧围绕全区政治、经济、文化、社会、生态等问题提出提案、建议、社情民意15份，对全区关注的财政预算、重点项目建设、重要民生工程等提出30多条管理化建议，70%以上意见、建议被区委区、政府及有关部门采纳。（吴开旻）

【服务社会】 持续助力脱贫攻坚，继续深入协合乡协合村开展结对帮扶、奉献爱心活动，筹集资金3万余元，对15户独居老人、留守儿童、残疾人家庭开展送温暖、送物资活动，上门慰问，扶贫济困，建立民主党派与人民群众的血肉联系。（吴开旻）

民主促进会武陵源支部委员会

【概况】 中国民主促进会武陵源支部（以下简称民进武陵源支部）成立于2011年8月，第一届主委邓昌明，支部会员邓菊华、罗霄、赵琳、徐金武、舒柳共6人。2017年，民进武陵源支部会员8人，其中有区人大常委1人、市政协委员1人、区政协常委1人、区政协委员3人。（邓菊华）

【参政议政】 2017年，支部先后撰写调研报告《加强中小学生劳动基地建设的建议》《加快国家公园的申报》两篇，与其他民主党派一起提出《建设综合体育场馆的建议》建议1件，在统战部系统发表信息2篇、参与民进市委撰写《关于我市建设房车基地的调研报告》被评为市政协优秀调研文章。2017年被评为民进“全市先进支部”。（邓菊华）

【社会服务】 2017年，支部为匡涵、黎笑语、熊帧帧三名学生捐款9000元。上门看望天子山孤寡老人刘有桂、贫困母亲刘金菊并送医送药价值达3000元。会员周文彪投资数千万元与人合伙在慈利江垭创办济康医院，医院设备先进、科室齐全、医术精湛、服务优质，获得当地群众好评。

（邓菊华）

【自身建设】 一是加强学习、提高素质、提升参政议政能力和社会服务水平。2017年民进武陵源支部组织会员集中学习3次，学习中共十九大报告及区委区政府2017年经济工作报告；参加民进市委组织的精准扶贫民主监督和如可参政议政的培训学习2次；参加全市民进会员赴桑植洪家关开展红色主题教育和考察桑植白族特色乡镇建设活动1次。二是加强支部组织建设，壮大支部力量。2017年经个人申请，支部考察吸纳龙腾姣为新支部会员，支部结构更加优化。（邓菊华）

农工民主党武陵源支部委员会

【概况】 农工民主党于2002年6月在武陵源成立党小组，共有党员4人。同年11月30日，成立武陵源支部，主委黎兴明，副主委杜芳洲，共有党员6人。2006年12月，成立农工民主党武陵源支委，主委黎兴明，副主委李景云、侯万兴，共有党员10人。2016年3月24日，支委换届，主委唐汇真，副主委何岚、李海英，委员肖扬，共有党员17人。2017年年底，共有党员21名，其中退休2名、在职19人。

2017年，农工党武陵源支委充分发挥党派以医卫人员为主的优势，积极进行医改课题调研，参政议政、建言献策，撰写了《关于在医改背景下推进人民医院发展的建议》等调研报告。在国家、省、市各级刊物上发表信息30余篇，20多人次获得各级表彰。在农工党中央举行的党的理论征文评比中，支部党员撰写的文章获《前进论坛》好文章奖。教育界党员在各级刊物、杂志上发表教育论文6篇，2人次获得各级表彰。《浅论政协工作助推全面建成小康社会》《浅谈基层政协如何引领政协委员践行“懂政协、会协商、善议政”》获张家界市政协理论征文三等奖。社会工作、本职工作、党务工作各项成绩突出，有22人次获各级奖励。

【理论学习】 支委先后组织学习中共十八届六中全会精神，中共武陵源区委全会、全区经济工作会议精神，农工党中央、省委、市委的文件，中共统战相关文件和活力指数考评方案，中共十九大精神，参政议政知识，集中学习全国省市政协会议精神，共有2篇学习中共十九大精神心得体会在多家媒体上发表。开展“两学一助（学系列讲话、学优良传统、助力张家界提质升级）”和“不忘初心，携手继续前行”学习教育活动，先后派出4名党员参加省、市社会主义学院学习。组织支委党员开展民主生活会1次，谈心活动1次，学习活动4次，调研活动2次，座谈会1次；组织支委党员参加市委党代会1次，谈心活动1次，参加协商会2次。2017年12月，组织支委全体党员赴怀化市溆浦、芷江等地开展革命传统教育及工作交流活动，参观农工党湖南地方组织革命活动史料陈列馆，瞻仰革命先烈，重温党派历史，意义重大。

【社会服务】 充分利用农工党党员资源优势筹措资金，与区教育基金会联合，于2017年8月开展暑期帮扶助学活动，筹措6500元帮助因白血病致贫的大学生黎思霖同学渡过难关，同时通过新闻媒体及社会各界呼吁爱心人士伸出援助之手，汇聚爱心；于11月在天子山小学开展爱心妈妈助学活动，助学资金3万元。支委与农工党市委一起开展武陵源区脱贫攻坚成果巩固民主监督调研，撰写政协全会大会发言报告，总结经验到位，发现问题准确，提出建议可行。

【宣传工作】 积极及时报送宣传信息，共有24篇信息在各级各类媒体上发表，其中，有15篇被人民论坛、华声在线、农工党湖南省委网站、红网、张家界市委统战部网站、张家界公众信息网等主流媒体发表。

【参政议政】 2017年共提交市级政协提案5件（其中2件为重点提案），附议市人大议案3件；提交区政协提案4件；提交社情民意5件（市政协3篇、区政协2篇）；提交调研报告2篇，并在区政协全会上作大会发言；撰写《浅谈基层政协如何引领政协委员践行“懂政协、会协商、善议政”》理论征文，上报市政协。6人被聘为市区相关单位特约监督人员。党员们在区长《政府工作报告》征求意见座谈会以及各职能部门座谈会上都能做到踊跃发言，提出非常中肯且有建设性的意见建议。（李海英）

致公党张家界市武陵源区工作委员会

【概况】 2007年9月，致公党武陵源支部成立，胡绍云任第一届委员会主委，樊永庸任副主委。2013年5月22日，召开致公党武陵源区工委成立大会，选举高欢云为致公党武陵源区工委第一届主委，下设区直支部、旅游支部、森林公园支部3个支部。2017年，主要工作是参政议政、社会服务、海外联谊等。（田媛媛）

【参政议政】 致公党武陵源区工委有4名党员担任区政协委员，其中1人出任区政协常委，2名党员被推荐为市政协委员，1人担任市政协常委，1名党员被推荐为市人大代表，并出任市人大常委。在致公党省委、市委官方网发表信息22篇，在统战系统发表信息 4 篇。2017 年 1 月 19 日，在致公党张家界市委年终表彰大会上，武陵源旅游支部荣获“先进支部”。武陵源区工委就“提质武陵源，打造升级版”主题开展调研，党员唐伟撰写的提案《关于创新武陵源“庄园经济”模式的建议》受到武陵源区委、区政府的高度关注和重视；党员田媛媛撰写的提案《关于高云大桥旁沿河观光带公路整治的建议》、党员张新民撰写的提案《关于给门票管理人员办理"行政执法证"的提案》、多位党员共同完成的《关于建设综合体育场馆的建议》都得到有关部门的高度重视和好评。工委为迎接武陵源区“两会”的召开，专门组织武陵源区党员中的人大代表、政协委员召开“两会”履职动员会。7 月，撰写的调研报告《“阳光医疗”报销手续繁琐的问题亟待高度重视》，受到市委市政府的领导和相关部门的高度重视，树立了民主党派成员的良好形象，扩大了本党在参政议政方面的影响。（田媛媛）

【社会服务】 6 月底，湖南省连降大雨，长沙、益阳等地区受灾严重。武陵源工委立即联系党员并组织大家捐款捐物开展救灾慰问工作。圣多明歌董事长第一时间发动力量将一批价值 5000 元的救灾物资送达长沙灾区，并在本次募捐中捐款 5000 元。未能到场的党员主动通过微信转账，将爱心送达。（田媛媛）

九三学社武陵源支社委员会

【概况】 九三学社武陵源支社第一届委员会成立于 2007 年 8 月，主委邓学斌，副主委谢映辉，委员刘国勋，共有社员 7 人。2015 年 6 月换届，主委邓学斌，副主委毛剑波，委员谢映辉，社员 9 人。至 2017 年共有社员 10 名，其中退休 1 名，在职 9 人。九三学社武陵源支社成立以来，充分发扬九三学社民主、科学、爱国的优良传统，积极参政议政、建言献策，在区人大、区政协全会上提出提案和建议案近 20 余件，反映社情民意 18 条，完成调研课题 15 个，在市区政协大会发言 9 个，完成九三学社省、市委征文 20 多篇。其中《关于农民增收的思考》调研文章被九三学社中央专著收录。《关于科学保护武陵源世界自然遗产的建议》《关于加快景区体制改革强化景区管理的建议》《关于打造武陵源特色街区的建议》以及系列关于武陵源社会保障问题的调研报告在九三学社市委和市区政协获奖。着力搞好社会服务工作，开展助学、精准扶贫、义诊等社会服务活动，取得了一定的成绩。组织社员参加九三学社省委“社员之家”微信群和省政协“政协云”，着力配合“凝心聚力十三五行动”统战中心工作，积极参加“四同创建”活动。先后 7 次被九三市委评为优秀支社和社务工作、参政议政、社情民意工作先进单位，被九三学社省委评为全省优秀支社 1 次，被九三学社中央评为全国先进基层支社 1 次。共有 20 人次被评为各级优秀社员。2017 年上半年，组织参加九三学社市委四届二次全体会议，有 2 名社员被九三学社市委评为优秀社员，支社被评为全市社务工作、参政议政、社情民意工作先进单位。（邓学斌）

【组织学习】 2017 年，九三学社武陵源支社组织全体社员分三次集中学习全国省市政协会议精神，开展“两学一助”和“不忘初心，携手继续前行”学习教育。中共十九大召开时，全体社员参加收看现场直播，主委参加区委统战部组织的收看十九大开幕盛况活动。会后组织全体社员进行集中学习，重点学习习近平新时代中国特色社会主义思想，了解和把握其思想内涵，共撰写学习心得 10 篇。支社主委在中共十九大召开后的第三天即撰写了学习十九大精神心得体会，并第一时间在张家界政协网刊发。选派 1 名骨干社员参加市委组织部和市委统战部联合举办为期 1 个月的党外干部进修班学习，1 名副主委参加九三学社省委基层支社负责人培训班学习。（邓学斌）

【专题调研】 开展武陵源社会养老专题调研活动，撰写《关于促进武陵源社会养老健康发展的建议》调研报告，并作为区政协六届二次全会发言材料。参加区政协关于武陵源停车难问题的调研活动，撰写《关于武陵源停车难问题的调研报告》，提交了湖南省政协理论征文《着力推进基层政协民主监督的思考》。认真履行监督职责，先后3次赴慈利县三官寺乡、赵家岗乡、江垭镇开展对口扶贫监督活动，通过与乡村干部座谈、走访贫困户，掌握第一手材料，上报监督情况和专门信息，撰写《关于慈利县旅游扶贫情况的专题调研报告》。完成专题信息和社情民意5篇，在市区政协全会上提交提案3个。

（邓学斌）

工商业联合会

【概况】 1994年，区工委就筹建区工商联工作进行初步酝酿和研究，于1995年3月印发《关于成立武陵源区工商业联合会筹备领导小组的通知》，起草筹备方案。1997年8月，区工委明确陈生健为筹备小组组长，邹菊芳为副组长，具体筹备武陵源区工商业联合会（总商会）第一届会员代表大会。1997年9月8日至9日，区工商联（总商会）第一届会员代表大会在湘水宾馆召开，协商推选35名正式代表出席大会，选举产生张家界市武陵源区工商业联合会（总商会）第一届执行委员会，后分别于2002年、2007年、2012年、2016年换届。区工商联同区总商会一直两块牌子、一套人马、合署办公，独立核算，参照公务员管理。2017年，行政编制3名，其中主席（会长）1名，党组书记、副主席（副会长）1名，党组成员、区两新工委（中共张家界市武陵源区新社会组织和新经济组织工作委员会）副书记1名，有兼职党组成员、副主席1名，兼职副主席4名、兼职副会长12名，执委82名。乡（街道）基层商会6个，行业商会和异地商会7个，会员793个。2017年，先后荣获全国五好县级工商联、省五好县级工商联和市级优秀工商联荣誉，受表彰的市级四好商会2个、省级三八红旗手1人、省级最美创业者1人、市级劳动模范1人、市级道德模范2人。现有市人大代表1人，市政协委员2人，区人大代表3人，区政协委员9人。2016年换届以后，先后提交政协提案和建议30余条，区政协六届一次全会和二次全会上分别作《关于我区民营经济目前存在的困难和对策建议》和《关于选派民营企业家挂职锻炼加速武陵源非公有制经济发展的建议》专题发言得到区委、区政府的肯定和采纳。

（施　俊）

【挂职和培训】 2017年3月至4月，共选派10名企业家挂职长沙市7家非公有制企业。6月23日至29日，选派5名年轻企业家参加市工商联组织的“浙江大学张家界市年轻一代民营企业家研修班”培训学习。

（施　俊）

【精准扶贫】 全区有8家会员企业参加“万企帮万村”精准扶贫行动，实施项目25个，总投入金额达3765万元，受帮扶村15个，受帮扶贫困人数达1282人。

（施　俊）

【捐赠活动】 2017年6月9日，“走进张家界，同心促发展”省会企业家武陵源行暨同心书屋捐赠项目签约仪式在京武铂尔曼国际酒店举行。活动举行项目推介、同心书屋捐赠和项目签约仪式。两地企业家就项目合作进行面对面交流，长沙三家企业分别与武陵源企业签订项目合作协议，签约资金达2.8亿元。

（施　俊）

【友好交流】 先后与长沙市望城区、岳麓区，益阳市赫山区、沅江市，常德市武陵区，浙江省宁波市鄞州区，黑龙江省呼玛县等兄弟区县签订友好工商联合作协议，经常开展友好交流、参观考察和以商招商活动。

（施　俊）

社会团体

Social Group

武陵源区总工会

【概况】 1990年5月，成立区总工会。区总工会机关内设办公室、经审委、女工委、困难职工帮扶中心。2017年年底，全区有基层工会388家，工会会员11450人。有6个乡（街道）工会联合会。

区总工会按照“组织起来，切实维权”的工作方针，坚持走中国特色社会主义工会发展道路，以改革创新精神，加强工会自身建设，始终坚持“三个服务”工作原则，以维护武陵源和谐稳定为己任，以“强基固本、争创一流”工作业绩为重点，以创建和谐劳动关系为主线，以扩大覆盖面增强凝聚力为目标，充分发挥工会组织的桥梁纽带作用。坚持主动维权、依法维权、科学维权，着力解决职工最关心、最现实、最直接的问题，为武陵源全面发展保驾护航。

建会建家向非公有制企业延伸。通过“广普查、深组建、全覆盖”系列工作的开展，全区企业工会组建再创新高，以农民工集中的建筑项目、宾馆酒店等为重点行业，以农业专业合作组织、新经济组织和新社会组织等为重点对象，推动组建一批企业新组建工会30家，发展会员1542人，其中农民工1353人，把广大职工最广泛最紧密地团结在党的周围，坚定不移听党话、跟党走。

推进三方机制建设。强化协调，有效促进企业签订工资集体协议，职工合法权益得到了保障。全区单独签订工资集体协议企业47个，覆盖职工数4311人；区域性签订4个，覆盖企业89个，覆盖职工人数1314人；行业性签订2个，覆盖企业26个，覆盖职工数163人。

2017年，区总工会筹集发放帮扶资金47.71万元，完成计划任务的113.6%，共计帮扶困难职工和农民工319人。帮扶1000元以上的有217人，完成计划任务的108.5%。

开展职工医疗互助活动，参加职工数4963人，完成计划任务的124%；筹集医疗互助款31.87万元，完成计划任务的106%；参加女职工特殊疾病保障活动2088人，完成计划任务的104%。

加强技能培训。把武陵源乖幺妹土家织锦传习所打造成为“张家界市女职工培训示范学校”。武陵源湘阿妹旅游食品公司董事长王作军，创办了“市级劳模创新工作室”，积极发挥劳模作用。开展农民工技能培训10次，培训农民工2000余人次。至2017年年底，全区共有30人获得劳动模范称号，4人享受劳动模范待遇。其中国家级3名，省部级13名，市级 11 名，区级 7 名。近两年为困难劳模共计发放补助金和帮扶金 9.4 万元。春节、“五一”劳动节开展劳模慰问活动，为全区劳模发放慰问金 9.8 万元。

（黎升瑜）

【开展文体活动】 组织农民工参加省总“湘字号”传统技艺工匠竞赛——湘瓷技能竞赛，武陵源选送的参赛选手在 75 名参赛选手中取得全省第 10 名（取前 10 名）好成绩，获得省总工会表彰。承办开展“喜迎十九大·欢歌颂党恩”主题合唱比赛，全区 15 支队伍参赛。主办“工会杯”全区职工篮球赛，全区区直单位、各乡镇政府、街道办事处、社区居委会、住武企业等组队报名参赛。主办首届武陵源区“新长征路上”职工摄影大赛，比赛由区摄影家协会和微摄影张家界承办，面向全区摄影爱好者征稿，最终有专业组和手机组各 13 幅作品被评为优秀作品。承办“七彩武陵源·唯美夜光跑”活动。承办“安康杯·最美安全卫士”演讲比赛、武陵源区“职工杯·爱我武陵源”主题诗歌朗诵比赛等活动。（黎升瑜）

共青团武陵源区委

【概况】 团区委于 1991 年 9 月 28 日成立，行政编制 2 名，其中书记 1 名。2017 年，共青团武陵源区委开展系列活动，推进各项工作迈上新台阶。

【开展爱国主题活动】 3 月 5 日，团区委组织开展学雷锋“十个一”志愿服务月系列活动；“五四期间”组织开展中小学生朗诵比赛；“六一”期间部署各少先队开展“习爷爷我想对您说”主题队会等活动。开展“我的中国梦”主题教育实践活动、“优秀传统文化在我身边”等活动。

【开展“保护索溪河、我们在行动”专项活动】 活动内容主要分为沿河环境清扫、环保知识宣传宣讲等。此次活动吸引了广大单位职工、社区居民、志愿者积极参加，有效地提升了社区居民、游客的环保意识。

【志愿服务“平安满意在张家界”】 2017 年，做好“五一”“十一”黄金周志愿者服务工作，团区委共招募志愿者 100 余人，在吴家峪门票站、张家界国家森林公园门票站、烟草公司红绿灯路口等地设立 9 个志愿者服务台，为游客提供景点咨询、道路指引、文明劝导及清洁环境卫生等志愿服务，赠送旅游资料 3 万余份，免费发放药品，收集整理建议 20 余条。

【“点亮微心愿 爱心彩虹行”】 在助残日及儿童节来临前，开展“点亮微心愿 爱心彩虹行”活动，在全区范围内征集小学阶段贫困学生的微心愿共 103 个，已全部认领将心愿实现到位。青年志愿者分队前期通过在学校集中走访、摸底，收集学生的心愿卡片，中期在区政府门口通过摆点宣传、发动社会爱心人士认领留守、贫困学生的心愿卡片，后期收集整理社会各界爱心人士的爱心物资集中在学校为学生实现心愿。同时积极联系总工会、妇联、邮政、区移动、联通分公司、武陵源阳光公益协会，为全区 100 多名贫困、留守儿童共募得“爱心彩虹书包”30 个，爱心捐款 900 余元、社会各界爱心人士的爱心物资折合人民币 3 万余元。

【发扬廉政文化】 积极响应市纪委（监察局）、团市委号召，参与张家界市青年廉政微电影大赛拍摄。武陵源团区委共创作 3 部作品—《幸福的尺度》《单车书记》《清莲的婚礼》，其中《幸福的尺度》《清莲的婚礼》两部作品获得优秀作品奖，团区委获单位优秀组织奖。

【“七彩武陵源 唯美夜光跑”】 在夜色中，印在夜光跑队员运动服上的“七彩武陵源、唯美夜光跑”“关注绿色、关爱森林”“男女平等、共建和谐”“以奔跑塑精神、以法制促和谐”“挥洒激情汗水、跑出青春风采”等标语，诠释了创办夜光跑的宗旨。同时采取“嘉年华夜光跑、定向越野荧光跑、荧光跑寻宝计划、荧光跑队员与游客互动、荧光跑＋创意茅古斯”等多种创新的活动形式，增强活动的吸引力。“七彩武陵源·唯美夜光跑”活动以夜光跑为载体、以旅游者参与为契机融入“旅游＋体育＋文化”新概念的旅游休闲模式，是团区委促进武陵源景区由传统旅游转型为全域体验式旅游的全新探索，也是激发青年健身热情、参与健身活动的全新举措。

【“青春有约 缘聚团委”】 武陵源团区委积极与团市委联系通过搭建单身青年沟通交流平台，拓宽青年交友、择友渠道，营造关注青年需要、体现人文关怀的文化氛围，激发青年热情和潜力，为武陵源的发展壮大打造和谐稳定、积极向上的团员青年队伍，共建幸福生活。武陵源区各级团组织积极响应，通过集体报名方式共计34名单身青年参加活动，在永定区尹家溪镇马儿山村与全市200多名青年朋友通过户外游戏、泳池派对、自由休闲游览等活动加强交流。（欧独芳）

武陵源区妇女联合会

【概况】 武陵源区妇女联合会（以下简称区妇联）于1990年7月正式成立。2017年，全区6个乡（街道）、33个村（社区）均建立妇联。武陵源区妇女儿童工作委员会（以下简称区妇儿工委）成立于1994年，其办公室设在区妇联，承担区妇儿工委日常工作。区妇联内设办公室，机关共有2名在编在岗干部。区妇联有1个团体会员：武陵源阳光·公益协会。

2017年，区妇联始终以“坚持男女平等基本国策，维护妇女儿童合法权益”为己任，以建设“坚强阵地”和“温暖之家”为目标，在“党政所急、妇女所需、妇联所能”交汇点上找准工作切入点，不断开拓武陵源区妇联工作的新局面。

开展助推巾帼脱贫暨调研慈利县农业产业孵化园、农村妇女创业就业工作调研，联合团区委开展调研张家界湘阿妹食品有限公司湘阿妹菜葛生态产业园等活动，做到“走出机关、走下基层、走进妇女群众”“无缝化”对接妇女群众新期待，在妇女群众新期待中找准着力点。联合农业、人社等单位以湘阿妹、天子山剁辣椒、乖幺妹等本地企业为依托开展各类种养殖、手工等技能培训，引领妇女在新农村建设中发挥主力军作用，推动就地就近就业，帮助妇女技能脱贫。积极推动妇女小额担保贷款，帮助妇女创新创业。开展农村妇女“两癌”免费检查重点民生实事项目，加大妇女“两癌”患病救助力度。2017年，共完成2006名农村妇女“两癌”免费检查任务，并为15名患病贫困妇女送上救助金。大力实施“女性关爱保障计划”，提高妇女“女性安康保险”覆盖面。联合区妇幼保健中心等单位开展全区妇女妇科病普查工作，帮助妇女健康脱贫。

开展“三八”妇女维权周和法律知识宣传活动，宣传《中华人民共和国妇女权益保障法》《中华人民共和国反对家庭暴力法》《中华人民共和国未成年人保护法》等，推进男女平等基本国策和社会性别意识教育，充分发挥巾帼普法维权志愿者的作用，举办普法讲座和普法宣传，引导妇女群众尊法学法守法用法。开展信访、走访、调解等维权工作及人民调解、行政调解、司法调解三位一体的“大调解”工作，有效化解婚姻家庭矛盾纠纷，推动平安家庭建设。对妇女来信来访反映的问题，做到“件件有着落，事事有回音”。全年接待了来信来访17件，为妇女提供法律咨询56人次，矛盾纠纷调解12件。开展心理咨询辅导、家庭教育、婚姻家庭矛盾纠纷调解专业人才、志愿者等专业培训，充分发挥妇女之家维权站、家庭暴力投诉站等阵地作用，畅通妇女维权渠道，提供便捷有效服务，完善信访接待、法律援助、人民调解、心理疏导工作于一体知心工作室，加强源头维权、社会化维权、实事化维权。

开展家庭教育知识巡讲、全民阅读进家庭等活动。依托社区引导家长言传身教，培养儿童良好的道德品质和行为习惯，传承和弘扬中华民族传统美德,培育健康向上的家庭文化。以“家庭、家教、家风”为内容，联合军地坪街道办事处等部门以释迦乐幼儿园为主体积极开展“弘扬中华优秀传统从娃娃抓起庆‘六一’文艺会演”传家训立家规扬家风活动；联合区综治办、区文明办开展最美家庭之平安文明家庭评比表彰活动。大力推进平安家庭创建，引导妇女、家庭培育和践行社会主义核心价值观，形成崇德向上、和谐友善的良好风尚，以良好家风影响党风政风、滋养社会民风。活动入围33户，20户家庭荣获“平安文明家庭”、13户家庭荣获“平安文明家庭提名奖”。

完善各类女性人才库建设，为女性人才脱颖而出营造良好环境，促进各类女性人才健康成长和合理配置。举办基层妇联主席培训班，组织好区妇联机关及乡、街道妇联干部参加省、市轮训，着力提升妇联干部依法依章履职的水平，提高女干部的整体素质，增强妇联组织的吸引力、凝聚力、影响力。运用媒体做好妇女儿童工作的宣传，完善妇联系统网评网宣员队伍。全年在各类新闻媒体上稿200余篇，涵盖儿童关爱、妇联动态、妇女权益、巾帼风采等板块，全方位展示妇联工作。依托微信公众号“武陵妹儿”，将其办成区妇联服务、团结全区妇女儿童的“网上妇女之家”，用“互联网+”思维创新宣传工作，引导全区妇女知网、懂网、用网，营造良好社会氛围。

全面推进基层妇联组织改革。以村居两委换届为契机，全面完成村居妇代会改妇联工作，推荐和培养热心妇女工作的女能人、女带头人进村“两委”工作，配强配齐基层妇联工作力量，推进在行业领域和新兴社会组织中加快建立妇女组织。

（王东英　邓晶心）

【举办“三八”妇女节系列活动】 3月2日，区妇联联合区司法局举办“法制武陵源，巾帼在行动”三八国际妇女节普法维权宣传活动。设立法律咨询点，单位工作人员及普法志愿者通过面对面沟通方式，向广大群众免费提供法律服务，向广大群众分发新婚姻法、反家庭暴力法、妇女权益保护法等各类法律宣传手册及资料600多份，向广大群众宣传一些与自身生活和工作联系紧密的法律法规，提高群众维权意识。向现场群众派发有关宣传资料600多份。同日，开展由武陵源区妇联主办，区妇幼保健计划生育服务中心承办的“为了姐妹们的健康与幸福”“三八”妇女节公益宣传活动，现场发放宣传资料50份，免费接受咨询60人。通过展板、横幅、宣传折页、宣传影碟等方式进行优生优育、农村适龄妇女“两癌”免费检查等内容宣传，培育广大女性朋友健康意识。举办“巾帼心向党,共筑小康梦”女干部代表庆“三八”座谈联谊活动。全区处级女领导、区科级单位女一把手、区妇联全体干部及各乡、街道妇联主席、副主席，区直（垂直）单位妇委会主任和优秀妇女典型代表参加活动。活动中三八红旗手胡海云、李凤侣，雷锋式巾帼志愿者赵淑清等分享自己成长奋斗、建功立业故事。

（王冬英　邓晶心）

【关爱留守儿童】 联合区旅游局积极承办由区政府、湖南省妇女儿童发展基金会及今日女报/TOP旅行全媒体主办“温暖善行·情牵武陵”大型公益活动暨“三八”国际妇女节107周年纪念活动。向20名贫困儿童进行“一帮一”捐赠，并为武陵源区二中捐献课桌椅400套、讲台3张。联合团区委、总工会、区邮政分公司开展“温暖微心愿·爱心彩虹行”“六一”关爱农村留守儿童活动。活动为全区103个贫困留守儿童圆梦微心愿。

5月22日，区妇联联合团区委、总工会、区邮政分公司等部门开展“温暖微心愿·爱心彩虹行”“六一”关爱农村留守儿童活动，活动在武陵源区政府门口设捐赠服务点。当天，孩子们的103个微心愿就被社会各界爱心人士认领完毕。活动现场，“我想见爸爸妈妈”“我想要一个书包”“我想要一个文具盒”“我想要四大名著”等孩子们纯真愿望汇集起的“心愿墙”，让现场领导、嘉宾、路人和志愿者们动容，纷纷认领，并采取各种方式帮助孩子们实现愿望。这次活动不仅可以认领孩子们的“微心愿”，也可以通过捐款100元认购一个彩虹包裹，还可以通过捐款、捐物、一对一帮扶等多种形式来帮助孩子们。（王冬英　邓晶心）

【“全民健身日”展演】 8月7日晚，由武陵源区文体广新局和武陵源区妇联主办，武陵源健身操协会承办，武陵新天地协办的“全民健身日”展演活动在武陵源区武陵新天地广场举行。区健身操协会扇舞《第四套健身秧歌》、悦心身健舞队舞蹈《Hello大叔》、喻家嘴片区的舞蹈《九月九的酒》、老年大学的舞蹈《银色的毡房筷子舞》、宝峰路片区的广场舞《桃花姑娘》、索溪峪街道办事处老年学校第三班文艺演出队《花灯表演》等15个节目参加展演。（王冬英　邓晶心）

【举办基层妇联主席培训班】 10月18日至20日，武陵源区妇联在宝峰路社区居委会办公大楼举办基层妇联主席素质提升培训班。全区基层妇联主席38人集中观看中共十九大开幕盛况。听有关领导、专家讲授《男女平等基本国策》《走出家庭教育误区》《马克思主妇女观》《基层妇联工作实务》《妇女权益保障法及女性维权实务》与《反家暴法及各地工作实践》等课程。（王冬英　邓晶心）

【举办平安文明家庭评比表彰活动】 3月，区妇联联合区综治办、区文明办开展最美家庭之平安文明家庭评比表彰活动。8月8日，举办2017年度平安文明家庭颁奖仪式，表彰33户家庭，其中20户家庭荣获“平安文明家庭”，13户家庭荣获“平安文明家庭提名奖”。（王冬英　邓晶心）

科学技术协会

【概况】 自建区至2015年，区科协同科技局一直是两块牌子、一套人马、合署办公，属参照公务员管理事业单位。2013年1月，成立第一届区科协组织，2015年成为独立核算事业单位至今。2017年，有事业编制2名，其中科协主席1名，专干1名；有兼职副主席4名、常委9人、委员15人、代表50人。全区累计获中国科协、省科协表彰的先进协会2个，科普示范社区2个，科普示范基地3个，科普带头人4人。（邓　凯）

【科普惠农】 组织省农科院专家组来武陵源区进行科技培训等5批次；2017年度成功申报科技助力项目1项，科普带头人项目1项，获经费支持15万元；借助“三区科技人才”平台，组织11名科技专家开展科技助力精准扶贫工作，助力脱贫200人，解决技术难题2项，引进新技术2项；与省蚕桑研究所建立产学研长效合作机制；组织科普基地、科技示范户等12人次外出参观学习，全年累计举办农民科技培训8次，培训450余人次，发放科普资料2000多份。（邓　凯）

【科普旅游】 在武陵源新闻网开辟“科普武陵源”专栏，对武陵源世界自然遗产、世界地质公园的地质地貌特征和价值常年进行宣传，让世人了解“张家界地貌”。帮助大鲵科技馆开通网站科普专栏、微信公众号和微博张家界大鲵科技馆，丰富科普旅游科学内涵；组织大鲵科技馆、张家界地质博物馆开展免费开放活动，接待中小学生2000余人次；组织科普志愿者在武陵源景区面向海内外游客宣传张家界大鲵、张家界地质地貌和水生野生动物保护；张家界世界地质公园博物馆、大鲵科技馆全年共计接待游客60万人次。（邓　凯）

【青少年科普】 组织全区青少年开展科技创新大赛，

征集作品48幅，并在全市青少年科技创新大赛中荣获二等奖4项；组织参加全市第二届中小学科技体育运动会暨首届科技创新作品展评活动，获金牌2枚、银牌1枚、铜牌2枚。区老科协在军地机关幼儿园、军地小学、索溪中心学校等单位举办主题为“如何培养孩子的交往能力”家庭教育讲座共6场。（邓　凯）

【全国科技工作者日】 在城区街道和乡村悬挂宣传横幅，在武陵源标志门、水绕四门世界地质博物馆、城区部分商铺的电子显示屏滚动播出“全国科技工作者日”活动宣传语，在武陵源新闻网播放湖南省科技工作者宣传片。组织20多名基层科技工作者在协合乡李家岗村湘阿妹生态产业园庆祝首个“全国科技工作者日”；慰问基层科技工作者12名，开展科技工作者调查活动，宣传报道优秀科技工作者王作军的先进事迹。（邓　凯）

【百岁健康村创建】 成立区、乡（街道）、村（社区）三级“创百”工作领导小组，完善各级“创百”工作制度，制定“创百”实施意见，确定军地坪为“百岁健康街道”试点街道，确定宝峰路、喻家嘴、张家界、黄河、檀木岗、黄家坪为“百岁健康村（社区）”试点村（社区）。各乡（街道）、村居老科协对辖区内60岁以上老人完成摸底工作，各试点村（社区）均召开了创建“百岁健康村（社区）”启动会议并开展工作。索溪峪街道喻家嘴社区建成“武陵源养老”居家养老中心，有吃、住一条龙的优质服务体系，有锻炼、文艺等各项活动阵地，有医疗、护理、保健等方便快捷的服务条件，40多人长期居养。全年组织开展“崇尚科学，破除愚昧”健康知识讲座等8批次。（邓　凯）

文学艺术界联合会

【概况】 武陵源区文联于2008年11月成立。2017年在岗1人，在区委宣传部机关体制内运行。区文联下辖区作家协会、区书画家协会、区摄影家协会、区音乐舞蹈家协会、区诗词协会、区老年书法家协会6个文艺家协会。（朱明先）

【文艺活动】 主办“喜庆十九大·美丽乡村行”全市百名文艺家走进武陵源大型采风活动。区作家协会和区诗词协会联合参与组织“踏青桃花岭·探寻武陵春”春季采风活动、“翰墨张家界·问道紫霞观”采风和旅游文化研讨活动、“空中有田园·古稻传千年”采风暨景区宣传活动；区摄影家协会开展“过赶年长龙宴”拍摄活动、“板凳龙”拍摄活动、“边城”拍摄活动、“美丽龙凤梯田”拍摄活动等；区音乐舞蹈家协会参与组织“欢乐潇湘”“唱红歌比赛活动”和春节系列文化活动；区书画家协会开展“写对联送祝福”活动及群众性书法培训活动。（朱明先）

【文艺平台】 对《武陵源文艺》改版，成为以“旅游与文化”为主题，涵盖文学、摄影、书画、绘画、篆刻、音乐等各个艺术门类的具有较高质量综合性文艺内刊；协办《张家界文艺》微信公众平台创刊；加强与市、省级文艺期刊平台的联系；搭建沐心读书会、左邻诗歌朗诵会、演讲会、文艺沙龙等多种文艺活动平台。（朱明先）

【文艺创作】 全年在市级以上媒体上发表的各类作品在2016年的基础上增长60多篇（幅）。作协会员覃正波在地市级以上报刊上稿30篇；朱明先的《张家界顶有神仙》《愿为武陵仙》入选《百年散文名家第九卷》，《索溪校赋》和《杨家坪赋》勒石于世；张光之《大美武陵源》《峰峦繁星》《水车迷影》《黄龙洞》和熊宗喜《路》《渔》摄影作品入围全国优秀作品展；区书画协会会员邓波的书法作品《一勤天下无难事》入选“中国第四届廉政文化书画展—习近平引经据典专题展”，并荣获《四尺条幅》优秀作品奖。（朱明先）

【文艺队伍】 区作家协会广泛吸纳本地和外地优秀文艺人才入会，新进会员18名，其中区外会员8名，协会会员共92名。摄影家协会员70人。各协会有120名会员先后加入市级文艺家协会。区作协先后有7人进入毛泽东文学院学习，并成为省作家协会会员。区摄影家协会有国家级会员1名，省级会员20名。区书画家协会有国家级会员1名，省级会员7名。（朱明先）

贸促会

【概况】 2016年1月18日，设立中国国际贸易促进委员会武陵源支会（加挂中国国际商会武陵源商会牌子），正科级。核定财政全额拨款事业编制2名，其中会长1名。主要职责是负责国际联络、国际招商引资、国际经贸信息工作；负责国际商会工作；负责委员、会员企业的联系、发展、管理、服务和日常活动的组织等工作；负责国际展览工作；负责策划、引进、组织在本区的国际展博会；负责国际商事法律事务工作。 （李若龙）

【国际经贸】 组织5家企业参加2017年10月20日至30日在浙江省杭州市萧山国际会展中心举行的第三届2017年浙江杭州世界休闲博览会。作为湖南省唯一参展的张家界市分团，选取武陵源湘阿妹土特产、湘小伍土特产、武陵源头茶叶、乖幺妹土家织锦四家有代表性企业参展，共吸引3万人次观展。国家经贸委原主任、中国贸易促进会原会长俞晓松先后两次参观张家界展馆。 （李若龙）

【国际商会】 积极与会员企业及有关企业进行交流，开展调研活动。宣传介绍贸促会和国际商会职能和服务措施，积极为企业提供国际经贸信息服务。万河大酒店加入中国国际商会张家界市商会。全区有黄龙洞旅游投资有限公司、广惠中药材合作社成为国际商会会员企业，百龙天梯公司、杨家界索道公司、万河大酒店成为理事企业，天子山索道有限公司、大鲵科技馆（金驰旅游公司）、溪布街（金瑞旅游公司）成为副会长企业。为会员企业提供国内外重要经贸、国际展博会、市场供求和项目合作等信息，并通过各种渠道及时向广大企业提供相关资讯服务共10多次。 （李若龙）

残疾人联合会

【概况】 1991年，区残疾人联合会成立，挂靠区民政民族侨务局，归口区委、区政府领导，接受有关部门对口指导，与市残联、各乡（街道）残联建立业务关系。2017年，区残联下设办公室、康复股和就业管理服务中心，人员编制2人。2017年11月9日，组织召开武陵源区残疾人联合会第四次代表大会，会议选举产生武陵源区残疾人联合会第四届主席团。第一次主席团会议提名并通过主席团主席、副主席，推举执行理事会人选，聘请主席团名誉主席，提名并通过专门协会主席、副主席。全区办理第二代残疾人证1748人，其中视力200人、听力79人，言语66人、肢体920人、智力154人、精神103人、多重226人。 （邓师红）

【康复服务】 区残工委印发《武陵源区残疾人精准康复行动实施方案（2016~2020年）》，依托卫生服务网络，健全乡（街道）、村（社区）三级康复服务网络。实施“万人复明计划”免费复明手术项目，全年为50名符合手术指征的白内障患者实施免费手术。开展残疾人辅助器具适配工作，全年完成免费配发各类辅具300件（套），其中轮椅122辆、三脚手杖凳52根、坐便椅30把，为肢体残疾人安装假肢4例、矫形器4人等。开展“0~7”岁残疾儿童抢救性康复项目，实施脑瘫等肢体康复训练6人次，实施智残儿童康复训练1名，实施聋儿康复训练1名，完成率达100%。 （邓师红）

【教育就业】 积极开展未入学残疾青少年摸底调查，配合教育部门做好督促入学及上门送教工作，确保适龄残疾儿童学有所教。对义务教育阶段和就读高中（含中专、职高、技校）以上院校的残疾学生及贫困残疾人子女给予救助，为26名贫困残疾人高中生及贫困残疾人家庭高中生、8名贫困残疾人大学生及贫困残疾人家庭大学生发放助学补助资金5万元，为15名高中以下贫困残疾学生发放生活补贴1.5万元，向省残疾人中专学校、市特教学校、其他中等职业学校输送8名残疾学生。全年举办农村残疾人实用技术培训班一期，培训学员30名；全年完成36名残疾人创业就业扶持。（邓师红）

【文化体育】 开展第二十七次"全国助残日"及"国际残疾人日"等活动，成功举办武陵源区第七届残疾人健身周，走访慰问部分残疾人家庭。成立志愿助残服务大队，建立志愿者专家人才库，指导乡（街道）成立助残志愿者联络站，将各类扶残助残志愿者登记造册。（邓师红）

【社会保障】 将残疾人纳入社会保障体系，凡符合条件残疾人家庭纳入最低生活保障，做到应保尽保；凡生活困难、靠家庭供养且无法单独立户的成年无业重度残疾人，经个人申请，按照单人户纳入最低生活保障范围。落实养老保险优待政策，对于贫困残疾人、重度残疾人按最低档次参保的免交个人费用；以智力、精神、重度残疾人为重点对象，制定托养服务发展计划，为100名符合条件的贫困精神、智力和重度残疾人发放补贴6万元。（邓师红）

【信访维权】 建立健全残疾人法律救助机制，区残联和区司法局法律援助中心建立残疾人法律援助工作体系，免费为残疾人提供法律服务。帮助残疾人从事维权工作，对因土地征用、城市拆迁等造成残疾人生活困难、权益受损等，积极协调有关部门依照法律法规和政策切实维护残疾人合法权益，把问题化解在基层。全年无一例残疾人越级上访和群访事件发生。实施贫困残疾人家庭无障碍改造工程，对20户农村贫困残疾人家庭进行无障碍改造，投入资金19万余元。实施残疾人机动车燃油补贴项目，为494人次残疾人机动车主发放燃油补贴12万多元。（邓师红）

红十字会

【概况】 区红十字会始建于1993年7月。2012年4月，区委机构编制委员会下发《关于张家界市武陵源区红十字会机构单列的批复》(张武编发〔2012〕2号)文件，决定单独设立张家界市武陵源区红十字会，由原来卫生部门代管调整为区政府领导联系、办事机构独立设置、列入群团序列管理的副科级机构，在编人数2人。红十字会职责是遵循区际红十字运动的基本原则，大力弘扬"人道、博爱、奉献"的红十字精神，认真履行《中华人民共和国红十字会法》赋予的职责，全面推动"三救"（人道救助、应急救护和救援救灾）、"三献"（无偿献血、造血干细胞捐献及遗体和人体器官捐献）核心业务，不断丰富人道服务内涵，拓宽人道服务领域，为保护人的生命和健康、传递慈善公益正能量、促进社会和谐稳定做出应有贡献。

2017年，区红十字会配合区卫计局开展关于无偿献血、造血干细胞捐献、器官捐献、疾病预防等宣传活动，进行"心肺复苏"实际操作。共发放宣传资料1000多份，咨询服务人数达500余人次。登记加入"中华骨髓库"造血干细胞捐献志题者20人。为协合乡协合村和军地坪街道办事处林场两名贫困肿瘤患者募集善款各1万元，为一贫困户大病患者争取省红会人道救助金1万元。（何华丽）

【备灾救灾救助】 争取上级备灾救灾棉被90床（价值8820元）、大米1000斤（价值2500元）、毛毯60

床（价值 4500 元）、家庭救助包 10 个（价值 2324.2 元）、六件套（价值 1380 元）、冲锋衣 40 件（3280 元）、夹克衫 75 件（价值 3150 元）、降温贴 1 箱（价值 864 元）。多次深入协合受灾村、贫困村开展走访慰问和救灾救援，第一时间为受灾严重的困难群众送去装有 24 件物品的家庭生活应急救助包、棉被、大米等物资。为协合乡 3 名特困母亲送去大米、棉被等物资及 1500 元慰问金。（何华丽）

【应急救护培训】 协助市救护培训会为区消防中队全体官兵开展初级应急救护员培训，现场传授 CPR. 人工呼吸操作流程，以及有关骨折、断指、断掌、大出血等包扎、搬运救护方法，并利用人体和模拟伤患组织官兵进行现场实战应用。（何华丽）

法 治

Legal system

政法综治

【概况】 1989年5月，区工委政法工作组成立；1991年，撤销政法工作组设立大庸市武陵源区工委政法委员会；1992年1月，成立区社会治安综合治理委员会及其办公室，与政法委合署办公；1994年，大庸市更名为张家界市，遂改为中共张家界市武陵源区工委政法委；1997年10月，武陵源区委成立，遂更名为中共张家界市武陵源区委政法委员会。2017年，区委政法委与区综治办、区维稳办、区国安办合署办公，内设政治办、执法监督室、维稳办、办公室4个科室，下设区委防范和处理邪教问题领导小组办公室、区稳评中心、区禁毒社会化办公室3个事业机构。共有在职人员14人，编制14人（行政编制9人、事业编制4人、工勤编制1人），其中在职研究生1人，大学本科8人，专科2人，高中1人。2017年，全区平安武陵源、法治武陵源建设实现进京非访、群体性事件、公共安全事故、恶性刑事案件、暴恐事件“五个零发生”，治安案件、涉旅投诉、交通事故“三下降”，广大人民群众和游客安全感满意度、政法队伍形象“两提升”，省市综治民调成绩均排全市第一。保持了连续23年“全省社会治安综合治理先进县市区”、连续13年“全省平安区县”的荣誉称号，同时获评全国第四批法治建设先进示范区、全省无邪教创建示范区、全省“迎接十九大忠诚保平安”反邪教安保防控工作先进区县、全省平安景区、全省国安工作先进区县。

（屈泽清）

【政治安全和社会稳定】 切实加强人民防线的广度、防范处理邪教的力度、监管网络政治信息的频度，政治安全“防火墙”进一步筑牢，国安宣传工作获市级“创新奖”。社会稳定风险预测预警预防能力进一步提升，出台群体性事件和突发事件处置工作预案，完善社会稳定风险评估制度。领导干部接访下访实现制度化，积案化解销号达100%，信访工作考评排全市第一，获市级信访工作先进单位。坚持综治维稳工作与城乡互助共建、项目建设、巩固脱贫等中心工作统筹推进，化解重点问题22个、矛盾纠纷597件（次），高效处置涉稳事件8起。反恐防暴工作责任得到全面落实，防暴设施建设得到有效加强，重点人员、特殊人群教育管控有力，无虚管、漏管、脱管，重新犯罪率为零。武警、消防积极参与抢险救援和安保执勤工作，圆满完成14个敏感节点、重点时段维稳安保工作任务，获评全市中共十九大安

全稳定工作先进集体。（屈泽清）

【社会管理综合治理】 共建共治共享的社会治理格局逐步形成，社会治安防控体系更加健全，雪亮工程建设有序推进，网格化指挥中心、综治中心及综治视联网建设如期建成，网格化服务管理体系实现全覆盖。“路长制”“红马甲”老人调解队、村级综合应急分队、治理“赈酒风”、市民诚信“黑名单”制度及文明祭祖等社会治理方式不断创新。开展“长安”“围猎”“百日会战”系列专项整治行动和形式多样的平安创建活动，社会治安良好局面得到持续巩固。保持连续11年无重大交通事故发生，区交警二大队被评为全国优秀公安基层单位。森林公安健全防火责任制和联动处置模式，保持核心景区无森林火灾发生。对337个民调问题交办整改销号。省民调成绩90.85分,4大项14小项指标均排全市第一。（屈泽清）

【法治建设】 开展送法下乡村、进景区、进学校、进社区。禁毒宣传有序开展，在全市公益歌曲大赛中获三等奖。内部监督机制得到完善，组织评查案件397件，案件质量明显提升。区人民法院办案周期排全市第一名、全省基层法院第八名。区人民检察院执法质量考评排全市第一。区公安分局获评全省优秀公安局。多元化矛盾纠纷化解力度全面加强，各类人民调解委员会、法治工作站提质增效，全区全部33个村（社区）、17个党委政府工作部门聘请了法律顾问。“三调联动”模式受到省综治委高度肯定并列入司法部的联系点。（屈泽清）

【服务经济发展】 坚持定期研判并依法打击处理非法集资、网络传销、串通投标、阻挠施工、追客赶客等违法犯罪行为，立刑案142起，破136起，刑拘49人，逮捕30人，刑事破案率居全市第一。查处行政案件564起，行政处罚601人。景区景点纠纷调处平台全覆盖，聘请检企联络员6名，法院特邀调解员33名。旅游速裁法庭、旅游检察工作室、涉旅警情速调速处、旅游综合执法、应急救治救援等机制措施更加完善，全年化解涉旅矛盾纠纷和投诉376件（次），其先进经验先后在全国全省相关会议上得到推介和交流,在《中国法制报》《中国旅游报》等媒体予以报道。（屈泽清）

【队伍建设】 召开全区政法系统学习贯彻中共十九大精神专题会议，多举措多形式组织学习研讨，坚持用新思想武装全区政法干警。严格落实党风廉政建设“两个责任”，持续整改作风突出问题，政法干警政治纪律和政治规矩不断增强。强化正面宣传和舆情引导，提升司法公信力和政法队伍形象。（屈泽清）

法治政府建设

【概况】 区人民政府法制办于1991年3月20日成立。2017年，区政府共收到行政复议申请5起，对其中4件符合立案条件的案件依法予以受理并及时办结，其中复议终止2件，维持行政行为1件，撤销原行政行为并责令重新作出具体行政行为1件。同时按照上级要求认真做好行政复议统计和上报工作，及时、准确上报相关统计数据，全年无一差错。区法制办在应对和协调与政府相关的诉讼案件方面，坚持以化解争议为前提，加强与省高院、市中院互动联系，做好已受理并开庭案件的后续沟通协调工作，取得景区拆迁12户以及毛子纯行政强拆等重大影响案件的二审胜诉。积极参与并协调涉及政府重大项目诉讼案件。依法维护政府权益，针对全安荣擅自装修已被征收房屋行为，及时并依法争取区法院进行证据保全，防止国有资产流失；指导、推动区征收办以独立请求权第三人参与全安荣与被征收人房屋所有权诉讼，使案件发回重审，有效控制败诉风险，为维护政府征收权益赢得时间和基础。

2017年，区法制办共应对行政诉讼案件4件。被诉行政行为多与房屋拆迁补偿安置有关，经过法院公正审判及多方协商，原告撤回起诉2件，驳回原告诉讼请求1件，裁定驳回起诉1件。（卓曦子）

【合同审查】 按照《张家界市武陵源区政府合同监督管理办法》规定，加强对政府合同管理，特别是对建设工程领域合同规范管理，凡是涉及财政性资金合同，安排专人进行严格审查。2017年，共审核修改各类招标文件、合同630件，涉及金额近30亿元，有效地预防合同领域纠纷，保证财政性资金得到合理、高效利用。（卓曦子）

【规范性文件清理】 2月，对全区2011年以来以政府和政府办名义制定的规范性文件进行清理，作出24件失效，9件废止的决定。3月，为《张家界市扬尘污染防治条例（草案）》提供修改意见3条。4月，对全区及各部门规范性文件进行统计，共有45件区政府规范性文件有效，33件区级部门规范性文件有效，并对全区2015年、2016年规范性文件制定及合法性审查情况进行统计。8月，对与"放管服"改革精神不一致，与生态文明建设和环境保护要求不一致；与公平竞争、平等保护等法律、行政法规上位依据不一致等规范性文件进行专项清理，作出了3件废止的决定，9月，对全区不符合生态文明建设和环境保护要求的规范性文件进行清理。2017年，共登记出台规范性文件33件，其中政府文件31件、部门文件2件，均"统一登记、统一编号、统一公布"，政府文件按时报送区人大常委会和市政府备案，报备率达100%。（卓曦子）

【组织领导干部学法】 2017年4月，受邀为区旅游执法人员及旅游从业人员作旅游安全法律法规授课。6月，分别为区城管执法人员和全区文化行业行政执法人员和文化市场从业人员进行《中华人民共和国行政强制法》及行政应诉、《中华人民共和国行政许可法》等方面法律法规知识培训，参与培训多达500人次。8月，按《武陵源区人民政府常务会议学法制度》要求，法制办主任在区政府第七届第18次常务会议上组织政府合同审查专题学习。（卓曦子）

【执行重大行政决策程序】 全区重大行政决策严格遵守调查研究、公众参与、专家论证、合法性审查、集体审议五个步骤。2017年1月，对《武陵源区人民政府关于加快发展养老服务业的实施意见》听证会意见采纳情况进行公布。6月，召开《武陵源区城区机动车道路临时停放管理办法》听证会，邀请区人大代表、区政协委员、区相关职能部门、居民代表、律师等社会各界20名代表参加，收集代表意见50余条。（卓曦子）

【责任清单合法性审查】 2017年，共审核责任事项2052条，通过1222条，驳回830条。区法制办主办政协议案1个，协办议案4个，其中市政协议案3个，均已答复。2月，对《关于第一批清理规范20项区政府部门行政审批中介服务事项的决定》进行审查，将固定资产投资项目节能评估报告书（表）编制等20项行政审批中介服务事项进行清理规范。审查政府文件、政府办文件、区长办公纪要、常务会议题等文件200余件，为区政府、政府部门重大事项提供有效法律咨询和审查把关服务，为区政府依法科学决策当好参谋。（卓曦子）

【引导规范执法】 梳理依据，为执法提供法律保障。区法制办先后对全区环境整治、违规取用水整治的执法依据进行了集中清理和汇总，整理出版了《景区环境违法相关问题处理法律依据汇编》《违规取用水相关问题处理法律法规汇编》《土地、房屋征收法律依据、补偿政策问答》，为武陵源工商、食药监、规划、消防、旅游、天子山管委会、天子山街道等职能部门在天子山核心景区开展联合执法，武陵源区水利、环保、卫计、食药、工商等部门开展违规取用水联合执法提供法律依据，有效维护景区经营环境，保障群众生命财产安全。审查方案，为执法提供法律支持。区法制办先后对《张家界市武陵源区餐饮油烟整治工作实施方案》《张家界市武陵源区旅游市场中药材中药饮片专项整治工作方案》《关于开展旅游团队购物场所专项整治工作方案》等专项整治活动方案进行合法审查，确保方案合法性，保证执法有法可依。监督指导，为执法提供咨询服务。积极为各行政执法部门在执法过程中遇到的问题提供法律咨询，针对区规划分局和区城管局就《湖南省实施〈中华人民共和国城乡规划法〉办法》中“无法采取改正措施消除影响”的执法交叉问题进行法律解释。（卓曦子）

【强化执法监督】 案卷评查，强化行政执法监督。12月，区法制办对全区行政执法单位进行一次执法督查，抽查11个单位21本行政执法案卷。从执法程序、执行行政裁量权基准和行政执法文书等方面进行客观评价，针对每本案卷出现的问题，给被评查单位提供详细的评查说明，让被评查单位了解出问题的环节和程序，促进各单位文明执法、规范执法，提高执法水平。（卓曦子）

公 安

【概况】 区公安分局1988年筹建，1989年8月成立。2017年，有21个二级机构，其中内设机构13个：指挥中心、政治办、后勤保障室、警务督察大队、法制大队、国内安全保卫大队、刑事侦查大队、治安管理大队、经济犯罪侦查大队、禁毒大队、人口与出入境管理大队、警保卫大队、巡逻防暴警察大队，派出所机构8个：军地坪派出所、张家界派出所、喻家嘴派出所、中湖派出所、天子山派出所、协合派出所、水绕四门派出所、袁家界派出所。核定政法专项编制119人，实有在编在岗民警115人，职工1人。分局党委班子9人。2017年，中共十九大安保工作取得圆满成功，反恐防暴工作取得实质性进展，集打斗争取得突破性进展；“四比四看”取得预期效果，基础建设取得历史性跨越。实现辖区连续8年命案全破、“两抢”案全破，连续13年被评为全省“平安区县”，连续23年被评为全省综治工作先进单位，执法质量第一季度抽查位居全省第一，综治民调排名全市第一、全省前十，分局被省人社厅、公安厅授予“全省优秀公安局”荣誉。（朱霜林）

【重大安保】 一是警卫保卫任务。共完成警卫任务6次，其中一级警卫1次、二级警卫2次、三级警卫3次，完成保卫任务14次。二是中共十九大安保工作。严格贯彻落实省厅方案，坚持问题导向，增强责任感，制定落实十九大维稳安保工作的督查办法、问责办法、考核办法。落实大排查、大刑判、大管控、大演练“四大举措”推动安保工作落地见效；加强政治、组织、作风、纪律、督查“五大保障”；用绝对忠诚扛起使命，用务实作风担当尽责，用严明纪律展示形象，用工作成绩维稳保安。三是“五一”“十一”安保工作。坚持职责明确、领导带队、分片负责、全员上岗、提前到位、流动督察等措施，做到“游客未到我先到，游客出山我后撤”。“五一”“十一”期间共接待游客15余万人次，其间未发生影响大的案件、事故、事件。四是确保大型群众性活动等安保活动绝对安全零事故，做到“四个不发生”（即不发生暴恐案件、不发生有重大影响的大规模群众事件、不发生重大公共安全等事件、不发生重大涉警负面舆情事件）。（朱霜林）

【打击违法犯罪】 一是围绕“围猎”行动、集打斗争、“四比四看”等工作部署，强化打击主业。全年共立刑事案件160起，破获113起，现行破案率达60%，居全省前列，刑拘51人，提请逮捕31人，移送起诉79人；办结行政案件616件，行政处罚590人，其中行政拘留508人，罚款87人（含并处）、警告5

人。二是坚持“伸手就抓，露头就打”。先后破获建局以来最大的“12·11”专案贩毒案件，缴获毒品3.5公斤，刑事拘留7人；破获建局以来最大的“宝狮龙”非法集资案，涉案标的7767余万元，追缴违法所得5325余万元，刑拘9人，判处刑罚6人；打掉建局以来影响最大的湖北覃富等3人跨省盗窃团伙，串并案14起，省外1起，挽回直接经济损失10多万元，判处有期徒刑5年以上1人，以下2人。（朱霜林）

【治安防控】 一是织密“天网”。建成平安武陵源视频监控系统，完成摄像头安装279个、维护摄像头34个，为侦查破案提供有价值线索1950条，破刑治两案500余起。二是结牢“地网”。推广云联报警平台，城区派出所推广由保安公司出资、保险公司担保、后台设派出所、服务端在宾馆等单位院落的云联报警平台，落实60多家400多探头安装任务，实现24小时无间断的音、视频同步巡防监控，同步图像储存。三是布建“围网”。下沉警力到一线的民警达50%以上，同步建好警务室26个。通过“三员一队”构建农村治安防控阵地，主要履职开展群众工作、掌握社情民意、管理实有人口、开展安全防范、维护治安秩序、化解矛盾纠纷等。用“三警一员”构筑城区天罗地网：巡逻防暴注重“巡”，提高见警率、增强安全感；派出所注重“控”，强化实名制登记管理，压缩违法犯罪空间；交警注重“查”，选准主要点线，形成高压态势，突出震慑效果；内保注重“守”，追求力量整合，形成巡防交叉，构建无缝对接。在宾馆酒店配发对讲机20台，在出租车安装车载台87部，在居委会组建“治安巡逻志愿队”，总指挥设派出所，统一指挥，整体联动。通过“三定一包”确保景区安全。依托派出所、警务室设置，264平方公里核心景区划分为12个片区，积极整合辖区多种力量，由1名民警带队，定区、定时、定责、包安全。（朱霜林）

【治安管理】 一是强化人员管理。全区管理实有人口109811人，其中户籍人口底数56046人，户籍人口标记18940人，流动人口8801人，寄住人口6061人，从业人员19939人，境外人员24人。实有单位2929家，实体经纬度标注13093个；实有房屋23534栋；全年维护“三实”信息45023条。全区旅馆491家（登记628家，其中停业、注销137家），安装临住系统105家（三星级以上酒店全部安装），占比21.3%。随全域旅游深入发展，用旅馆前台微信群予以破解，全年临住系统录入信息260042人，较去年同期231608人上升12.3%，信息录入准确率达99%。完成国家公职人员出入回（境）清查核对工作，澄清底数77家单位588名副科级以上领导干部基本信息。全区持有因私出国（境）证件282人，有出入记录的152人390条。组织部门收回因私出国（境）证件267本，129本遗失证件进行情况说明。区公安分局干警因私出境146本（80人持证），记录160条，由政治办统一收回保管。率先在全市入境系统尝试DNA采集入库。年内录入信息203条。二是推进流动人口和出租房管理。共清理出租房屋3760户，撤销140户；清理流动人口20760人，签订治安责任状5086份；发现违法犯罪线索6条，查处行政案件1起。强化“风控”系统人员管理，录入“风控”人员157名，其中重点人员75名，肇事肇祸精神病人82名，全年无赴省进京上访，无肇事肇祸发生。三是深入推进缉抢治爆。办理非法持有枪支案3起，收微火铳9支，子弹3发，黑火药500克，移送起诉9人，没收管制刀具5把，行政处罚9人。四是严厉打击追客赶客。查处此类行政案件17起，行政拘留18人。五是持续查处“黄赌毒”。查处色情敲诈行政案件1起，行政拘留2人；查处赌博行政案件2起，行政处罚9人，其中行政拘留5人；查处涉毒行政案件75起，行政处罚87人，强戒39人，社区戒毒17人。扫“四害”除“四黑”，侦办环境污染行政案件2起，行政拘留4人。尤其核心景区关停经营性场所198家，取缔197家。六是强化危爆物品管理。全区有烟花爆竹销售点1家，零售网点21家。加强学校医院少量化学品规范化管理；全面落实散装汽油派出所开具证明、加油点实名登记，确保全年无事故。七是落实场所管控。开展特种行业清查：旅馆业526家，安装旅馆业治安管理信息系统526家，有证旅馆392家；刻字业1家，安装治安管理信息系统，落实实名登记；典当业1家、印刷业（打字复印）9家、废旧金属收购业5家，机修业5家，均落实实名登记。开展娱乐场所清查：卡拉OK厅4家，提供卡拉OK及迪斯科舞蹈酒吧13家，均安装视频监控，但未安装治安管理信息系统，未落实实名登记。开展寄递物流业清查：全区共有寄递物流业15家。开展服务场所清查：桑拿洗浴泡脚按摩20家、医疗美容机构12家、网吧8家。开展其他行业清查:开锁业5家，落实实名登记;车站1家、线路13条，车辆130辆，长途客运实名制已落实;16个重点防恐区域，除梓木岗、森林公园、中湖、天子山4个门票站未落实安检设备外，其余全部安装完成；公共WiFi场所实名制认证已落实23家。开展“护校安园”专项行动，落实全区12个金融场所等级防护达标检查；进行人员密集场所风险评估和安全隐患排查，杜绝安全事故发生。在龙阳公路、插旗峪路段等两个交通要道完成电子卡口建设。（朱霜林）

【创新服务】 一是突出重点，全力化解矛盾纠纷。严厉打击违法犯罪，重点打击强行阻工、参工、参运、垄断经营、盗窃。指导作业单位安全生产、治安防范工作；常态化开展安全隐患大排查、大整治；确定重点工程为专业巡防必巡点；积极消除重点项目周边乱源，实现重点工程项目建设群体性事件、严重刑犯罪、重大安全事故“三个零发生”。二是速调速处，提升涉旅警务实战效能。通过“公安+双微”扫码报警、“公安+部门”合力联动、“人眼+天眼”精确预警等举措，实现涉旅警情发现早、报警便、处理快，打造出“四零服务”（“安全零发案、纠纷零投诉、救助零失误、服务零距离”）新品牌。三是“警务协作+”，助推旅游警务增效。通过核心景区民警、工作人员、导游等建设“警务协作群”，实现30分钟内完成失物查找、人员走失等报警、求助。全年找回走失游客143人，物品190余件，调解纠纷183起,挽回直接经济损失200余万元。四是深化“放管服”，彰显以人民为中心。继中湖之后又在军地坪派出所开设二代居民身份证办理服务大厅，共方便群众办证5058个，其中中湖650个，军地坪675个。推进行政区划调整，完成6个派出所行政区划工作。落实农业人口市民化若干政策，迁入350人，其中农村迁入城市137人，农村迁入农村213人，农村迁入城镇比率39.1%。审核出生上户827人，死亡注销712人，补录86人，专项变更404人。办理居住证498人，澄清无户人员底数70人，上户56人。为国考提供保障和服务，出示相关证明200余人。

（朱霜林）

【基础建设】 一是业务技术用房全面竣工。集办公、执法办案、警体训练等多功能为一体的业务技术用房，自2014年12月1日开工建设以来，投入资金939万元，建筑面积6008平方米。二是派出所建设逐步推进。喻家嘴派出所业务用房建设项目于2017年10月1日正式开工建设，工程总投资400万元，进入封顶阶段；袁家界派出所业务用房建设项目正在申报；张家界派出所业务用房建设项目正在选址；水绕四门派出所业务用房建设项目正在改建。三是警用装备不断增强。利用中央转移支付资金及公用经费231.53万元购买了刑事技术设备、派出所装备、执法记录仪、单警装备、反恐应急、执法车辆等装备，另为民警配发了116台移动警务终端设备。（朱霜林）

【队伍建设】 一是政治建警不动摇。依托“一岗双责”“两学一做”增强“四个意识”“四个自信”。二是从严治警不放松。不懈开展党风廉政建设和反腐败斗争，全面落实中央八项规定，立规矩、强纪律、正作风。三是从优待警不动摇。抓小事、抓日常，全面落实省公安厅、市公安局从优待警“十件事”。听指挥、严自律、守纪律，队伍无违法违纪。

（朱霜林）

公安交通管理

【概况】 1990年1月，区编委正式批复成立武陵源区公安分局交通警察大队，配备8名民警。1990年4月，大庸市公安局批准成立领导班子，内设车管股、安全股、秩序股和办公室。5月，大队正式挂牌成立。1996年，大队下设3个中队。1997年1月16日，区编委行文同意区交警大队升格为正科级单位，划归市公安交警支队管理，并改名为市交警支队直属二大队。2017年，大队以道路交通事故预防为中心，狠抓基础设施建设和隐患排查治理，规范执勤执法，严厉打击交通违法行为，确保道路交通事故“四项指数”大幅下降，道路交通秩序明显好转。大队年度绩效考评工作获得全市第一，荣获全省道路交通安全管理工作成绩突出集体，被公安部表彰为全国优秀公安基层单位。（胡石友）

【执法办案】 全年共查处各类交通违法行为18900起，其中酒驾242起，行政拘留286人，危险驾驶刑事立案9起，暂扣机动车2140台，淘汰黄标车258台。受理交通事故案件279起，死亡5人，受伤32人，财产损失192万元。办理车驾管业务2720起，其中车辆上户883台，受理驾驶证业务1837笔。全年无一起行政复议及信访案件。（胡石友）

【队伍建设】 以党建暨优秀团队创建等活动为契机，提出“创优保畅安、团结争一流”口号和“成就团队辉煌、助我人生成长”价值观，对队伍中存在的问题严格按照要求硬碰硬治理，按制度抓落实，全面提升民警业务素养和工作执行能力，党建暨优秀团队创建得到各级领导一致好评。不断规范执法工作，不断加强执法规范化建设，定期组织业务知识培训，提升队伍凝聚力，树立良好交警形象。（胡石友）

【基础设施建设】 投入150万元建设大型停车场，解决违法车管理停放难、管理难问题；投入经费60余万元，建设警营文化墙、楼梯文化和警营文化活动中心；投入近20万元，建设大队党建队史馆。

（胡石友）

【交通秩序管理】 一是专项整治效果明显。扎实开展道路交通安全隐患排查治理，完成省交办的2起道路隐患排查治理任务，100%按时完成全区258台黄标车淘汰、报废的任务；针对“两客一危”（从事旅游的包车、三类以上班线客运车和运输危险化学品、烟花爆竹、民用爆炸物品的道路专用车辆）、摩托车、学生用车、城市公共车辆等重点车辆的重点交通违法行为，突出城乡接合处、农村、城区等重点区域，采取错时纠章、设点执勤、流动巡查等勤务机制，严厉打击各类交通违法行为。二是旅游交通路畅人安。针对春节、“十一”等小长假期间特点，合理调整勤务，重点站场定点执勤与流动巡逻相结合，每天派出民警在重要路段指挥交通，引导车辆有序停放。特别是春节、暑假、十一，全警上路，疏堵保畅。在城区新增150余个停车位，启动停车收费模式。实行白鹭路、未央路、柳荫巷单向行驶道路，制定多套车流走向、车辆摆放的应急预案，全面缓解城区交通秩序。三是为民服务不断创新。积极探索道路交通事故处理快处快赔的模式，成立快处快赔服务中心，不断强化事故处理民警的素质，不断改革和创新出警模式，不断落实阳光执法要求，形成矛盾联席会议制度，确保事故处理公平、公正、公开，实现道路交通肇事逃逸案件侦破率达100%。落实城区高峰岗、学校护学岗等民生勤务措施，全方位地开展交通安全宣传活动，深入学校开展“大手牵小手”活动，深入农村开展精准扶贫同时送安全，深入企业送讲座、送资料等。启动平安交通创建活动，

在农村、学校开展交通安全宣传小广播活动，让交通安全宣传随处可听。（胡石友）

公安消防

【概况】武陵源区公安消防大队组建于1996年，下辖4个执勤消防中队。是一支集部队性、公安性于一身的公安现役部队。2017年大队在区委、区政府及区公安分局党委的正确领导下，忠诚践行“对党忠诚、服务人民、执法公正、纪律严明”的总要求，立足防火、灭火和应急救援主业，班子和队伍建设不断加强，部队灭火救援实战能力明显提升，消防工作基础进一步夯实。2017年共接警出动20次，出动车辆45辆次，出动警力247人次，抢救被困人员2人，疏散被困人员48人，抢救财产价值146.10万元，为服务全区经济社会发展和人民安居乐业提供了有力保障。大队被市消防支队表彰为“2017年度后勤工作先进单位”；大队官兵中有3人荣立个人三等功、32人荣立个人嘉奖、1人获评武陵源区“2017年度公安工作先进个人”。

2017年，加强队伍建设，严格落实《中国共产党章程》《政工条例》和公安现役部队党建工作会议精神，认真学习基层党组织示范片。抓思想教育夯实根基。结合“两项重大教育”、习近平总书记系列重要讲话精神和十九大报告精神学习活动，官兵撰写心得体会30余篇。利用节假日、党团活动日积极开展警营文化活动，全面开展首个烈士纪念日纪念活动，进一步提升官兵责任意识、使命意识。抓文化育警激发活力。在市消防支队举办的“迎新春晚会”中，大队认真筹划、精心组织文艺节目，其中舞蹈《当你的秀发拂过我的钢枪》、相声《第一次》广受好评。充分发挥政治工作的思想引领和生命线的作用，队伍凝聚力、战斗力不断增强，拴心留人氛围进一步浓郁。抓从优待警彰显关爱。2017年积极向上级党委上报困难家庭补助，共3名同志获得补助，使部队凝聚力明显提升，官兵干事创业精神明显增强。（张 涛）

【强化实战观念】部队打大仗打恶仗的能力明显增强。以实战化为主线，承办支队各类作战安全演示科目11项，每月定期召开部队训练形式分析会。大队联合区政府应急联动单位开展大型实战演练3次，日常演练60次，其中夜间拉动演练20次。完善“卡片式”预案及各类灭火预案40份。从“单兵基础、班组战术、整建制合成、临场指挥”四个层面入手推进实战化训练工作。坚持“一周一熟悉、一月一联动”制度，开展辖区熟悉演练130次，发放熟悉卡60余份。联合市政管理处，对全区77个市政消火栓全面维修保养，完成“标识化、智能化”管理。召开党委会和办公会对正规化建设达标工作进行研究、部署，结合实际，推进部队正规化建设工作。扎实开展“安全工作大家谈”，车辆违规、营区安全隐患整治等专题教育整顿活动，把安全工作融入官兵日常工作生活和部队管理点滴中。（张 涛）

【提高执法水平】执法水平和火灾防控能力大幅提升。区长召开办公会议专题研究消防工作，解决实际困难。严格执法，强化监督。2017年，全区共检查单位2197家，发现火灾隐患4802处，下发《责令限期改正通知书》1536份。督促整改火灾隐患4675处，责令“三停”单位23家，临时查封52家，行政处罚66家，罚款58.2万元，拘留6人，有效消除一大批火灾隐患。圆满完成建军90周年、张家界“摸泥节”、中共十九大安保等重大活动期间的消防安保任务。树立典型，示范带动。构建基层消防“网格化”、实施单位管理“户籍化”，组织召开全区消防安全“网格化”和重点单位“标准化”管理现场会。结合双联行动，在各乡镇设立试点推进“千村万户”消防安全扶持行动，建成试点4个，配置消防器材400余件（套），有效改善了农村火灾防控基础薄弱现状。设置73个微型消防站，开展联勤联训10余次，切实提高社会面火灾防控能力。在天子街“湘绣园”火灾中，梅尼超市微型消防站发挥了重要作用。拓宽渠道，搭建平台。借助市场运作模式，利用出租车顶灯和宾馆酒店、户外LED电子屏幕、楼宇广告等，打造50余个消防“小窗口”，以静动态相互结合的方式播放消防公益广告。大队在省级媒体刊稿170余篇，举办各类消防教育培训30余场（次），发放宣传资料1.2万余份，展出消防展板300余块，编发消防安全短信1万余条。（张　涛）

【提升保障能力】 大队坚持党委当家，集体理财，在保障各项经费开支的同时开源节流，把有限的财力用在部队建设的刀刃上。严格按照《城市消防站建设标准》落实装备采购工作，严格落实财经制度和规定，一切收入纳入财务管理，为各项工作顺利开展提供有力的后勤保障。积极争取政府支持。大队一班人主动作为，提请区人民政府组织召开第17次政府常务会议，争取专项经费1300万元，新增业务经费预算50万元。特别是区人民政府召开第19次常务会议，专题听取消防工作汇报，解决了重型水罐消防车、32米登高平台车等一揽子棘手问题。全力加快基础建设，投入200余万元，对天子山中队各项设施进行升级改造，得到全体官兵肯定。

（张　涛）

检　察

【概况】 2017年，武陵源区检察院内设办公室、政工监察科、公诉科、侦查监督科、控申民行科、法警大队、林业监察科、监所科、案件管理中心等9个部门。有编制21人，在编干警20人。编制均为政法专项编。获全区综治、全面深化改革、基层党建工作先进单位。执法质量两次考评排名全市检察机关第一，综治民调结果显示检察机关两次公众测评分别为91.52分和93.36分，位列全区政法系统第一，继续保持队伍零违纪、执法零过错、安全零事故。完成反贪局反渎局人员的转隶工作，完成员额检察官、司法辅助人员、司法行政人员分类管理，完成人、财、物省级统管的前期准备工作，保证司法体制改革工作成效。（石　莉）

【刑事检察】 严打刑事犯罪。2017年共受理侦查机关移送审查批捕刑事案件33件46人，经审查依法批准逮捕各类犯罪嫌疑人28人，不批准逮捕18人。受理侦查机关移送审查起诉案件65件80人，依法提起公诉40人，不起诉33人，正在审查7人。所办案件均在法定期限内审结，无错案、无超期案。在审查逮捕和审查起诉工作中，严格掌握逮捕和起诉条件，依法作出不批捕决定8人，不起诉6人，有效减少社会对立面。（石　莉）

【职务犯罪】 全年共初查贪污贿赂侵权渎职犯罪案件线索6条，依法立案侦查3件3人，涉案金额620万元。其中，反贪立案2件2人，反渎立案1件1人。法院判决1件1人。开展职务犯罪预防工作，先后在区农业银行、区食品药品监督局、协合乡政府、索溪中心完小等单位上法制课4次，接受行贿犯罪档案查询55次，开展预防调查和犯罪分析8次，发出《检察建议》5份。充分发挥乡镇检察联络室的桥梁和纽带作用，为群众发放“检民联系卡”和《检察宣传手册》500多份，坚持每月9日派员下乡接访群众，有针对性地开展法制宣传，共接待群众来访58人次，解答群众各类问题30多个。（石　莉）

【法律监督】 刑事诉讼监督：成功办理2件立案监督案件，涉案2人，发现漏罪追诉1人，法院对3名犯罪嫌疑人均作出有罪判决。民事行政诉讼监督：主动走访区信访局、区法制办、基层司法所和律师事务所等部门，摸排民事行政诉讼活动中“三项监督”案件线索，并开展“小标的大查封”、“高值贱卖”等法院执行工作的专项监督活动，调取区人民法院的执行案卷进行检查，促进民事行政诉讼活动正常开展。刑罚执行活动监督：对区公安分局刑法执行活动和区司法局的社区矫正活动进行有效监督，全区社区矫正罪犯总数27人，均为缓刑犯。在监督检察中发出《检察建议》3份和《检察意见》4份，办理提请收监执行案件3件，提出收监建议2次。如缓刑罪犯毛至尚作为社区矫正对象，在缓刑期间无事生非，衅性滋事，触犯《中华人民共和国治安管理处罚法》，侦查机关依法对其作出《行政处罚决定》，检察院及时向区司法局发出《收监执行检察建议书》，区司法局提请人民法院对毛至尚作出撤销缓刑、收监执行的裁定。 （石 莉）

【公益诉讼】 人大授权新职能：第十二届全国人大常委会作出《关于修改〈中华人民共和国民事诉讼法〉和〈中华人民共和国行政诉讼法〉的决定》，自2017年7月1日起，新修改实施的《民事诉讼法》和《行政诉讼法》赋予检察机关公益诉讼的全新职能。专项监督出成果：共办理督促行政机关履职案件6件，同比上升300%。分别针对区发改局、区林业局、区工商分局、区国土分局等6个单位发出《检察建议》，内容涉及景区临时停车场乱收费、野生动物保护、林木损害、虚假广告等危及环境资源保护和公共利益领域。公益诉讼新突破：在查办职务犯罪案件的过程中，区检察院发现某行政主管部门工作人员由于收受贿赂滥用职权，致使国家利益造成重大损失，根据《中华人民共和国行政诉讼法》的相关规定，依法向该行政主管部门发出《检察建议》，督促依法追回某公司套取的62万元国家专项资金。 （石 莉）

【服务旅游】 2017年出台《关于全面实施〈武陵源区人民检察院服务旅游发展的决定〉的意见》等六个规范性文件，高标准办好“旅游检察工作室”“标志门旅游检察服务台”两个平台，实体推进执法前置、窗口前移，全面完善“涉旅办案绿色通道”“检企联络联谊”和“旅游改革创新依法容错”三项工作机制，优化政务环境。多点突破显实效。首次公开聘请5名具有代表性的“检企联络员”，组织召开检企联系对话会3次，邀请他们对检察院的执法办案、检务公开、旅游服务等开展动态监督，主动上门走访旅游企业32家，收集意见、建议57条，对“追客赶客”“非法营运”“执法不规范”等问题及时向有关职能部门提出建设性意见。侦查监督、审查起诉等部门通过“绿色通道”办理涉旅刑事案件9件15人，以零容忍态度依法打击涉旅刑事犯罪。同时积极开展涉旅行政执法监督，参与旅游综合执法活动5次。检察干警节假日不休息，持证着装值班服务，坚持开展“检察长接待日”、“检察开放日”“服务旅游活动周”等活动，共为游人提供法律咨询125人次，提供其他服务21人次，督促处理游客投诉8起。旅游检察工作得到了国家部委和省、市、区领导及游客的好评。先后被湖南卫视、北京卫视、央视新闻频道以及《中国旅游报》《检察日报》《湖南日报》等主流媒体报道，既宣传了检察工作，更宣传了武陵源。 （石 莉）

【队伍建设】 一是提高政治站位。把学习贯彻中共十九大会议精神作为首要政治任务，先后3次召开院党组会和2次干警大会，学习传达十九大精神，采取班子带头辅导、老师精准解读、干警开展自学等形式，不断领会精神，用习近平新时代中国特色社会主义思想统领检察工作。持续开展“两学一做”活动，在完成常规动作的同时精选自学动作，先后开展5次“主题党日”活动和3次“青工委”活动以及“你读书我买单”活动，引导党员干部丰富党的知识，增强党性观念，营造学习氛围。二是强化班子建设。坚持党组中心组集体学习制度，按照区委和上级院要求制定出学习计划，明确学习内容，检察长带头讲党课，班子成员轮流辅导学习，坚持每月1次集中学习。坚持民主集中制，对“三重一大”工作广泛听取意见，认真进行讨论，正确作出决策，坚决不搞“一言堂”，一把手坚持做到“三个不直接分管”，班子成员积极维护班子团结，支持检察长工作。带头办案作表率，班子成员在认真履行“一岗双责”的同时，积极参与和直接办理案件，分管检察长带头出席法庭，先后组织召开13次检察委员会研究讨论27件复杂疑难案件，确保案件质量和法律的正确实施。三是整顿促进提高。根据“区委解放思想大讨论”和“全市检察机关解放思想大讨论”的总体要求，结合实际，出台检察院《关于能力和队伍建设问题整改方案》，活动为期一年，针对全体干警在能力建设和队伍建设方面存在的问题进行自我深度剖析，列出问题清单，找出问题原因，制定整改措施，由院整改办统一管理监督，坚决做到“三个不放过”：问题找不准不放过、措施不到位不放过、整改效果不明显不放过，促进解放思想大讨论获得新成果。（石　莉）

法　院

【概况】 2017年，区人民法院实有编制33个，在编干警32人。院领导班子成员7人，正副院长4人（含非党副院长1人），政治办主任1人，党组成员（原纪检组长，因纪检改革已免除纪检组长职务）1人，专职审委会委员1人。在编干警94%具有本科以上学历，其中全日制本科7人，在职本科21人，在职研究生2人。2017年，区人民法院牢牢把握“公正司法、司法为民”工作主线，坚持“两学一做”学习教育常态化制度化，紧紧围绕“让人民群众在每一个司法案件中感受到公平正义”的目标，充分发挥审判职能，全面推进司法改革，狠抓队伍建设，各项工作取得新进展，司法公信力和群众满意度进一步提升。全年共受理各类案件953件，审执结845件，结案率88.67%，法定审限内结案率100%，各类案件平均审理（执行）周期仅56.5天，居全市第一、全省基层法院第八。在全市社会管理综合治理民意调查中，政法队伍公众评价得分居全市基层法院第一。（何元芜）

【刑事审判】 全年受理刑事案件41件，审结37件，结案率90.24%，判处罪犯51人，其中判处三年以上有期徒刑9人，判处缓刑、管制18人。依法严惩危害社会稳定和人民生命财产安全的刑事犯罪，审结故意伤害、盗窃、抢劫、强奸、强制猥亵、放火等案件24件32人。成功审理宝狮龙公司网络传销案。该网络传销涉众30余万人，非法谋取利益7000余万元人民币，涉案山东、广东两省60余个账户，受到社会广泛关注。经过3天庭审，所有赃款全部追缴到账。坚持宽严相济的刑事政策，对未成年人犯罪、轻微刑事犯罪以及具有自首、立功等情节的10名被告人依法从轻、减轻处罚。同时，不断扩大刑事审判的宣传教育力度，4次通过互联网公开直播社会关注案件的庭审过程。（何元芜）

【民商审判】 全年共受理各类民商事案件617件，结案553件，结案率89.63%。加大婚姻家庭纠纷、相邻纠纷案件的调处力度，审结婚姻家庭、邻里纠纷、财产继承等纠纷案件110件；依法审结买卖合同纠纷、民间借贷纠纷案件111件，保护诚实守信，制裁违约欺诈。春节前夕，全院干警全力出击，帮助86名农民工追回146万元血汗钱。积极与司法、人社、妇联、公安等部门及村、居两委联动，积极调处民商事纠纷。全年共调处案件413件，调撤率达71.08%。（何元芜）

【行政审判】 全年受理各类行政案件38件，结案37件，结案率97.37%。采取“审前沟通、审中协调、审后疏导”的工作模式，大力支持重点项目建设，全力配合武陵源区政府处理喻家嘴农贸市场拆迁、宏源农贸市场改造、百花洲拆迁、文丰拆迁等重点项目建设。全年共协调处理征地拆迁行政案件20件，审查非诉行政执行案件27件，均裁定准予执行；依法强制拆迁11件，未发生一件上访案件。（何元芜）

【服务旅游】 全年共接受游客咨询400余人次，受理、调处旅游纠纷126件，结案率100%。凡“五一”、“十一”等小长假，均安排干警在标志门、森林公园等游客密集地蹲点值班，现场接受游客咨询，就地解决旅游纠纷。强化与旅游、工商、交警等部门沟通联系，合力化解纠纷，确保景区良好秩序。区人民法院投资近20万元，申请微信公众号、开发旅游纠纷投诉调处软件，于6月正式运行。在各热门景点、城区安装近20块公示牌，介绍网上旅游速裁法庭功能、公告二维码及投诉方法等。网上旅游速裁法庭设有游客投诉通道和10个调解室，10名法官二十四小时在线值班。游客只需扫描微信二维码，即可进入旅游速裁法庭投诉、咨询、三方对话调解。网上旅游速裁法庭共受理游客咨询60余人次，调处案件17件。9月，全市旅游法庭速裁工作推进会在武陵源区召开，副市长欧阳斌对网上旅游速裁法庭给予高度肯定和赞扬。 （何元芜）

【执行工作】 全年共受理执行案件257件，执结218件，案件执结率84.82%。一是创新执行措施。实施分段集约执行，强化流程节点管理，建立与上级法院、当事人对执行案件各节点进行监督的制约机制，杜绝拖延执行、消极执行。二是发挥信息互联网优势。通过运用网络查控系统、建立司法评估管理机制、启用司法网络拍卖、建立执行曝光台等手段，提高执行效率。共发布失信被执行人119名，通过传统公告结合微博微信等新媒体方式对辖区21名失信被执行人予以曝光，5人主动履行完毕。三是重拳打击拒不执行判决、裁定行为。对有履行能力而拒不履行法律义务的被执行人，动用强制措施不手软。全年共罚款、拘留17人，决定逮捕3人，以拒不执行判决、裁定罪判刑2人。 （何元芜）

【司法改革】 完成法官员额制改革，通过考试、考核、报批，配齐12名员额法官；完成人员分类管理，新招聘书记员4人，协警7人，形成由员额法官、司法辅助人员、司法行政人员三个序列组成的法院干部队伍；完成内设机构改革，撤销审判内设机构，组建刑事、民事行政、执行三个审判团队，成立刑事、民事、行政三个法官专业委员会，建立专业法官会议制度，专门对疑难复杂案件进行会商，给承办法官及合议庭提供参考；落实员额法官办案责任制，取消院、庭长签发裁判文书制度；落实院、庭长办案制度，凡入额的院、庭长一律下沉到一线办案。4名入额院领导共办案113件。完成各类人员工资制度改革，实行司法绩效考核机制。 （何元芜）

【司法为民】 一是坚持巡回办案制度。针对偏远山区群众“诉讼难”的实际，区法院实行定人、定时、定点巡回办案。每月9日至11日由一名院领导带队，到中湖乡、天子山街道办事处驻点办案，送法上门，答疑解惑，定分止争。二是坚持就地开庭。对发生在基层的婚姻家庭纠纷、山林纠纷、轻微伤害等案件，一律在当事人住所地或其所在的乡镇开庭审判，农村群众不出村镇就能得到所需要的法律服务。三是坚持院长接待日制度。确定每月第一、三周的星期一上午为院长接待日，疏通信访渠道，依法、及时、妥善处理涉诉信访问题，发现和纠正审判、执行工作中存在的问题。全年共接待来信来访20余人次。四是加大司法救助力度。依法为98件案件困难当事人缓、减、免缴诉讼费37万余元，为困难刑事受害人、困难执行申请人发放司法救助金79560元，使困难群众真正感受到司法关怀。五是创新委派委托调解机制。在各乡镇、街道成立6个特邀调解室，聘请25名特邀调解员，对事实清楚、争议不大、适合委派、委托调解的传统民商案件，在立案前后征得当事人同意后，将纠纷委派、委托给所在地的调解室进行调解。全年共委派委托调解案件53件，成功调结24件。 （何元芜）

【队伍建设】 一是注重思想政治教育。以“两学一做”（学党章党规、学系列讲话、做合格党员）学习教育常态化制度化建设为平台，重点学习中共十九大和习近平总书记系列讲话精神。通过谈话谈心、重大事项集体研究等方式，深入贯彻民主集中制，开展批评和自我批评。二是深化廉政教育。强化党组的党风廉政建设主体责任，扎实开展廉洁司法主题教育、纪律作风专项督察和“雁过拔毛”式腐败问题专项整治；接受上级法院司法巡查，持续开展审务督查活动；组织开展廉政讲座、观看反腐倡廉教育专题片，到市检察院反腐倡廉警示教育基地开展警示教育，赴贺龙故居开展革命传统教育，增强干警廉洁司法意识。三是加强司法能力建设。积极组织干警参加最高院、省、市法院、党校等组织的各类培训，切实提高法官正确适用法律、依法公正裁判的能力；开展案件质量评查和讲评，对上级法院发改案件、重点信访案件及党委、人大和上级法院转办的可能涉及案件质量问题的案件，由院领导评查，大会公开讲评，着力提升法官办案质量。

（何元芜）

司法行政

【概况】 1989年6月，区司法局成立。2017年，区司法局内设政治办、办公室、社区矫正股、法制宣传教育股、基层工作股。直属事业机构：武陵源区法律援助中心；派出机构：军地坪司法所、索溪峪司法所、中湖司法所、协合司法所、锣鼓塔司法所、天子山司法所。在编司法行政干警15人。2017年，区司法局获评张家界市先进司法局。（邓丽娇）

【普法工作】 2017年，武陵源区完成全国“法治建设先进区”创建检查验收工作，获评全国“法治县（市、区）创建活动先进单位”。加大主题法治宣传，利用时间节点联合各相关部门开展主题法治宣传活动。完善普法工作机制，建立“谁执法、谁普法”责任制，落实学法用法、任前考法和年度述法等制度。营造法治氛围，完成城区高云桥至宝峰桥沿河风光带法治公园建设工作。扎实推进“法律七进”活动。2017年，全区各党组（党委）中心组开展集体学法100余次；开设法治主题培训班1次；对拟提拔、重用的25余名干部组织任前法律考试考核；建立村（居）法治宣传栏33个，法律图书室33个，建立农村法治宣传广告牌100余个；举办学生法治讲座6场次；组织开展企业职工法治讲座2次；在景区重要地段设立宣传点4个，发放宣传资料3000余份。

（邓丽娇）

【人民调解】 健全矛盾纠纷调解网络，成立区乡（街道）村（居）三级、行业性、专业性人民调解委员会51个。完善调解机制，建立由区综治委牵头，法院、司法、检察院、公安、信访、工商、旅游等19个部门参与的“三调联动”联席会议制度，以矛盾纠纷摸排机制、矛盾纠纷巡回调解机制为抓手，实行综合调解和整体联动。2017年，排查矛盾纠纷959次，预防纠纷805件，调解化解矛盾纠纷1080件，调处成功1074件，成功率为99.44%。

（邓丽娇）

【矫正安帮】 规范社矫人员日常监管，利用手机定位，即时了解社区矫正人员活动轨迹；利用报到制度，知晓社区矫正人员思想动态；利用月走访制度，知晓社区矫正人员生活状况。落实社区矫正安全监管分析会制度，加大特殊时期对特殊人群的管理，对辖区社区矫正人员进行安全分析，实行全面防范、重点监控。“2017年底”在册社区矫正人员共25人，无一人脱管、漏管、虚管。加大刑满释放人员帮扶力度，71名在册刑满释放人员均按照“一人一档”建立档案，按季度对刑满释放人员进行摸底排查，确保底数清情况明。落实重点帮教对象必接制度，开展“情暖高墙·关爱孩子”联合帮扶活动和“三帮一促”主题活动，加强对刑满释放和在册服刑人员的关怀和帮扶。（邓丽娇）

【法律服务】 完成公共法律服务体系建设，建成公共法律服务中心 1 个，公共法律服务站 6 个，公共法律服务点 30 个。乡镇公共法律服务站建成率达 100 %，村（居）公共法律服务工作点建成率 91%。严格执行法律援助事项范围和经济困难标准，规范法律援助申请、受理、审查、指派、承办等事项流程。综合运用案件回访、庭审旁听、案卷质量评查等方式强化案件质量监管，提高办案质量。法律援助中心接待来访来电咨询 260 余人次，代写法律文书 50 余份，援助案件 75 件，其中民事案件 66 件，刑事案件 9 件。涉及人群包括未成年人、残疾人、妇女、农民工等弱势群体，为受援人挽回经济损失 200 余万元。

（邓丽娇）

【队伍建设】 推进司法业务用房建设，完成社区矫正中心规范化建设和司法业务用房建设。严格落实学习制度，强化业务培训，开展“两学一做”学习教育，干部队伍整体素质不断提高。严格执行中央八项规定，认真落实党风廉政建设责任制，加强纪律约束，严格执行党风廉政各项规定。完善各项制度，以制度促规范，以制度管人、按制度办事。

（邓丽娇）

军 事

Military

武陵源区人民武装部

【概况】 1990年7月，区人民武装部成立，隶属常德军分区与地方同级党委、政府领导，下设办公室、军事科、政工科。1990年12月，经省人民政府批准，增设政委、副部长、后勤科。1993年1月，大庸军分区组建后，归属大庸军分区。1996年4月1日，收归军队建制，撤销办公室，设军事科、政工科、后勤科。2017年6月，部队进行编制体制改革，区人武部设军事科、政治工作科和保障科。2017年，区人武部在完成体制转换基础上，带领全区武装干部和民兵预备役人员，圆满完成了年度各项工作任务，先后获省军区先进团级单位党委、张家界军分区训练先进单位、张家界市征兵工作先进单位等荣誉称号。

2017年，巩固"两学一做"学习教育和肃清郭伯雄、徐才厚流毒工作成果，学习贯彻中共十九大精神，紧跟上级部署开展"维护核心、听从指挥"主题教育。落实党委议学、干部述学等制度，督促干部搞好理论自学，提高党员干部理论素养。着眼改革大考，跟踪掌握干部现实思想动态，着力化解思想困惑，引导所属干部读懂吃透改革、积极投身改革，为完成好改革任务提供坚强思想政治保证和强大精神动力。落实组织生活制度，定期开展思想汇报、谈心交心活动，多渠道、多侧面了解干部职工思想动态，利用交班、集中学习、讨论交流等时机，灵活运用一事一议、小结讲评等方式，帮助教育干部正确处理个人与组织、理想与现实、奉献与回报等关系。 （王 涛）

【民兵整组和训练】 召开全区武装工作和民兵整组业务培训会，编印下发《民兵整组业务知识手册》，共悬挂横幅、标语1200余条，利用手机短信平台发送信息4万余条。围绕区（乡）行政中心普遍布局编组应急队伍，确保本级和各乡、街道都有一支可靠管用应急力量。民兵训练工作坚持党委议训，结合季节特点和形势任务科学制定训练计划，统筹安排训练科目。首长机关突出基础体能、军事理论、识图用图以及整组备案研究作业，落实每天最后1小时体能训练，参加张家界军分区迎考集训并组织2期本级机关训练。选派天子山街道武装部长参加省军区组织的培训；帮助专武干部熟悉业务工作，组织"难题会诊"2次。组织为期10天的应急连民兵集训，提高应急队伍的"双应"能力。 （邓玲芳）

【征兵工作】 采取网络、电视、横幅等多种形式，宣传兵役登记及征兵政策规定。及时组织召开征兵工作任务推进会，督导各乡镇武装部部长、民兵营长进村入户、面对面做好“一人一事”工作。到武陵源区一中开展征兵宣传，对征兵政策进行深度解读和现场作答，激发适龄青年积极参军报国的热情。重点对辖区内大学生进行调查摸底，一对一进行宣传发动，掌握大学生群体参军意愿，搞好跟踪管理。征兵体检严格坚持谁主管谁签字、谁签字谁负责原则，有效提高兵员体检质量，圆满完成2017年度兵员征集任务。

（王 涛）

【国防教育】 在民兵整组、民兵训练、学生军训、征兵期间，通过文艺晚会、军事训练、军营参观体验、国防电影展播等开展形式多样国防教育活动。加强对区国防教育室、国防教育一条街、贺龙公园、金鞭溪红军路等场所保护利用，定期组织干部群众、中小学生参观学习。组织民兵应急分队成员10余人到吴家峪门票站广场开展以“强我国防，兴我中华”为主题的第17个全民国防教育日宣传活动，来自全国各地的上千名游客参加签名，以实际行动支持国防教育。在核心景区门票站电子显示屏上定期滚动播放国防教育专题教育片和公益广告，并在游客集散地设立国防教育宣传栏和大型户外宣传广告牌。“五一”“十一”和春节期间，在各大门票站广场设立“国防教育驿站”，为游客免费发放国防教育宣传图册，宣讲国防教育知识。 （邓玲芳）

【军民共建】 春节前夕开展“春节送温暖活动”，组织现役和专武干部深入村居（社区）体民情察民意，与20户现役军人家属、困难群众和复退军人结成对子，送去慰问物资和慰问金共计4万余元。扎实开展城乡互助共建活动，对中湖乡定家庄村48个贫困户进行扶贫帮困。协调区直相关单位帮助8名79参战老兵成立中草药合作社，多次为其解决资金和技术问题，让年逾花甲的老兵们创业致富。“八一”前夕，组织干部职工探望慰问参加短期疗养活动退伍老兵，送去慰问金和慰问物资。 （王 涛）

武警武陵源区中队

【概况】 1992年8月组建，隶属于湖南省总队大庸市支队，番号为武警湖南省总队大庸市支队武陵源区中队。1994年5月，大庸市更名为张家界市，番号更名为武警湖南省总队张家界市支队武陵源区中队，驻武陵源区。主要担负处置突发事件及武装巡逻等重大临时勤务。中队编制38人，2017年有官兵51人。

2017年，加强党建，充分发挥党支部战斗堡垒作用和党员先锋模范作用，组织班子成员学习习近平系列讲话精神，召开民主生活会，形成分析检查报告，制定整改措施，落实目标责任。全队官兵紧紧扭住“听党指挥、能打胜仗、作风优良”的强军目标，把党的先进理论积极投身于多样化军事任务实践，确保部队战斗力稳步提升。中队支部坚持依法从严治军、按纲建队，确保部队高度集中统一和安全稳定。全队官兵牢记使命、苦练本领、忠于职守、勤奋工作，圆满完成以执勤处突为中心的各项任务。

2017年，加强思想政治建设，制定《政治教育计划》，学习贯彻中共十九大精神、系列讲话、三级党委扩大会议和“两会”精神，统一官兵思想，树立官兵听党指挥的理念，强化政治意识、大局意识、核心意识和看齐意识，在思想政治上与党中央、中央军委、武警总部保持高度一致。组织官兵开展主题演讲和知识竞赛，观看红色电影等活动，深化教育效果。做好落榜考生、身体有病、家庭困难，思想有包袱战士的心理疏导和思想稳定工作，保证其思想不抛锚、行为不失控。重点抓好两个群众组织（团支部、军人委员会）建设，搞好两个组织骨干培训；抓好两支队伍（干部队伍、党员队伍），以思想作风建设为重点，增强官兵爱岗敬业意识。集中组织学、抓住重点学、区分层次学，以强化党性修养、提高能力素质。通过签订《目标责任承诺书》《党员承诺书》及每月评比优秀共产党员和共青团员等活动，激发官兵创先争优的积极性。（吴家豫）

【任务能力建设】 强化军事训练。开展“两官”编组作业，提高军官、士官组织指挥和教学能力；贯彻新《军事训练与考核大纲》，坚持每天体能训练，完成队列擒敌拳、棍术、刺杀、专勤专训、射击、警棍盾牌术、哨兵反袭击等科目的训练，加强专勤专训和适应性训练，开展“战斗精神”和军事训练价值观大讨论，积极推进群众性练兵活动，提倡科学练兵，实行军事民主。提高勤务质量。勤务编排新老、强弱搭配，加大对各级执勤人员监督力度，落实相关责任；以“不打招呼、不设预案”方式拉动部队，开展紧急出动、追逃和营区反袭击演练，提升指挥员指挥部队处置情况和部队官兵快速反应能力；每月开展执勤标兵、优秀领班员、优秀网络查勤员和优秀哨兵评选活动，激发官兵内在动力。开展敌情、社情隐患排查治理，坚持对执勤中“两病”软隐患和物防中存在的硬隐患进行每月梳理、及时治理，有效杜绝事故隐患。2017年完成临时勤务40余次，出动官兵300余人次，完成春节执勤、国庆巡逻等勤务。（吴家豫）

【部队正规化建设】 开展“远学成武事迹、近学身边典型”法规制度学习，加强人员管控，落实枪弹管理等规章制度，筑牢安全发展基础。每月开展“四无安全月”推进活动，通过设置安全工作倒计时牌、集体诵读安全警示语、落实手机使用规定、请销假规定、落实值班规定和治酒规定等方式，提高安全规范意识，全年无违纪现象发生。落实总队、支队“正规化建设现场会”精神。强化后勤管理，增强综合保障能力。搞好战备物资储存，提高应急保障能力；抓好爱装管装教育，物资管理落实计价挂账，提高后勤规范化管理水平。发动官兵种植茄子、番茄、青椒等蔬菜，丰富官兵菜篮子；严把实物验收关和留验制度，搞好伙食调剂，粗菜细做、细菜精做，官兵伙食满意率100%。（吴家豫）

旅游业

Tourism

综　述

【概况】 武陵源区旅游主管部门为区旅游局。武陵源核心景区管理部门为张家界武陵源区风景名胜区和国家森林公园管理局（县级事业单位）。

1989年5月，区旅游局（含外事办）成立，实施旅游行业管理，规范宾馆、饭店、旅行社、导游等旅游市场。1989年7月，改为区外事旅游局；1995年1月,改为区旅游局（外事办）。1998年3月，武陵源景区管理局办公室同区旅游局合并组建新的旅游局，实行旅游市场与景区的统一管理。2016年1月，区旅游局和外事侨务局合并成立区旅游和外事侨务局至今，担负旅游规划管理、旅游服务质量监督、旅游景区（点）和行业管理、旅游市场营销宣传、拟定旅游产业发展战略、区内一切涉外事务的审核、协调、统筹和假日旅游协调、指挥、管理等重要职能。2017年，区旅游和外事侨务局编制28人，在岗人员27人。内设办公室、行业管理股、产业管理股、外事侨务管理股四个股室，下属两个事业单位：旅游宣传促销管理办公室、旅游质量监督管理所。担负旅游规划管理、旅游服务质量监督、旅游景区（点）和行业管理、旅游市场营销宣传、拟定旅游产业发展战略、区内一切涉外事务的审核、协调、统筹和假日旅游协调、指挥、管理等重要职能。

1982年9月，张家界国家森林公园成立。1983年5月9日，湖南省委办公厅、省政府办公厅联合下文，设立张家界国家森林公园管理处，确定张家界国家森林公园管理处为县级事业单位，党务、政务和干部管理受大庸县领导，业务归口省林业厅。2015年1月，张家界武陵源风景名胜区和国家森林公园管理局成立，为市政府管理的正处级公益一类事业单位。2015年2月，召开第一次党员代表大会，选举产生张管局党委和张管局纪委。主要职能：承担风景名胜区管理、自然遗产管理、地质公园管理、森林公园管理、自然保护区管理，景区执法中的具体事务性工作以及景区资源开发、旅游宣传促销等工作。按照“行政管理全覆盖、景区管理全覆盖”要求，2016年4月，张办〔2016〕25号文件对张管局职能、职责、机构、编制等事项进行明确，暂定财政全额拨款事业编制802名，经费自理事业编制190名（暂未定编到人），人员编制只出不进，空编核销，三年后重新定编。2017年年底，在职人员总计1318人，其中11个内设机构及工会、妇联、团委、武装部、防火办264人，15个下设机构890人，绿源公司、黄石寨索道公司、企业等 14 个单位 142 人，退养、病休、借调、委派共 22 人。2017 年，张管局紧紧围绕精品景区建设目标，以深化改革为动力，以提质升级为抓手，以提升管理服务水平为重点，景区资源环境保护、工程项目建设、旅游管理服务等方面取得了较好成绩，被评为“湖南省平安景区”。

2017 年，全区共接待游客 2650.53 万人次，同比增长 15.94%；旅游过夜人次达 1342.39 万，同比增长 20.88%；旅游总收入达 217.69 亿元，同比增长 20.45%；境外入境游客为 176.40 万人次，同比下降 20.60%。核心景区一次进山人数达到 408.03 万人，同比增长 0.24%，实现门票收入 7.94 亿元。其中购全票人数为 265.71 万人，同比下降 7.35 %；购优惠票人数为 82.99 万人，同比增长 4.74%。

武陵源区获湖南省旅游产业发展“十佳区县”，腾讯网、携程网“甄旅奖”最受欢迎旅游目的地，中国工商银行潇湘旅游联名卡持卡用户最喜爱景区“景区 TOP5”等称号。区旅外局被评为全区 2017 年度旅游工作先位单位。（张新富　王　丹）

【旅游宣传营销】 在央视、《人民日报》、湖南卫视、《湖南日报》等传统主流媒体进行旅游整体形象宣传，在张（家界）花（垣）、常（德）张（家界）高速公路沿线设置路线指示标牌，强化新媒体营销手段。利用官方微信、微博等新媒体平台持续发布相关资讯；与百度和 360 搜索持续合作，确保旅游官网搜索排名前三；与香港商报、香港经济导报合作，在 Facebook 等境外网站宣传推介武陵源；策划参与旅游节会活动。主办无人机航拍摄影大赛，组织开展生态武陵源摄影大展，举办写意潇湘·中国写意油画学派张家界写生创作研究活动，参加 CCTV《乡约》栏目爱情联盟系列活动；赴美国、加拿大参加“世界遗产、美丽中国”旅游推广活动。开展客源地回访促销，赴天津、广州、上海、重庆、武汉、内蒙古、香港、台湾及美国、加拿大等境内外客源地进行回访及推介，巩固主要客源市场。全年采编和发表电视新闻 85 条。积极组织开展“兰博基尼速驾”“绝版张家界、直播惊世界”“首届旅游网红直播节”“温暖善行、情牵武陵”“三八”国际妇女节等营销活动。优化网络搜索引擎，确保官网处于较高活跃状态，月平均点击率达 2 万以上。（张新富）

旅游管理

【行业管理】 指导 4 家星级酒店完成诚信酒店创建，完成 2 家“小升规”指标任务，创建 3 家绿色饭店，开展星级酒店和旅行社门店的“六城同创”宣传工作。开展安全生产检查，组织开展旅游行业专项安全生产检查 7 次，出动检查人员 80 人次，对发现所有安全隐患均已交办相关单位，并督促整改到位。组织举办旅游从业人员、单位党团员义务咨询人员、志愿者等培训班，参训人员总计达 600 多人。（张新富）

【旅游安全管理】 搭建九大网格化服务管理平台，景区、景片、景线、景点四级防范平台，市、区、乡（街道）公共安全视频监控三级应用共享平台。做到景区内有派出所，景片有警务室（公安执勤室）、矛盾纠纷调处室、医疗应急服务点、咨询台，景线有巡逻队伍，景点有信息员。维护保养景区原有 260 个视频监控点，新增 73 处景区视频监控点。抓好“一带一路”高峰论坛和节假日稳控工作，重点落实中共十九大期间的维稳安保措施，没有发生越级上访、重大刑事案件，社会管理综合治理成效显著。（张新富　王　丹）

【旅游门票管理】 一是稽查工作。共打击偷逃票 800 多次，抓获 3200 余人次，采取补票措施 1300 人次，缴补门票款 26 万元；同时处罚 413 人次，罚没 8.6 万元。核心景区打击偷逃票的威慑态势已经形成。二是保险理赔。积极销售旅客旅游意外险，使散客投保率达 98% 以上。督促保险公司对景区各种意外伤害案及时进行合理理赔，积极推进小额赔案快处快赔，共理赔1100人次，金额285万元，其中大要赔案11起，金额138万元。有力保障广大中外游客的投保权益，合理分担景区经营风险，避免给政府造成经济损失和纠纷。（王　丹）

【旅游竞赛活动】 成立景区管理服务竞赛活动领导小组，制定活动方案，参赛单位为景区一线单位，包括核心景区8个景区管委会和6个门票系统单位。实行明察和暗访综合评分制和第三方考评。所有检查活动都做到照片视频取证，及时公布结果，定时总结成绩，依规进行奖惩。参赛单位以竞赛活动为契机，在日常工作中营造比、学、赶、超的氛围，还依照评比结果对工作中存在的各类问题和薄弱环节及时整改。（王　丹）

【平安满意专项治理】 严厉打击追客赶客、消费欺诈等违法违规行为；深入开展旅游市场秩序专项整治行动，对突出旅游乱象进行重点打击；深入开展服务游客有问必答、有难必帮、有诉必果“三必须”活动，“10分钟景区应急救援救治圈”高效运转。全年受理投诉、调解涉旅纠纷1050余起，调处死亡事件7起，办理涉旅案件10起，游客满意率为100%。（张新富）

【旅游价格专项整治行动】 督促辖区各旅行社与旅游者之间签订合法性、合意性、平等性和规范性的旅游合同，纠正和打击“二次加价”等不良经营行为。在各门票站、车站、游客主要集散地，发放旅游法律法规宣传资料，拆除诱导性的宣传标语，增强经营者、导游、从业人员法律意识，规范经营服务行为。不定期开展“利剑”专项整治行动，严厉打击追拉赶缠等不良行为，督促各经营户明码标价，杜绝价格欺诈。共惩处扰乱旅游市场人员30余人次，打击价格欺诈70余人次，为游客挽回损失3万余元。（张新富　王　丹）

旅游服务

【教育培训】 组织科级干部、综合执法人员、财务人员等进行业务知识培训，参训人员达450余人次。强化员工文明、礼仪、形象教育，统一着装上岗，亮明身份，热情服务。结合“两学一做”学习教育常态化制度化，创新推动服务全域旅游“创三优”工作。不断深化服务游客“三必须”、旅游接待“四零服务”活动。（王　丹）

【“创三优”】 张管局在核心景区结合党建重点和四个合格党员的具体要求，扎实开展服务全域旅游创三优活动（即优良形象、优质服务、优秀业绩）竞赛活动，建立党员处级领导“服务全域旅游‘创三优’”联系点8个，每个领导到联系点全年检查督促工作3次以上。合理规划设置3个党代表工作室、7个党员咨询台，创新开展“两学一做”学习教育常态化制度化“自选动作”。明确强有力的推进措施，确保党员干部在服务游客方面创佳绩、比贡献。琵琶溪景区管委会党支部打造“五心服务”品牌，将咨询台升级为“五心服务台”，推出“24小时不间断服务”。吴家峪门票站党支部开展争模范树标杆、比服务提质量、创建基层示范点党组织“一争一比一创”活动。（王　丹）

【投诉与救助】 全天候保证咨询投诉电话畅通，涉旅投诉得到及时公平处理。初步形成一整套投诉处理流程和制度，使每一起投诉做到有理、有据、有图片、有投诉人签字。有效受理各类投诉140起，退还金额达11万余元。无恶性投诉和重大安全事故投诉发生。因天黑及灾害天气等原因，护送游客出景区52批200余人。共为游客免费提供退烧药、创可贴、感冒药、消毒药水等应急药品200余人次；发放宣传资料1000余份；共接受旅游咨询达16万余人次。（王　丹）

旅游建设

【全域旅游创建】 开展以打造精品景区、特色城镇、美丽乡村三位一体的全域旅游示范区创建活动。成立组织机构，落实扶持政策，出台《武陵源区乡村旅游指导意见》，组织编制《武陵源区乡村民宿专项布局规划》《武陵源区乡村旅游发展规划》，优化配套服务，抓好旅游项目建设，做好旅游管理服务，实施“旅游 +”各项全域旅游项目推进和融合发展。19 个项目建设有序推进。开展乡村特色民宿（客栈）星级评定。（张新富）

【提质升级工程】 一是游道建设。建设袁家界疏散通道 1363 米，起于袁家界迷魂台景点，经拜仙台、乾坤柱、连心桥、神龟问天、名片屋，止于天下第一桥景点。其中，新建游步道长 903 米、宽 2.5 米，提质改造游步道长 460 米、宽 1.5 米。二是更换垃圾桶。完成景区游步道沿线垃圾桶更换 900 个，实现垃圾分类。三是防护栏建设。完成金鞭溪（1126 米）、天子山（1447 米）、索溪峪（1350 米）安全护栏建设，用仿生态塑木栏杆取代金属栏杆，提升安全护栏的美观度、安全系数。四是继续开展“厕所革命”，核心景区第一批第三卫生间投入使用，第二轮 12 处景区旅游厕所方案设计及选址已完成。五是“智慧景区”建设稳步推进，实现官网售票、智能监控综合联动、人流预警分析。（王　丹）

旅游资源保护

【动植物保护】 每季度开展一次水生陆生动物保护联合执法大检查，共查处偷捕偷猎、滥采乱挖行为 23 起。组织开展 2 次松材线虫病专项普查，积极清理枯死松木。对间伐迹地进行优材植苗，共补植大苗 3800 株。

完成袁家界环境整治任务，恢复绿化 1.2 万平方米，栽植红豆杉、金丝楠、樟树等珍稀植物 2 万余棵。强化用电安全措施，对袁家界、索溪峪等 12 个区域 20 处重点位置用电线路进行改造。

（王　丹）

【环境保护】 建成袁家界、琵琶界中水回用站（日处理能力分别为 400 吨、3000 吨），更换锣鼓塔污水处理厂格栅机等设备设施，确保污水持续达标排放。全面普查与整改污水管网问题，完成原有废弃污水管道内清水、溪水的引流与排导，有效实现相关地段的雨污分流。禁止核心景区燃放烟花爆竹，从严控制进入景区车辆，全面取缔景区内现场熟食加工。

（王　丹）

【环保督查迎检】 针对中央督查组提出的核心景区突出环境问题进行强力整治。对袁家界、天子山、杨家界景区的环境突出问题进行整治，三个重点景区共拆除违章建筑 1.1 万平方米，关停非法接待的客栈 198 家、床位 4700 多张，餐馆 32 家、餐位 7000 多个。对 28 处拆除地面进行油污填埋、外墙油污去除粉刷、污水沟冲洗。破除水泥地面 28 处，约计 6277 平方米。对天子山贺龙公园和小吃长廊、袁家界刘家檐停车场、杨家界索道下站等存在油烟问题的摊棚摊位进行现场整改，取缔油炸加工食品，改用蒸汽加热，实现景区无油烟化。（王　丹）

【景区移民搬迁】 启动天子山、袁家界核心景区移民建镇工作，涉及居民 411 户 1416 人（户籍人口），完成两个区域 316 栋房屋入户摸底调查。启动核心景区移民搬迁房屋评估，优化宋家边安置区方案设计，基本建成天子山移民安置区。（王　丹）

经济管理与监督

Economic management and supervision

发展与改革

【概况】 1989 年 2 月，武陵源区管委会下设经济计划组，成立武陵源区计划统计局。1991 年，更名为经济计划局。1994 年 12 月，改组为武陵源区计划委员会，内含计划、统计、物价监督和调控职能，划转外经、经贸、财贸职能。1997 年，物价、统计分别升格并从区计划委员会独立出去。2002 年 4 月，区计划委员会和区统计局合并，组建成区发展计划统计局。2005 年 8 月，改组为区发展和改革统计局。2007 年 7 月，区经济信息中心升格为副科级事业单位，划归区政府办管理。2015 年 12 月，在原区发展和改革局基础上，并入原物价、统计、商务、粮食、科技等 5 家单位，组建成立区发展改革和科学技术局。2017 年 11 月，明确区统计局为区人民政府工作部门。2017 年，区发展改革和科学技术局核定编制 37 名。内设办公室、投资综合股、地区经济股（加挂湘西地区开发办公室）、价格和收费管理股、科学技术股、商务和粮食股、优化经济发展环境办公室（加挂区重大项目稽查办公室）等 7 个股室，下设区价格监督检查局、区招投标办公室、区价格认证中心、张家界地震台、区投资促进事务局、区旅游产品开发办等 6 个机构。（毛小林）

【国民经济发展规划】 2017 年，全区完成地区生产总值 560725 万元，同比增长 8.7%；实现公共财政收入 59367 万元，同比增长 12.6%。全区城乡居民人均可支配收入 21726 元，增长 8.9%；实现社会消费品零售总额 15.24 亿元，增长 10.8%；全社会固定资产投资完成 36.53 亿元，增长 18.4%。全年共接待游客 2632.53 万人次，完成门票收入 15.26 亿元，实现旅游总收入 218.70 亿元，分别同比增长 15.2%、同比下降 2.23% 和同比增长 21%。

全年全区居民食品价格水平同比上涨 0.63%，旅游商品和服务价格同比上涨 1.02%，实现武陵源区价格可控、市场平稳的发展目标，体现了武陵源区宜居宜游的特点。（彭　� 李文定）

【固定资产投资管理】 一是严控项目审批关。严把审批程序和审批流程，实行快捷、方便、高效的审批服务，承诺限时办结。二是严控项目论证关。健全项目集中论证制度，运用好效益评价机制，把好项目准入关口，支持发展科技含量高、产业关联度强、财税贡献率大的项目，确保项目总量增加、质量提高、接替有序。（彭　磚）

【争资争项】 全年共争取上级项目资金 6000 多万

元，在转方式调结构、旅游创新发展、新型城镇化、保障改善民生、加强社会建设、保护生态环境、深化改革开放等方面发挥了积极作用，经济结构进一步优化，产业结构加速升级，推动区域经济和社会又好又快发展。（彭　磚）

【物价和收费管理】 一是完成核心景区门票价格结构调整。将核心景区门票价格中峪园公路建设费受益主体调整为武陵源区，为区财政每年增加约2000万元。二是为企业减负。按要求取消收费项目2项，减轻企业负担约50.3万元。三是深入推进公立医院价格改革。为患者减负57.05万元；对公立医院价格实施监测，开展单病种收费标准的测算并及时上报；落实急性化脓性阑尾炎、单侧腹股沟斜疝、闭合性尺骨鹰嘴骨折等3项收费实行按病种付费政策。四是实行收费标准调整。完成生猪定点屠宰收费调整、城区道路泊位停车收费标准制定、线路车运价调整及公交车夏季票价制定；核定城区临时停车场的临时收费标准，规范临时停车收费行为；对小学教育阶段学生服装相关收费项目进行价格成本测算，核定其最高限价标准。（彭雅萍）

【价格举报投诉与认证】 全年共受理人民群众及游客的价格咨询投诉电话46件，为消费者挽回经济损失8210元。扎实开展刑事案件、民事案件、行政案件、仲裁案件、价格纠纷调解等方面的价格认证工作，重点对国家机关委托的刑事案件涉案物进行了鉴证。全年共完成涉案物价格认定52起，涉案金额达2800万元。（李文定　蔡永康）

统计工作

【概况】 1989年3月，成立武陵源区经济监督组。1990年4月，成立武陵源区计划经济局，统计部门作为计划经济局的一个内设股室。1995年6月，更名为武陵源区计划委员会，统计部门仍是计划委员会的一个内设股室。1997年5月，统计部门从区计划委员会独立出来，成立武陵源区统计局。2015年12月新一轮机构改革，武陵源区统计局并入区发展改革和科学技术局，成为区发改局内设机构统计股。2017年11月22日，为贯彻落实《关于规范县级统计机构设置事项的通知》（湘编办〔2017〕21号）文件精神，区编委会就区统计机构改革事宜进行了专题研究，明确区统计局为区人民政府工作部门。负责担任贯彻执行国家统计工作方针、政策和统计法律、法规，完成国家、省、市统计调查任务；承担组织领导和协调全区统计工作等。2017年，武陵源区统计局核定编制10名，其中行政编制2名、参公事业编8名，在岗人员9人，内设办公室、统计综合股、统计业务股3个股室，下设副科级参公事业单位区统计调查队。（张　闹）

【基层统计】 2017年，以区人民政府名义出台《关于进一步加强统计工作的意见》（张武政办发〔2017〕24号），逐步形成了区、乡（街道）、村（居）三级统计网络。乡（街道）统筹管理综合、单位名录、农业、服务业、投资、能源、科技和普查、抽样调查等统计工作，基础建设达到“六有六化”标准，“六有”即“有一名分管领导、有一个专门的统计机构、有一支精干的统计队伍、有一台统计专用电脑等办公自动化设备、有一套真实的统计原始记录、有一本准确的统计台账”；“六化”即“统计人员专业化、统计管理制度化、统计服务经常化、统计手段现代化、统计信息网络化、统计资料档案化”。配备专职统计人员，明确1名具体分管领导，根据乡（街道）的人口规模和经济总量配备一至两名专（兼）职统计人员。基层统计人员按时向统计局上报辖区内的农业报表，积极配合参与各类普查和调查工作，从源头上保障了统计数据质量真实可靠。（张　闹）

【经济指标】 2017年，全年实现地区生产总值（GDP）

560725万元，同比增长8.7%。其中，一、二、三产业增加值分别为17614万元、7297万元，535814万元，分别增长3.8%、2.9%、8.9%；完成固定资产投资365301万元，同比增长18.4%；完成社会消费品零售总额152421万元，同比增长10.8%；完成财政总收入59367万元，同比增长12.6%；累计接待境内外游客2632.53万人次，同比增长15.2%，实现旅游总收入2186978万元，同比增长21%。（杜坤儒）

【统计分析】 2017年，以《经济快报》形式第一时间上报区委、区政府主要领导，提供第一手经济决策参考资料，每个月各项指标以《经济动态》方式编印，下发到各相关单位。全年共编印《经济动态》7期、《经济快报》7期，发布《统计公报》1期。（杜坤儒）

【全国第三次农业普查】 根据《全国农业普查条例》有关规定，国务院决定于2016年开展第三次全国农业普查。2017年，在区委、区政府的高度重视和各相关部门的大力支持配合下，全区农业普查工作顺利推进。对全区农业经营单位和规模经营户、村民小组数、自然村数、分组户数等情况进行调查摸底，收集农业人口、农业用地、最新行政区划等基础资料，对农业普查各项数据进行录入、汇总、上报，全面完成了全区103个普查小区的普查任务。（王　琴）

【“企业一套表”联网直报】 2017年，全区“四上”企业共53家，比上年增加6家。其中：贸易20家、服务业10家、工业1家、固定资产投资19家、建筑业1家、房地产2家，“企业一套表”和联网直报工作实现上报率100%和直报率100%。（王　琴）

【城乡住户调查】 一是加强基础工作。2017年是全国住户调查样本轮换年，确定了新一轮的调查样本点6个，即吴家峪社区、宝峰路社区、张家界社区、双星村、向家坪居委会、协合村；严格按照上级要求，对全区60户记账户进行详细跟踪调查，及时住户调查点上指导、答疑，提高了辅助调查员的业务知识和记账户的管理能力。二是提高数据质量。进一步健全换户、访户、抽查和数据质量评估分析制度。加大记账本的检查力度，对账本中出现的问题，进行指导。2017年，全区城乡居民人均可支配收入21726元，同此增长8.9%。按城乡分，城镇居民人均可支配收入27571元，同比增长8.7%。农村居民人均可支配收入12029元，同比增长9.5%。（杜坤儒）

【统计执法检查】 强化执法检查。8至9月区统计局协助市统计局对青河锦江酒店、金武铂尔曼酒店、凯天酒店、皇廷酒店、湘电山庄等6家企业开展执法检查。通过查阅资料、实地走访，大部分企业统计报数行为较为规范，没有发现统计违法行为；9月5日，协助市统计局对全区现有联网直报的52家“一套表”调查单位进行全面清查，确保统计单位、统计数据真实可靠。（郭小丽）

工商行政管理

【概况】 1989年上半年，武陵源区经济监督组成立，负责工商、物价、审计工作。1989年下半年改为经济监督局。1990年改为武陵源区工商物价审计局，同年底审计职能被分离出去，更名为武陵源区工商物价局。1994年工商物价分家，成立武陵源区工商行政管理分局，2001年底机构改革工商上收为市管，实行省以下垂直管理，更名为张家界市工商行政管理局武陵源分局；2015年7月底，全省工商系统行政管理体制调整，区工商行政管理部门划转由市级政府管理，同时，流通领域食品监管职能划归武陵源区食药监部门。2017年，内设5个股室，分别为办公室、财务股、法制行政审批股、市场规范和网络交易监督管理股（商标广告监督管理股）、个体和企业登记监督管理股；设局直属行政机构3个（旅游工商行政管理所、“12315”和消费者权益保护执法大队、经济检查大队），派出机构4个（索溪峪工商所、天子山工商所、张家界工商所、中湖市场监管所），事业单位3个（分局信息中心、武陵源区消费者委员会办公室、武陵源区个体私营经济发展指导中心），在职干部职工48人。2017年，被区委区政府评为绩效评估先进单位，安全生产工作先进单位和综治维稳工作先进单位；武陵源区消费者委员会荣获全省“2015—2016年度消费维权先进单位”和2017年度“张家界市消费维权先进单位”；索溪峪工商所荣获“2016—2018年全省依法办事示范窗口单位”。（蒋　兰）

【全面夯实非公有制党建基础】 截至2017年年底，武陵源区共建非公有制党组织31家，组建率达90%，对未建党组织的非公企业100%选派了指导员，基本消除非公有制企业党建工作“空白点”。2017年，投入近15万元帮助新建支部按照“六有”标准打造党员活动室，开展非公有制企业书记培训，指导非公有制企业开展党建活动。以服务全域旅游创“三优”联系点为着力点，全年重点打造7个非公支部，指导建立黄龙洞党建广场和溪布街党建示范街，设立党员责任树、党员责任区、服务全域旅游党员流动岗、党员义务咨询平台等，组织开展游客党建知识互动送礼等游戏，党建与企业发展深度融合。（蒋　兰）

【商标广告工作】 大力实施商标品牌战略，为商标品牌创建工作提供指导服务，2017年新增注册商标90件，全区共有有效注册商标435件，其中驰名商标2件，著名商标4件。积极促进旅游广告产业发展，协助区产业公司建设湖南省张家界旅游文化广告创意基地，目前省发改委和省财政厅批复通过，落户武陵源。（蒋　兰）

【推进商事制度改革】 制定《张家界市武陵源区商事制度改革工作实施方案》，成立武陵源区商事制度改革领导小组。各项改革稳步推进。“多证合一”、电子营业执照和全程电子化登记、企业简易注销登记、企业名称自主申报登记管理、市场主体登记实名制、“最多跑一次”、证照分离等改革按照时间节点稳步推进。市场主体数量持续增长。发放“五证合一”营业执照173张，“两证整合”营业执照1229张，“多证合一”营业执照157张。新设立企业249户，同比增长11.2%，新设立个体工商户807户，同比增长4%。截至2017年年底，全区共有企业1112户（其中内资156户、私营企业865户、农民专业合作社91户），个体工商户4312户。（蒋　兰）

【加强市场监管】 全面实施“双随机、一公开”监管，制定《武陵源区市场监管部门“双随机”抽查工作实施方案》，抽查企业65户，抽查结果全公示。企业信用监管不断加强，强化异常名录管理，列入经营异常名录497户次，移出异常名录29户次，对17户企业、3户农民专业合作社、129户个体工商户年报信息进行实地核查。企业信息公示稳步推进。2017年累计公示1746条信息，其中行政许可1568条，行政处罚99条，检查抽查信息55条；全区企业年报公示率92.12%、个体工商户年报公示率91.16%、农民专业合作社年报公示率94.87%。部门协同监管不断加强，抄告新设立的各类市场主体433户，推送市场主体信息4468条。开展旅游市场整治，立案查办各类市场违法案件37件；查封关停核心景区无照无证经营场所199家，联合区食药监局对330家餐饮店进行检查，下达《责令改正（停业）通知书》55份，查封无照经营户3家。（蒋　兰）

【“12315”消费维权】 加强旅游维权服务圈建设，依托景区售后服务部门、景区执法大队、大型餐饮店设立“12315”消费维权服务站，截至2017年，已建立50个维权服务站点。完善“15天无理由退货制度”。共处理无理由退货367起，退还消费者购物款195.85万余元。加大商品抽检力度。全年抽检各类商品58组，品种 17 种，对检测不合格的产品立案 3 起。加强消费投诉处理。全年受理投诉、举报、咨询 793 件，为消费者挽回经济损失 101.8 万元。（蒋　兰）

审　计

【概况】 1989 年年初，筹建武陵源区政府时设立经济监督组，含审计职能。1989 年下半年改为经济监督局。1990 年 11 月设立工商物价审计局。1990 年 12 月，成立监察审计局。1993 年 3 月，监察与审计分家，单独成立武陵源区审计局。2017 年，武陵源区审计局核定编制 14 名，实有在编在岗人员 12 人，领导职数 4 名。内设办公室、行政事业审计股、企业外资审计股 3 个职能股室，下设事业单位经济责任审计办公室和建设项目审计中心。2012—2017 年，连续荣获市级文明单位荣誉称号。

2017 年，区审计局累计组织实施审计项目 18 个，审计查出违纪违规金额 26306.78 万元，管理不规范金额 31011.06 万元，追回资金及挽回损失 345 万元，向有关部门移送案件线索 1 件，1 名责任人受到了党纪政纪责任追究；共审计固定资产投资结算项目 277 个，为政府节约财政资金 2270 万元；积极配合区纪委开展“纠‘四风’、治陋习”和“雁过拔毛”式腐败问题专项整治，选派人员参加区委巡察工作，审计监督在反腐倡廉建设中的职能作用进一步发挥；不断完善审计整改工作机制，加强对审计发现问题的整改督促。2017 年，审计报告反映的绝大部分问题整改落实到位，促进被审计单位建立完善相关规章制度 16 项；加大审计结果公告力度，广泛接受社会各界监督。2017 年，累计对外发布审计结果公告 5 篇。针对审计发现的突出问题，以“审计要情”和“审计结果专报”等形式，及时将问题现象和审计建议向区委、区政府主要领导反映和汇报，受到了区委、区政府领导的高度重视。区委书记朱用文在 2018 年全区经济工作会议上，对审计反映的少数单位违规发放津补贴和少数单位领导干部“两个责任”不落实，“三重一大”事项决策不民主，履行经济管理职责不到位等现象进行了不点名批评。区政府党组会议专门要求审计部门就审计监督工作开展情况作专题汇报，凸显审计监督的“震慑”作用，增强审计监督实际效果。（刘春山）

【财政财务审计】 2017 年，区审计局以提高经济发展质量和效益，准确把握区本级财政预算执行总体情况和国有企业资产负债损益情况为目标，对“2016 年度区本级财政预算执行和其他财政收支情况”“2016 年度区旅游产业发展有限公司资产负债损益情况”进行了审计，并对“2016 年度涉农专项资金管理使用情况”展开延伸审计调查。审计过程中，始终坚持以问题为导向，聚焦重点领域、重点资金和重点项目，严肃揭示财政预算执行、财政资金管理使用绩效、公司经营活动、财务收支、贷款举借管理和使用中存在的突出问题，及时反映全区经济运行中的突出矛盾、风险隐患、体制机制性障碍和制度性缺陷，有针对性地提出审计整改意见和建议。通过审计，进一步摸清全区财政收支规模和国有企业资产负债损益家底，厘清政府性债务与公司性债务界限，有效促进财政深化改革，预算体系完善，支出结构优化和公共资金管理使用绩效提高。全区各部门单位财政财务收支管理行为进一步规范，违规违纪现象得到有效遏制。（陈华美）

【经济责任审计】 2017 年，坚持把经济责任审计作为反腐倡廉重要手段，围绕权力运行和责任落实两个重点，做到应审尽审、凡审必严、严肃问责，以全新审计破解“一把手”监督难题。进一步将审计监督关口前移，把审计监督对象向重要部门、重点岗位倾斜，实现经济责任审计从事后监督向事中实时监督转变。通过对任中领导干部实施审计监督，及时揭露部分被审计单位领导干部，在贯彻执行国家政策措施，区委、区政府各项决策部署，遵守政治规矩、财经纪律等方面存在的薄弱环节和突出问题，客观合理地界定履职管理监督责任，有效促进被审计单位领导干部依法依规履职尽责和正确用权、谨慎用权、干净用权。组织开展离任领导干部交接审查试点工作，首次对5名区管领导干部离任经济事项进行交接审查。通过交接审查进一步厘清前任与后任的经济责任，畅顺单位工作前后衔接，使离任领导干部走得清白踏实，接任领导干部接得清楚明白。（刘　刚）

【政府投资审计】 2017年，不断完善政府投资审计制度，规范投资项目建设管理行为，努力扩大审计覆盖范围。围绕全区重点建设项目，强化对工程招投标、设备材料采购、资金管理使用等重点环节的审计监督。及时揭露工程建设项目实施过程中，设计变更频繁，经济签证把关不严，人为增加工程量、项目超投资规模等问题以及肢解工程项目、规避招标和工程转包等现象。不断加大跟踪审计力度，深入乡村项目建设现场逐个进行现场审计，有效防范虚假工程和“豆腐渣”工程，确保工程质量和效益。全年共接受固定资产投资项目审计277个，送审金额45378.54万元，审定金额43022.43万元，为政府节约财政资金2270万元，提高了财政资金使用效益。（邓　浪）

【信息化建设】 2017年，区政府投入财政资金110万元，加快推进“金审工程”三期建设，全力建设数字化审计分析平台。招录1名计算机专业人员，平台顺利投入使用，实现全区财政财务数据的互联互通。为尽快使“大数据审计”运用到审计监督实践之中，区审计局采取走出去跟班学习和请专家来授课等形式，积极更新计算机审计知识，了解掌握数据采集、数据转换、数据分析发现问题和疑点的方式方法和途径，为现场审计查找疑点和问题，为提高审计监督工作效率提供强有力技术支撑。（文　艺）

【基础建设】 2017年，区审计局围绕中心，服务大局，各项工作齐头并进。党的建设进一步加强，“两学一做”常态化制度化学习教育工作扎实推进；党风廉政建设和反腐败工作常抓不懈，“两个责任”层层落实；巩固脱贫攻坚成效显著，联系村中湖乡鱼泉峪村基础设施建设、村容村貌和人居环境大为改善，“鱼泉贡米”支柱产业做优做强，贫困村民收入稳定增加，巩固整区脱贫顺利通过回访检查验收；服务全区中心工作大局，如期完成区委、区政府交办的文风土地收储项目30户房屋拆迁协议签订和腾房让地工作任务。2017年，武陵源区审计局荣获全区绩效评估考核先进单位和城乡互助共建、脱贫攻坚先进单位，吴扬学、王邦勋、陈华美、吴贤飞4名同志受到区政府嘉奖表彰。在全市审计项目质量考评中，区审计局选送的《2016年度桑植县保障性安居工程审计》等3个审计项目，被评为2017年度全市优秀表彰项目。全年共对外发布审计信息33条，上级审计机关采用20条，在张家界市审计系统“学习贯彻十九大精神，再创审计工作新辉煌”演讲比赛中，区审计局选派2名选手参赛，双双荣获比赛二等奖。（刘春山）

安全生产监督管理

【概况】 张家界市武陵源区安全生产监督管理局（以下简称区安监局）成立于2003年8月，是张家界市武陵源区人民政府工作部门，加挂张家界市武陵源区安全生产委员会办公室牌子。主要职责是依法对全区安全生产工作进行综合监督管理和指导协调，并负责危险化学品、烟花爆竹、工矿商贸生产经营单位作业场所职业卫生的安全生产监督管理。现内设机构5个，分别为办公室、政策法规股、烟花爆竹危化监督管理股、综合协调监督管理股（事故调查股）、工贸行业安全监督管理股（职业安全健康监督管理股）。下设执法大队。2017年，局机关行政编制7个，在编7人，执法大队事业编5个，在编4人，其中领导班子成员4人。

2017年，武陵源共发生生产经营性安全事故6起，死亡2人，同比持平；直接经济损失4.22万元。全区没有发生较大及以上生产安全事故，安全生产形势总体持续稳定，区安监局2013—2017年连续五年荣获省、市安全生产先进单位，局长黎飞跃被湖南省人民政府评为“2012—2016年安全生产工作先进个人”。（翟　佳）

【安全生产责任体系】 2017年制定下发《张家界市武陵源区委区人民政府领导班子成员安全生产“一岗双责”制度》，6个乡（街道）、38个区安委会成员单位参照同步制定出台部门制度，各村（居）设立1名安全生产信息员，实现安全生产监管全覆盖，基本建成覆盖各层级的安全生产责任体系。（翟　佳）

【安全生产专项行动】 2017年共开展3次专项行动。开展节后复工复产专项督查，对全区5个重点生产经营单位开展复工复产专项督查，排查各类隐患7处，现场交办5处，下达督办2处。开展“夏季攻势”三大行动，及时出台实施方案，组织召开“落实企业安全生产主体责任年”活动动员部署会，开展企业安全生产述职活动，督促企业做好自查自纠工作。深入开展安全生产重点行业领域专项整治和打非治违专项行动。积极协调有关部门做好各相关重点行业和领域的安全治理和事故预防工作。在危化品、烟花爆竹、道路交通等重点行业（领域）安全专项整治工作方面，认真履行监管职责，落实各项安全措施，确保重点行业（领域）生产安全。2017年全区共组织集中执法专项行动48次，出动执法检查人员256人次，检查生产经营单位538家，下达行政处罚决定书141份，责令停产停业42家，取缔关闭非法生产经营单位2家，立案查处27家，有效遏制非法违法生产经营行为。（翟　佳）

【安全生产大培训】 全面开展安全生产教育培训工作，及时学习更新安全管理知识，弘扬安全文化。通过专场培训、点对点学习等方式，全面开展安全监管人员、企业负责人、企业安全员等安全培训，学习安全生产重大隐患治理“一单四制”（对重大事故隐患清单，并对每项重大事故隐患治理任务实行交办制、台账制、销号制、通报制管理）制度、企业监管执法、安全生产政策等安全知识，加强企业安全文化、各行业安全方面的宣传引导力度，全方位营造安全生产氛围，全年举办3期专题培训，乡（街道）分管安全负责人、安监站长、专干、企业主要负责人、安全管理人员、从业人员约260余人参加培训。（翟　佳）

【安全生产月】 2017年6月，围绕“全面落实企业安全生产主体责任”这一活动主题，区安监局精心策划“安全生产月”活动，掀起安全文化宣传新高潮。6月16日，区安监局牵头在黄龙洞广场设点组织“安全生产月”活动启动仪式，并举办咨询日活动，现场与游客、群众面对面交流，为群众解难答疑，发放各类安全文化宣传手册2万余份，制作宣传牌30余块。加大网络、电视、媒体等的宣传力度。在《张家界日报》上开辟专栏、专版；在武陵源区有线电视上开通电视业务，7月，播出“最美安全卫士”演讲比赛；悬挂横幅标语40余条；定期发送手机安全提示短信5000余条；全区各涉旅企业电子屏定期滚动播出安全知识和温馨提示信息工作，着力营造“关注安全、关爱生命”的浓厚氛围。组织乡（街道）、区直（垂直）部门、企业开展“最美安全卫士”演讲比赛，3人进入全市复赛并取得优异成绩。（翟　佳）

【安全隐患整治】 结合“夏季攻势”三大行动工作，初步建立重大隐患“一单四制”管理制度，对企业存在的隐患快速反应，及时消除。全区共整改销号重大安全隐患4处。整改市安委办交办的5处隐患，剩余2处长期跟踪监管，督办的3家企业均立案查处到位。省政府暗访督察组反馈百龙天梯旅游发展

有限公司4处安全隐患全部整改到位。（翟　佳）

【扶贫攻坚黄河村】 按照区委区、政府精准扶贫工作要求，区安监局全体干部职工与黄河村贫困户结成对，建立扶贫档案，制定脱贫方案，为贫困户的脱贫出谋划策。2017年完成硬化小猫峪、付田坪的组级公路1.5千米，硬化辽叶湾组级公路1千米；投入50万元用于精装天子山客栈，增加集体经济收入；继续发展天子山辣椒种植，流转土地400亩。（翟　佳）

质量技术监督

【概况】 1997—2000年，分局前身为武陵源区技术监督站（正股级），隶属于武陵源区经贸委。2000年，省以下垂直管理，人事财务全部上收。2001年，成立张家界市质量技术监督局武陵源分局（正科级），下设武陵源产品质量及计量测试所，共有4个行政编制，7个事业编制。2004年，分局为省质监系统先进单位，2008年为省质监系统先进集体，2013年为省质监系统党风廉政建设先进集体。2010年陈观永获湖南省优秀青年卫士；2016年陈观永获质监系统优秀党务工作者。2015—2017年，分局由省垂直管理改为市局派出机构，质计所上收，共设行政编制4个，稽查参公编制3个。（黄丹丹）

【特种设备安全监察】 全区在用特种设备646台（套），包括索道3条、电梯384台、锅炉10台、场内机动车辆5台、压力容器227台、游乐设施15列、起重机械2台。组织25家重点监控企业主要负责人召开了特种设备安全负责人述职会议。全年领导班子以及安全监察人员到索道公司、燃气公司等特种设备重点使用单位10余次，开展7次安全生产大检查活动，检查单位70余家。现场下达特种设备安全监察指令书24份，发现一般隐患84处，较严重隐患6处。全年组织特种设备使用单位作业人员参加培训40余人次，确保全区特种设备操作人员持证上岗。（黄丹丹）

【标准化工作】 成功申报国家葛根种植农业标准化示范区项目，填补了武陵源区无国家级农业标准化示范区空白。成功申报十里画廊小火车2017年度省级旅游服务标准化试点项目，推荐宝峰湖景区申报2018年省级旅游服务标准化试点项目，环保客运公司已通过旅游服务标准化试点项目验收。（黄丹丹）

【计量工作】 对涉及加油站、出租车、医院等重点场所使用强制计量检定器具进行备案登记，并由法定计量检定机构进行检定。针对游客在华声在线网站对武陵源区加油站加油枪计量不准和游客对铁厂加油站计量不准投诉，对全区6家加油站开展2次突击检查及检测，所检加油站油枪均计量检测合格。（黄丹丹）

食品药品监督管理

【概况】 2015年3月17日，区食品药品监督管理局（加挂区食品药品安全委员会办公室）成立。2017年，核定编制28名，到岗在编21名。内设办公室、法制行政审批股、食品（酒类）监管股（一股、二股）、药械保化监管股。下设2个副科级派出机构（中湖和锣鼓塔街道食药监管所）和2个事业单位（稽查大队和食品药品检验所）。荣获2017年度药品不良反应监测工作先进单位。

全年举办食品药品从业人员专题培训班6期，培训食品药品从业人员1400余人次。（汪　震）

【食品检验检测中心项目建设】 规划设计五层，总建筑面积2693平方米，于2016年12月30日动工建设，2017年7月11日主体建筑封顶，中央投资1100万元，区财政配套投资300万元。（汪　震）

【新闻宣传】 全年上新闻稿109篇。在城区张贴创建国家食品安全示范城市海报1000份，餐桌台卡5000个，禁止采摘食用有毒蘑菇海报200份，发放食品安全知识传单5000余份。开展“3·15”“12331”及“食品安全宣传周”等主题宣传活动。组织市场主体开展食品安全宣传活动。（汪 震）

【行政审批】 规范审批流程：受理办证单位468家，审查合格发放“食品经营许可证”438家，不予许可9家，转下年度21家，城区持证经营率上升至96%。每一件审批都进行现场核查，达到标准方可予以许可。食品经营单位、药品经营企业和使用单位建档率达100%，“四查”（食品药品主体大普查、风险大排查、执法大检查、问题大清查）系统录入率达100%。（汪 震）

【专项整治】 全年开展食品安全督查15次，保障“高考学考”、重宾接待等食品安全12次；开展联合执法行动15次，出动执法人员3100余人次，检查餐饮单位658家，关停169家；对辖区内中、小学及托幼机构校园及周边进行4次全覆盖检查，保证食品安全监管不留盲区和死角。（汪 震）

【监督抽检】 区食药监局与第三方检测机构中国检验认证集团湖南有限公司联合开展食品监督抽验工作，抽检产品覆盖食品生产、流通、餐饮各个环节，重点抽检腊肉、蔬菜、水果、酒类、米、面、油、茶叶、餐具等。全年抽样检验食品及食品相关产品242批次，其中合格228批次，不合格14批次，合格率为94.2%；食用农产品快速检测242批次，未发现不合格产品，全面完成省、市安排的抽检任务。（汪 震）

【药械保化监测】 基本完成药品、医疗器械、保健食品和化妆品经营和使用单位的建档工作；全年出动执法人员300余人次，检查药品、医疗器械、保健食品、化妆品经营户150余家次，上报药品不良反应监测报告108例，医疗器械不良事件病例报告33例，化妆品不良反应监测报告21例。（汪 震）

【案件稽查】 严厉打击“四品一械”（食品、药品、化妆品、保健食品、医疗器械）违法行为。全年立案22起，结案22起，其中一般行政处罚案件20起，简易程序行政处罚2起；食品案件18起，药品案件2起，化妆品案件2起。查没违法违规食品395.814公斤、药品206品规、化妆品764瓶（件），涉案货值金额9余万元，罚没入库25.2万元。（汪 震）

【热线平台】 及时处置并圆满解决投诉举报32起，其中流通环节食品投诉12起，餐饮食品投诉17起，药品举报投诉3起。其中，1起食品流通举报投诉和1起餐饮食品投诉均立案查处。（汪 震）

国土资源与环境保护

Land resources and environmental protection

国土资源管理

【概况】 1994 年 12 月 27 日，成立区国土管理局。2002 年 4 月，机构体制改革，区国土管理局由原区国土分局和区矿产资源管理办公室合并组建而成，系市国土资源局垂直管理正科级派出机构。主要负责全区土地资源及矿产资源的规划管理、保护与合理利用，以及测绘行业管理、地质灾害防治及世界地质公园管理工作。2017 年，内设机构包括办公室、财务审计股、用地股、地籍股、地产股、规划股、耕地保护股、法制股、地质环境股、测绘队 10 个职能股室；下设机构有土地储备中心、国土资源执法监察大队、信息中心、武陵源征地事务中心、武陵源不动产登记中心等 5 个直属事业单位。总编制 54 人。

2017 年，印发《关于印发 2017 年党风廉政建设和反腐败责任内容分解办法的通知》等 6 个文件，对局机关和国土所开展作风建设不定期督查。扎实开展“雁过拔毛”式腐败问题等 3 项专项整治工作。组织“两学一做”专题研讨 4 次，局党组中心组学习 4 次。组织班子成员中心组和全体党员主题党日集中学习中共十九大精神。培养 2 名入党积极分子，发展一名预备党员。认真开展支部党员信息采集和“红星云”学习，在职党员激活 100%。全年深入联系村协合村（原土地峪村）开展党建调研 5 次。

（徐　杰　谢傲萍）

【保障发展】 组织修编的《武陵源土地利用总体规划（2006—2020）（2016 年修订版）》于 2017 年 6 月 20 日获得省人民政府审查批准，走在全省最前列。规划向省争取追加旅游用地指标 375 亩，不仅将近期要实施的重大项目全部纳入，而且将武陵源城区建设用地规模扩大到 8 平方千米（城市规划规模为 5.1 平方千米），将城区周边、索溪两岸能使用的土地均纳入建设用地规划，为武陵源区城市发展和重点项目落地留足空间。完成杨家界大道、插分公路等项目的土地报批工作，批准面积 1866 亩，土地审批面积分别为 2015 年、2016 年的 310%、490%。完成武陵山大道、文风收储一期等项目征地拆迁工作，完成土地征收面积 1489 亩，签订房屋拆迁协议 815 份，支付征地拆迁补偿费用 5.2 亿元，拆迁房屋建筑面积 15.7 万平方米。全年出让土地 8 宗，面积 457 亩，成交价款 4.92 亿元。追缴土地欠款 2.36 亿元、土地违约金 0.6 亿元，全年土地收益 7.5 亿元。

（徐　杰　谢傲萍）

【保护耕地】 一是全面完成基本农田划定工作。全面完成省市下达的永久基本农田划定工作，划定面积 2019.13 公顷。二是保护耕地资源。逐级签订保护责任状，共计 32 份，基本农田保护责任卡 6653 张；全区设立基本农田保护界桩 40 块，保护标志牌 8 块；认真实施农村土地整治，实施索溪峪街道金杜村和协合乡黄家坪村农村土地综合整治项目，建设总规模 94.7 公顷，总项目资金 260 万元。

（徐　杰　谢傲萍）

【执法监察】 国家土地督察指出的武陵源区 23 个问题基本整改到位，共追缴土地出让金 1.7258 亿元，违约金 1575 万元。全年共开展土地执法监察动态巡查 130 余次，下发《责令停止违法行为通知书》64 份。核查图斑数 75 个，监测面积 250.3 亩，履职率、查处率、整改到位率 100%。（徐　杰　谢傲萍）

【地质公园管理】 武陵源是迎接联合国教科文组织 2018 年世界地质公园再评估检查工作的主体，区国土局承担迎检整改准备工作绝大部分任务。全局总动员，实行“挂图作战”，制定迎检工作任务清单，全面落实“一单四制”，稳步推进“九条建议”30 项重点整改工作及 211 项具体工作。（徐　杰　谢傲萍）

【地灾防治】 全年开展地质灾害隐患排查、巡查、险情调查共计 38 次。建立区乡村组四级群测群防体系，开展地质灾害应急演练 3 次，发放防灾避险明白卡 934 份，更新、设立地质灾害警示牌 56 块。实施省级防治、中小型治理、应急处置及搬迁避让等项目，总投资约 1700 万元，有效地预防和减少地质灾害的发生，确保人民群众生命财产安全。连续多年实现地质灾害“零伤亡”，受到省、市国土资源部门和区人民政府的高度肯定。（徐　杰　谢傲萍）

【土地信访】 全年接待信访群众共 32 批次，受理信访举报 4 件，网上办理信访业务 4 件，全部办结。参与或协助受理行政诉讼案件 4 宗、行政复议案件 3 宗。（徐　杰　谢傲萍）

【不动产登记】 推动不动产登记改革，完成机构整合，服务窗口建设。全年共发放不动产权证书 255 本，发证房屋建筑面积 15 万平方米，办理不动产证明 303 本，涉及抵押金额 5.7 亿元。

（徐　杰　谢傲萍）

环境保护

【概况】 1994 年 12 月，成立区环境保护局。2005 年，升格为区人民政府组成局；2006 年，更名为张家界市环境保护局武陵源分局，隶属张家界市环境保护局垂直管理。区环保分局内设一室（办公室）一股（环境管理股），下设区环境监察大队、区生态办、区环境监测站，共有行政事业编制 16 名，其中局机关行政事业编制 4 名，环境监察大队 6 名（参公），环境监测站事业编制 6 名。2017 年，在职干部职工 14 名，临时聘请专业技术人员 6 人。区环保分局履行全区环境管理、监察执法、环境宣传、环境监测、污染减排、自然生态和世界自然遗产保护等综合管理职能。

（甄应福）

【环境质量】（1）环境空气质量。全年有效监测天数为 338 天，优良天数达 312 天，空气优良率为 92.3%，同比上升 5.9 个百分点；各项污染物年平均浓度中，SO_2 为 9μg/m^3，同比上升 28.6%；NO_2 为 14μg/m^3，同比下降 6.7%；PM_{10} 为 45μg/m^3，与 2016 持平，$PM_{2.5}$ 为 33μg/m^3，同比下降 5.7%；CO 为 1.8mg/m^3，同比下降 18.2%；O_3—8h 为 126μg/m^3，同比下降 14.3%。（2）水环境质量。索水四个断面（金鞭岩、水绕四门、索溪水库、黄龙洞）水质稳定达到国家Ⅱ类以上水质标准。饮用水源水质总体良好，其中索溪水库为Ⅱ类水质，董家峪水库为Ⅰ类水质，均符合国家饮用水源水质标准，水质达标率为100%。（3）声环境质量。城市区域环境噪声监测共设置监测点位18个（市控点）。监测结果表明：区域环境噪声平均等效声级（Leq）为50.18分贝，依据城市区域声环境质量总体水平等级划分，城市区域声环境质量为二级，区域声环境质量对应评价为较好；道路交通噪声平均等效声级（Leq）在64.2dB—69dB之间，平均等效声级（Leq）为67.32分贝，道路交通噪声对应评价为较好。（甄应福）

【污染防治】 一是治理大气污染。督促三星级以上宾馆酒店落实餐饮油烟治理，完成全区第一和第二批（部分）规模以下共计310家油烟排放单位油烟净化装置安装；加大对“禁煤”“禁放”“禁烧”管控力度，露天焚烧垃圾和燃放烟花爆竹的行为得到有效遏制；加强黄标车淘汰，完成228台黄标车淘汰取缔任务；积极开展扬尘污染防治，建设工地施工“五要素”得到落实，城区主要道路全面实行水冲保洁。二是治理水污染。共取缔禁养区畜禽养殖30家（累计104家），对辖区适养区16家畜禽养殖进行整治；实施城镇污水处理厂提质升级，索溪峪污水处理厂提质改造工程即将完成，锣鼓塔污水处理厂管网改造正在组织实施；启动实施乡镇污水处理厂建设，中湖乡、天子山街道的污水处理厂建设于2017年11月底开工建设；索溪河流域武陵源段水环境综合整治实施方案已通过国家环保部专家评审，3个成熟项目已入项目库，争取专项资金1175万元。三是严把建设项目环境准入关。通过项目环评审批（初审），杜绝污染项目落户武陵源，污染从源头上得到控制。（甄应福）

【监管执法】 全年共开展环境执法检查216次，出动执法人员810人次，纠正各类环境违法行为115起，办理环保行政处罚案件21件，对张家界碧水源水务科技有限公司、武陵源区生猪定点屠宰场等9家重大环境违法行为进行立案查处，罚款150.9138万元。健全环境保护行政执法与刑事司法衔接工作机制，成立张家界市公安局武陵源分局驻区环保分局联络室，环保联合执法机制初步形成；建立“两法”（行政执法与刑事司法）衔接工作机制，区人民检察院驻区环保分局检察联络室正式挂牌，建成“两法”衔接平台并投入使用。（甄应福）

【自然生态保护】 一是划定生态保护红线。经与省环保厅专家多次对接，武陵源区生态保护红线划定面积被认定333.97平方千米，占国土总面积(397.43平方千米)的84.03%。相比武陵源区第一次上报的红线划定方案所报面积（生态保护红线区划总面积360.84平方千米）减少了26.87平方千米，为武陵源区将来发展预留一定空间。二是创建国家生态文明建设示范区。2017年，国家级生态文明建设示范区创建全面铺开，完成《张家界市武陵源区国家生态文明建设示范区规划》编制并通过省环保厅组织的专家评审；同年12月，区七届人大常委会第八次会议审议通过并批准实施。三是推进环境整治“6+1”（大气污染防治、水污染防治、垃圾治理、畜禽养殖污染整治、噪声污染整治、群众性绿色创建+家庭清洁）行动。完善工作考核机制，部门职责进一步明确；强力推进环境整治“6+1”，在全市第二、三季度的检查考核排名中，协合乡、天子山街道在全市被检查的67个乡镇中分别排名第一，其他乡、街道在全市的检查排名位置靠前。2017年度全市综合排名中，武陵源区被列为一档单位。（甄应福）

【环保宣传】 组织全区各中、小学和企事业单位开展“全民搜索·环保知识达人”网络答题活动；在“6·5”世界环境日前后，开展环保知识咨询、组织环保志愿者开展自行车绕城骑行活动，向市民发放宣传资料3000余份；开展送环保法律和环保知识进社区、进农村、进学校活动，出资1.1万元征订环保知识宣传手册5000本，分送到各农村、社区居民和师生手中，不断提高群众的环境保护意识，培育群

众的绿色环保理念。（甄应福）

【环保能力建设】 一是监管硬件设施不断完善。对城区、景区空气自动监测系统进行改造升级；开展环境监测实验室达标建设，区环境监测站通过国家三级站达标验收，具备水气声三大项 44 个指标的监测能力。二是抓环保信息化建设。安装索溪峪、锣鼓塔污水处理厂在线自动监控设施，实现与省、市重点污染源自动监测系统的联网和数据传输，环保监管水平得到较大提升。（甄应福）

【景区环境综合整治】 中央第六环境保护督察组进驻湖南（为期 1 个月）期间，武陵源区共收到中央环保督察组交办的信访件 10 件。武陵源区高度重视，及时将问题向区直相关部门进行了交办，10 个交办问题均在规定的时间内办结。根据中央环保督察组信访交办，武陵源区实施景区环境综合整治，投入资金 2000 余万元，共关停取缔非法经营场所 198 家（袁家界 97 家、天子山 101 家），拆除违建 121 户、11135.46 平方米，恢复植被 11121 平方米，在袁家界景区建设生活污水集中处理设施一套。中央环保督察期间，武陵源区先后共有 78 人被约谈，立案 22 件，结案 14 件，14 人受到党纪处分（党内警告 8 人，党内严重警告 6 人）。（甄应福）

农业·林业·水利

Agriculture · Forestry · Water

农　业

【概况】 1989年成立区农林水电局，1994年更名为区农村经济委员会，1995年更名为区委农村工作部、区人民政府农村工作办公室，2002年更名为区农村工作领导小组办公室（以下简称区农办）。2005年加挂区人民政府农村工作办公室牌子。2009年更名为区委农村工作部（区人民政府农村工作办公室）。2011年，设区人民政府农村工作办公室，与区委农村工作部一个机构、两块牌子，列入区委机构序列。2016年原区农办与农业局合并，设立区农业农村工作局，挂区委农村工作办公室牌子至今。2017年，区农业农村工作局紧紧围绕农业供给侧结构性改革，进一步优化农业产业结构，突出产业兴农、科技强农、服务为农、执法护农，圆满完成“农业523”（全市5年内养殖大鲵200万尾、建设商品蔬菜基地30万亩）五年行动计划，启动实施农村环境综合整治行动，有效改善农村环境面貌，被评为武陵源区绩效评估先进单位。（龚楚芳）

【“农业523”行动计划】 全区商品蔬菜基地面积达1万亩，总产量3.3万吨，产值0.7亿元，形成协合菜葛、天子山朝天辣椒、中湖林菜间作等特色区域蔬菜生产基地。完成蔬菜保险2500亩，设立6个蔬菜直销门店，引进蔬菜新品种15个。设施大棚、健康栽培、两网膜覆盖、泥炭育苗、频振灯杀虫、黄板诱蚜等无公害蔬菜生产关键技术得到大力推广，全区蔬菜设施栽培面积达2500亩，其中大棚面积280亩。有蔬菜加工企业2家：天子山剁辣椒有限公司、安福食品厂。天子山剁辣椒蔬菜特色产业园被认定为2017年度全省现代农业特色产业园省级示范园。（龚楚芳）

【农业产业化】 继续出台《武陵源区农业产业化发展奖扶办法》，对蔬菜、大鲵产业发展及农产品开发、营销进行奖励，推进农业产业上新台阶。“御笔峰香米”获得绿色食品认证，“鱼泉贡米”绿色食品扩展认证1个。推广稻田综合种养，创建“稻+鱼”“稻+鸭”实验示范基地1470亩，种植再生稻650亩。新增茶叶基地500亩，全区茶园面积达3200亩，茶叶年产量167吨。整合涉农资金80万元，对袁家界茶场、黄家坪茶场、插旗峪茶叶基地进行提质升级。天子茶叶完成有机转换认证食品4个、有机茶园转换认证600亩。发展壮大新型农业经营主体，新发展农民专业合作社10家（累计89家）、家庭农场10家（累计38家）。（龚楚芳）

【农村环境综合整治】 启动农村环境综合整治2年行动计划，出台《武陵源区推进农村环境综合整治行动计划（2017—2018年）》《2017年农村环境综合整治实施方案》，以“三点五线”（“三点”：野鸡铺、插旗峪—龙尾巴、张家界村三个乡村旅游示范点。“五线”：核心景区五大门票站入口公路沿线）为重点，实施“人居美、环境美、生态美、乡风美”四大行动。主要开展公路沿线和集镇整治、路灯亮化、庭院整治及6个示范村环境整治等，实施整治项目60项（不包括涉农整合项目），投入资金3005万元。全区乡村环境面貌大为改善，主要干线上总体视觉整洁，示范效果初显。（龚楚芳）

【农业污染防治】 在索溪峪街道双星村、双文村和协合乡李家岗3个村实施农业面源污染防治工程，新建生活污水处理净化池51个、田间农业投入品废弃物处理池5个、整修生活垃圾池12个，新建规模化畜禽污染治理系统。李家岗村成功建立“三级处理，循环利用”生活生产污水处理模式（即生活污水四格处理池—生态拦截沟—生态塘处理模式），实现3个项目村生产生活及地表径流废水的处理和再利用，有效减轻项目村排放的废水对索溪、柳浪溪流域的水体污染程度。实施武陵源文庄沼气管网集中供气工程，通过张家界丰园大型沼气工程实施管网集中供气100户。（龚楚芳）

【确权登记颁证】 全区6个乡（街道）31个村（居）340个村（居）民小组0.8215万承包农户确权登记颁证工作完成入户摸底调查、指界制图、一二轮公示审核确认纠错、区级自查，进入数据汇交、登记颁证阶段。12月8日，举行首证颁发仪式，为田富村32户村民颁发新“农村土地承包经营权证”。（龚楚芳）

【智慧农业】 推行农产品质量安全追溯能力建设，完成武陵源智慧农业信息平台一期工程建设。确定5家具有代表性企业为试点，安装农产品质量溯源系统、生产档案管理系统、投入品管理系统（种子、肥料等农资购进、使用记录），实现从种子到餐桌的全数据流程记录及追溯。（龚楚芳）

【农产品质量安全监管】 加强服务指导，发放《农药管理条例》《农业标准化知识》等2500余册，接受群众咨询950余人次；印发《农药购进台账》《农药销售台账》《食用农产品生产记录》《食用农产品销售记录》，指导督促生产经营主体完善生产、经营档案，做到质量追溯有据可查。加强监测检验，蔬菜抽检1201批次，检测合格率100%。抓市场整治，对全区范围内的农资经销店、生产基地进行多次专项检查，及时处理违法行动。落实农产品合格证试点工作。（龚楚芳）

【农业机械化】 发放农机购置补贴7.6万元（31台／套）。组织人员到湖南农大学习无人机安全操控技术，支持统防统治专业组织购买植保无人机3架，实现全区7000多亩水稻飞防植保全覆盖。（龚楚芳）

【地力保护】 完成全区耕地地力保护补贴核发，核定实际种植面积18467.83亩、通过“一卡通”发放补贴资金近194万元。（龚楚芳）

【农产品加工】 2017年，充分依托现有产业基础和丰富的旅游资源，着力培育食品龙头企业，打造品牌效应，培育发展莱葛食品、辣椒调味品、鱼泉贡米业、源头茶业系列四大特色食品，培育“三品一标”农产品18个，其中绿色食品9个、食品工业总产值达7000万元。（龚楚芳）

扶贫开发

【概况】 武陵源区是省级贫困县。2017年，区扶贫办内设3个股室，综合股、项目管理股、计划财务股，核定参公管理财政全额拨款事业编制5名。成立二级机构张家界市武陵源区金融产业服务中心，核定事业编制3名。

2017年年初，全区共有贫困人口102户317人（包括2016年年底原有41户116人和新增贫困人口61户201人），分布在索溪峪街道办事处、天子山街道办事处、协合乡、中湖乡等4个乡（街道）22个村（居）。2017年脱贫31户93人。2017年年底贫困发生率为0.82%。

2017年先后召开13次全区性扶贫工作调度会和推进会、20次区委常委会和政府常务会、40多次脱贫攻坚指挥部指挥长会议及脱贫攻坚指挥部办公室主任会议，专题研究精准扶贫工作。出台《贯彻落实〈关于在“锦绣潇湘”旅游基地建设中发挥龙头作用的意见〉的实施意见》《关于全面推进全域脱贫攻坚巩固工作的指导意见》《关于武陵源区2017—2020年稳定巩固脱贫成果的实施意见》，做到帮扶脱贫一批，脱贫巩固一批，跟踪服务一批。实行领导联村、驻村帮扶、结对帮扶“三个全覆盖”：所有处级干部分别联系1个有贫困人口的村（居），86家单位与33个村（居）结对，932名党员干部与1587个贫困户结对。保证每个贫困村有“六个一”：1名处级领导主抓、1个后盾单位牵头、1支驻村帮扶工作队、1个扶贫工作站、1个脱贫规划、1个村级产业（集体经济）；每个贫困户有“六个一”：1个帮扶计划、1名帮扶干部、1块帮扶标识牌、1本帮扶档案、1套帮扶措施、1个脱贫验收档案。坚持抓实问题整改，2017年4—6月，对省委省政府督查发现3个方面8个具体问题、区内查摆的6个方面22个问题，认真研究整改措施，全面落实整改任务。坚持抓实“三走访三签字”，区委书记、区长走遍所有14个贫困村，乡（街道）党政主要领导走遍辖区所有贫困户；贫困户脱贫摘帽，由村书记、村主任共同签字，贫困村退出，由区委书记、区长共同签字。驻村工作队长期驻村（第一书记每月20天以上），帮扶干部每月至少走访贫困户1次，各单位“一把手”每周下村指导工作1次以上。将扶贫工作纳入乡（街道）、部门绩效考核，实行“一票否决”；对脱贫攻坚工作实行“一月一调度、一月一督查、一月一排名、一季一讲评、年终总结账”，实时监督，动态管理。严格责任追究，实行“三个一律免职”，将责任追究精准到个人。

（唐宁梓）

【“旅游＋扶贫”】 坚持“旅游反哺农业、扶贫对接旅游”工作方针，全力实施“旅游＋扶贫”战略。2017年全面制定“三乡十村”乡村旅游发展规划，集中力量实施“五个一”示范工程，即建设一批美丽乡村示范村和旅游扶贫重点村，培育一批旅游扶贫产业，实施一批旅游扶贫项目，培养一批旅游扶贫人才，建立一套旅游扶贫工作机制，促进旅游与扶贫有效对接。编制特色民宿客栈布局专项规划，制定中湖野溪铺、协合插旗峪片区、锣鼓塔张家界村三个示范点发展指导方案，带动10个村转型发展旅游、5000余名农民从事旅游业，户均增收超过2000元。全区农村土地流转9934亩，发展农业龙头企业12家、农民专业合作社83家、家庭农场31家。重点建成天子山辣椒、中湖鱼泉贡米、协合莱葛和索溪峪土家织锦四大特色产业基地，将扶贫资金以村为单位委托或入股到产业项目，由村集体按比例享受收益，统一给贫困户分红。其中，天子山辣椒基地覆盖170户532人，中湖鱼泉贡米基地覆盖723户2479人，协合莱葛基地覆盖565户1777人，土家织锦基地覆盖466户1463人。因村施策发展村集体经济，扶持22个有贫困人口的村（居）各建成1个种养业、乡村客栈等资产收益性扶贫项目，将贫困人口纳入合作组织直接受益。对有劳动能力的贫困户至少落实1个家庭增收项目，共落实家庭帮扶项目2895个。2017年，全区帮扶脱贫和脱贫巩固对象分别按人均600元、300元标准享受乡级产业分红，按2∶1的比例标准享受村级产业分红，按1000元、500元标准享受家庭产业补助。全区贫困人口通过乡、村、户三级产业户均增收3000元以上，贫困人口年人均纯收入达6000元以上，超过国家现行扶贫标准。（唐宁梓）

【完善农村基础设施】重点实施农村“通达”“通畅”工程、电网升级改造工程、水利扶贫工程、危房改造工程、农村清洁工程、通信网络建设工程等“六到农家”项目1217个，平均每个村投入达909万元，全区农村用水用电、网络宽带、交通出行、医疗卫生、文化教育等服务覆盖率达100%，基本实现组组通水泥路、户户通公路，建成省级新农村示范村4个、市级新农村示范村8个。实施乡村标配建设，整合资金1亿元，重点提质改造一批集镇垃圾中转站、农贸市场、供水厂、便民超市，配套完善农村综合服务平台、电商服务平台、村卫生室等，打通服务群众最后一公里。按照“干净、整齐、点亮、美化”的要求，着力实施人居美、环境美、生态美、乡风美“四美”行动，投入资金3000多万元，完成整治项目60个，宜居、宜业、宜游的美丽乡村初具雏形。（唐宁梓）

【全面落实“三保障”政策】实施“阳光医疗”工程，对帮扶脱贫对象、脱贫巩固对象、跟踪服务对象分别按人均180元、120元、90元发放医疗保险金补助，共为5186名建档立卡群众发放补助金56万元。实施“阳光助学”工程，继续对贫困家庭学生免除中小学教科书费、学杂费，分别按学前教育、小学、初中、高中、职高、大学每人每年1000元、1500元、2000元、3000元、4000元、5000元的标准，对建档立卡贫困户子女就学进行生活补助，另给予674名特困生每人每年1000元扶贫助学补助，杜绝因贫辍学现象。实施“阳光住房”工程，2017年共实施危房改造50户、集中安置20户。实施就业帮扶工程，对103名有劳动能力的贫困人口至少提供1次以上职业介绍服务，新输出农村剩余劳动力转移就业407人；从贫困人口中转移100人为生态护林员，94人为乡村公路养护员，103人为乡村保洁员，建档立卡贫困人口生活幸福感不断提升。（唐宁梓）

农村经营管理

【概况】建区初，区农林水电局成立时设立农村经营科，为股级事业单位，2006年，成立农村经营管理局，为副科级事业单位，2016年机构改革，更名为农村经营服务站，财务独立。2017年主要工作是农村土地承包经营权确权登记颁证、新型经营主体培育、落实减负惠民政策和“雁过拔毛”式腐败问题专项整治、换届村居财务清查和经济责任审计。（侯　琴）

【农村土地承包经营权确权登记颁证】区政府将此项工作纳入年度绩效考核内容，并与各乡人民政府（街道办事处）签订责任状，制定考核办法。各乡（街道）与所属村居签订责任状，实现该项工作目标管理的全覆盖。区分管领导先后4次进行督查调度，督促工作进展，分析解决存在困难和问题。确权办技术人员多次下乡村指导，确保工作进度和质量。1月完成调查摸底，入户调查率达100%，摸底登记农户1.13万户3.4万人，摸底面积3万多亩。通过招标确定湖南省设计院负责技术测绘，4月13日，1∶2000航拍图到位，33个行政村（居）工作底图清晰、完整。5月15日，技术测绘公司委派5名技术人员于开始外业指界测绘工作。8月25日，完成全部6个乡（街道）外业指界测绘任务，实测地块3.3万块，面积约3.2万亩。10月19日，开始公示。年底完成了4个街道办事处和部分乡共计20个村居的公示确认审核纠错工作。确权工作配套经费足额纳入财政预算，包括上级补助经费共计219.6万元（其中中央、省补助85.8万元，区级配套85.8万元，确权办工作经费48万元），全部拨付到位。（侯　琴）

【新型经营主体培育】 一是全区共有各类农民专业合作社86家，2017年新增7家，带动农户7000余户。随着兴办行业渐渐拓宽，农民专业合作社主要是集中发展特色养殖，包括蜜蜂、石蛙、黄牛、蛇、竹鼠、山鸡、大鲵、枣子等，全区种植业合作社42家，主要包括蔬菜、水果、水稻、花卉苗木、中药材、茶叶，养殖业合作社37家，种养相结合有6家。二是共有家庭农场34家（已退出2家），2017年新增6家，主要是种植水稻、瓜果、药材。全区土地流转面积共9934亩，2017年新增流转面积为1639亩，主要流转方式为出租。农民专业合作组织占土地流转的50%，农业休闲企业占34%，流转面积在100亩以上的有45家。区农业部门指导流转业主与农户签订全省统一规范性土地流转合同。（侯　琴）

【落实减负惠民政策和“雁过拔毛”专项整治】 结合村级“两委”换届审计和“雁过拔毛”式腐败问题专项整治工作，积极开展农民权益维护和农民负担监督管理工作。一是加强领导，建立健全农民减负监管机制。将农民权益维护和农民负担监督管理工作纳入全区绩效考核；区人民政府与各乡（街道）、减负监管及涉负部门签订《农民负担监督管理工作责任状》；各乡（街道）与村（居）和站所签订责任状，确保责任落实；出台《张家界市武陵源区2017年农民权益维护和农民负担监督管理工作考核方案》。二是落实减负惠民政策，严防农民负担反弹。继续贯彻落实农民权益维护和农民负担监督管理工作十项制度，对于群众特别关心的惠农补贴，严格执行备案制和公式制，及时发放各种惠农补贴。截至11月20日，武陵源区通过“一卡通”直接发放到户各类惠农补贴25项3091.06万元，到户率100%，无抵扣、挪用、截留、贪污、滞留等现象发生。其中主要包括粮食种植类补贴193万余元，退耕还林及生态公益林补贴753万余元，城乡低保类1600多万元。对于每项惠农资金的落实，均制订相应的工作方案，明确具体的工作细则和操作程序，确保各项工作合理合规进行。（侯　琴）

【村居换届财务清查和经济责任审计】 2017年，委托第三方专业审计机构湖南方正会计师事务所有限责任公司进行“两委”换届前村居财务清查和村居组织成员任期经济责任审计，清查和审计33个村（居）2013年1月至2016年10月村级财务，清查审计资金总额6.19亿元。结果表明，绝大部分的村（居）委会都能够遵守国家财经法律法规，实行财务公开和民主管理，落实财务开支审批等各项制度，财务管理比较完善，会计核算比较规范，没有需上报的违纪违法问题。但也存在会计制度执行不严格、资金管理不完善、基础设施建设管理不规范等问题。（侯　琴）

林　业

【概况】 武陵源区林业局前身为1989年组建的武陵源区农林水电局。1994年12月武陵源区机构改革，区林业工作站升级为区林业局，内设办公室、计划财务股、资源林政股、野生动植物保护股、森林病虫害防治站。局属事业单位有区林政资源管理站、区造林办（加挂园林绿化管理处）、区森林资源资产评估中心、区森林植物检疫检查站、区林业调查规划设计队；所辖4个乡（街道）林业站（索溪峪、协合、中湖、天子山）人、财、物由区林业局统一管理，承担林业政策宣传、资源管理、林政执法、生产组织、科技推广和社会服务等职能。管理单位张家界市森林公安局武陵源区分局、张家界市森林公安局国家森林公园分局为正科级单位。2017年，区林业局配班子成员7人，其中党组成员5人、党外副局长1人、总工程师1人。主要职能是负责全区林业建设与管理、规划设计、植树造林、园林绿化、森林资源利用与保护、林业政策法律宣传、林政执法、指导林业产业发展等。2017年，区林业局扎实开展造林绿化、资源林政管理、森林资源保护、林业行政执法、森林防火等工作，取得了一定的工作成效。截止2017年年底，全区拥有林地面积35002.1公顷，占全区土地总面积的88.1%，其中有林地面积29805.4公顷（其中乔木林地27818.4公顷、竹林面积1902.8公顷、灌木经济林地84.2公顷）、灌木林地4051.3公顷、未成林面积479.7公顷、宜林地665.7公顷、非林地4745.9公顷。活立木蓄积量达3343644立方米。森林覆盖率达85.32%，林木绿化率85.45%。

1994年12月27日，区林业公安股成立；2002年3月22日，更名为张家界市武陵源区林业局森林公安分局（森林防火指挥部办公室），机构级别为副科级；2009年12月15日，更名为张家界市森林公安局武陵源分局，机构级别为正科级，与张家界市武陵源区森林防火指挥部办公室合署办公，实行“两块牌子，一套人马”。设置3个职能股室，即办公室（法制股、装备财务股）、刑侦治安股、森林消防股，核定行政编制10名。局领导职数设置3名：局长、政委各1名（正科级）、副局长（防火办副主任）1名，办公室（法制股、装备财务股）2名，刑侦治安股3名，森林消防股2名。主要职能：一是侦查破坏森林资源、国家重点保护野生动物、珍稀植物资源、濒危物种的案件；二是维护林区社会治安秩序，打击涉林犯罪活动；三是规划森林防火设施的建设，掌握、发布森林火险预报、火灾信息，组织指挥重大森林火灾的扑灭工作；四是加强林政管理，根据国家林业局的授权，在授权范围内行使对林政案件的行政处罚。（邓德华）

【自然保护区】 武陵源区辖4个自然保护区，其中张家界、索溪峪、天子山为省级自然保护区，于1984年5月经省人民政府批准建立，以林麝、白颈长尾雉、猕猴、云豹、金钱豹等珍稀濒危野生动物和珙桐、红豆杉、龙虾花、兰花珍稀濒危植物及较为完整的原始次生林为主要保护对象。杨家界为县级自然保护区，于2001年建立，以林麝、白颈长尾雉、兰花为主要保护对象。保护区总面积264平方公里，占全区土地总面积的66.50%。保护区内珍稀动植物资源丰富,共有维管束植物(植物类群)193科、742属、1630种，国家保护植物40种，其中国家一级保护10种，国家二级保护30种；有国家重点保护动物30种，其中国家一级保护3种，国家二级保护25种。

1983年，国务院委托国家计委批准设立张家界国家森林公园管理处（管理张家界省级自然保护区）。1984年，张家界市编委批准设立张家界省级自然保护区管理局（张管处管理）、天子山省级自然保护区管理局（桑植县管理）、索溪峪省级自然保护区管理局（慈利县管理）；1989年6月，武陵源区成立后，3个自然保护区管理局划归武陵源区管理，索溪峪和天子山省级自然保护区管理局更名为“索溪峪省级自然保护区管理所”、“天子山省级保护区管理所”。2001年张家界市编委批准设立杨家界县级自然保护区管理所；2007年更名为杨家界县级自然保护区管理局。2016年3月，索溪峪省级自然保护区管理局、天子山省级自然保护区管理局、杨家界县级自然保护管理局分别更明为索溪峪景区管委会、天子山景区管委会、杨家界景区管委会，划归张家界武陵源风景名胜区和国家森林公园管理局管理（2015年1月机构体制改革后，原张家界国家森林公园管理处更名）。（邓德华）

【造林绿化】 2017年，共营造林1800亩，其中人工造林800亩、封山育林1000亩。项目涉及天子山街道、中湖乡和索溪峪街道3个单位、共52个小组。完成退耕还林补植补造面积2500亩，补植补造用苗20余万株。3月10日，由区绿化委办公室牵头，区委办、人大办、政府办、政协办及区林业、水利、农业等10多家单位300多人，在索溪峪街道金杜村开展了义务植树活动，栽种桃树、银杏等苗木2000多株，尽责率达85%。2017年共完成通道绿化改造6.2公里，绿化面积22231平方米。

（邓德华）

【秀美村庄建设】 2017年，按照省、市“秀美村庄”建设的总体部署，武陵源区出台了《武陵源区推进农村环境综合整治行动计划(2017—2018年)》，其中区林业局负责对插旗峪—抗金岩—龙尾巴、野溪铺、张家界村三个乡村旅游示范点的绿化示范村居建设和120户的绿色示范家庭建设，给予了苗木及技术方面的指导，新建绿化面积2.7万平方米，新种植红叶石楠、桂花、银杏等树苗2000多株，村庄绿化率达90%。

【森林景观格局优化】 2017年，武陵源区以“生态自然乡里味，适地适树本土情”为设计理念，按照宜简洁忌繁杂的原则，投入资金193万元，完成了峪园隧道至琵琶溪宾馆通道绿化改造提质项目，改造绿化面积8374平方米。投入资金596.7万元，完成高云大桥北岸西侧公园改造提质。投入150万元，完成军邸路绿化提质改造。投入资金约22万元，在高云路、武陵路、高云公园、军邸路、武陵路公共绿地等地段补植灌木20万株。投入150万元，在城区及重要路段、路口更换鲜花6次、160万盆，总面积达2680平方米。2月16日，投入1280万元的高云公园建成开园，该项目用地规模为6.76万平方米（101.6亩），公园建设用地面积为4.16万平方米（62.5亩），其中绿化景观工程用地2.08万平方米。（邓德华）

【林业有害生物防治】 为加强预防，2017年共设置松褐天牛诱捕器60个、松褐天牛诱木20株，投放花绒寄甲3000万头（粒），释放松褐天牛的天敌肿腿蜂40万头。对全区的枯死松树进行取样送检，清理山中枯死松树3000株。加强监测，对各乡（街道）技术员进行培训，坚持每日、每周上报疫源疫病监测情况。加强索溪峪、天子山2个森林植物检疫检查站值班值守，对过往车辆进行严格检查、登记，严防松材及其制品进入武陵源核心景区。（邓德华）

【野生动物保护】 据“十二五”调查统计，武陵源区有国家重点保护动物30种，属国家一级保护的3种：豹、云豹、黄腹角雉；国家二级保护的25种：猕猴、短尾猴、苏门羚、穿山甲、黑熊、大灵猫、水獭、林麝、水鹿、豺、鸳鸯、鸢、雀鹰、松雀鹰、红腹角雉、白冠长尾雉、红腹锦鸡、褐翅鸦鹃、草鸮、斑头鸺鹠、短耳鸮、长耳鸮、虎纹蛙、大鲵。其中18种被列入《濒危野生动植物国际贸易公约》。属湖南省级保护的有獐、毛冠鹿、红嘴相思鸟等54种。利用“爱鸟周”“野生动植物日”开展宣传活动，提高公众保护意识。对全区经营、利用野生动物的宾馆、酒店、个体户实行许可证制度，加强监督管理。多次组织开展清理非法经营利用野生动物专项行动。（邓德华）

【古树名木保护】 经2017年全区古树名木普查统计，登记入册的古树名木165株，古树群3个。按照古树名木等级划分：一级8株、二级15株、三级136株、名木6株；按照分布区域划分：城市9株、农村156株；按照权属划分：国有8株、集体129株、个人28株；按照植株生长势划分：正常株155株、衰弱株10株；按照生长场所划分：远郊野外149株、乡村街道1株、城区9株、风景名胜古迹区6株；根据生长环境划分，良好的158株，差的7株。根据专家评审意见，对古树名木资源普查资料进行修改和完善；对古树名木进行挂牌，共挂标识牌168块（包含3个古树群）。（邓德华）

【自然次生林保护】 武陵源区自然次生林主要分布在张家界、索溪峪、天子山、杨家界4个核心景区内，总面积264平方公里。林业局采取多种措施进行保护，对核心景区森林资源全面实行禁伐减伐；对景区内古树名木和古树群设立标示标牌，进行挂牌保护；对冰冻压断桤木实施林相改造，如对麻田垭180亩抚育间伐地林相改造和景点仙女散花处栽种银杏苗木204株；在神堂湾工区完成造林12亩，完成中幼林抚育2250亩。建立苗圃基地，在花溪峪苗圃基地培育珍稀苗木5000株。加强森林防火和森林病虫

害防治工作，保护原始次生林的生态安全。（邓德华）

【生态公益林保护】 2017年，武陵源区核定的国家级公益林面积为34917.9公顷，共发放生态公益林补偿资金7295901.83元，其中通过“一卡通”发放个人部分的补偿金额5246816.46元，发放集体部分的补偿金额978888.62元，发放国有部分的补偿金额1070196.75元。对全区国家级公益林管护补助支出资金情况进行综合审查，编写了《张家界市武陵源区2016年中央财政森林生态效益补偿基金绩效评价报告》，完成中央财政森林生态效益补偿基金绩效评价工作。开展2016年公益林管理和森林生态效益补偿监督检查自查与突出问题专项整治工作，查漏补缺，在规定时间内完成规定动作。层层签订2017年度保护发展森林资源目标管理责任状即区人民政府与各乡（街道）、各乡（街道）与各村（居）、区人民政府与区林业局、区林业局与各乡（街道）林业站，落实责任“四到位”。完成公益林冰冻受灾保险理赔工作，灾害损失赔付总金额43.9368万元（其中天子山居委会20.952万元、天子山站办林场3万元、索溪峪国有林场16.008万元、袁家界社区3.984万元）。完成2017年度森林资源数据更新和森林资源年报编制工作。（邓德华）

【林业科技推广】 2017年，开展林地测土配方信息系统推广应用工作。一是全面深入培训，推进林地测土配方技术在造林工程上的应用，组织林业系统、乡（街道）技术人员、种植大户等座谈、交流等3次，参加人次150余人。二是广泛宣传引导，利用科技下乡、林业科技进村入户、长防林工程造林及建立QQ群、微信群等方式，宣传测土配方工作对林业生产的重要意义，提高测土配方应用工作系统使用率和进村入户率，增加林农知晓率。（邓德华）

【林业生态补偿】 2017年，区林业局按照《湖南省森林生态效益补偿资金管理办法》要求及规定的补偿标准，及时理清补偿基金发放发名册，中央、省国家级公益林集体（个人）部分补偿标准为14.5元/亩，国有部分为12.75元/亩。全区国家级公益林面积有513296亩，共发放补偿金额7295901.83元，其中个人部分补偿5246816.46元、集体部分补偿978888.62元、国有部分补偿1070196.75元。核心景区补偿面积269012.6亩，共发放补偿金额2700586.85元，其中门票站内141001.7亩、补偿1548488.75元（含国有38915亩272405元），门票站外128010.9亩、补偿1152098.1元。（邓德华）

【森林禁伐减伐】 按照《全省森林禁伐减伐三年行动实施方案》与《关于确认63个县市区2016—2018年采伐约束性指标的函》文件，2017年市林业局下达武陵源区民用材采伐指标额度为2202立方米、国有林场1200立方米。区林业局严格按要求程序办理木材采伐审批手续，凡是采伐林木（农村居民采伐自留地和房前屋后个人所有零星林木除外）必须到林业部门申请办理采伐许可证，并在规定期限内完成采伐作业。各乡（街道）加强伐区作业设计、采伐监督、伐后验收工作，建好台账。全年共办理人工林采伐许可证482份、采伐蓄积1455.9立方米；国有林场办理3份、采伐蓄积56.2立方米；征占用林地办理采伐证8份，采伐蓄积347.04立方米。（邓德华）

【林政执法】 扎实开展“积案清理”“非法侵占林地清理排查”“天子山核心景区环境整治”等一系列专项行动。全年共接处警121次，出动警力365人次，立案查处林业行政案件37起，共处理违法人员37人次。注重执法质量，规范执法办案区建设，全部实行网上办案，让民警在法定程序“流水线”上依法执法；完善办案制度和执法质量考评机制，实行案件主办责任制和民警执法档案建设，推进警务公开、协同办案机制，对于重大疑难案件提请检察院提前介入，确保办案质量。（邓德华）

【森林保护】 开展打击破坏野生动物资源违法犯罪专项行动，突击行动中收缴省级重点保护野生动物及制品野鸡 24 只、野兔 1 只，海狸鼠 1 只，果子狸 2 只，竹鼠 6 只，蛇 7 条，豪猪肉 2.9 公斤，野猪肉 20 公斤，麂子肉 10 公斤，工具铁夹 14 个，铁笼 6 个，销毁含有野生动物名称、图片的菜谱及广告牌 2000 余份。对 70 多家餐馆酒店经营单位下达立即整改意见书，并签订野生动物保护承诺书。对全区非法运输、倒卖、销售、使用野生动物及其产品的单位与个人进行摸底排查；对野生动物加工经营场所进行清理；加强对进出城区主要道路的巡逻执勤，截堵野生动物及其制品非法流通渠道，对涉嫌违法犯罪的坚决予以打击。开展非法侵占林地清理排查专项行动，对滥伐林木、毁林建房、建厂等非法侵占蚕食林地情况进行全面彻底清查。根据群众提供和巡查巡护中发现的线索，全面摸清林木、林地被毁的时间、地点、面积、材积蓄积及毁林占地责任人等情况，并登记造册。（邓德华）

【森林防火和培训】 全年未发生一起森林火灾，荣获 2017 年张家界市森林防火工作考评优胜单位。一是严密构筑防火责任体系。在全区范围内层层签订防火责任状，形成宝塔式组织管理体系。二是强化森林防火预防措施。推动实行文明祭祖“七个一”（上一炷香、献一束花、敬一杯酒、植一棵树、诵读一篇祭文、扫一次墓、拢一次坟）试点，开创武陵源区森林防火新局面；开展“无火清明”巡护行动，开展森林防火隐患排查行动 2 次，5 家单位整改到位；防火期进行督查检查 8 次，并下发督查通报 2 次；春节、清明节等重点时段全面管控火源入山林，设立 24 个防火检查点专人看守；完成森林防火隔离带的垦复调研工作，全区 6 条森林防火隔离带完成验收检查。三是强化扑火救火各类保障。对安全扑火技术方法和应急预案等进行全区统一培训；建立景区内部台账，与各乡（街道）防火台账整合，掌握全区森林防火状态；制定森林防火装备购买计划并纳入财政预算；推动各乡（街道）开展森林防火实施演练工作，提高实战扑火技能；在协合杨家坪村推动村级森林防火应急队伍的试点建设；推动村级护林员配备喇叭、防火衫等装备，防火重点时段不断在辖区内播放森林防火相关内容。四是实行群防群治。开展森林防火“宣传月”活动，以发放“小资料”、开设“小课堂”、借助“小银幕”搭建大平台、防火“面对面”等宣传活动。将 2 万份防火宣传挂历、2 万份宣传手册、2 万条防火短信送达全区千家万户，强化居民森林防火意识。建立森林防火工作微信群，通过区电视台播放森林防火宣传片及新闻报道，安装 68 块森林防火固定宣传牌，设置 200 余条防火横幅标语。

召开全区森林防火暨业务培训会议，各乡（街道）分管领导、各景区管委会主任、区森林防火指挥部成员单位负责人、区林业局全体班子成员、区防火办相关人员、张管局防火办相关人员等共 56 人参加会议。（邓德华）

水　利

【概况】 武陵源区水利局前身是 1989 年成立的武陵源区农林水电局（1989 年武陵源区组建时为水利水电工作站），下设水利电力工作站等机构，负责全区水利设施的管理和水利建设。1992 年，农林水电局改称农村经济委员会，其职能和下设机构仍与农林水电局一样。1994 年 12 月底，撤销农村经济委员会，成立农村办、林业局、农业局、水利水电局等部门，水利水电局为具有行政职能的事业单位，水政水资源管理站成为其内设机构。1995 年 1 月撤销武陵源区水利水电工作站，组建武陵源区水利水电局。2002 年 4 月，机构改革调整部分职能更名为水务局，列入政府组成部门。2016 年水务局更名为水利局至今，主要负责全区水行政执法、水资源管理、水土保持、河道管理、防汛抢险、农田水利建设等工作，现内设3个行政股室为办公室、综合股、水利股，5个事业单位为区防办、水资源管理局、水土保持局、水利建设项目管理中心、河长办。下设索溪水管站、协合水管站、中湖水管站、天子山水管站4个事业单位及协合水厂、中湖水厂、天子山水厂、董家峪水库供水有限公司4个企业单位。1997年、2002年两次被评为全省水利建设先进单位；2003年被评为全省防汛抗旱先进集体;2006年度获省政府授予的“芙蓉杯”水利建设竞赛先进区；2009年度获省政府授予的“芙蓉杯”水利建设竞赛先进单位；2016年、2017年两次荣获全省“芙蓉杯”水利建设先进单位。2017年争取上级水利资金1294万元，主要解决农村饮水安全人口2.3万人，农村自来水普及率达77.85%，中小河流治理24.99公里，新增高效节水灌溉面积4000亩，完成贫困村退出饮水安全专项验收。（邓德华）

【农田水利项目县建设】 武陵源区2016年度农田水利项目县建设项目是建区以来第一次实施。于2016年9月开工，2017年5月上旬完工，项目涉及全区两个农业大乡19个村（居），共完成投资1065万元，其中包括中央投资800万元，省级投资265万元。项目由湘西自治州水利水电勘测设计研究院设计，张家界朝晖水利水电工程有限公司承担本工程项目的施工任务，湖南江河水利水电工程建设监理有限公司承担本工程项目的施工监理任务，市水利工程质量监督站负责质量监督。项目共整修山塘36口、新建（改造）河坝17座、改造灌溉渠道37条20.07km、建设高效节水灌溉面积990亩。（张　韵）

【防汛抗旱】 全区全年共发生13轮强降雨，累计平均降雨1145毫米，各地均不同程度受灾，全区农作物受灾面积累计0.173万亩，因灾粮食减产0.0182万吨，0.253万人受灾，直接经济损失219万元。7月10日至8月10日，气温一路飙升，不断刷新高温历史记录，特别是20至26日，持续出现37℃以上高温，最高温度达41℃，全区2千米以上河流断流4条，山塘干枯9座，2座水库抵近死水位，农作物受旱面积1.1054万亩，其中轻旱0.503万亩、重旱0.3024万亩、干枯0.026万亩，因旱直接经济损失805万元。全年累计发送预警信息18次4608条，启动防汛Ⅲ级和Ⅳ级响应各一次，安全转移人员207人，旱灾期间全区累计投入抗旱人数0.126万人，投入抗旱机具120台套，运水车4辆，抗旱用电2.7万千瓦时，抗旱用油0.6吨，投入资金130万元，抗旱浇灌水稻0.131万亩，解决4166人饮水困难。（邓克猛）

【水资源】 武陵源区位于湖南省西北部溹水中上游，地处云贵高原余脉武陵山脉东麓，武陵山余脉在境内形成两山夹一谷，以山地山原为主的地貌景观，整个地势是四周低，中间高，又称“桌状山”地貌，以张家界国家森林公园、天子山为中心，向四周呈辐射状分布。天子山及张家界一带形成大块的突起高地，但在索溪峪的喻家嘴和军地坪两处形成四周高、中间低的小型盆地，最高海拔为天子山的昆仑峰1282米，最低海拔为索溪峪土家族乡河口村的星子溪出口处229米，相对高差为1053米，整个地貌是垂直差异大，水资源丰富、地下溶洞众多，水系发育，主要有澧水的二级支流溹水贯通全区。

全区境内河流均属澧水水系，集雨面积大于50平方千米的河流3条，即溹水、茅溪（中湖段）、合作桥（协合段）为市级河流；集雨面积小于50平方千米的河流12条，即星子溪、王潭峪（铁厂溪）、袁家峪溪、白虎堂溪、陈家岗（插旗河）、炭门垭溪、十里画廊、白蛇溪、黄柏溪、箱子溪（香芷溪）、幺方坪（夜火溪）为区级河流；乡村级主要溪沟12条。中型水库1座，为索溪水库；小型水库8座，分别为宝峰湖、董家峪、猴儿洞、卸甲峪、磨子峪、孙家溶、定家庄、龙口峪水库；骨干山塘13座。

溹水经慈利汇入溇水，白蛇溪、黄柏溪经桑植汇入溇水，茅溪、合作桥溪经永定区直接汇入澧水，其余河流入河口均在本区境内。（张　韵）

【自备水源整治】 2017年5月18日，区人民政府下发《张家界市武陵源区人民政府关于对武陵源集中供水区范围内取用水进行集中整治的通告》（张武政通〔2017〕7号），依法对全区范围内自备水源井进行封填，依法取缔，以保障饮用水安全，提高供水质量，充分发挥城区公共供水设施效能，并逐步削减超采量，实行地下水平衡。进一步加强水资源监管，严格取水许可审批制度，严厉打击非法取水行为，实行地下水取用水总量控制。通过全面排查，共排查宾馆（酒店）、客栈144家。其中无自备水源100家，有自备水源44家，有取水许可证19家，督促办证3家，有自备水井18家，已切除管道20家，取缔填井18家，办理取水许可证6家。（张　韵）

张家界市武陵源区2017年上型水库度汛运用方案表

表2

水库名称	水库型号	集雨面积（平方公里）	水库基本情况								
			坝型	坝高（米）		坝顶高程（米）		总库容（万立方米）		堰门顶高程（米）	相应库容（万立方米）
				设计	已达	设计	已达	设计	已达		
董家峪	小（一）	5.8	重力混合坝	29.4	30	419.4	420	44.6	44.6	417	36.8
磨子峪	小（一）	1.83	心墙土坝	28	29.2	698.5	699.7	109	109	693.75	50.2
宝峰湖	小（一）	8.21	浆砌石拱坝	72.6	73	440	441.5	388	501	438	448
定家庄	小（二）	1.376	黏土心墙土坝	21	21	500	500	60	55	496.55	44
孙家溶	小（二）	0.155	黏土心墙坝	15	15	484	484	29.8	27.2	482.5	24
龙口峪	小（二）	0.452	黏土心墙坝	23	23	437.8	437.8	23	24.2	435.8	21.2
卸甲峪	小（二）	4.252	砌石拱坝	27	25.8	683	681.8	17.6	17.2	680	14
猴儿洞	小（二）	0.95	心墙土坝	13.5	13.5	1024.63	1024.63	23.4	13.5	1022.11	13.5

张家界市武陵源区2017年上型水库度汛运用方案表

表3

运用情况	度汛期控制运用指标			
	主汛期(6~8月）		后汛期	
	限制水位（米）	蓄水量（万立方米）	限制水位（米）	蓄水量（万立方米）
正常	416	34.2	417	36.8
正常	693.7	50.2	693.7	50.2
控制运行	438	440	438	448
正常	492.55	16.5	493.55	24

续表

运用情况	度汛期控制运用指标			
	主汛期（6~8 月）		后汛期	
	限制水位（米）	蓄水量（万立方米）	限制水位（米）	蓄水量（万立方米）
正常	478.5	7	479.5	10.3
正常	431.8	11	432.8	14.2
正常	679	13	680	14
正常	1022.11	12	1022.11	13.5

说明：磨子峪底闸打不开，控制运行。

畜牧兽医水产

【概况】 区畜牧兽医水产局为区农业农村工作局管理的正科级事业单位，编制 4 名，局长 1 名、副局长 1 名，内设办公室、业务股（挂大鲵保护发展股、质量安全股牌子）、生猪定点屠宰管理办公室 3 个股室，下设 6 个乡镇畜牧兽医水产和动物防疫检疫站，核定财政全额拨款事业编制共 11 名。下设 1 个副科级事业单位（区动物卫生监督所），核定财政全额拨款事业编制 4 名，所长 1 名。

2017 年全区生猪存栏 2.22 万头，出栏 4 万头；家禽存笼 18.1 万羽，出笼 34.5 万羽；耕牛存栏 0.381 头，出栏 0.33 万头；羊存栏 0.33 万头，出栏 0.43 万头；水产品总产量 53 吨；大鲵发展尾数 15.47 万尾。

全区按照“加强资源保护、积极驯养繁殖、合理开发利用”的原则，落实奖扶政策，出台《张家界市武陵源区农业产业化发展奖扶办法》（张武政发〔2017〕5 号），对全区大鲵、特种养殖、畜禽养殖污染治理、品牌打造和市场营销等达到一定规模标准和要求的养殖场（户）和企业进行奖励。2017 年奖励养殖场（户）32 家，奖励资金共计 83 万元。

2017 年出台《张家界市武陵源区突发动物疫情应急预案》，对突发重大动物疫情监测、预警、处置方法及相关机构的职责进行了明确规定，与食药、卫生等部门及时沟通，信息共享，互通有无，加强部门联防联控。落实“无疫严防、有疫严控，监测早又准，应急快而严”的工作要求，以防控高致病性禽流感、口蹄疫、小反刍兽疫等重大动物疫病为重点，对全区范围内的猪、牛、羊、家禽开展了集中免疫，免疫密度和耳标挂标率达 100%。2017 年全区无重大动物疫情发生。

结合《张家界市武陵源区畜禽养殖布局专项规划（2014—2020）》，组织制定《武陵源区畜牧兽医水产局关于开展畜禽禁养区突出环境问题整治工作方案》，根据区情及污染程度，按方案分计划、分步骤全面关闭、搬迁或转产禁养区内的畜禽规模养殖场共计 30 家，拆除栏舍 17514.126 平方米，处理畜禽 30543 头（只、羽），投入资金 767 万元，养殖场建筑垃圾全部清运，场地已平整并进行了植被恢复。同时加强对禁养区的监控，禁养区内不得出现新的畜禽规模养殖场。结合农村面源污染整治工作要求，区政府投入 100 万元对索溪峪街道双文村、双星村 16 家养殖场户修建沼气池和贮沼液池，实现无害化处理。

区人民政府下发《张家界市武陵源区生猪定点屠宰场（点）设置规划（2017 年—2021 年）》，在全区拟设置 3 家生猪定点屠宰场（点），其中 1 家 A 类，2 家 B 类；要求各屠宰场（点）认真执行生猪屠宰产品品质检验操作规程，制定内部管理制度，建立生猪定点屠宰企业管理台账，严格执行生猪定时进场和不存过夜生猪制度；对生猪定点屠宰企业按照月份进行日常督查检查和病死动物无害化处理整治，确保老百姓吃上“放心肉”。

2017年，加强动物卫生监督执法。区畜牧局出台《张家界市武陵源区动物产地检疫推进年活动实施方案》，全区设立动物检疫申报点4个，动物产地检疫覆盖到全区所有养殖区域，实现电子出证。将检疫质量和检疫数量相结合，确保动物产品安全；严格申报检疫制度，检疫员做到到场到点检疫，凭免疫标识出证，检疫时发现病死动物立即就地无害化处理。抽检“瘦肉精”1104份，阳性检出率为零，检测合格率100%；严厉打击未经检疫的生猪私屠乱宰等不法行为，查办1起应检疫未经检疫案，罚款1200元。

加强对养殖场所和养殖投入品源头的监管。2017年共组织开展检查3次，检查规模养殖场（户）80家，填写监管记录59份，抽检“瘦肉精”尿样207份，检测结果均为阴性。组织对全区3家兽药店、饲料经营户进行质量安全专项检查，共监测6个场所（兽药店、养殖大户、屠宰场），抽样5次，并进行检测。未发现生产、销售和使用违禁药品的非法行为，也未发现饲料兽药包装不规范、以次充好的现象；在2017年的张家界市首届畜牧兽医水产技能竞赛上，武陵源区畜牧兽医水产局荣获团体第一名、个人第一的好成绩。

推行“河长制”，加大渔业资源保护力度。针对全区渔政执法人员少、夏季非法电力捕鱼多发的现实情况，落实与河流属地乡（街道）共同推行渔业资源管护属地管理机制，齐抓共管，综合治理。2017年全区共查处违法捕鱼行为80余起，收缴渔网地笼50余副、电鱼机3台。10月，联合张家界大鲵自然保护区管理处办理一起非法电鱼案件，对其进行罚款3000元行政处罚。

2017年，以“两学一做”学习教育常态化制度化为契机，大力推进学习型、服务型、廉洁型党组织建设，认真组织观看学习中共十九大；借力互联网抓党建，创建微信交流群，深耕“微”阵地，利用“红星云”公众号刮起了一股新媒体“学习风”，使全体党员通过指尖轻松连接党支部；打好攻坚扶贫战。全体党员充分发挥了党员的能动性，坚持“六有”标准，积极投身李家岗村巩固脱贫工作中。为全面落实城乡互助共建工作要求，扎实推进城乡互助共建工作，促进白虎堂居委会经济发展，从基层组织建设，基础设施建设，基础产业发展，基本公共服务保障，基础环境改善推进各项工作。与区工商联一起积极争取资金支持，长沙市工商联、长沙市光彩基金会为白虎堂居委会捐赠价值15万册农家同心书屋，为村民提供丰富的生活文化知识读物，后盾单位资金投入2万元,用于农家书屋装修及书架，阅览桌椅添置。参与全区重点工程项目建设，在文风土地收储项目拆迁过程中，安排4名精干力量参与拆迁，率先完成14栋面积共计3187平方米的房屋拆迁工作。（彭　程）

【大鲵产业发展】 2017年全区大鲵发展尾数达15.47万尾。大鲵养殖场14家，其中市级龙头企业1家，取得大鲵经营利用许可证的餐馆28家，其中2017年新申请5家。2017年湖南卫视国际频道和金鹰卡通《童趣大冒险》栏目到武陵源取景,拍摄大鲵，分别从大鲵生态养殖、旅游产品开发、大鲵特色美食等几个板块进行取材，立体地展示全区大鲵产业发展情况。（李　彬）

【稻田养鱼】 2017年，武陵源区在中湖乡和协合乡发展稻田综合种养试点100亩，将稻田与水产品有效结合起来，实现“一水两用、一田多收、稳粮增效、粮渔双赢”目标，当年产鱼3.15万斤。利用“旅游+稻田养鱼”模式进一步推广旅游和稻田养鱼，促进农业增效、农民增收。（彭　程）

城乡建设与管理

Urban construction and management

城乡规划

【概况】 2011年5月31日，因城乡规划体制调整，武陵源规划分局正式上收为市规划管理局派出的正科级事业单位。2016年7月，《张家界市人民政府市长办公会议纪要》明确，在市规划管理局内设武陵源景区规划管理办公室与武陵源规划分局，实行两块牌子一套人马的管理体制。主要职责为负责武陵源风景名胜区总体规划、辖区内镇、乡、村庄规划及详细规划的编制组织、审查和上报审批工作，指导编制各项专业规划；受理武陵源城区内各类建设项目规划报建的初步审查和上报审批工作；承担武陵源区内建设项目的规划批后监管、规划核实、违法违规建设行为的查处工作和辖区内的规划动态管理。2017年，武陵源规划分局共有编制15名，另公益性岗位和临时聘请人员13名。内设机构有办公室、规划编制报建股、规划用地工程股、法制股和人事财务股5个股室，下辖直属副科级事业单位武陵源规划监察大队，及中湖规划管理所和索溪峪规划管理所2个派出机构。（王　苗）

【规划编制】 城市总体规划。《武陵源风景名胜区总体规划（2005—2020）》于2005年正式修编完成开始启用，成为指导世界自然遗产地和风景名胜区实现“严格保护、统一管理、科学规划、永续利用”的纲领性文件。为适应武陵源世界自然遗产地保护、展示、利用和管理提出的更高要求，武陵源区人民政府于2017年年底正式启动《武陵源风景名胜区总体规划2005—2020》评估及《武陵源风景名胜区总体规划2020—2040》修编工作。

特色区域规划。以打造宜居城市为目标，努力完善城市功能，提升城市品位，彰显地域的特色个性。编制完成《武陵源区特色民宿布局专项规划》《中湖乡区域村镇布局规划》及配合完成《乡村旅游发展规划》。

乡镇规划。坚持城乡统筹发展，加快推进完成《天子山风情小镇专项规划》和《协合乡集镇总体规划（2012—2030）》，2017年底完成初步设计。

村庄规划。结合乡村旅游和全域旅游发展战略，加快启动重点村居、片区的村庄建设规划。截至2017年年底，武陵源区双文村、田富村等7个村庄规划编制已初具成果，并组织召开了专家审查会。

编制完成城区《天马公园景观设计方案》。

（胡家睿）

【规划管理】 切实发挥城乡规划委员会统领和把关作用，严格实行专家咨询和规划评审制度。全年组织召开规划方案专家咨询会30次，规划委员会3次，执委会2次，审议通过武陵源特色名宿布局专项规划、金边大道提质改造、野鸡铺乡村旅游村镇综合整治、张家界世界地质公园博物馆对标提质及环境整治等40个项目。

严格执行规划变更调整审批程序。对于需调整规划的项目，严格遵守城乡规划法和执行规划，坚持统一规划、节约用地、合理配置资源原则，严把规划技术指标关口，坚决按照法定程序调整规划。全年依法依规完成中湖宋家边移民安置区、天际大观园、文风安置区、百溪沟、施家落四期、河口村部以西地块、宋城千古情项目、亘立酒店等11个项目规划调整工作。

严格落实建设项目“一书三证”制度。依法办理各类建设项目规划许可事项。全年共核发《选址意见书》15份，用地面积178966.046平方米；核发“建设用地规划许可证”75份，规划用地面积361018.092平方米；核发“建设工程规划许可证”18份，规划建筑面积111947.67平方米；审核发放“乡村建设规划许可证”54份。

加强武陵源居民建房管理，规范居民建房程序。全年审批居民建房71户，其中农村居民建房6户。另作为D级过渡安置金牵头负责部门，严格把关资格条件和审批发放程序，2017年共核定全区享受D级过渡安置216户103.68万元。

做好重点项目的服务对接。及时为重点项目前期策划、规划选址、规划许可等提供全方位、全过程规划技术服务，完成13个重点项目各项规划许可手续。（王　苗）

【规划执法】 加大对城乡违法违章建设行为的预防和查处力度。重点对主次干道、重点项目、重要节点及核心景区进行巡查，有效遏制“两违”行为的发生。全年共组织日常巡查达315次，依法下达停工通知书51份，限期整改通知书15份，拆除通知书153份；办结行政处罚案件18件，收缴罚款1072689.2元。配合参与属地乡镇、街道拆违行动219次。拆除新违法建设240处，建筑面积22667.88平方米。拆除历史违法建设188处，建筑面积23962.68平方米，其中核心景区拆除132处，建筑面积11482.68平方米。

严把竣工规划核实关。在建设项目完工后，认真对照“建设工程规划许可证”审批要求，组织专人进行规划核实，审查是否按批准的规划要求进行建设，对不符合规划要求的项目一律依法处理，切实维护规划实施的严肃性。全年共办理建设工程规划核实18起，核实面积343189.3平方米。

严格落实控违拆违工作措施。根据区政府控违治违长效机制，做好控违治违其他工作。完成水电上户、工商营业执照办理的房屋合法性审查690件；加大景区建筑材料管控力度，坚持对景区建筑材料进行实地严格核查，共开具景区建筑材料运输单637份；核实上报利用违法建设从事经营活动“黑名单”44处。（胡家睿　王　苗）

城乡建设

【概况】 1989年10月，成立区建设交通局，承担全区建设、交通、环保的管理和协调工作。1992年3月，建设交通分设，成立区建设环保局。1995年4月，成立武陵源区建设委员会。2015年12月，机构改革正式更名为武陵源区住房和城乡建设局（以下简称区住建局）。作为区政府主管城乡建设工作的职能部门，主要承担全区的城市建设及管理工作。机关核定行政编制8名，其中局长1名、副局长3名、纪检组组长1名、总工程师1名。内设综合办公室、建筑业管理股（加挂建设工程招标投标办公室）、城建园林管理股（加挂武陵源风景名胜管理办公室牌子）、燃气管理办公室等4个股室；下设区建设工程质量监督站、区建设工程安全监督管理站、区建设工程造价管理站、区城建档案馆、区排水监督管理站、区住房保障和小城镇建设管理站、区建设工程监察执法大队等7个事业单位。2017年共有在职干部职工42人，专业技术人才16人，其中中级及以上职称10人。截至2017年底，城市建成面积329万平方米，城镇化率达64.7%。

（庹级明）

【天马路建设】 天马路改建与绿化工程竣工，道路全长2193米，路幅宽度26.00米，双向四车道，是索溪峪街道岩门新区的一条重要城市主干道。天马路滨河风光带正式开园，总占地面积约39247平方米，自行车道及硬质铺装面积16539平方米，场地内设置两个公共卫生间和1个管理房，1个篮球场，1个5人制足球场，5个休闲广场，为居民提供文化、娱乐、健身、休憩等场所，有效提升居民幸福指数，是兼具观赏、游憩、生态、娱乐等功能于一体的多元化城市公园。

（庹级明）

【城镇排水】 启动索溪峪污水处理厂提质扩容改造，规划总污水处理能力为2.0×104立方米/日，拟于2018年6月底出水达标排放。锣鼓塔污水处理厂中水回用工程完工，处理规模3400吨/日，暂由江苏三环实业股份有限公司代管。武陵源区现有污水管网56公里，截至2017年年底共核发排水许可证22本，标志着武陵源区对防治城镇水污染、污水治理及规范排水行为已具备完善的管理体系。

（庹级明）

【村镇建设】 村民居住条件得到极大改善。截至2017年年底，圆满完成上级下达的2254户农村危房改造工作任务。完成投资3717.97万元，其中区级政府配套资金918.5万元，竣工率100%，入住率100%。

（庹级明）

【监管服务】 一是招标投标管理规范有序。2017年共完成公开招标工程项目25个，总中标金额1.92亿元，均按规定办理项目审批、招标方式核准，应招标率和公开招标率达100%。二是严格落实工程建设农民工工资保证金制度。及时跟进工程款拨付、项目部登记发放等核心工作，积极配合劳动监察部门，督办拖欠民工工资行为，保障建筑施工农民工工资及时足额发放。三是积极开展“平安创建”。在全区率先开展“平安工地创建”“平安文明家庭创建”等活动，取得良好成效。为项目、为企业主动上门服务、上门问安，为项目办理手续出谋划策。四是城镇燃气建设稳步推进。新增管输天然气用户298户，超额完成市级下达的200户任务指标。

（庹级明）

房地产管理

【概况】 2002年4月，区房管所更名成立区房管分局，属区直正科级事业单位，归口区住房和城乡建设局。主要职能有住房保障（棚户区改造、公共租赁住房）、房屋征收、房地产开发管理、物业管理、房屋安全管理等，内设4个股室。2012年4月，区房屋拆迁管理办公室更名，成立区国有土地房屋征收与补偿管理办公室（副科级单位），机构单列，归口区房管分局管理。2017年，区房管分局机关编制17人，在编在岗17人，局领导班子一正二副；征收办编制13人，在编在岗13人，征收办正副主任各一名。

（覃大友）

【棚户区改造】 实施棚户区征收改造项目6个1722户，完成征收拆迁协议签订1722户；实施棚户区综合整治项目5个986户。出台《武陵源区宝峰路西侧、黄龙路刘家里等片区棚户区综合整治项目的实施意见》，完成项目工程量70%。发动居民开展房屋翻修与风貌改造，共争取上级补助资金9328.3万元。实施小区外配套基础设施建设项目5个，基本完成2个。

（覃大友）

【公共租赁住房】 出台《武陵源区公共租赁住房分配和运营管理实施细则》，对602套公共租赁住房开展全面核查清理。新增市场长期租赁保障400户，发放租房住房补贴1614户次265万多元。向市场筹集公租房房源49套。（覃大友）

【房屋征收】 积极参与百花洲、文丰片区、野猫峪片区、景区移民搬迁、杨家界大道、武陵山大道等项目征收工作，完成征拆项目房屋丈量测绘1300余户，总面积35万平方米，完成征收协议签订747户近14万平方米。（覃大友）

【房地产管理】 完成岩门新村、岩门商贸城、高云景缘雅居等商住开发项目；完成魅力湘西游客中心、武陵源游客服务中心、惠天然等旅游地产项目；开发建设桃花溪欢乐谷、黄龙古寨、武陵公馆等旅游地产开发项目；积极配合安置商品房源开发，完成向家坪安置区一期建设；配合抓好百溪边城、沙坪施家洛四期、古镇文苑、宋家边等安置区建设前期工作。（覃大友）

【物业管理】 全区共有住宅小区15个，商住混合小区2个，面积约48万余平方米。建立区物业管理联席会议制度，强化街道、社区属地管理和部门联动管理责任。加强对物业服务企业监督管理，落实物业企业考核制度，组织开展物业从业人员培训，大力完善小区配套设施，先后投入600多万元完成文丰、沙坪、岩门、景源、中湖等安置小区综合提质改造。（覃大友）

【住房公积金管理】 武陵源区房改办成立于1995年，下设住房公积金管理股；2003年单位机构改革，上划归张家界市住房公积金管理中心直属管理，更名为张家界市住房公积金管理中心武陵源区管理部。自成立至今先后被武陵源区委区政府、张家界市住房公积金管理中心多次评为先进单位。2017年，编制3个，在岗2人，聘用2人，主要从事归集、支取、信贷等工作。2017年，全区共归集住房公积金8563.18万元，同比增长32％。累计归集总额59913.57万元。支取公积金3205.21万元，累计支取38026.27万元，归集余额为21887.3万元。2017年，发放个人住房贷款759万元，回收贷款本金1241.31万元，利息259.03万元。累计发放个人住房贷款1568户18471.2万元。现有贷款户数626户，贷款余额为7788.34万元,全年实现增值收益417.94万元，同比增长54％。（于国君）

城市管理

【概况】 2005年6月成立武陵源区城市管理局。2017年，核定编制44名，实有在编在岗人员44人，领导职数3名。内设“一室三股”,下设城区市容中队、控违巡查中队、渣土管理中队、锣鼓塔综合执法中队。（刘伟锋）

【城区美化亮化】 城区（含张清公路沿线）拆除存在安全隐患广告牌共127块，总面积约900平方米；金鞭大道两侧沿线违规设立的户外广告初步清理完成，累计拆除各类违规广告牌45块，拆除总面积约240余平方米。城区井圈、井盖提质改造已完成，累计更新井圈井盖257块。“三桥”亮化工程竣工验收。高云路（延伸至桂花路）、武陵路路灯提质改造于2017年春节前完工，其他路段路灯升级正在组织施工安装；城区其他路段亮化设计方案目前已制定初步方案。（刘伟锋）

【国家卫生城市创建】 成立工作机构，加强组织领导。牵头制定《武陵源区创建国家卫生城市实施方案》，成立“创卫”工作推进组，召开“六城同创”工作动员大会，抽调人员组建“创卫”工作办公室，协调、处理全区“创卫”相关工作，各责任单位基础工作按计划有序推进。拿出停车场建设规划初步方案报政府审批，形成《城区道路停车收费实施方案》《张家界市武陵源区道路机动车临时停放收费管理办法》，城区道路停车收费日益成熟。联合市交警支队直属二大队开展交通秩序整治“百日会战”，对武陵路、白鹭路、天子路等路段乱停乱摆等行为进行集中规范，全年出动执法人员千人次，整治成效初步显现。在城区各路段人行道添置、完善限行桩（杆）100余处，杜绝车辆乱停乱摆。（胡升祥）

【城市管理攻坚】 为进一步提升城市管理水平，由城管局牵头开展道路停车收费、路长制、环卫市场化改革等前期工作。道路停车收费已实施；《武陵源区路长制实施方案》已行文，路牌设计样稿正在审议。突出环境问题整治工作涉及城管局主要有4项工作任务，3项已销号（社会生活噪音及路边烧烤油烟污染、城区酒吧噪声扰民），餐饮油烟治理工作分2批进行，至年底第1批已完成验收，正在申报兑现安装环保设施补贴。（刘伟锋）

【市容市貌管理】 加强市容市貌日常监察力度，推行“7+2+1”执法理念（即七分服务、两分管理、一分执法），文明劝导相关业主近2000人次，同时全面推行执法队员“结对交友”办法，加强与市民互动，提升群众意识。强化市容秩序，集中开展专项整治，规范标志门流动摊贩、天子街东西通道、喻家嘴十字路口集市早市夜市，清理张青公路沿线、天子路夜市、高云路夜市占道经营（随意摆摊设点），拆除天子街、兴业三下锅临街占用绿化、空坪隙地搭建建构筑物。拆除城区26块违规设置户外广告牌，依法收缴物品287件，取缔违规广告牌57块，清理过期横幅248条（含张清路），查处散发小广告385起，收缴宣传单万余份。制止城区垃圾随意焚烧行为58起，清理占用人行道堆放物品25处。（刘伟锋）

【控违拆违】 加强日常巡查，每天保证有工作人员对城区范围内管理区域进行巡查，并按规定填写巡查日志，发现违法建设做好台账登记，并在第一时间对违法建设人下发停工通知，对无建房手续场地共下发责令限期拆除文书77份，配合百花洲拆迁工作下发行政强制拆除通知书6份。配合属地政府实施违法建设拆除工作，配合属地街道拆除39次，累计拆除违法建设51处，拆除总面积4000平方米。

（刘伟锋）

【周边环境综合治理】 建立和完善城乡接合部、河道沿线、张清公路沿线保洁制度，城区实行每日两次普扫、12小时保洁制度。不断完善环卫基础设施，强化城区周边垃圾收集和袋转化推行工作，实行统一收集、及时清运、集中处理。对宝峰路、张清公路沿线、喻家嘴城乡接合部等重点区域开展8次环境卫生综合整治行动。按要求组织单位干部职工开展4次“城市清洁日”活动，提高市民卫生意识，营造“爱我家园、人人有责”良好氛围。（刘伟锋）

城市供水供气

【城市供水】 2017年，武陵源自来水公司实现供水总量458万吨。回收售水量270万吨，供水回收率58.95%。完成各类收入739万元，与2016年同比增长23.99%。其中水费收入664万元，同比增长22.74%。综合经营收入75万元，同比增长36.36%。代征自来水污水处理费275万元，新增固定资产557万元，上缴税收87万元，新增和改造DN75以上供水管道4156米，新增一户一表用户150户，完成维修抢修127次，更换卡表、光电表275台次。

（自来水公司）

【城市供气】 张家界新泰天然气有限责任公司成立于2009年5月8日，负责给武陵源城区供气。城区天然气中压管道敷设31.2公里。居民用户入户安装

2542户，商业用户安装102户。2017年，居民售气量68万立方米，商业售气量203万立方米。

（新泰天然气公司）

城区环卫

【概况】 武陵源区环卫处组建于1990年，属区政府全额拨款的副科级事业单位，隶属于区城市管理和综合执法局，负责城区环境卫生清扫保洁、垃圾收运处理、公厕中转站管理、卫生收费、生活垃圾场管理等工作。2017年，有工作人员242人，其中干部职工50人、临时工156人、退休36人，一线人员占单位总人数的95%。（王　娟）

【设施设备】 2017年，单位新增2台扫路车，现共有车辆32辆，其中钩臂车12辆、摆臂车6辆、转运车6辆、小型转运车5辆、压缩式收集车4辆。管理公共厕所6座、垃圾中转站26座（城区17座、锣鼓塔街道6座、中湖乡1座、天子山街道2座）。索溪峪街道在建垃圾中转站6座，土建工程已完成60%。（王　娟）

【垃圾收运】 范围为城区街道及周边7个居委会，日清扫保洁面积68万平方米，日平均收集清运处理垃圾120吨。清扫队现共有清扫保洁人员86人，全队分15个网格，实行每日两次普扫、三班保洁的18小时工作管理机制，专人清理城区绿化带和清掏清洗240个果皮桶垃圾。全日对路面上白色垃圾、砂石进行清扫，保证路面整洁、无裸露垃圾。（王　娟）

【路面冲洗】 城区主干道全面运用“一次全面冲洗，三次洒水”的模式，实行“定人、定车、定标、定责、定时”工作制度，夜间作业，避免干扰通行。实行司机负责制，冲洗质量达到路面、人行道亮脚无淤泥、无残留垃圾、排水通畅无积水，路面见本色。（王　娟）

【垃圾处理】 实现垃圾收集、压缩、中转、无害化处理一体化，生活垃圾收集转运至野猫峪垃圾填埋场处理。垃圾库区消杀工作到位，除下雨外，每天进行两次生物药剂喷洒的灭蝇除臭。每天对进入垃圾库的垃圾车辆登记和检测，从源头就杜绝建筑垃圾及相关废弃物、医疗垃圾等含重金属有毒有害垃圾进入垃圾库。全年共处理56374吨。（王　娟）

【垃圾渗滤液处理】 全年累计处理渗滤液8052吨，并达标排放进入城市排污网管。对出水口水质进行在线监测，对出水口和确定的地下水质检测点取样进行第三方检测。加强渗滤液处理设备的维护工作，做好垃圾场应急预案，防止渗滤液泄露等意外事故发生。（王　娟）

【环卫管理】 环卫督查队为提高城区市民居住卫生环境，采取宣传、管理与查处相结合的办法，加强对城区垃圾乱拖乱倒、抛洒滴漏及夜垃圾的管理。取缔街道沿线放置的垃圾桶，减少视觉污染。协助城管分局渣土管理中队严格管理渣土乱倒、沿途洒落现象。加强环卫督查，查处单位违规37起。（王　娟）

【环卫宣传】 一是利用电视台、新闻网络等开展宣传；二是通过一线环卫工人及城管执法队员上门服务宣传；三是到社区、建扶村宣传。多渠道宣传文明生活方式，提升群众的环保意识，教育引导群众逐步养成文明、健康和良好的生活习惯。鼓励引导群众积极主动参与环境卫生综合整治，提高武陵源生态环境治理水平和环境卫生水平，营造全民共同维护环境卫生的良好氛围，提升武陵源城市品位。（王　娟）

【服务收费】 人员执证上岗，依规按标准足额收取垃圾清运处置费，做到文明礼貌、依标足额收费，不乱收费、不巧立名目收费，年累计收取垃圾清运处置费150万元，做到收费工作“零”投诉。

（王　娟）

交通·邮电

Transportation · Post and telecommunications

综　述

【概况】 1989年8月成立武陵源区交通建设局，1993年4月按职能分开设立武陵源区交通局，2011年7月更名为武陵源区交通运输局至今，机关在编人员5人。挂靠单位1个：张家界市武陵源区人民政府交通战备办公室（在编3名），二级单位2个：张家界市武陵源区地方海事处（全额拨款副科级事业单位，在编3名）、张家界市武陵源区道路运输管理所（全额拨款副科级事业单位），归口管理单位3个：张家界市武陵源区公路局（全额拨款正科级单位），张家界市武陵源区交通建设质量安全监督管理所（全额拨款正科级事业单位）、老木峪隧道管理所（全额拨款正科级事业单位）。（周　兵）

【交通设施】 武陵源交通设施基本完善，连接城区、景区、乡村、区外围和省市公路四通八达，全区通车公路里程410公里，其中国道23公里、省道87公里、县乡道路160公里、村道140公里。武陵源汽车站，外围公路G241张清公路大通道、S241龙阳大通道、S303教分路、S521插分公路，景区公路峪园大通道、插梓路、索张路、天贺路、茶中路等公路，均互联互通，将景区与周边市县距离缩短到1小时车程之内。群众出行，游客出入，方便快捷。（周　兵　郭庚山）

交通运输市场管理

【概况】 1989年10月武陵源区交管站成立，2002年6月更名为武陵源区交通运输管理所，2011年7月更名为武陵源区道路运输管理所至今，为财政全额拨款的副科级单位，核定财政全额拨款事业编制27人。2017年，全区有城市公共客运企业2家，5条公交车线路，48台公交车，（不包括环保公司公交车70台），75台出租汽车，客运企业7家，危险货物运输企业1家，货物运输企业2家，经营车辆964台（其中纳入省平台监管考核的车辆398台），客运站1个（不包括中湖、天子山、协合乡农村客运站场）。驾校2家，维修企业3家，全区道路运输企业从业人员2028人。2017年被市综治委授予张家界市“平安交通”荣誉称号。（周　兵）

【春运工作】 2017年春运从1月13日开始至2月

21日结束，全区共安全发送旅客129.1万人。运政执法全员上岗保畅通，坚持把强化安全监管贯穿始终，及时掌握客流动态，合理安排调配运力，提升运输服务质量，净化交通运输市场经营环境，保障道路运输畅通，实现全区法定假期无道路运输安全事故，无旅客服务质量投诉，无旅客滞留，道路旅客运输安全平稳有序。（周　兵）

【打非治违】 根据区委区政府及上级主管部门的工作部署和要求，大力开展道路运输市场“打非治违”工作，2017年，共出动执法人员6100人次，出动执法车1150辆次，检查车辆1085台次，办理道路运输违法、违章案件402件，处罚款162万余元，全区道路运输市场秩序明显好转。（周　兵）

【城乡客运】 2017年，以打击非法营运和排查事故隐患为主，遏制各种非法客运活动，维护安全畅通的经营秩序，杜绝交通事故发生。对全区城市公共客运经营者及驾驶员进行质量信誉考核和继续教育。完成15辆出租车更新换代。及时处理有效投诉48起，其中出租汽车45起、公交车3起，处罚款5万多元。组织20辆公交车、30辆出租车参与“爱心送考”志愿服务主题活动。全区33个建制村实现村村通客运班车，建制村通客运班车率100%，在全市排在前列。（周　兵）

【法制工作】 将遵法、学法、守法、用法与日常工作紧密结合起来，进一步提高了干部职工的法律知识水平，促进依法治运工作顺利开展，2017年，全所27人参加普法考试，成绩全部为优秀。在市交通运输局组织的行政处罚案件检查中，全年所承办的行政处罚案件无差错，受到上级肯定。（周　兵）

【维修驾培】 2017年，区运管所以维修质量信誉评定工作为契机，对全区3家二类维修企业经营主体、从业人员、维修质量保证，进行一次无死角的安全、资质、场地清理，下达整改通知书，强化营运车辆二级维护管理。进一步规范三类维修企业经营行为，从业人员的素质有所提高，诚信经营、优质服务得到了保障。加强日常监管，不定期深入驾培学校，对每期培训学员档案进行规范化指导，对教练员理论和实际操作情况及车辆性能进行检查。随着驾照考试难度的增加，督促教练做好机动车驾驶员培训，推动驾驶员培训从“应试教育”向“素质教育”转变，促进全区驾培教学质量提高。（周　兵）

【车辆审验和行政许可】 2017年完成客运车辆审验725台，货车审验106台。对当事人申请的8台班线客运和8台货物车辆予以行政许可。（周　兵）

【水运市场监管】 加强安全检查，全年共排查安全隐患12处，提出整改措施12条，下达整改通知书5份，辖区无省政府挂牌督办整改的重大安全隐患。加大巡航检查频次。加大巡航检查力度，突出“春运”“两会”“汛期”“国庆”“十九大特殊防护期”等重点时段的安全监管,共开展巡航检查45次，督促各涉水企业、渡口船舶签单员认真履行签单发航职能职责，确保船舶安全渡运。规范渡工渡船管理。及时更新船舶及船驾员基础资料数据库，进行动态管理。吸取四川广元白龙湖景区翻船事故教训，督促水上运输企业及时更换、配备救生设备，完善安全警示标志等设施，严格执行“六不发航”管理制度。对全区111名船员、渡工和水上安全员进行集中培训，提升全区水运从业人员的整体技能和素质。选派人员参加全省水运系统执法资格培训和水运系统智慧化建设培训班，加强对水运相关法律、法规的学习，重点学习海事管理法律法规、船舶监督管理，提升履职能力。大力加强海事职能、发展成就和保障旅游发展的宣传，提升海事的影响力。在各媒体发表文章100余篇，在区政府大门前、喻家嘴集贸市场开展水上交通安全知识宣传,结合“安全生产月”宣传活动安排，在军地坪小学开展1次

水上交通安全进校园活动，在宝峰湖景区开展1次应急演练。（郭庚山）

【交通安全生产】带头落实安全生产责任制，实行“一岗双责、党政同责、齐抓共管、失职追责”，与直属各单位签订安全生产责任状，落实安全生产监管责任，督促企业落实安全生产主体责任。突出重点，定期或不定期开展交通系统安全隐患大排查、大整治，把道路、水上、运输、施工安全作为交通安全重点，2017年共组织日常、集中、联合、专项等执法活动共计188次，出动执法人员3240人次，检查生产经营单位118家次，下达执法文书176份，立案调查192起，下达行政处罚决定书178份，经济处罚58.53万元，责令停产停业的企业和私人163家（个），暂扣或者吊销许可证照25个。完善应急预案，畅通信息渠道，强化应急演练，严格值班、报告制度，促进安全稳定形势持续好转。（郭庚山）

交通项目建设

【概况】2009年底，国家实施成品油税费改革，将市交通规费征稽处直属二所成建制下放区交通规费征稽所，更名为区交通建设质量安全监督管理所，为区交通局管理的正科级事业单位，人员编制为8名。2011年，核定财政全额拨款事业编制7名。2017年，区交通建设质量安全监督管理所编制7名，在岗人员8名（在编人员7名、聘用人员1名）。内设办公室、综合监督股，所长（正科级）1名，副所长（副科级）1名。主要职责范围是农村公路建设工程，以及一般公路养护和一般灾害处置工程的质量安全监督管理；大桥以下桥梁建设工程质量监督管理，三级以下汽车站场和中小型水上项目建设工程质量安全管理。2016年，被市交通建设质量安全监督管理处授予全市交通建设质量安全监督工作先进单位荣誉称号。（杜雷琼）

【农村公路建设】2017年全区农村公路建设完成重要县乡道20公里、窄路加宽项目26.24公里、边界路、断头路3公里、“三乡十村”白改黑项目7公里、路网完善项目0.6公里、桥梁工程两座、村组公路建设17.8公里。全区已基本实现人口在100人以上的自然村通水泥路，90%建制村通路宽4.5米以上硬化公路。（郭庚山）

【干线公路建设】（1）环景区公路南线。总投资1.1亿，2017年年底，一标完成插旗峪至梓木岗路基、水沟、路肩墙，已完成水稳层铺装1公里；二标峪园隧道至梓木岗路基已基本完成、挡土墙完成90%，路面破碎完成7.5公里，正在进行路基精加工，梓木岗至水绕四门水沟已完成90%，正在准备进行路面铺装。截至2017年年底，该项目已完成总投资约5500万。（2）插旗峪至分水岭公路14公里，总投资3.09亿元，征地拆迁工作基本完成。2017年年底，项目已完成路基土石方12万余立方米、完成隧道掘进约343米。完成资金投入约9000万元。（郭庚山）

【工程质量与安全监督】受理监督公路工程建设项目共20个，其中已完成公路窄加宽4个及路面白改黑项目4个；新建小桥项目2个；生命安全防护工程2个。全年共组织召开质量安全监督技术交底会2次，参加项目建设期间质量安全工作分析例会3次；到建设工地开展监督检查47天共计142人次，有质量安全巡查记录55份，各受监工程质量与安全监督覆盖率达100%。工程质量抽查合格率达100%，消除工程质量安全隐患，确保质量安全，杜绝工程质量安全事故发生。（杜雷琼）

【安全生产】一是加强领导，全面落实安全生产责任制。与本所各股室和各交通建设企业分别签订安全生产责任状，各司其职。要求单位法人为安全生产第一责任人，并在单位内部层层签订安全生产责任状，真正做到安全生产责任制落实到位，责任到人。

二是突出重点，切实抓好安全专项整治。开展春运、清明、“五一”、端午、“安全生产月”“平安工地”等安全生产专项检查；对安全生产制度的落实情况、现场用电安全、无安全施工标志标牌、无安全防护、使用危险品情况、施工设备带病运行等安全隐患进行全面排查治理；对较大安全隐患，重点跟踪，限期整改。开展集中安全生产专项行动9次，排查和消除隐患15起。通过检查及时发现问题，及时整改，有效遏止安全事故的发生。认真开展打非专项行动工作，加强防汛安全管理，组织企业积极开展并落实“企业安全生产主体责任年”活动。三是广泛宣传，努力营造安全良好氛围。围绕“百日安全”“春运”“安全生产月”“安全生产年”“安全生产百日督查专项行动”“打击安全生产非法违法行为”等专项整治活动，编印《交通建设项目质量安全监管工作手册》，发放《交通建设工程安全监督培训资料》100余份。

（杜雷琼）

【依法行政】 一是制定实施质量监督的工作流程。印发《交通基建工程质量监督申请书》《工程质量监督通知书》《工程质量监督抽查意见通知书》《工程质量抽验记录表》《返（停）工通知书》《复工通知书》和《工程竣工验收备案告知单》。二是引导工程质量监督工作有序开展。印发《交通工程建设质量安全监督交底书》，在各工程开工前召集项目参建单位对工程质量安全监督工作进行交底，让受监单位享有知情权，了解监督的方式、措施和内容，充分发挥受监单位自查自纠、自我约束积极性和主动性，自觉规范工程质量和施工安全行为，减少和避免质量安全问题和事故发生。三是着力加强行政执法队伍建设。编制《交通建设项目质量安全监管工作手册》作为员工日常学习内容，提升监管水平。认真落实行政执法人员资格制度，没有出现执法人员无证上岗、无证执法现象。加强执法人员教育培训，先后3次参加市质安处举办法律法规培训，培训人员8人次，全员参与。

（杜雷琼）

公路管养

【概况】 2009年11月，公路管养从张家界市公路局成建制下放到武陵源区。2011年5月，与区公路管理站合并成武陵源区公路局，农村公路养护管理职能归口到列养公路管理。2017年，有在编干部职工53人（其中局班子3人），退休人员22人，下辖6个职能股室和4个养护道班，担负全区382.929公里干线公路及农村公路的建管养等工作任务。公路路容路貌良好，优良率在80%以上，其中省道S306线黄龙洞路段被评为省级文明示范路。主要干线公路安保设施完善，设置合理，体现出景区公路与自然景观的和谐共融。2017年，局支部发展预备党员1人，培养入党积极分子1人，先后被区委、区人民政府、区人大常委会评为安全生产、绩效考核、议案办理先进单位。

（文绍喜）

【小修保养和道路建设】 探索总结推广核心景区农村公路民养、民管、民享管养机制，建立一支强有力的农村公路养护专业队伍，在全区农村范围内选配100位农民养护工充实到农村公路建、养、管一线工作岗位。农村公路日常养护管理做到“五个到位”：管养责任落实到位、机构人员配备到位、制度制订执行到位、资金筹措管理到位、监督检查考核到位。实现“四个提高”：提高管养能力、提高路况水平、提高服务质量、提高群众满意度。投入350万元对教分线、插分线公路进行综合整治，投入110万元对龙阳公路、张清公路进行绿化美化，投入170万元完成19.8公里农村公路安防工程建设，投入300万元处置全区农村公路安全隐患，投入100余万元对清武线岩门坡路段进行路面改造。

G241武陵源城区提质改造一标段工程项目建设正在施工。

（文绍喜）

【路政管理】 一是开展路域环境整治行动。以“一配三清”（配植绿化，清理垃圾、清理违章建筑、清理违规广告）为整治重点，依法彻底整治公路沿线环境脏、乱、差现象。清除国省道、县乡公路沿线乱堆乱放生活及建筑垃圾、非法废品收购点，消除建筑控制区内外白色垃圾，提高国省干线公路沿线环境洁化程度。二是加强与交警、公安、城管、运管等部门联合执法。对公路沿线占道经营、路店不分、公路脏、乱、差现象、设置非公路标志等违章行为进行重点整治。三是加大路面综合整治工作力度。投资 80 万元建成科技治超信息平台，投资 170 万元安装建成全市第一套治理车辆超限超载不停车检测系统。（文绍喜）

【安全生产】 建立横向到边、纵向到底安全责任制，把安全管理责任层层分解，做到安全工作与生产同时布置、同时检查、同时总结验收。建立健全安全生产三级管理网络，即局机关、养护道班和建设工地三级安全生产管理组织机构。积极开展“安全生产月”活动，运用丰富多彩的形式，对局机关、各道班和施工场地的工作人员进行安全生产教育，重点是深化干线公路建设安全专项整治和公路养护安全及隐患治理工作、安全生产法律法规和应急演练等。（文绍喜）

【文明创建】 开展“文明样板路”“文明楼院”“文明标兵”“文明家庭”“文明餐桌”等行业文明创建活动。投入 12 万余元，对局办公大楼墙体、室内卫生间、食堂厨房等进行整修改造，在办公大楼楼内楼外全部安装监控，对大楼庭院进行全方位绿化美化。开展篮球、乒乓球、羽毛球、中国象棋、拔河、板鞋等形式多样的文体活动。开展党员模范队、工人先锋队、青年突击队创建活动，引导干部职工用实际行动投身到公路建养管一线工作中。开展“送清凉、鼓干劲”主题慰问活动，为一线道班养护人员、重点工程建设项目职工送去防暑降温用品。（文绍喜）

【廉政建设】 严格落实“三重一大”工作决策。持之以恒落实中央八项规定和廉洁从政有关精神，在公务接待、公车使用、操办婚丧喜庆事宜等方面，严格按照有关规定执行。通过上廉政党课、开展廉政谈话、召开专题会议等形式，抓好干部职工党风廉政教育，促使干部职工时刻绷紧廉政主弦。（文绍喜）

隧道管理

【概况】 2000 年 5 月 18 日，张家界市编办批复成立张家界市张清公路老木峪隧道管理所（收费站），一块牌子、两班人马，副科级事业单位，人员编制 16 名，由市交通局管理。2002 年 3 月 6 日升为正科级，1 名所长，2 名副所长。2009 年年底，国家燃油税改革，收费站撤销，管理所由市交通局成建制下放到武陵源区，机构名称保持不变，为区交通局管理正科级事业单位，人员编制为 16 名。2017 年，老木峪隧道管理所人员编制 8 名，在编职工 8 名，内设综合办公室、工程安全股、养护路政大队，所长（正科级）1 名，副所长（副科级）1 名。负责老木峪隧道、峪园隧道、桂园隧道养护管理。老木峪隧道于 1996 年 10 月开工建设，1998 年 9 月完工通车，山岭重丘区二级公路，线路编号 G241，长 2121 米，行车速度 40 公里 / 小时，行车道宽 7 米，净高 5 米。峪园隧道于 2001 年 10 月开工，2005 年 9 月完工，山岭重丘区二级公路，长 2714 米，行车速度 40 公里 / 小时，行车道净宽 7 米，净高 5 米。桂园隧道长 170 米，相关指标与峪园隧道相同。2002 年，老木峪隧道管理所荣获湖南省青年文明号，2001 年至 2008 年荣获湖南省公路征费先进单位，2005 年荣获张家界市文明窗口单位。（杨　涛）

【隧道养护】 一是日常养护。每日对隧道巡检一次，每周清扫一次，每半月清洗一次，及时清除垃圾、渣土和灰尘，确保隧道干净整洁。根据施工和天气情况，及时开启风机排气，及时排除隧道废气和扬尘；确实加强隧道照明，增强隧道视线通透度和舒适度。每年风机和照明投入电费90多万元。二是小修保养。主要完成沥青混凝土路面和人行道以及机电设施的维修。路面修补150平方米，人行道250米，消防管道300米，更换照明灯具50个，用电线路200米，维修变压器2台。全年投入20多万元。三是公路水毁抢修和冬季除冰防冻。及时对隧道两头洞口山坡两条300米泄洪沟进行清淤，清除渣石600平方米，砌筑挡土墙30米。冬季用工业防冻盐30吨，出动人员85人次，出动车辆15辆次，清理冰冻路面15公里，确保3条隧道及进出核心景区公路畅通。（杨　涛）

【隧道管理】 一是抓好路政管理。共上路巡查96天，路政巡查覆盖率100%，拆除违章搭棚3处，清理违法占用公路堆物放料8处，清理乱堆杂土8立方米，纠正各类路政违章23处，整顿公路沿线违法摊点3个，维护路产路权，保障公路安全畅通。二是抓好车辆超限超载治理。开展公路巡查和路面治超，车辆超限超载态势得到有效治理，货运和渣土运输车辆超载率稳控在控制线以下，通过隧道55吨以上超限超载车辆基本消除。三是抓好路政执法行为监督。严格按照行政执法工作要求，着力提升执法人员文明素养和专业水平，强化服务意识，规范执法行为，提高管理水平，树立良好公路行业执法形象，全年未发生一例路政执法违纪违规行为。（杨　涛）

【安全生产】 一是抓好安全制度化建设。实行“一岗双责”制度，层层签订安全生产责任书，做到一级抓一级，实现安全生产责任全覆盖。进一步加强公路隧道通行安全监督管理，预防和减少安全事故发生。二是注重安全教育宣传。坚持每月召开一次安全生产工作例会，深入开展“安全月”活动。制作LED宣传标语30条，每天滚动播出。组织干部职工听安全知识专题讲座，看安全生产教育警示片，对《中华人民共和国安全生产法》《公路养护安全作业操作规程》相关知识进行测试。三是全面排查治理安全隐患。对公路隧道的薄弱环节、安保设施配备、施工现场管理等进行全面检查，发现有边坡塌方、落石、路基下沉、隧道拱顶、墙壁裂缝渗漏水等安全隐患及时上报，设置标志牌，限时进行整治。重点加强老木峪2号隧道爆破施工对1号隧道安全影响监控。督促施工方采取科学方法安全爆破施工，且在1号隧道进行震动监测，确保1号隧道安全运行。督促施工方运输车辆出场前后及时清除渣土灰尘，确保隧道无障碍无灰尘。安装隧道壁反光标志1200个，行车指示标志6块，新划警示标线1000米，清理山洪淤积池100平方米，清理水沟150米，整修消防栓15个，消防管道150米。（杨　涛）

邮　政

【概况】 中国邮政集团公司张家界市武陵源区分公司隶属于中国邮政集团公司张家界市分公司，公司办公地址位于武陵源区白鹭路39号。2017年分公司有在职员工36人，退休员工10人。共设一部一室，即综合办公室、市场营销部，下设4个中心、2个营业所。经营范围：国内报刊发行、销售；代办电信、电信增值业务；邮政储蓄代理；国内、国际汇兑；国内、国际函件；国内、国际包件；代理国内、国际特快专递；机要业务；邮资凭证销售；邮政礼仪；电子商务；邮政媒体广告；邮送广告；信息服务；集邮品开发、销售；各类邮政代理业务；农业生产资料（限向农村以连销经营方式）、日用品配送、销售等。与邮政业务相关的设计、施工等服务项目；代办电信各项业务；社会各类代办业务；开办放开经营的电信、公众网吧、信息业务以及国家允许开办的其他服务项目。2017年实现业务收入1065万元，累计完成预算比例110%，其中邮务类板块完成156.8万元，金融类板块完成377.15万元，代理速递类板块完成229.83万元，其他板块完成301.22万元。武陵源区分公司索溪峪营业所连续3年获得省级“百佳、百优、百强”网点称号，索溪峪营业所基本实现余额两年翻一番的目标。截至2017

年12月31日，金融总资产规模达2.5亿元。(关志初)

【设施建设】20世纪50年代后期，设有中湖、协合、喻家嘴、泗南峪4个邮政代办所，为委托代办或自办形式机构，没有房子，也没有配备正规的办公设施。1990年武陵源区邮电局正式成立，邮电支局，邮电所的设置有了雏形：森林公园管理处支局，中湖乡支局，天子山镇支局，协和乡邮电所，除协和乡采用委托代办形式之外，全部拥有独立的办公场所和较好的办公设施。1998年邮政、电信分开经营，上级邮政部门拨款和区邮政局自行筹款500万元新建武陵源邮政局办公大楼。2015年4月9日，张家界市武陵源区邮政局正式更名为中国邮政集团公司张家界市武陵源区分公司。至2017年年底，武陵源区分公司拥有邮政综合办公楼1栋，宿舍区1个，临街门面20个。公司有邮政服务网点5个，分别为索溪峪中心所、森林公园邮政所、中湖乡邮政所、天子山邮政所、协和乡邮政所，其中天子山、协和乡两个邮政所是2012年在商务部及区委、区政府的支持下补建；1个金融网点；核心景区设立主题邮局5个，分别是黄龙洞生态主题邮局、宝峰湖大鲵主题邮局、森林公园主题邮局、天下第一桥主题邮局、梦幻主题邮局（百龙天梯上站）。另外建有标准健身房、娱乐室、练球室、图书室等等。配备各类器械，体育用品，能够满足邮政职工文体娱乐活动需求。(关志初)

【邮路建设】20世纪50年代前，武陵源辖区没有一条正规邮路，没有邮政通信与外界交流。50年代至80年代，中湖乡，天子山镇（原为泗南峪乡），喻家嘴乡（现为索溪峪街道），协合乡，森林公园管理处先后通邮并设置邮政所，分别隶属于大庸、慈利、桑植县，通邮地区都处于各县乡邮道的末梢，直投面相当小，只占全区域的3%，邮路长度14.5公里，而且大都实行步班，每周一班或每周两班。1989年年底成立武陵源区邮电局筹备组，驻地设在森林公园，负责武陵源区邮政电信建设的规划和筹备工作。新设置以森林公园管理处为中心向四周辐射的2条邮路：森林公园管理处至张家界村，森林公园管理处至水绕四门，邮路长10公里。1990年7月，正式建立武陵源邮电局并定局址于索溪峪军地坪。经过一年时间的调整和完善，形成以公园管理处和军地坪两处为中心，向全区四周辐射的邮路五条：森林公园至中湖乡至天子山镇（60公里），森林公园至张家界村部（5公里），军地坪至水绕四门至龙尾巴村（30公里），军地坪至喻家嘴至黄龙洞（9公里），军地坪至宝峰湖（3公里），除森林公园至中湖未通公路外，其余分邮路全部实行机动车班，里程共计167公里。1996年，增设了军地坪协合乡邮路，长24公里。截至2017年年底，在全区范围内共设邮路六条，总长191公里，均实现机动车班，森林公园管理处和武陵源城区内实行周七班，其余各邮路分别实行周五班。(关志初)

【邮递服务】武陵源区分公司为全区5万余常住人口提供用邮普遍服务，2015年商务部为公司配备了1台机要邮件投递专用机动车，投递工具由之前的自行车到两轮摩托车，再到三轮摩托车（电瓶车）。公司实现拥有三轮摩托车（电瓶车）8辆的混合性投递模式。使武陵源区的普遍服务“最后一公里”覆盖50%农村、100%城市。特殊服务安全率、及时率均达100%。(关志初)

【农村电子商务】为促进农产品进城工业品下乡，截至2017年年底，已建成24个邮政综合服务平台(其中农村15个、城市9个)、9家电商扶贫站点和1个电商孵化园，并成功引进电商10家，且“众创空间”运营建设项目正式启动。(关志初)

电　信

【电信武陵源分公司】隶属于中国电信股份有限公司张家界分公司，公司办公地址位于军地坪未央路

39号，分公司有在职员工50多人。共设二部一室（销售服务部、网络部、综合管理办公室），下辖森林公园和中湖2个支局。2017年武陵源区分公司全面完成上级公司下达的量收计划。公司以提升服务质量，提速降费惠及民众的发展思路，推出“六项服务承诺”，全力建设光网、实现4G全区覆盖。截至2017年年底，业务发展呈快速上升态势，中国电信服务品牌得到进一步提升。全力实现互联网化、利用光网促发展、提升服务保平安。公司按照政府工作报告要求，积极向市公司汇报，争取资金全力配合区政府做好信息化新农村建设。2017年年初全区就实现光网全覆盖目标，是全市第一个率先做到真正意义上的农村全光网覆盖的区县。服务方面，用心做好“六项服务承诺”，加强学习和贯彻，加大管控和考核力度，实行责任到人、落实到位，进一步明确考核指标，全年8小时修障及时率及8小时开通率达99.98%，大大提升了客户感知和满意率，各项指标在全市均处于领先。抓好重点工建设，提升企业通信能力。2017年公司全年投入建设资金2000多万元。期末移动3G基站达120个，移动4G基站开通达230多个；增铺设光缆3500多纤芯公里，新建端口3784个；截至2017年年底武陵源区（含农村）已经实现光网全覆盖；建设投资和业务收入均完成年初的计划目标。2017年公司的业绩得到大幅度提升，荣获省公司授予的“先进基层工会”“美丽庭院”荣誉称号；荣获市公司授予“2017年业绩考核达标奖”“工会先进单位”“安全生产先进单位”等荣誉称号，全年15人次受到区委、省、市公司先进表彰。（杜修政）

【移动武陵源分公司】 截至2017年年底，分公司共有在职员工15人，客户规模达3.8万户，宽带规模达0.34万户，营业网点15个，遍布城区、城郊及乡镇。2017年，武陵源移动通信加大网络建设，通过一年工程建设和设备扩容，移动信号已覆盖景区、城乡及主干道，截至2017年年底，武陵源已建成2G基站118个、4G基站412个，基站总投入达1.59亿元，行政村覆盖率达到100%，武陵源集团使用专线共计186条。在客户服务方面重点打造“10分满意”，改进服务短板，提升客户满意度，降低客户投诉率和客户离网率。在集团客户服务方面，加强回访次数，提高回访效率。同时加强队伍建设，促进员工发展，注重薪酬市场化建设，激发职工工作激情，确保职工福利落实到位。2017年组织职工参加市公司秋季运动会，武陵源区移动公司在篮球、足球、羽毛球及5公里长跑赛事方面取得优良成绩。（赵琢玉）

【联通武陵源分公司】 中国联合网络有限公司武陵源分公司作为中国联通在武陵源地区的分支机构，于2000年6月组建成立，主要负责经营中国联通在武陵源行政区域内电信基本业务及电信增值业务，公司共有部室4个，即市场营销部、客服部、集团大客户中心、综合管理部，下辖11个营业代办点、27个社区乡镇业务代办点，覆盖全区大部分地区。公司主要经营范围：主要经营GSM、WCDMA和LTE制式移动网络业务、固定通信业务，国内、国际通信设施服务业务，卫星国际专线业务、数据通信业务、网络接入业务和各类电信增值业务。2017年实现业务收入1322万元，完成预算收入的99.7%，收入增幅达5.9%。新增移动用户数6183户，宽带用户数811户。移网用户规模达24467户，宽带规模达1820户。2017年完成城区网点建设1家，即武陵源天子路OPPO专卖店（联通直营），完成乡镇社区合作代办点建设11家，改造喻家嘴营业网点、武陵大道营业网点共两家，全区网点覆盖更全面。社会渠道网点2017年实现移网新增4522户，宽带新增664户，移网规模达18556户，宽带规模达1335户。

2017年政企项目取得重大突破，分别与教育局完成全区教育信息化推进、与扶贫办对中湖、天子山完成贫困户信息网络智能化。其中教育信息化对全区所有中小学的智能教学、信息化校园等工作的推进做出重要贡献，并为公司完成创收96万元。贫困户信息网络智能化，助推天子山、中湖片区扶贫工作，通过对贫困户进行智能机普及和4G网络升级，该片区所有贫困户均完成贫困信息入网、中国扶贫网注册，为全区扶贫工作的推进做出企业应有贡献，为公司完成创收10余万元。

2017年完成4G基站建设11个，3G基础建设14个，全区实现景区3/4G网络全覆盖。截至2017年12月31日，全区共布点4G基站55个（包含2G/3G/4G综合基站），3G基站103个（包含2G/3G/4G综合基站），2G基站33个（包含2G/3G/4G综合基站），基站数共计117个，基本实现全区网络信号全覆盖。 （卢爱华）

商贸服务业

Trade and service industry

商　贸

【招商引资】 2017年，共策划包装招商引资项目21个，制作完成招商宣传片及宣传册；共签约项目4个，协议投资总额67亿元；“港洽周”期间，成功举办“世界遗产地·绝版武陵源”大型专场招商推介会；全年共接待考察投资商110多批次410余人，对接500强企业9家，对接“大湘商”企业13家，对接“北上广”企业29家。（郁韵静）

【外经外贸】 2017年，武陵源区完成外贸进出口总额50.9万美元，其中乖幺妹土家织锦有限公司向欧美市场出口额为28万元，实现了武陵源区近两年来外贸出口“零”的突破；通过印发外派劳务宣传册等资料、网站信息公布宣传等途径，全年外派劳务30人，外派劳务营业额45万美元，实现武陵源区外派劳务“零”突破。（郁韵静）

【内贸消费】 2017年，武陵源区实现内联引资5.84亿元；完成社会消费品零售总额15.24亿元，增幅10.8%；实现全年粮食经营量3000吨，完成市、区级储备粮储备1500吨。检查全区7家加油站油气回收、防渗池和地下双层油罐改造，报批新建4家加油站，完成加油站年检年审；建成14个村级电商服务站和9个贫困家庭网店，电子商务村级服务站覆盖全区14个扶贫村，全区新增电商企业4家、各类网店40余个，重点培育了5家电子商务经营主体，全区实现网络销售本地农特产品零售交易额3884.8万元，工业品下乡和其他业务1528万元。投资48万元新建武陵源区电商孵化园。投资26万余元建设武陵源区电子商务公共服务运营中心。（郁韵静）

【市场管理】 2017年，武陵源区加强对商贸流通业进行指导、协调和服务。为彻底解决武陵源区宏源市场“脏、乱、差、堵”的现象，实施宏源市场提质改造工程。项目总用地面积40370平方米，总建筑面积77975平方米，其中农贸市场3226平方米、停车场9535平方米、地下储藏室9289平方米、赶集广场1761平方米。农贸市场内建有各式摊位46个。其中肉类16个，水产类6个，蔬菜类24个，市场铺面26间。（郁韵静）

【电子商务】 2017年，武陵源区加大电商发展扶持力度，重点支持电子商务宣传、培训、物流配送以及支持电商村级服务站网点的建设。完成电商孵化园建设，实现16家企业入驻。根据武陵源区现有产业优势，将“一贡米”“一莱葛”“一辣椒”定为重点产品，加速实现特色产品的标准化、品牌化、规模化，加强质量监督监管，强化注册认证。通过互联网+旅游模式，推广贫困地区的少数民族文化、农家乐、农特产品、乡村游等。2017年，实现全区实现网络销售本地农特产品零售交易额2844.8万余元，工业品下乡和其他业务1550多万元。（郁韵静）

【粮食】 2017年，按照守住管好“天下粮仓”，做好“广积粮积好粮好积粮”三篇文章的总要求，坚持以防为主，综合防治的保粮方针，做好粮仓储备配套设施提质升级，落实粮食保管制度，加强粮食库存监管，切实保障粮食的有效供给。2017年，完成粮食储存1500吨，完成储备粮380吨的轮换销售工作。

（汤建国）

供销

【概况】 1990年1月，成立武陵源区供销联社，集体经济性质，副科级，内设业务股和办公室，配备5个工作人员。2002年4月，区供销联社为正科级参照公务员管理事业单位。2005年5月，专营烟花爆竹职能划归区安监局，同时划出1个编制。2015年，区供销联社为区政府直属正科级参照公务员管理事业单位，编制4个，其中领导班子成员2个。2017年，被市供销联社评为年度全市供销系统综合业绩二等奖。（王贵珍）

【深化改革】 4月成立深化供销社综合改革领导小组。6月底区委区政府出台《关于深化供销合作社综合改革的实施意见》和《关于深化供销社综合改革的实施方案》。争取区财政提供深化供销社专项改革启动资金30万元，清欠下岗职工缴养老金。

（王贵珍）

【综合业务】 一是建设村级综合服务平台。完成李家岗村、杨家坪村、张家界社区3个农村村级综合服务平台便民超市建设。其中，张家界村综合服务平台为区供销系统建设便民超市示范点；李家岗村便民超市被列为全市供销系统便民超市示范点，争取市社扶持资金2万元。二是争取项目扶持资金。通过区社、市社、省社努力，宝峰山莱葛种植专业合作社大田托管3500亩争取到2018年中央农业综合开发扶持资金200万元；中湖三家峪村孟辉水稻种植加工专业合作社840亩基地争取到市社扶持资金5万元。（王贵珍）

烟草

【概况】 1992年12月，成立武陵源区烟草专卖局。2017年，局内设专卖、内管、客服、综合、财务、办公室6个部门，共有干部职工25人。2017年，共销售卷烟4759.96箱，同比增加4.51箱，增幅0.09%；实现销售收入12907.73万元，同比增加917.07万元，增幅7.65%；实现税利3416.96万元，同比增加7.28万元，增幅0.21%，其中：利润1156.01万元，同比增加4.51万元，增幅0.09%。11月，湖南中烟推出的芙蓉王（张家界）旅游市场专销品牌卷烟在武陵源上市，区公司积极谋划、大力营销，致力将芙蓉王（张家界）品牌打造成为张家界叫得响、拿得出、有影响的新旅游产品。（代海洋）

【专卖管理】 全年共查处案件50起，查获非法卷烟23.037万支，查获真品卷烟10.383万支，假冒走私卷烟12.654万支，国标网络案1起，刑事拘留8人、提请逮捕4人。开展无证户清理，建立卷烟无证户档案21户，下发整改通知书21份，下发处罚决定书5份，取缔无证经营户10户，转化办证户数11户。规范行政许可流程，行政审批时限“零超时”，开通微信服务信息通道，提高效率方便群众。梳理、修订、

完善内管制度和内控体系，逐步形成制度健全、流程完善、责任明确、问题落实的内部管理监督体系。（代海洋）

【精准扶贫】 全年为索溪峪街道田富村落实精准扶贫资金10.4万元，结对帮扶12户，为帮扶对象发放帮扶资金4万元，发放医疗救助金4000元。结对帮扶贫困户全部实现脱贫，圆满完成2017年度脱贫攻坚任务。（代海洋）

电 力

【概况】 国网张家界武陵源区供电公司坐落于张家界核心景区武陵源，隶属于国网张家界供电公司，担负着武陵源区2乡4街道以及森林公园供电服务工作。2017年公司设3部1中心2班2所，共有在职员工53人，服务电力客户2.05万户，并为“五一”“十一”黄金周、重大活动接待及中外游客提供方便快捷的供电服务。公司自成立以来，始终践行服务党和国家大局、服务发电企业、服务电力客户、服务经济社会发展“四个服务”企业宗旨，以建设电网坚强、资产优良、服务优质、业绩优秀的“一强三优”现代企业为奋斗目标，坚持“依法从严治企、精益规范管理”工作主基调，夯实基础，提升管理，保障地方经济社会发展电力需求，守护武陵源区光明。近3年，公司相继获得“国网公司配网标准化建设示范点”“国家电网公司文明单位”“湖南省文明标兵单位”“国网湖南省电力有限公司营销服务先进集体”“国网湖南省电力有限公司企业文化建设示范点”“国网湖南省电力有限公司职工健康食堂”“国网张家界市电力有限公司先进单位”“安全生产先进单位”“先进基层党组织”“党风廉政建设责任制考核优秀单位”等多个省市级荣誉。（杨 琰）

【电网建设】 公司“十三五”配电网专项规划投资4180.4万元，2017年落实电网基建投资729万元，新建、改造10千伏线路3.888千米；新增配变新建、改造台区17个/7520千伏安，利旧配变改造台区2个/250千伏安；新建、改造220伏/380伏低压线路15.586千米。落实农网改造，着力解决农网供电“低电压”“卡脖子”问题，公司成立“低电压”整治领导小组，根据各供电所上报和“95598”收集反映“低电压”报修数据，建立了农村“低电压”台区档案，并深入杨家界、天子山居委会等地，进行专题调研、摸排，从配电变压器容量、农村线路长度、截面、用电负荷和用户自身原因等方面，查找产生“低电压”的根源。2017年该项项目投资高达440万元，共改造村网13个，补齐农网发展短板，惠及村镇居民。特别是本年迎峰度夏期间，武陵源区电网负荷和最大日用电量连创新高（较2016年最大值分别增长26.37%、24.56%），逼近电网最大供电能力，公司严阵以待，通过配变轮换解决文丰、金杜、双星、老屋场、荷宝塔、清风峡等重过载配变问题，通过大修技改解决锦华酒店、大鲵救护中心老旧设备及重过载问题，加强供电设备巡视和监测，确保电网安全稳定运行。（杨 琰）

【安全生产】 层层落实安全责任，按照“安全第一、预防为主、综合治理”的工作方针，树立全面、全员、全方位、全过程的管理理念，通过层层签订安全目标责任状，落实各级各类人员安全生产责任，以“一落实、二推进、三强化”为总要求，扎实开展“本质安全实践”活动。开展安全月活动，组织2次集中安全警示教育，总经理讲安全课1次。同时还通过各层级例会持续开展事故通报学习，吸取事故教训，提升全员安全意识。公司以月度例会、周例会形式严格管控安全生产活动，严抓现场、严管人员、严控风险、严格过程，确保作业现场个个把关到位、监督到位、稽查到位。扎实开展季节性安全大检查，深化隐患排查治理，加强设备的巡视检查和砍青扫障工作，确保电网安全可靠运行。（杨 琰）

【树立品牌】 公司着力打造供电服务工作“电立得”特色品牌。立足服务于景区用电客户及国内外游客，紧紧围绕“抓服务提升价值，抓品牌提升活力”指导思想，突出“安全、及时、热情、贴心”四大特点，构建以“95598”平台为支撑，涵盖规划、生产、营销、农电服务协同体系，切实做到服务零距离、抢修零延迟、建设零盲点、工作零违规、设备零缺陷。为确保重要客户安全可靠用电，每年开展多次上门服务。2017年上半年对全区重点客户、高危敏感客户等提供安全用电服务30余次。不仅对现有设施进行安全检查，还定期上门为企业提供节能减排私人订制项目。在重大节假日或旅游高峰期，公司党员服务队一马当先，积极作为，赴百龙电梯、天子山景区配电房开展社会特巡，协助用户排查安全用电隐患，保障重要旅游设施用电安全。索溪峪供电所为保障景区客户安全、稳定、可靠用电，立足当地实际情况，以“你用电，我用心”为服务宗旨，摸索出一套5A级供电服务模式，实现安全生产零事故、优质服务零投诉，综合指标排名靠前的优良成绩，并被评为全国工人先锋号、国家电网公司五星级班组供电所、国家电网公司企业文化示范点、湖南省模范职工小家、湖南省标准化示范供电所。（杨　琰）

财政·税务·金融·保险

Finance · Taxation · Finance · Insurance

财　政

【概况】 武陵源区财政局成立于 1989 年，是对全区经济社会发展进行宏观调控综合经济管理部门。主要负责组织财政收入、管理支出和财政监督等工作。2017 年，武陵源区财政系统在职干部职工 60 人，内设办公室、预算股、国库股、乡财股、行政政法股和会管股等 16 个业务股室，国库集中支付核算中心、非税收入管理局、农开办等 8 个局属事业单位。2017 年全区一般公共预算收入完成 59367 万元，为年初预算的 100%，较上年增加 3149 万元，增长 5.6%。其中：地方收入完成 41909 万元，比上年增加 1362 万元，增长 3.36%；上划中央收入完成 13337 万元，比上年增加 1535 万元，增长 13%；上划省级收入完成 3587 万元，比上年减少 283 万元，降低 7.3%；上划市级收入完成 534 万元。全区一般公共预算支出 117765 万元，比上年增加 1713 万元，增长 1.5%。2017 年，武陵源区财政局先后获评“湖南省巾帼文明岗”“张家界市财政收入增收先进单位”“武陵源区宣传工作先进单位”“武陵源区安全生产工作先进单位”“武陵源区计划生育工作先进单位”“武陵源区脱贫攻坚工作先进单位”“武陵源区人大代表建议办理工作先进单位”“武陵源区提案承办先进单位”“武陵源区关心下一代工作先进集体”等荣誉称号。　（韦小听）

【财源建设】 一是抓好旅游财源建设。全年预算安排景区移民搬迁资金 2000 万元，用于核心景区拆迁。通过融资平台新增审批融资 163500 万元支持插分公路、城中村改造、天马路工程、未央路及玉泉路“白改黑”、索溪大道、岩门大桥、天际桥等工程项目建设。通过招商引资，积极推进桃花溪欢乐谷、岩门商贸城、城区农贸市场等重点工程建设；安排旅游宣传促销资金 700 万元，投入广告宣传、旅游营销活动、旅行社奖励、媒体及展会等方面。预算安排 3000 万元、统筹上级专项资金 1600 万元用于核心景区六大体质改造。二是支持乡村旅游发展。安排资金 50 万元用于乡村旅游发展规划编制；制定了野溪铺、插旗峪片区、张家界村三个示范点发展指导方案；开展星级特色民宿评定，“五号山谷”“回家的孩子”“水木潇湘”等一批特色民宿成为旅游新亮点。三是支持创新推进旅游宣传促销方式。在台北设立 2 个形象推广店；争取市政府支持出台“十免一”等优惠政策；举办首届“张家界网红旅游直播节”“西班牙网红走进张家界”等网络营销活动；创新开展“三八”

节、重阳节等多项优惠利民活动。四是支持企业发展。落实减税降费政策，全面推进营改增改革，支持小微企业发展，完成“个转企”“小升规”36家；本级预算安排资金2000万元牵手安福食品、鱼泉贡米、乖幺妹土家织锦等企业，扶持本区特色产业发展及扶贫，并对企业基地建设、品牌营销、质量安全等方面进行奖励，促进农业、纺织业与旅游深度融合，培育新的经济增长点。 （黎秋瑾）

【全力支持重点项目建设】 2017年，区委、区政府牢固树立“抓项目就是抓发展”理念，全区共谋划布局重点项目69个，计划开工项目47个，实际开工项目32个，开工率达68%；完成固定资产投资35.4亿元，同比增长18.4%，投资对经济增长的贡献率达31%。2017年筹集本级建设资金205590万元，用于智慧武陵源、核心景区入口改造、国省干线建设、乡村公路改造及棚户区改造等重点工程建设。继续深入推进景区“六大提质”改造工程，2017年区本级预算内安排资金3000万元，自2016年起连续三年每年争取1000万元用于旅游精品线路建设。推进厕所革命，一批“第三卫生间”建成投入使用。2017年共投入资金6600万元，为城区高云公园开园、军邸路绿化体质升级、天马路绿化工程完工、未央路及玉泉路“白改黑”、岩门大桥、天际桥等项目提供了有力资金保障。 （黎秋瑾）

【保障民本民生】 全年民生支出达7.9亿元，占一般公共财政预算支出的63%，同比增长4%。完成农村综合服务平台等重点民生实事项目36件。完成农村教师周转房建设134套。为了全面落实社保、医疗等提标、扩面政策，全年一般公共预算中社保支出8506万元、医疗支出5522万元。城乡居民基础养老保险发放标准由80元/人每月提高到85元/人每月；基本公共卫生服务财政补助标准由40元/人年提高到45元/人年；城乡居民医疗保险补助标准由420元/人年提高到450元/人年。积极推进“阳光医疗”工程，为全区5306名建档立卡贫困人口和930名低保困难群众提供“多重医疗保障”，严防“因病致贫、因病返贫”。在全市率先推行家庭医生签约服务，实现签约人数3万余人；深入实施基本医疗保障、大病保险、医疗救助“阳光医疗三重保障”制度，药品“三统一”覆盖率达100%。完成就业技能培训1500人，新增城镇就业903人，农村劳动力转移就业407人。支持社会养老机构发展，新增养老床位56张，退休人员养老金同步提高6.7%。累计发放小额担保贷款200万元，财政贴息35万元。完成百花洲、文风等片区棚户区改造1722户27万平方米。完成农村危房改造200户，发放低收入群体住房补贴338万元。 （黎秋瑾）

【确保教育经费】 全年一般公共预算中教育支出10254万元。2017年共资助贫困学生1960人次，落实资助金额133.4万元。免除教材费、学杂费、作业本费和教辅资料费共220万元，发放困难学生住宿补助、奖学金补助共70.6375万元，阳光助学200万元，受益学生达2828人次。学校建设预算内投入1000万元，用于全区学校食堂建设、机关幼儿园建设、教育信息化建设。在2016年追补经费中安排1947万元用于旅职教学楼和培训楼建设。着力解决“教育城乡结构不优”“超大班额”等突出问题，实现优质资源共享、实现教育均衡发展。 （黎秋瑾）

【持续加大“三农”投入】 集中财力精准扶贫，坚决打赢脱贫攻坚战。全年一般公共预算中农林水支出15320万元。预算内安排4000万元用于索溪河治理工程。安排资金248万元用于农村土地确权登记。积极推进美丽乡村建设：全面完成第二轮城乡互助共建，三年来累计投入资金3亿元，实施项目1217个；投入资金3000多万元，完成农村环境综合整治项目60个；大力支持农业产业化发展，全年超额完成“523”行动计划，大鲵养殖规模达15万尾，商品蔬菜基地达 1 万亩；投保水稻、油菜、玉米、蔬菜、公益林、育肥猪、大鲵 7 个政策性农业保险，财政承担保费 171 万元。通过“一卡通”平台发放涉农补贴 33 种，金额 4086 万元。2017 年涉农统筹整合用于精准扶贫项目 120 个，投入资金 10322.16 万元，其中基础设施建设项目 37 个 2847.44 万元，产业发展项目 25 个 2307.42 万元，能力建设项目 3 个 107 万元，信息监测管理项目 3 个 60 万元，贫困人口综合保障项目 10 个 840 万元，农村环境综合整治项目 23 个 2218.3 万元，乡村旅游项目 19 个 1942 万元。（黎秋瑾）

【支持环境保护】 2017 年一般公共预算中节能环保支出 4041 万元，开工建设了天子山集镇污水处理厂、中湖集镇污水处理厂；新建天子山、锣鼓塔、索溪峪垃圾中转站 13 座；袁家界、老磨峪中水回用站建成使用；成功实现索溪河生态补水，金鞭溪沿线旅游厕所实现零排放。全面实行“三次洒水、三次清扫、三次保洁，一次全面冲洗”的作业模式，延长环卫保洁时间，拓宽卫生保洁工作面。积极落实中央环保督察组交办问题整改，举全区之力，聚全民之智，开展核心景区环境综合整治大行动，关停取缔非法经营场所 198 家，拆除违法建设 121 户 1.12 万平方米，生态修复 1.2 万平方米，新建景区居民生活污水集中处理设施 2 个。持续巩固农村环境综合整治成果，深入开展环境整治“6+1”行动，围绕“水体、大气、废弃物”等重点污染防治，着力实施餐饮油烟、渣土扬尘和机动车尾气治理。2017 年，全区安装完成 300 套油烟净化装置，取缔淘汰黄标车 228 台，饮用水源水质达标率 100%，农村污水处理率 83%，垃圾处理率 100%，空气质量优良率 92.3%，同比上升 5.9 个百分点。（黎秋瑾）

【规范预决算管理】 2017 年，区财政局规范财政管理，全面深化财税体制改革。深化预算绩效管理改革。初步建立以一般公共预算为主，政府性基金预算、国有资本经营预算、社保基金预算与一般公共预算有机衔接的全口径政府预算体系。预算公开实现除涉密部门外的全覆盖。建立预算绩效管理机制，对部门专项 5 万元以上，全区专项 20 万元以上的资金实行预算绩效管理，将评价结果与下年度预算编制挂钩；全年纳入绩效管理的 30 万元以上的项目 70 个，金额达 1.5 亿元。全面推进财政预决算公开，全区 91 家预算单位进行预算公开、85 家预算单位进行决算公开。（韦小听）

【完善国库管理】 做好总会计账务核算和分析工作，紧密结合财政工作重点、财政经济状况等，及时编写财政执行情况分析，为领导决策提供参考依据。开展财政专户清理，圆满完成上级分配的销户任务。深化、巩固财政国库集中支付、公务卡改革，全面推行乡镇国库集中改革，乡镇、街道全部纳入国库集中改革和公务卡管理范围，在全市率先实现国库集中支付全覆盖。2017 年国库集中支付共计 45272 笔，支付资金 15.84 亿元，其中直接支付 34521 笔，支付资金 15.49 亿元，授权支付 10751 笔，支付资金 0.35 亿元。加强财政存量资金清理，全年累计收回存量资金 9522 万元。规范预算资金拨付，禁止跳过资金、项目主管部门向私人企业、专业合作社、个体户拨款。（韦小听）

【严格采购管理】 将各类财政性资金采购项目全部纳入政府采购管理范围，扩大采购规模，提高财政资金效益。全区政府采购集中采购 247 批次，定点（协议）供货 422 批次，预算金额为 47414.09 万元，实际支付 45640.12 万元，节约资金 1773.97 万元，节约率 3.74%。（韦小听）

【规范财政投资基建项目管理及评审】 全年收到评审项目 512 个，送审金额为 12.31 亿元，送审金额较 2016 年增加 41%，审定金额为 9.75 亿元，节约政府投资金额为 2.56 亿元，年平均审减率为 21%，审减率较 2016 年增长 5%。按时保质完成区政府交办的

评审任务，严控预算工程造价，力争把财政每一分钱都用在“刀刃”上。（韦小听）

【开展财政监督检查】 抽取12家单位，组织开展纠“四风”治陋习专项活动、专项整治、重点项目补助发放清理和机关运行经费检查工作，下达《行政处罚决定书》3份，收缴违规资金7.5万元。全面推行乡村财政财务精细化管理，乡镇“三公”经费得到有效控制。（韦小听）

【会计工作】 做好会计从业资格证取消之后的全区宣传和过渡工作。督促和监督好全区行政事业单位内部控制制度建设与实施。紧抓继续教育，全年共有4人取得会计初级职称。（韦小听）

【财政信息工作】 2017年4月，成立财税综合信息工作领导小组，搭建财税综合信息平台。全面开展区直单位走访、调研工作，完善全区35家成员单位220个信息采集、报送数据模板。组织召开全区财税综合信息工作成员单位联络员培训会，共计采集数据信息449341万余条，建立全区涉税大数据中心，实现数据共享，提高各部门间沟通协作效率，有效堵塞收入征管漏洞，提高收入征管水平。通过整合各类涉税信息建立税收分析预警模型，定期报送数据分析及应用成果，为政府部门决策提供数据支撑。（韦小听）

【开展财政同级审计】 2017年，对财政预算具体执行情况、国土分局土地出让收入征缴情况、张管局进山门票管理、销售、分流、上缴情况进行区级预算执行及决算草案审计；对2016年度“水利专项资金”“财政一事一议”“巩固退耕还林资金”“以工代赈扶贫资金”“涉农整合资金”等财政专项资金进行专项审计及延伸审计调查。（杨　华）

【国有资产管理】 2017年年底，区国资局在全区行政事业单位开展清产核资工作。截至12月31日，全区行政事业单位资产账面价值88170.29万元。其中，土地房屋账面价值54720.76万元、通用设备账面价值13261.18万元、专用设备账面价值5797.14万元、文物陈列品账面价值29.35万元、图书档案账面价值435.09万元、家具用具动植物等账面价值13926.77万元。严格按程序监管国有资产处置，区财政全年收缴国有资产经营收入639.43万元。2017年5月底，武陵源区党政机关公车改革取消的车辆全部处置完毕，拍卖公车款项258.06万元全部上缴国库。公车改革后公务交通费用总支出1837.6万元，较改革前节约资金246.2万元，节支率11.82%。严格审批更新公务用车，批准6个单位更新公务用车14台。区人民政府被张家界市车改领导小组评为全市党政机关公务用车制度改革先进单位。（邓　敏）

国家税务

【概况】 1994年9月10日张家界市武陵源区国家税务局成立。2017年年底，全局在职干部职工61人，机关内设12个科室（局），即索溪峪税务分局、办公室、人事教育科、监察室、财务管理科、政策法规科、征收管理科、税源管理科、收入核算科、纳税服务科、信息中心和工会。2017年，大力开展“一部一品”党建品牌建设，打造“为民办税”“税务援助”“相约中国梦、为税添光彩”三个党建品牌，提升党建品牌影响力。2017年在全市支部标准化建设检查中三个党支部被评为全市优秀党支部，二支部书记被评为“全市优秀党务工作者”。

2017年，完成各项税收收入累计20637万元，同比增加3823万元，增长22.74%，其中增值税14860万元，企业所得税4628万元，车辆购置税572万元，消费税10万元，个人所得税465万元，超额完成政府组织收入预期目标。

武陵源区国税局 2017 年组织收入情况表　　单位：万元

表 4

项目 税种	累计收入					比上年同期	
	中央	省级	地市级	区级	合计	± 额	± %
增值税	7430	1858	534	5038	14860	5002	50.74
企业所得税	2777	555	0	1296	4628	–1523	–24.76
消费税	10	0	0	0	10	5	100
个人所得税	279	56	0	130	465	341	275
车辆购置税	572	0	0	0	572	–73	–11.32
城建税	0	0	0	102	102	71	221.88
税收合计	11068	2469	534	6566	20637	3823	22.74

（吴　帆　廉基伟）

【依法治税】 2017 年，区国税局全面履行“依法治税”职能，严守依法征税原则，坚决不收“过头税”，坚决落实“减免税”，坚决打击偷骗税。积极主动适应全面深化改革对税收工作的要求，持续推进“营改增”，全面落实各类税收政策，强化综合税政调研，积极服务全区重大战略决策。严格落实“放管服”改革，严禁变相设置审批，不断简化审批流程，减少资料报送，切实加强事中事后管理，加大行政审批公开力度和政务公开力度，切实做到简政放权，全年通过武陵源区国家税务局门户网站公布涉税信息 255 条，内容包括税收政策、工作动态、行政许可、行政处罚等多个方面。（田雯劼）

【纳税服务】 2017 年，区国税、地税局整合现有资源成立武陵源区纳税服务中心，对照《湖南省税务系统“一窗一人办税”业务操作指南》积极推行“一窗一人”办税服务新模式，实现国地税业务与全市业务通办，在全市率先开展国地联合办税，探索出颇具影响的“武陵源模式”，被市纳税服务局评为 2017 年度优秀办税服务厅。全年办理、变更税务登记 1200 余次，同步税费种认定、存款账号报告等 414 条，共享申报、认定信息 3958 次。“问症于企、问需于企、问税于企”大走访活动中走访纳税人 262 户，收集纳税服务需求 11 条，发放小微企业税收优惠宣传手册等宣传资料 300 余份。对全区 121 户企业开展纳税人信用等级评定工作。对全区 4 户重点税源企业和 212 户纳税人进行减免税调查，对 29 户纳税人进行税收调查，对 28 户（次）纳税人进行退税工作，无一差错。（邓月民）

【税收征管】 2017 年，区局完成《深化国税、地税征管体制改革方案》目标，全年召开联席会议四次，沟通会议四次，互传信息资料 200 余份。顺利完成“五证合一、一照一码”“两证整合”、财税平台建设等商事制度改革工作任务。创新网上办税模式，实现手机移动终端和微信公众平台等方式办税，探索拓展互联网税款缴纳渠道，支持银行转账、POS 机、网上银行、手机银行、第三方支付等多种税款缴纳方式，推进“互联网 + 税务”服务。优化完善发票辨伪有奖查询系统，促进广大消费者依法索票。完善财税库银横向联网业务功能，扩大业务推广应用面。全面推行实名办税，完成纳税人实名认证采集 1361 户次，完成 20 户“个转企”任务。对辖区纳税人进行清理，强化纳税评估工作，全年实施风险评估 21 户，共计查补税款 1712 万元，加收滞纳金 54 万元。（邓月民）

地方税务

【概况】 区地税局 1994 年成立以来，紧紧围绕组织收入这个中心工作，以“建一流班子，带一流队伍，创一流业绩，树一流形象”为总体目标，地税事业实现了跨越式发展。2017年，干部职工54人，平均年龄39周岁；党员45人，大专以上学历52人，占总人数的96.3%。下设12个科室、4个税务分局，担负着全区2300余户纳税户的地方税收征管任务。2017年完成税收17483万元，同比增长20.82%。

2017年，坚持发挥党建引领作用，成立党总支，改原属党工委领导下的分局党支部为区局党总支领导，成立4个党支部，督促并协助新支部做好阵地建设，不断规范党内组织生活和党费收缴。坚持全面优化干部队伍，提拔中层正职6名，副职7名，进行人员大轮岗，新设立4个分局，所有资源向基层一线倾斜。每季度组织一次业务考试，并将考试成绩与绩效挂钩，明确奖惩措施。举行“以一流的精神状态，创一流的工作业绩”为主题的专题讲座；举办网络安全法培训、汇算清缴培训等教育活动。组织登山、户外拓展等文体活动。坚持狠抓作风建设，压实“两个责任”，坚决执行纪律规矩，强化“四风”督导，严格监督执纪问责。每月组织4次以上全局考勤督查，每月对分局及联系村进行1至2次巡察。进行执法大督察自查、国务院督查自查、总局督查自查、两节期间反“四风”自查。坚持抓好规范化管理，实行系统绩效管理和岗位责任制双重考核，做好机关院落、内部食堂、综治维稳、办文办会、政务公开、税收宣传等规范化管理，确保全局运转高效、规范有序。

2017年，获全市“平安单位”创建示范单位荣誉称号、全市纳税服务先进单位荣誉称号，获全区城乡互助共建先进单位荣誉称号。（刘秉尧）

【征管转型】 一是从头清理。开展税源清理、重新开展应税房产原值和土地面积核查、数据比对。通过对330余户纳税户国地税信息比对，共查补税款90余万元。二是从头立规。着眼形势变化，重新制定征管质量检查方案，重抓征管主业，清理风险数据6312条，处理率100%。三是深化合作。巩固与房管、国土等部门确立的“先税后证”税源控管机制，与工商在“多证合一”、股权转让税收环节控管等方面加强合作，与区国税局实行注销登记同步管控、非正常户共同管理、欠税数据协同监控、执法适度整合，落实国地税税干坐班制度，社会综合护税协税治税局面进一步向好。全市税收征管转型现场会在武陵源举行。（刘秉尧）

【税收服务】 会同国税局共同组建武陵源区纳税服务中心，挂靠区政务中心，对大厅进行硬件功能改造，增添服务设备。进驻14名由政府主导、国地税共同聘请的办税员，肩负起全区国地税近4个亿的税收征收任务。同时，打造国地税共同管理使用的“一户式”纳税人资料室，有效提升武陵源区整体办税质效。开展“问需求、优服务、促改革”便民春风活动，进一步简化税务行政审批事项。全年“三证合一”登记办理户653户，“两证整合”共接受新增主体户数656户，完成实名制办税采集916户，办理行政审批事项312户次。全部实现“零超时”办结，全年窗口服务实现零投诉。（刘秉尧）

金　融

【工商银行武陵源支行】 成立于1989年，先后于2010年、2016年两次荣获国家级“青年文明号”，连续两任行长分别荣获全国金融劳动模范称号。2017年12月末，公司和个人两项存款余额113367万元，较上年增长1325万元。贷款余额7.58亿元，公司有贷户6户，贷款余额7.25亿元，较上年增长0.49亿元。（工行武陵源支行）

【农业银行武陵源支行】 1990年4月18日，中国农业银行武陵源支行成立。2017年，全行在编员工32人，其中党员18人。内设综合管理部、客户部，下辖支行营业室、森林公园支行2个网点。一是各项存款稳中有升，个人存款增量份额排名第一。截至2017年12月31日，武陵源支行各项存款余额105695万元，比年初净增13865万元；其中储蓄存款余额45623万元，比年初增加5831万元，对公存款60071万元，比年初净增8033万元。各项存款存量市场份额28.57%，排名第三，增量市场份额21.55%，排名第二；储蓄存款存量市场份额30.29%，排名第二，增量市场份额33.68%，排名第一；对公存款存量市场份额27.38%，增量市场份额17.09%，排名均较2016年不变。二是贷款稳步投放，各项贷款存量增量份额保持双第一。各项贷款余额144826万元，比年初净增38579万元。其中，对公贷款余额128568万元比年初净增34304万元，存量、增量市场份额均排第一。个人贷款余额16258万元，比年初增加4775万元，存量市场份额48.03%，排名第一；增量市场份额48.45%，排名第二，排名不变。三是创效能力明显，利润指标完成较好。全年实现中间业务收入654万元，实现净利润2920万元，人均利润91万元。加大对公贷款客户的高端投放收入，截至2017年年底，高端投行收入125万元，较2016年同期增收123万元。加快提升信用卡业务客户贡献和收入贡献，实现分期交易收入79万元，较2016增长60万元；实现POS收单商户收入144万元，较2016年增长近100万元。加大个人理财业务，实现贵金属销售收入23万元，较2016年增长20万元；实现理财收入24万元，较2016年增长14万元。四是推进“惠农通”工程。惠农服务点实现全区乡镇全覆盖，为广大乡镇居民提供电费代缴、通信费代缴及小额资金转账支取结算等服务。支持建设美丽乡村工程，发放农家乐贷款1480万元。（吴万冰）

【中国银行武陵源支行】 成立于2006年，2017年有员工8人。2017年，存款业务持续增长。支行个金和公司两项核心（个人活期和公司活期）存款至2017年12月末24614万元，核心存款净增5404万元，其中个人存款净增2347万元，公司存款净增3057万元。着力支持经济发展。2017年支行各项贷款余额8.11亿元，实现贷款新增1.18亿元，同比增长11.71%，用于旅游开发及实体经济发展。充分发挥外汇功能。每年有大量境内外游客到武陵源旅游，支行2017年为几千人次提供外币兑换服务，为客户提供最大程度的便利。2017年为支行安全合规年，先后组织“零违规网点”创建活动、“尾箱交接”专项治理月、网点现金百日行动等一系列活动。通过一系列活动及演练，全行员工风险意识水平进一步提高，风险防控能力进一步增强。（吴　泳）

【建设银行武陵源支行】 1986年成立。2017年有工作人员12名。至2017年12月31日，武陵源建行一般性存款余额12.64亿元，比年初净增4.38亿元。其中个人存款余额3.92亿元，比年初新增0.54亿元；公司存款余额8.71亿元，比年初净增3.84亿元。武陵源支行各项贷款余额为91011万元，较年初增长13653万元。2017年，支行以资产业务为切入点，将资产业务作为业务发展引擎，加强信贷项目储备，资产带动作用明显，全年共储备信贷项目4个，金额12亿元；完成项目申报5户，金额26.5亿元；实现国际转商业贷款的零突破，发放3500万元商业转贷款。2017年不良贷款余额及不良贷款率继续保持双零，资产质量蝉联当地同业之首，成功捍卫支行连续15年资产质量零不良金字招牌。支持宝峰湖、易程环保客运、张家界市武陵源旅游产业发展有限公司实体企业做大做强，支持景区提质改造项目、桃花溪谷项目、碧水源污水网管改造等项目建设，进一步夯实公司客户基础，实现全年新增对公存款4.5亿元，同比增长92.45%。每月对员工服务工作进行评分、排名，评出一名“服务明星”，增强员工自觉规范行为意识，抓好自我约束，自我提升，从“要我做事”转向“我要做事”，服务态度在神秘人检查中名列全市第一。针对社保客户群体举办“九九重阳送温暖活动”主题活动，优化服务流程，开立老年人专用窗口，用心赢得客户的心，用真诚感动客户，得到了离退休老职工一致好评。牢牢把握党建四个融合，加强员工业务培训，不断提高员工业务素质，通过充分发挥党员先锋模范作用和支部战斗堡垒作用，做实党员联系群众工作，形成“赶、帮、比、学、超”新风气，极大增强了员工的主人翁责任感、危机感、使命感。党建引领出效果，团队凝聚力进一步加强，全年支行共荣获合规知识抢答赛“一等奖”、个人客户专业务服务能力大赛“二等奖”、网络金融业务技能大比武知识抢答赛“三等奖”、党建知识抢答赛“三等奖”。（杨林燕）

【农商银行武陵源支行】 2013年10月，张家界农商银行正式挂牌成立，武陵源支行是下属一级支行。截至2017年年末，全区各项存款余额达9.25亿元，较年初增加1.72亿元，各项贷款余额达9.19亿元，较年初净增1.29亿元，不良贷款余额1228.69万元，不良占比1.34%，较年初实现了双降。张家界农商银行武陵源支行在服务“三农”、服务中小微企业和支持地方经济发展上发挥了重要作用。支持“三农”发展，全年累计投放涉农贷款3.3亿元，增幅10.06%，实现了“一个不低于”目标。重点支持天子山镇风情小镇新村建设；支持中湖鱼泉贡米、协合莱葛，以及烤烟、大鲵、竹鼠、山羊等特色规模种养项目和新型经营主体；支持特色民居、家庭旅馆、民俗客栈、农村生活体验园、自驾车户外营地、运动体验基地、休闲户外旅游等特色旅游服务项目；支持土家织锦产业化龙头企业，带动农民致富，农村经济发展。支持小微企业，全年累计投放小微贷款1.7亿元，增幅22.11%，申贷户数18户，申贷获得率为98.86%。贷款支持武陵源城区、中湖、天子山家庭旅馆集中改造及一批酒店扩建升级；以旅游担保贷款创新模式支持一批旅游客栈企业；开办POS贷、商户贷、道德贷、续力贷、应收账款质押贷、收费权质押贷、旅游担保贷等贷款品种，有效解决小微企业贷款难问题。对接重点项目。围绕张家界“对标提质、旅游强市，在建设‘锦绣潇湘’全域旅游基地中发挥龙头作用”发展战略，总行统一部署，确定25个重点项目，明确牵头领导，由信贷业务部、武陵源支行具体承办，精准对接，大力支持城市建设和旅游开发项目。落实精准扶贫。2017年投放扶贫小额信贷507万元，完成武陵源区任务的108%。完成辖内建档立卡贫困农户评级。截至2017年年底，小额扶贫信贷支持“鱼泉贡米”300万元、“土家织锦”300万元、“协合莱葛”500万元；总行投入资金48万元，在武陵源区建成扶贫服务站9个，完成计划的102%，占两区总量的72%；支行中层骨干一对一结对帮扶中湖乡车家山村15户贫困农户，实现脱贫13户。派员工参加了“最美农信人”服务礼仪大赛；组织举办首届员工趣味运动会和“金点子”大赛；参与团市委组织的“状元及第·翼起高飞”高考状元经验分享节目；以省联社统一开展存款突破8000亿元宣传活动为契机，发布户外广告，制作快递宣传封套，联系电视台、电台、红网，赞助“金融人快乐跑”“张家界第二届美丽乡村户外嘉年华”自行车骑行等活动，宣传企业形象。

（农商银行武陵源支行）

【邮政银行武陵源支行】 2016年9月28日，中国邮政储蓄银行在香港联合交易所主板挂牌上市。2017年，中国邮储银行武陵源支行累计完成收入522.41万元，个人储蓄余额达6644万元，年累计净增1573万元，公司存款余额17596.88万元，年净增458万元。个人贷款余额为5500万元，年增长1795万元。其中小额贷款结余1307万元，年净增755万元；消费贷款结余2343万元，年净增313万元；个商贷款结余1850万元，年增长727万元。贷款未增加新的逾期和不良。通过与财政局、就业局合作，2017年发放就业担保贷款20笔，金额200万元。2017年第四季度配合政府扶贫办工作发放扶贫贷款19笔，金额95万元。（邮政银行武陵源支行）

保　险

【中国财产保险武陵源支公司】 中国人民财产保险股份有限公司张家界市武陵源支公司成立于1998年3月25日，主要经营财产损失保险、责任保险、信用保险等财产保险业务，公司位于武陵源区军地坪街道菜场路口。2017年有在职员工16人，退休员工1人，营销员20余人，均为大专以上文凭。公司认真贯彻落实区委、区政府和上级公司的各项工作部署，充分发挥保险的经济补偿、社会管理、资金融通等职能，围绕服务当地经济社会发展和民生大局，创造良好的社会效益，公司经营管理取得新成效。2017年实现保费收入2500万元，上缴税金316.49万元。

继续深入宣传《中华人民共和国交通安全法实施条例》，加强与交警部门的协作，在交警队设立出单网点，经办汽车、摩托车保险，方便快捷的为客户办理相关保险业务，确保客户车辆合法上路；大力发展非车险业务，继续推动发展银行中介业务，加大与银行沟通和协调力度，在各合作银行设立银行业务专管员。

2017年，公司继续推动种植险业保险、公益林保险与养殖业保险，全区共承保水稻15240亩、油菜7920亩、玉米6750亩、公益林513575亩、大鲵35000只、育肥猪3000头保险任务。　（吴若晶）

【中国人寿保险武陵源支公司】 张家界市武陵源支公司隶属于中国人寿保险股份有限公司分支机构，是武陵源仅有的一家国有寿险公司，坐落于武陵源中心地带武陵路582号。拥有2个营销服务部，城乡保险服务网络体系健全。2017年，拥有6人优秀管理团队，3条业务渠道和80余人的销售服务队伍，拥有信息技术、医学、核保、理赔、客户服务的专业人才，是全市唯一一家能够实现全国范围内快速查勘和理赔工作的保险机构。自1996年分业经营以来，公司业务发展年均以33%的速度增长，业务规模一直居全市首位。市场份额占有率稳居全区寿险业首位，公司共为全区1100多户长期寿险客户、近2万户短期险客户提供1000多万元的风险保障，为客户的未来养老、医疗积累亿元责任准备金，偿付能力充足率为241%。 2017年各项赔款（给付）128件金额达76.3万元，占全区寿险市场给付金额的66%。20年来，先后承办有全区计划生育两女结扎户、计生手术对象和特困家庭保险业务；全区老年人意外伤害保险业务；全区乡村干部意外伤害和医疗保险；全区中小学生意外伤害、交通意外伤害保险；全区妇女安康重疾保险等民生型保险业务。

截至2017年12月31日，总保费收入1357.79万元，同比增长6.59%。其中，新单标保124.14万元，同比增长38.63%；新单保费288万元，同比增长24.6%；新单期交271万元，同比增长22.82%；新单十年期186.67万元，同比增长35.33%；续期860.98万；短期险214.2万元，同比增长21.63%；短期意外险97.56万元，同比增长0.8%；短期健康险116.55万元，同比增长47.08%。

个险业绩完成总保费1132.85万元，同比增长31.25%。其中，10年期交186.67万元：同比增长15%；续期保费854.27万元，同比增长21.69%；短期险22.92万元，同比增长3.6%。持证人力由年初的48人，到年底68人，净增新人20人。

团险总保费171万元，同比增长5.12%。其中，短期意外险92.02万元，短期健康险78.98万元。计生险取得突破，保费15万元，为全区3000多户计生家庭提供了一定的保障。妇联代办在收取50元防癌险的同时，每人同时加保了150元的E卡，为进一步拓宽保险领域打开了工作思路。分散性老人险取得了历史性的突破，全年共收取分散性老人险12万余元。全年共收取学交险10万余元，承保面达100%。学平险率先在全市统一实行80元收费标准，全年学平险保费达72万元。　（人保武陵源支公司）

科技·教育·文化·体育

Science and technology · Education · Culture · Sports

科　技

【科普惠农】 2017年，充分发挥科技人才、科技特派员科技扶贫作用，选聘技术过硬、推广能力强、学习转化快的区、乡镇农技推广人员对农业大户进行指导，每个行政村在种植大户、家庭农场中遴选2~3个科技示范户进行蔬菜、水稻主导产业的主推品种和主推技术应用，建设4个农业科技试验示范基地，加速农业新技术、新产品、新工艺的推广应用。水稻、蔬菜两大主导产业主推品种和主推技术入户率与普及率达95%。全区100户科技示范户通过运用新品种、新技术，实现户均增收450元以上，培育出禾田居现代农业蔬菜生产园、鱼泉峪贡米生产基地、天子山剁辣椒生产基地、宝峰山菜葛基地等一批具有示范引领意义的现代农业发展亮点。

（张陆韬）

【科普宣传】 利用知识产权宣传周、防震减灾日、科技活动周、全国科普日等载体，举办各类活动，大力普及科技知识，不断提高公众对科技创新的认知度和参与度，激发大众创业万众创新的内生活力。（张陆韬）

【科技项目】 2017年，积极鼓励企业加大科技投入，积极开展技术研发，提升自主创新能力。2017年完成全社会R&D经费投入150万元，财政科技支出576万元，组织企业申报省级科技项目2项、市级科技项目2项。

（张陆韬）

【地震测防】 武陵源区建立3个群测群防工作站点，完善防震减灾联络员和地震宏观观测员工作制度，对地震的影响和地震前兆异常情况进行及时核实和上报。加强防震减灾示范阵地建设，将防震减灾知识纳入教学内容，着手建设防震减灾科普示范基地。加大防震减灾的学习和宣传力度，将防震减灾知识纳入党校授课内容，结合“科技宣传周”等活动大力开展防震减灾知识宣传。（张陆韬）

教　育

【概况】 1989年2月，设区教科文体广播电视组，负责全区教育、科技、文化、广播电视事业的筹建工作；1989年9月，成立区教科文体广播电视局；1990年11月底，该局分设为区教育科技局和区文体广播电视局；1994年9月，区教育科技局分设为区教育委员会和区科技工作站。2002年4月，成立张家界市武陵源区教育局至今。

2017年，武陵源区有各级各类学校（园）31所，其中普通高中1所、职业高中1所、城区完小2所、中心学校4所、片完小1所、村小及教学点4个、公办幼儿园6所、民办幼儿园及各类培训机构12所。在编教职工472人，实际在岗539人。在校（园）学生10790人，其中小学生4697人，初中生2451人，普通高中生943人，职业高中生589人，在园幼儿2110人。学前三年毛入园率99.69%，小学入学率100%，小学六年巩固率100%，初中三年巩固率98.25%，“三残”儿童入学率92.86%，高中毛入学率90.27%。2017年，被共青团省委授予“湖南省五四红旗团委”称号；荣获“湖南省空军招飞工作优秀组织单位”“张家界市基础教育工作先进单位”“张家界市教育考试招生信息管理工作先进单位”“武陵源区政务公开政务服务先进单位”“武陵源区提案承办先进单位”等荣誉。　（周良勇）

2017年武陵源区基础教育情况表

单位：人

表5

类别	项目			数据	
义务教育阶段	学生总数	小学		4697	7148
		初中		2451	
	适龄人口入学率	小学		100.0 %	99.96 %
		初中		99.87 %	
	小学毕业率	人数		858	
		毕业率		100%	
	初中毕业率	人数		727	
		毕业率		98.64 %	
	小学升学率	人数		858	
		升学率		100%	
	初中升学率	毕业人数		727	
		其中	升入普高	375	
			升入职高（高职）	322	
		升学率		95.87 %	
		普职分流比		54 ∶ 46	
	年辍学率	小学		0	
		初中		0.60%	
	巩固率	年巩固率	小学	100%	
			初中	99.40%	
		小学六年巩固率		100%	
		初中三年巩固率		98.25 %	
		义务教育九年巩固率		97.95%	
	三残少儿入学率	入学人数		34	
		入学率		92.86%	
	留守儿童总数			418	
	进城务农民工子女数			606	

续表

类　别	项　目		数　据
	择校率	小学	0.46%
		初中	0.43%
	初中学考	九科平均合格率	64.0%
		各科总评	66.1
		毛巩固率	97.7 %
高中阶段	高中在校学生数	普高	943
		职高	589
	普高当年招生人数		328
	职高当年招生人数		246
	普高、职高招生比		57 ： 43
	职高招生占高中阶段当年招生总数的比例		42.86
	普高年辍学率		1.27%
	普高巩固率	年巩固率	98.73%
		三年巩固率	96.35 %
	高中阶段毛入学率	15 ~ 17 周岁人口数	1952
		高中阶段在读人数	1762
		毛入学率	90.27 %
	劳动人口平均受教育年限		10.53
	普通高中　学业水平考试	平均合格率、合格率 T 分数	90.4%、77.7
		巩固率、巩固率 T 分数	96.6%、76
	升学率	毕业总数	312
		升学人数	293
		升学率	93.91 %

【教育设施设备建设】 新建索溪中心学校综合楼，扩建学生食堂和田径场，并于 2017 年秋季投入使用。完成军地小学综合楼、协合乡中心学校教师周转房、天子山中心幼儿园等建设项目，并于 2017 年秋季开学投入使用。中国教育报以《精品化助乡村小规模学校突围——湖南省张家界市武陵源区小规模学校建设纪实》为题对全区农村学校建设经验加以推介。推进教育信息化创新应用“十百千万工程”。投入 96.48 万元，增添“班班通”教学设备 22 套；投入 48 万元，建成索溪中心学校高清录播室；投入 94 万元购买“沃教通”教育资源供教师教学使用。参与省级教育信息化试点，武陵源被确定为“湖南省教育信息化试点区县”。

（周良勇）

【师资队伍建设】 公开招聘、区外选调、申报特岗教师计划、安置部属免费师范生等渠道补充教师 64 名，新增中小学教师事业单位编制 48 个、机关事业编制 2 个。组织教师参加国培项目送培到县培训、信息技术应用能力提升培训、理科教师普通话培训等培训活动，1724 人次参训。全省中小学理科教师普通话抽查，合格率 100%、优秀率 65%，在全省 144 个县市区中排名第一。全省首轮为期三年的全省中小学教师普通话抽查，武陵源区 2015 年、2016 年、2017 年 3 年排名前 6 名。参加“一师一优课、一课一名师”活动，选送9堂课获2个部优、3个省优和6个市优。参加全省小学数学优秀录像课评比活动获一等奖1个、二等奖1个，参加全省小学数学优秀课例评比活动获一等奖1个。全省小学科学教学比武，索溪中心学校老师谢海霞获省二等奖。全省语文教师现场作文比赛，区一中朱琼英老师列全省第5名获二等奖。全市第十四届中小学体育与健康教育教学评优活动，区一中宁沛老师获高中体育组三等奖，区旅游职业学校李霞老师、区二中余松老师分别获中职体育组和初中体育组一等奖、二等奖，军地小学吴祝英老师获城区小学体育组三等奖，索溪中心学校何艺老师获乡村小学体育组一等奖，区一中王星迪老师获健康教育组二等奖。职高部教师参加全省信息化教学比武获三等奖1个，市一等奖2个。

（周良勇）

【教育质量】 初中毕业水平考试九科合格率64%，综合评价全市排名第二。高中学业水平考试平均合格率90.4%，综合评价全市排名第一。高考文科本一上线27人，上线率18%；本二上线67人，上线率44.6%。理科本一上线36人，上线率27.27%；本二上线86人，上线率65.15%，均超出全市水平。职业高中对口升学本科上线14人，上线率全市排名第一。职业技能抽考，两个专业合格率均为100%，全市排名第一。全省职业技能比赛获二等奖1个，三等奖1个。“文明风采”比赛获省一等奖1个，省三等奖3个，市一等奖4个。课题《中等旅游职业学校特色专业课程的研究》在湖南省职业院校教育教学改革研究项目立项。区一中被认定为全国足球特色学校，天子山获评湖南省第五批生态文明示范学校，军地小学和索溪中心学校被评为全市文明校园。（周良勇）

【教育惠民】 继续推行义务教育阶段“四免一补”政策，全年免除义务教育阶段学杂费476.48万元，免教材、教辅资料及作业本费308.58万元，补助贫困寄宿生生活费1248人次、70.6万元。发放普通高中国家助学金482人次、48.2万元；中职免学费1027人次、123.24万元，发放中职助学金779人次、77.9万元。发放贫困幼儿入园补助768人次、38.4万元。开展“阳光助学”和实施“雨露计划”，全年资助学生2828人次，发放金额203.3万元。全年资助贫困家庭大学新生20人，资助金10万元，大学生到基层就业补偿10人、资金5万元。2017年筹措教育基金128.08万元，帮扶各级各类学生182人次，发放扶助金32.14万元；“爱烛行动”救助大病教师4人次，发放救助款9.5万元；出资4.121万元为全区628名教师购买职工医疗互助保险；出资60万元为全体教师体检。投入159万元开设农村学生营养午餐，2060名学生受益。补助学生用车运行费用84万元，方便农村学生上下学。（周良勇）

【安全管理】 开展“平安校园”“安全文明学校”创建活动。军地小学、索溪中心学校、张家界国家森林公园学校等3所学校获评区级“平安校园”，张家界国家森林公园学校、天子山小学获评全市“平安学校”创建示范单位，协合乡中心学校获评湖南省基层应急规范化建设示范学校。在国家关工委、司法部和中央综治委办公室联合主办的“关爱明天、普法先行”—青少年普法教育活动中，协合乡中心学校、武陵源区第二中学被评为“零犯罪学校”。开展学校及周边环境综合治理，取缔武陵源区第二中学、协合中心学校内部商店。开展交通整治“百日行动”和“隐患清零”行动，查处中湖乡、协合乡严重超载车辆10台。强化校园物防、技防建设，全区学校（园）安装“一键式”联网报警器、校园视频监控系统，武陵源区第一中学安装高清车牌识别一体机。（周良勇）

【武陵源第一中学】 1990年9月，为解决武陵源区因无普高而初中毕业生不得不到外地读高中的困境，在原武陵源旅游职业中学基础上创办了武陵源民族中学，当年招收2个普高班，共97人。1993年索溪峪镇初级中学并入武陵源民族中学。2003 年更名为武陵源区第一中学（以下简称武陵源一中），并加挂武陵源民族中学、武陵源旅游职业学校、武陵源业余体育学校三块牌子，内设办公室、政教处、教务处、总务处、教研室。

武陵源一中占地面积 57107 平方米，建筑面积 42711 平方米（其中 2017 年新增建筑面积 17543 平方米）。现有 56 个教学班，其中初中 28 个、普高 18 个、职高 10 个，在校学生数 3400 人。全校教职工 216 人，其中高级教师 40 人、中级教师 73 人，研究生以上学历 5 人。学校设有图书室、多功能报告厅、演艺厅、微机室、科学实验室（物理、化学、生物）等多个多功能性教室。各室设备齐全，管理到位、使用率高。2017 年提质改造了“班班通”工程，为教学教研提供了良好的物质保障。

自 2004 年起，武陵源一中连续 14 年高考成绩各项指标按区县综合排名位于全市第 1 名。2017 年高二年级 301 人参加湖南省学业水平考试，累计参加考试 2709 科次，仅有 8 科次不合格，成为历年来不合格科次最少的一届。2017 高考，普高 279 名学生参考，本一上线 71 人、本二以上上线 162 人，本一上线率、文科总均分、理科总均分按区县排名，均为全市第一，按校排名，在全市 12 所普通高中学校中，高考成绩综合评价居第三名。高考最高分文科 651 分，理科 650 分，毛岚清荣录北京大学，唐聪荣录空军航空大学（空军飞行员），尹月儿和黄豆作为交换生荣录香港大学和悉尼大学。

2017 年职高对口升学职高三班 28 人参加高考，本科上线 14 人，本科上线率 50%，居全市第一；参加全省职业技能抽查和能力考试，成绩突出，合格率 100%，居全市第一。137 人参加全国导游资格考试，获证 71 人，通过率 51.8%，超过省平均通过率 (30%)20 多个百分点。2017 年职高毕业生就业率高。

2017 年中考，在九大科次共 27 个评价子项（优秀率、平均分、及格率）中，本校均居全区第一，在全市 92 所初中学校中综合评价居第 15 位。

2017 年获全市普通高中教学质量优秀奖。参加张家界市第二届中小学生科技体育运动会，获初中组遥控车模金牌、无人机银牌、遥控船模三等奖。参加张家界市第二届中小学生校园足球比赛获初中男子组三等奖、女子组三等奖。参加区第七届中小学生篮球赛获中学女子组第一名，中学男子组第二名。市第十五届中小学生田径运动会职高部获中职组团体总分第二名。5 月，被张家界市委、政府评为“关心下一代工作先进集体”。

2017 年引进骨干教师 9 名、高学历教师 2 名、公开招聘青年教师 12 名。建立青年教师、骨干教师、新教师成长档案，以老带新，结对互助、共同进步。组织校内培训和校外培训，全年参加国培 101 人次、省培 62 人次、市培 57 人次、区培 19 人次、开展线上培训 68 人次。

2017 年，参加省级赛教活动四场次，3 人次获二等奖、1 人获省级优课；参加市级教研活动 22 人次，5 人次获一等奖、12 人次获二等奖、3 人次获一等奖、2 人次获市级优课；参加武陵源区教学比武活动 7 场次，2 人次获得一等奖，3 人次获二等奖，2 人次获得优课。全年教师撰写论文 20 多篇，1 人次获市级一等奖，2 人次获市二等奖。学生参加各级各类竞赛 9 人次，1 人次获国家级三等奖，1 人获省级二等奖，4 人获省级三等奖，2 人获市级一等奖。

为表彰先进教师和优秀学生，全年累积发放奖学金 6.72 万元，落实张家界市经投公司“张旅集团爱心百基金”5.7 万元，中华职教资助中心“湖南职教温暖工程 1+1”资金 5 万元，张家界行知创世 LP 公司“相伴成长共筑梦想”基金 1 万元，张家界爱心联盟“爱心基金”0.3 万元。积极落实国家资助政策和免学费政策，全年普高各年级学生享受国家助学金 48.2 万元，职高各年级学生享受国家助学金 77.9 万元和减免学费资金 123.24 万元，全年累计发放各种助学金 149.34 万元。（胡国华）

【武陵源第二中学】 武陵源第二中学位于中湖乡雁

家坪，下辖鱼泉峪、三家峪小学，前身是康中乡第一国民中心小学，创建于1941年，始于张家祠堂，首任校长覃遵海（乡长兼任）。1968年春始设初中教育，成立中湖中学，首任校长田荣臻（学区主任兼）。1976年秋始设高中教育，首任校长熊朝春（学区主任兼），1979年秋结束。2010年春，成立武陵源第二中学，首任校长刘安天，2017年校长赵顺岗。武陵源第二中学有中国“最牛”“最美”乡村校园之称。校园占地120亩，建筑面积14500平方米。拥有多媒体，阅览室，录播室，电脑室，班班通等现代教学设施。建有400米塑胶田径场，篮球场，排球场，足球运动场，建有男女生公寓，师生食堂，教师周转房。2017年，在岗在编教师88人，其中，研究生1人，本科36人，专科48人，其他3人；高级教师12人，一级教师36人，区级骨干教师7人。学校下辖2所村小学，有37个教学班、1500余名学生。

2017年，学校加强对学生进行爱国主义、集体主义、社会主义思想教育和道德规范教育。举行六一儿童节文艺会演、艺术节、学校体育运动会、元旦文艺晚会；定期开展班级篮球赛、班级足球赛等小型体育竞赛活动，开展“绘画、摄影、书法比赛”“书香少年演讲比赛”和“大合唱比赛”，开展“阳光体育活动”“感恩教育”系列活动。在“清明”“端午”“中秋”等传统节日里，组织中小学生开展“学雷锋，树新风”活动；组织学生开展清理河道，打扫街道，到乡敬老院慰问等活动，到烈士纪念塔进行扫墓，缅怀革命先烈活动。让学生在丰富多彩的德育活动中愉快地接受教育，形成良好品德。

2017年度，培训教师160人次2200学时。采取请进来走出去方法，请桑植县人潮溪中学、八一学校优秀教师来校上优课和传经验，到株洲市景弘中学学习课改，师资队伍的业务能力大大加强。

学校始终把安全工作放在重中之重的位置，坚持“安全第一，预防为主”的原则，切实加强安全防范工作。利用电子滚动屏、安全宣传展示板、知识讲座、校园小广播、班会，分发《安全教育告家长书》等多项方式，宣传安全知识，增强学生安全意识。学校制订突发事件处理预案，多次组织安全疏散演练。2017年，在中国关心下一代工作委员会、中华人民共和国司法部和中央社会治安综合治理委员会办公室联合主办的第三届“关爱明天、普法先行”青少年活动中，学校被评为“零犯罪学校”。

（张远碧　彭清祥　毛娅娅）

【军地小学】 军地小学是一所张家界市示范学校，创办于1951年，从私塾学校到村办学校，1992年成为区直属小学。2017年学校有教室31间、功能室9间、活动室8间，学校占地19亩，总建筑面积6450平方米。2017年，学校有学生1560多人，26个教学班级，教职工81名，有本科学历教师23人，学历合格率100%。

多年来，学校秉承“为孩子终身发展与幸福奠基”的办学理念，认真贯彻党的教育方针，全面推进素质教育，大胆实施教学改革，努力打造书香校园。自1992年以来，从学校毕业的邹圣兰、李祥乐等29名学生，考入清华、北大等重点名牌大学。近20年来，学校教育教学质量综合评价每年在全区名列第一位。

2017年，学校先后荣获第五届全国中小学生语文素养大赛省级优秀组织奖、张家界市第二届中小学科技体育运动会团体总分第五名、武陵源区中小学生篮球运动会女子组第一名和男子组第二名等成绩。学校被评为张家界市文明校园、张家界市学会工作先进单位和区平安校园、区年度教育教学质量先进单位、区年度德育工作先进单位。在各级各类比赛中教师34人次获奖、学生52人次获奖，其中黎冰浓的语文课、刘兴浓的音乐课均获得微课大赛部级最高奖。（姚金波）

【索溪中心学校】 学校位于索溪峪街道。2004年，学校重新进行规划，总面积达35亩，先后投入近3000多万元，建起了一所布局合理，功能完善，设施齐全，环境优美，建筑面积达万平方米的花园式小学。2008年学校顺利通过省义务教育合格学校验收，成为武陵源区第一所省级合格完全小学。2017年，共有36个教学班，其中完小有32个，教学点文丰村小有3个，河口村小有1个。共有学生1727人，正式教职人员86人，其中区级名优教师2人，本科学历以上37人，学历达标率100%。高级教师5人，一级教师32人，二级教师38人。2017年下学期学校综合楼建设和食堂提质改造基本完工并投入使用。2017年度被评为张家界市首届“文明校园”、张家界市语言文字示范达标校、武陵源区平安校园等。

学校招生范围覆盖全街道9个村居，承担着武陵源区索溪街道所辖地区（包括驻索区直单位、开发单位及进城务工人员子女）的初等教育任务。

2017年，学校获武陵源区绩效考核一等奖、小学教育教学质量先进单位、艺术工作先进单位、体卫工作先进单位。柳芳琼老师美术课荣获部优；廖秀娟老师录像课获省一等奖；刘芳、王英姿老师执教的品德和数学双双获区一等奖。2017年学校男、女足球队双双荣获全市校园足球比赛第三名。在2017年下学期召开的全区中小学生篮球比赛中荣获全区冠军。作为省级非物质文化遗产传承学校申报的《非物质文化遗产进校园传承研究》被省教育学会立项为“十三五”综合课题;2017年学校艺术组编排的“非遗”节目“茅古斯”获区一等奖。该校自被中央文明办、财政部、教育部确定为“乡村少年宫”项目以来，为全校师生免费开设了合唱、苗鼓、五子棋、田径、篮球、足球、书画、车模、船模、飞模、泡塑飞翼等兴趣活动内容，极大地丰富了师生们的校园生活，提高了学生的综合素质。自2017年上学期开始，该校少先大队部将社会主义核心价值观和中华诗文经典诵读融入每周一的升旗活动中，大力倡导立德树人，传承经典，积极打造平安校园、文明校园、书香校园。（杨春秋）

【协合中心学校】 1970年,学校始建。1997年9月，原协合中学迁址与协合中心完小合并，更名为张家界市武陵源区协合乡中心学校。2017年，下辖黄家坪小学、协合乡中心幼儿园，是一所乡村九年制学校。占地23207平方米，有12个教学班，中小学生357人，幼儿87人，教师40人，其中本科16人，专科18人，高级教师5人、一级教师18人，教师学历合格率达100%。

学校以“童蒙养正、长善救失、自强不息、厚德载物”为办学理念；凸显“国学教育”办学特色。2008年12月学校被授予“张家界市国学教育基地”，2009年通过省级合格学校验收。2011年度被评为“张家界市廉洁文化进校园示范校”，2011年度被评为“张家界市德育先进单位”，2012年被国学会授予“心灵花园学校”。学校教学功能室较为齐全，先后建起了理化生仪器与实验室、学生电脑室、多媒体“班班通”教室、体育器材室、音乐室、书画室、图书室、阅览室、教师办公室等。2012年，学校通过“现代教育技术实验区”验收。学校先后承担“十一五”“十二五”“十三五”等市级教研课题，教学质量稳步提高，群众对教育的满意度逐年提升。

2017年，办学条件进一步得到改善。教师入住周转房，黄家坪小学通过农村合格学校验收。学校先后选派教师参加各类业务学习、观摩培训和省培国培达40人次。在各级评优活动中，1人获“优秀教师”，2人被评为“优秀班主任”，8人次被评为校级“星级教师”；参加区“提升杯”教学比武活动，1人被评为优秀教学指导，3人获二等奖。小学教学质量获农村学校第一名，初中毕业班在全市排名中提升13个名次，获教育教学质量提升奖。10月参加区第七届中小学生篮球运动会获小学男子第四名；参加中小学传统节目展评，节目《弟子规》获二等奖，《中华孝道》获三等奖；在全市“三好学生”和“优秀学生干部”评选活动中，3人被评为“三好学生”，2人获“优秀学生干部”、5人被评为区、乡级“文明小公民”等荣誉称号。积极争取外援，中国娃公益俱乐部为学校捐赠30台笔记本电脑，武陵源城区乐乐幼儿园为学校困难学生捐款2000元，区关工委为困难学生募捐4000元。学校获区级“关心下一代先进集体”、市级电教仪器工作先进单位、省级“应急管理示范校”和国家级“零犯罪学校”等荣誉称号。

【张家界国家森林公园学校】 学校占地面积14000平方米，建筑面积3282平方米。有教学班1~6年级6个，在校学生近200人，附设幼儿园3个班，在园幼儿近80人，适龄儿童入学率、巩固率均达100%；有教职工25人，教师学历达标率100%。

2017年，教师周转房建成并投入使用；投入500万元启动学校综合楼建设。

以“绿色·生命·健康·发展”为理念，以学生养成教育为主要内容深入开展“三月春风暖人心，雷锋精神照我行”“与文明为伴，与阅读牵手”“全民国家安全教育日”“我向习爷爷说句心里话”“小手牵大手、环境整治6+1”等主题活动，评选“学雷锋标兵”“文明之星”“假期社会实践先进个人”，让学生在丰富多彩的德育活动中愉快地接受教育，形成良好品德。

组织教师参加国培10人次，参加区级培训5次，每月开展一次校本培训，学校组织10个教师“一对一”教学结对帮扶。2017年荣获市级语言文字示范校及达标校。

开展作文竞赛、书信大赛、社会实践评比赛、优秀诗文朗读赛、环保知识竞赛等竞赛活动，成立绘画组、剪纸组、写作组、舞蹈组、篮球队、田径队、羽毛球队等兴趣小组。全区中小学篮球赛上女子队夺得亚军。

成立安全生产领导小组，制定安全工作预案和安全生产计划，举行应急疏散演练，每月对教室、食堂等公共场所进行消毒，安置一键式报警器，安全生产零事故。2017年，被评为武陵源区“平安校园”和张家界市“平安校园”。 （孙卫东）

【天子山小学】 天子山小学始建于1951年，前身为桑植县汨湖乡泗南峪村小学，1988年划归武陵源区天子山镇，成立天子山镇中心学校，2016年成立天子山街道办事处，更名为天子山小学。2017年有6个教学班，学生132人，适龄儿童入学率达100%。专任教师18人，其中高级教师1人、一级教师8人、二级教师9人。学校面积8823平方米，拥有标准化的教室、图书室、实验室、音乐功能室、美术功能室、计算机功能室等，学校教学条件优越，校园布局合理美观。

学校注重传承土家文化，校园民族特色文化氛围浓重。设置十字绣活动功能室、围鼓与唢呐活动功能室等3个学校特色功能室，并开展相关内容课堂教学。

学校先后获得“湖南省现代教育技术先进单位”“湖南省文明美德学校”“湖南省文明安全校园”“湖南省生态文明校园”“张家界市课题研究先进单位”“张家界市教育学会先进单位”“2017年度‘十大平安’系列创建示范单位平安学校”等荣誉。

（付　睿）

文　化

【概况】 1989年9月，成立武陵源区教科文体广播电视局，1990年2月将教育、科技职能划出，分设教育科技局、文化体育广播电视局。1991年10月成立湖南有线电视台武陵源分台。1995年3月又将文化、体育职能划出，组建区文化体育局、区广播电视局。2009年7月，区文化体育局与区广播电视局合并，成立张家界市武陵源区文化体育广播电视局（加挂区新闻出版局、区版权局）。2010年12月，武陵源电视台上划至市电视台，更名张家界市武陵源区文化体育广电新闻出版局（加挂区文物局、区版权局）。2015年12月，更名为张家界市武陵源区文体广电新闻出版局（加挂区文物局、区版权局），为政府组成局，内设办公室、法制行政审批股、文物和体育股（体彩管理股）、文化股（非物质文化遗产管理股）、广播电影电视股、新闻出版股（版权股）

等6个机构。下设执法分局（副科级单位）、区图书文化馆（副科级单位）、区业余体校、三角垭广播电视转播台4各事业单位。2017年,机关行政编制5名，事业编制14名。

公共文化服务体系进一步完善。建立武陵源图书馆网站，与省图书馆联网实现资源分享，创建了微信客户端，更好为广大读者提供阅读便捷平台。完成1个社区公益书店和1个村级综合文化服务中心（喻家嘴）建设。按照“8个1”的标准（1个文化活动广场，1个文化活动室，1个简易戏台，1个宣传栏，1套文化器材，1套广播器材，1套体育设施器材，1个农家书屋），对全区33个村（居）村级综合文化服务中心或村级文化活动室进行建设。

传统文化得到进一步挖掘保护。开展文物普查保护工作，对全区所有民族祭祀建筑文物进行规划编制。提前启动贺龙陵园（贺龙墓）申国保工作，完成申报文本准备。深入挖掘武陵源文化故事，协助协合乡杨家坪村、协合村进行村史馆建设，启动天子山红色文化教育基地建设规划，协助纪委开展贺龙公园廉政文化教育基地建设规划编制。

文化活动与旅游进一步融合。举办春节、元霄送戏下乡活动。组织各乡（街道）在春节期间开展丰富多彩、健康活泼文化系列活动，向市民和中外游客积极展现武陵源春节文化氛围。开展“欢乐潇湘·快乐武陵源”群众文化活动，掀起全民参与文化活动的热潮。2017年黄龙洞音乐季，被全国20多个省市主流纸媒关注报道，获得逾3亿人次的网络点击和关注。

广电事业发展进一步加强。开展中湖、协合等部分农村数字电视整体平移工作。建设中央广播电视节目无线数字化覆盖工程，对现有三角垭调频转播台进行改扩建，添置信号接收和发射设备，2017年年底接近完成，将实现无线数字广播电视信号免费公益覆盖。（杜　平）

【语言文化】 武陵源土家族没有自己的文字，通用汉语，属西南官话，但在语音和词汇等方面，境内各地仍有明显差异。从声调上分类，方言大致可分为3个方音区，即中湖方音区、索溪峪方音区和天子山方音区。中湖方音区，其范围除中湖乡外，还包括公园管理处和协合乡（除李家岗、宝峰山外）的大部分以及天子山镇的泗南峪、向家坪两个居委会，有声调5个，特别是入声，明显成为一个独立的调类。索溪峪方音区，其范围即该街道所辖之文风、岩门、白虎堂、河口、铁厂、田富、金杜、双星、双峰、喻家嘴居委会和军地坪街道所辖之吴家峪、宝峰路和画卷路3个居委会，有调类6个。天子山方音区，其范围即该街道所辖之向家台、黄河二村和天子山居委会。该音区除去声清声字外，其余的与中湖方音同。该地方言中词语的构造方式和汉语构词法基本一致，但一部分词在命名时有不同处。如：把雾说成“罩子”，闪电说成“扯闪”，省悟说成“醒水”，胎盘说成“衣胞”等，重在对形象的譬喻和描绘。把蟑螂说成“油虫”，蝙蝠说成“盐佬鼠”，老鹰说成“岩河鹰”，说明其物的生长环境。“苞谷”（玉米）、“剥皮菌”（一种蘑菇）、“扯根菜”（菠菜等），说明自身特点及其取用方法。挖锄（一种农具），“拄路棍”（拐杖）、“射水筒”（喷水的工具）、“药匠”（医生）等侧重于功能用途上。“蓄口”（怕惹祸，收敛而少说话）、“杵把”（挑起矛盾，使人吵架）等强调行为效果。“得幸”是“幸得”的倒用，用“盆水”、“德行”说人的形态状况，是借喻和借代的修辞手法。（孙　超）

【市广播电视台武陵源记者站】 2011年1月，武陵源区电视台上划到张家界市广播电视台管辖，设立市广播电台武陵源记者站（正科级）。设站长、副站长各1名，记者8名，办公地点在武陵源区文体广新局内，主要担负武陵源区新闻宣传工作，负责办好《武陵源新闻》节目。武陵源记者站与张家界市广播电视台全媒体新闻中心合署办公，是武陵源区内外新闻宣传的主要阵地和重要窗口。新闻节目每周3期，每期15分钟，并在张家界市广播电视台公共频道中播出。2017 年，武陵源记者站紧密围绕武陵源区委、区政府中心工作和重大决策部署，广泛深入报道武陵源区各部门巩固精准扶贫成果、旅游提质升级、“两学一做”学习教育活动、中共十九大精神专题学习、控违拆违等工作，认真策划和摄制《我们的春节》《2017 加油干》《好家风好家训》《武陵源——砥砺奋进的五年》《景区环保督查》等系列专题节目。开办有《喜迎十九大 精彩张家界》《贯彻十九大精神》《六城同创》等新闻节目专栏。重点突出武陵源区旅游特点，大力强化外宣工作。全年在中央电视台、湖南卫视上稿 80 多条。（宋　浩）

体　育

【概况】 主管部门为武陵源区文体广电新闻出版局。2017 年 4 月 22 日成功举办第二届“怕不怕”宁乡县至武陵源 300 公里不间断自行车骑行赛事；4 月 22—24 日，成功举办全国首届首站 2017 中国山地户外健身休闲大会，赛事在中央电视台体育频道、湖南卫视进行报道，湖南经视等 15 家电视及新媒体对跑酷项目进行直播；11 月举办首届“张家界市山地马拉松”赛事活动；12 月，开展黄石寨新年登高南方主会场活动。体育赛事关注效应为武陵源旅游起到良好宣传效果。（杜　平）

【全国新年登高健身赛事在武陵源举行】 2017 年 12 月 16 日，“2018 全国新年登高健身大会湖南主会场赛事”在武陵源举行，省内外的近千名登山爱好者参加赛事活动。国家体育总局登山运动管理中心经营开发部主任丁祥华，湖南省体育局巡视员孙平波，张家界市人大常委会副主任、武陵源区委书记朱用文，湖南省社会体育指导服务中心书记黄建明，市文体广新局局长杨余茂，副局长杨家进，区领导谢贵湘、戴云峰、秦进廷、张瑛出席开幕式。此次活动由国家体育总局主办，国家体育总局登山运动管理中心、国家体育总局体育彩票管理中心、中国登山协会、湖南省体育局、张家界市人民政府、武陵源区人民政府、武陵源风景名胜区和国家森林公园管理局共同承办，以“新年登高健身 远望成就梦想”为主题。赛事分专业男女组、群众男女组两个组别，起点为武陵源区张家界国家森林公园门票站，终点设置在黄石寨景区山顶，专业组赛程 6.4 公里，业余组赛程 5 公里，用时最短者获胜。湖南邵阳市刘勤华和湘西自治州吴新花分获男、女专业组第一名。（杜修庆）

卫生医疗·计划生育

Hygiene · Family planning

卫生医疗

【概况】 1989年9月，设立区卫生计划生育局；1995年1月，区卫生计划生育局划解，单独设立区卫生局、区计划生育局；2003年区计划生育局更名为区人口和计划生育局；2015年10月，因机构改革，由原区卫生局、原区人口和计划生育局组建成立区卫生和计划生育局至今，内设办公室、综合管理股、爱国卫生股、医政医管股、法制监督股、计划生育基层指导股、计划生育家庭发展股、计划生育流动人口服务管理股、规划财务股、会计核算中心10个股室，行政编制5名、工勤编制1名，是全区主管卫生和计划生育工作的区人民政府工作部门，主要履行全区卫生和计划生育统筹规划、卫生计生行政管理以及组织实施职能。2017年年末，全区共有医疗卫生计生机构60家，其中：区级医院1个，民营医院1个，区级专业公共卫生管理机构3个（区疾病预防控制中心、区妇幼保健计划生育服务中心、区卫生计生综合监督执法局），乡街道公立医疗卫生计生机构12家（乡卫生院2个、社区卫生服务中心4个、妇幼保健计划生育服务站6个），村卫生室26个，个体诊所13家，景区医疗救护站4个。医疗机构拥有床位286张，使用率66.22%。拥有卫生计生工作人员365人，其中：执业（助理）医师121人、注册护士76人、药师（士）16人、技师16人、乡村医生26人、其他卫生计生人员110人。军地坪街道社区卫生服务中心被国家卫生计生委办公厅授予“2017年优质服务示范社区卫生服务中心”称号，全市仅此一家。区卫生计生综合监督执法局被中共湖南省委法治湖南建设领导小组办公室授予“2016—2018年全省依法办事示范窗口单位”称号，全省共有38个卫生计生单位获此殊荣。 （邓美英）

【卫生计生综合监督执法】 2016年1月，成立卫生计生综合监督执法局，为武陵源区卫生和计划生育局所属副科级公益一类事业单位，在业务上接受张家界市卫生计生综合监督执法局的指导。2017年，有干部职工8人。内设办公室、公共场所卫生监督股、学校卫生监督股、医疗机构卫生监督股、计划生育监督股5个股室。主要负责实施卫生计生专项整治、日常监督管理、案件查处等工作。2017年全年共组织公共场所执法行动407次，监督宾馆、酒店、客栈496户，生活饮用水卫生监督检查单位446家，旅游购物场所卫生监督检查24家，下达《卫生监督意见书》507份，认真履行卫生计生监督职责。 （罗文强）

【药品供应保障】 全区医疗卫生机构全面实施药品采购“两票制”，覆盖率达100%。全区8家公办医疗机构均实行基本药物零差率销售，基本药物由各单位在湖南省药品集中采购平台采购，统一配送，实施国家基本药物制度村卫生室覆盖率达100%。基本药物目录共有517种。（刘 芸）

【乡村卫生服务管理】 以乡（街道）为范围，对乡卫生院（街道社区卫生服务中心）和村卫生室的行政、业务、药械、财务、绩效考核等方面予以规范管理。乡卫生院（街道社区卫生服务中心）负责履行本辖区内卫生管理职责，在向农（居）民提供公共卫生服务和常见病、多发病诊疗等综合服务同时，承担对村卫生室管理和指导职能。村卫生室承担行政村公共卫生服务及一般疾病初级诊治等工作。（刘 芸）

【公共卫生服务】 围绕公共卫生服务精细化管理，召开公共卫生服务专题推进会，举办第三期公共卫生服务规范培训；累计建立电子健康档案58232人，全年发放印刷资料3.5万份，播放音像资料7198小时，宣传栏内容更新63次，举办健康知识讲座87次；全面推开家庭医生签约服务工作，共签约38625人次；免费体检65岁以上老年人5460人，健康管理率90%，同比增长17.7%；全区累计管理高血压患者2322人、糖尿病患者728人，严重精神障碍患者在册管理236人；军地坪街道社区卫生服务中心成功创建“国家优质服务示范社区卫生服务中心”。提供全程免费优生优育和健康服务，孕产妇系统管理700人，系统管理率为95%；完成0~6岁儿童健康管理4084人，保健覆盖率为95.3%。对1417名0~36月儿童开展了中医药健康管理服务；全区5岁以下儿童死亡5例，死亡率为6.5‰；全区无孕产妇死亡发生。开展重点领域和生活饮用水专项监督检查，共检查宾馆、酒店、客栈、旅游购物场所、餐饮具消毒服务单位等公共场所522家，并指导城市和农村集中式供水消毒处置；对8家医疗卫生机构和部分村卫生室开展传染病防控专项执法检查。无偿献血人数555人，完成率100.9%。实施爱国卫生与健康促进，深入开展国家卫生城市创建、环境综合整治行动，全区投入除“四害”经费15万元，消杀范围覆盖城区公共环境，年内蟑螂密度达到省C级控制水平、蚊虫密度达到省B级控制水平。启动医养结合试点区建设，助推健康养老模式。开展食源性疾病监测工作，落实监测报告制度，开展卫生应急培训、演练，依法规范报送突发事件卫生应急信息。

（邓美英 刘 芸）

【医药卫生体制改革】 全面落实综合医改任务，推进分级诊疗制度建设，推行家庭医生签约服务，重点人群签约率达80.5%，建档立卡贫困户签约服务覆盖率达100%；推进分级诊疗运行机制，推行区乡村一体化管理模式，落实双向转诊制度，开通转诊绿色通道，实现区域资源共享，逐步形成基层首诊、双向转诊、急慢分治，上下联动的分级诊疗模式。全面推行城市公立医院综合改革，二级医疗机构全面执行药品零差率销售和新的医疗服务价格，稳妥推进医疗服务价格改革。强化基层医疗卫生机构服务能力建设，完成乡村医生本土化培养，市区两级政府投入24万元，为12家村（居）卫生室配置20种基本医疗设备，为中湖乡中心卫生院投入三大件医疗设备（DR、彩超和全自动生化分析仪）经费160万元，为基层医疗卫生机构投入60万元统一购置全自动血压计、脑血流图仪等体检设备，不断增强基层医疗卫生机构服务能力。构建医疗保险统一运行机制，实施“阳光医疗”保障工程，实现医疗救助与大病保险制度衔接，推进基本医保跨省异地就医全国联网和住院费用直接结算。结合门诊大病和住院推行按病种付费，落实“大病集中救治一批、慢病签约服务管理一批、重病兜底保障一批”等“三个一批”精准扶贫措施。完善政府卫生投入机制，基层医疗卫生单位人员工资财政预算提高到90%，公立医院人员经费列入财政预算予以保障。（邓金莲）

【卫生监测】 开展生活饮用水水质监测和学校直饮水水质监测：全年共抽样检测农村饮用水2次共18件，其中出厂水6件，末梢水12件，合格率均为50%；抽样检测城市饮用水2次共24件，其中末梢水18件，合格率达100%，出厂水6件，合格率为83.3%。全年完成宾馆、酒店和客栈等公共场所卫生检测240家，合格率达100%。全区碘盐抽样检测300份、含碘合格率为99%，水碘采样检测85份、含碘合格率为100%。全年完成从业人员体检6651人并免费办理健康证明。（欧瑶琪）

【重点民生实事项目】 全年共有65名重性精神疾病住院患者得到救治救助，落实医疗救助经费79320元；落实79名严重精神障碍患者监护人“以奖代补”资金263100元。2006名农村适龄妇女享受了“两癌”免费检查，免除检查费用280840元。563名孕产妇接受免费产前筛查，免除检查费用78820元。（杨 娟）

疾病预防控制

【概况】 1990年2月建立区卫生防疫站，2002年4月更名为区疾病预防控制中心，是政府主办的非营利性疾病预防控制机构，为全额拨款副科级事业单位。中心核定编制9个，在职在编干部职工9人，临聘人员5人。设置结核病防治科、传染病防治科、艾滋病防治科等公共卫生业务科室10个，医疗业务科室1个，职能管理科室3个。主要负责全区疾病预防和控制信息的收集、整理、统计分析、综合评价、反馈及疫情预测和报告等工作，密切注意疫情动态，做好各类传染病的防控工作等。2017年全区共报告法定传染病452例（网报），发病率为820.40/10万，无甲类传染病报告，无重症死亡病例。完善各种重点传染病防控预案，保证各类消杀物资储备充足；成立防控机动队，安排专人24小时值班，抓好重点区域、重点人群、重点环节、重点阶段的疫情防控；加强学校疫情监测：建立“疫情联系人”制度，保障晨午检等基本防疫制度落实；加强霍乱防控工作：指导全区6家医疗机构设立肠道门诊、发热门诊，做到逢疑必检，全年未发现阳性检出；每月及时督导区人民医院和基层医疗卫生机构落实传染病报告及发热病人、流感样病人和不明原因肺炎病人监测工作，确保人感染禽流感防控工作有序推进。2017年实现全区无甲类传染病病例发生、无重大传染病疫情暴发流行、无二代病例发生的目标。

【结核病防治与患者管理】 2017年，全区发现活动性肺结核患者共26例，其中新发涂阳患者5例，新发涂阴患者16例，复治涂阳患者4例，耐多药患者1例。推介转诊到定点医院治疗的结核病患者26人，转诊率、规范管理率均达100%，服药率达98.5%。

【艾滋病、性病防治】 2017年全区艾滋病、性病防治工作稳步推进。一是加大检测力度：2017年全区共完成艾滋病检测6522人次，其中：术前检测730人次、孕产期检查202人次、婚前检测604人次、VCT检测570人次、其他检测4416人次，均未发现阳性。二是加强患者管理，落实艾滋病“四免一关怀”政策，并及时对患者开展了疫情随访和治疗随访。三是加强宣传，做好高危人群干预：充分利用“3·24”“6·26”“12·1”等各类主题宣传日，深入开展艾滋病防治知识宣传活动，推广安全套使用；对高危人群进行艾滋病性病传播防控和性病综合干预工作，2017年干预2262余人次。

【免疫规划工作】 基础免疫接种工作稳步推进：2017年度全区基础免疫接种率达99.98%，其中卡介苗、百白破、麻疹类、A（a+c）群流脑、乙脑、甲肝疫苗基础接种率均达100.00%，乙肝疫苗接种率达99.86%，脊灰疫苗接种率达99.8%，全区麻疹疫苗查漏补种304人次。免疫规划监测系统有效运转：加强了对AFP（急性弛缓性麻痹）、麻疹、乙脑、流脑、

AEFI（预防接种副反应）监测工作，全年无 AFP 报告，报告 AEFI 5 例，无严重 AEFI 和群体性 AEFI 的报告，无疫苗质量安全事故发生。入托入学疫苗接种证查验工作有序开展：对全区 10 所小学和 21 所幼儿园开展了接种证查验工作，共查验儿童 2369 人，补种 312 人，补证 19 人，查验率、补证率、补种率均达 100%。加强疫苗购进、保管、储存、分发、接种等管理工作：全区疫苗冷链安全运转 12 次以上，无接种安全事故发生。加强免疫规划信息管理。全区 6 家接种单位电子接种扫码实行全覆盖，辖区户籍儿童录入率达 100%，儿童个案基本信息完整率达 99.30%，儿童个案接种信息完整性率 91.00%，全区扫码率 92.84%。

【寄地慢病防控及重性精神病患者管理】 地方病、寄生虫病防控工作有效推进：利用“4·26”“5·15”等宣传日积极开展主题宣传活动，提高了公民对碘缺乏病、寄生虫病的认识；2017 年全区碘盐抽样检测 300 份，含碘合格率为 99%，水碘采样检测 85 份，含碘合格率为 100%；2017 年全区上报“三热”病人疟疾血检 48 例，未发现血检阳性病人。慢性病管理到位：2017 年，全区累计管理高血压患者 2322 人，累计管理糖尿病患者 728 人；积极开展死因监测工作，2017 年全区报告死亡病例数 327 例，死因监测各项指标均达标。严重精神障碍患者管理工作稳步进行：2017 年，全区严重精神障碍患者在册管理 236 人，管理率达 99.58%；规范管理 222 人，规范管理率为 94.07%；报告患病率 4.36‰、治疗率为 94.01%。

【职业病防治工作】 开展了全区尘肺病农民工筛查工作，2017 年共筛查尘肺病农民工 67 人，对 42 名疑似对象统一组织到市级疾控部门进行检查、诊断，确诊尘肺病患者 3 名，其中 2 名及时送市定点医疗机构进行住院治疗，1 名拟定于 2018 年进行住院治疗。开展了职业病网络上报工作，2017 年上报农药中毒报告卡信息 8 例，审核率 100%。（欧瑶琪）

【健康教育】 2017 年，多次深入学校开展肺结核病、诺如病毒、手足口病、风疹、麻疹、流行性腮腺炎、水痘等传染病的防控知识讲座及卫生知识宣传；利用各种疾病防控主题宣传日（周），开展丰富多彩的健康教育与宣传活动，大力普及疾病防控知识，切实增强广大人民群众的卫生防病意识。2017 年，共组织开展健康教育知识讲座 87 场次，开展公众健康咨询 75 次，制作发放宣传资料 18 种 3.5 万余份，制作并使用宣传展板 132 块、横幅 55 块，布置主题宣传专栏 18 期，更新宣传专栏内容 63 次，发表健康教育宣传信息 105 篇。（欧瑶琪）

医疗机构选介

【武陵源区人民医院】 1990 年 11 月，索溪峪镇医疗中心升级为区人民医院。主要开展基本医疗、实行药品零差率销售、医疗救护及各类体检等其他上级交办的工作任务。为“武陵源区城镇职工基本医疗保险定点单位”“武陵源区城乡居民基本医疗保险定点单位”“慈利县城乡居民基本医疗保险定点单位”。2017 年实有人员 80 人，在编在岗 48 人，临聘人员 32 人，退休人员 32 人。其中副高职称 2 人，中级职称 23 人，初级职称 42 人，工勤技能 13 人。设有内科、外科、妇产科、针灸推拿科、口腔科、放射科、检验科、手术室、中西药房等 10 多个临床及医技科室。主要设备有 DR（数字化 X 线摄影）、彩色 B 超、心电图、脑血流图、全自动生化检验设备 1 套等。

业务工作。2017 年完成门诊人次量 23354 人次，完成住院治疗 2218 人次，门诊手术 200 例，住院手术 122 例，业务总收入 920 万元。各单位体检人次 2000 人次，犯人体检 70 人次，驾驶证体检 1794 人次，体检总收入 128 万元。2017 年开展病房出院患者回访活动，采用电话、微信等方式共 2218 人次；积极加强病历与处方管理，认真组织学习和培训，并按文件规定进行检查督导；开展抗菌药物临床应用培训，每月进行一次病历检查，其抗菌药物使用率46%，处方合格率90%，病历甲级率95%，无丙级病历；派业务骨干参加护理短期培训班，坚持护理工作每一个季度对口查。

队伍建设。经上级部门的统一部署，共招聘7名医护人员（2名医生、2名医技人员、3名护士），充实了干部队伍。积极组织精湛业务骨干参加省市的医院感染培训，派遣3名人员参加消防知识培训。全年组织年龄40岁以下护士进行“三基”理论与操作考试，合格率达100%。

硬件建设。2017年购置彩超与全自动生化设备，建立艾滋病初筛室，为临床上对疾病的诊断、治疗和预后及健康状态提供了信息依据，为学科开展新技术、新项目提供了有力的硬件支撑。

2017年，积极开展“平安医院”创建，被张家界市社会管理综合治理委员会授予“2017年度全市‘十大平安’系列创建示范单位”荣誉称号，全市共有4个单位获“平安医院”创建示范单位殊荣。

（甄　茜）

【区妇幼保健计划生育服务中心】 2016年1月，设立妇幼保健计划生育服务中心，是政府主办的非营利性妇幼健康服务机构，为全额拨款副科级事业单位，主要负责全区妇幼健康服务和计划生育技术指导。核定编制10人，在编在岗10人，临聘及返聘人员10人，在编人员专业副高职称2名、中级职称4名、初级职称4名。注册床位10张，实际开放病床4张，设有内科、妇科等科室，以及检验、B超等医技科室。2017年，全区共有产妇749人，活产764人，系统管理700人，系统管理率为95%；孕产妇死亡率为0。7岁儿童健康管理4084人，健康管理率95.3%；3岁以下儿童系统管理1884人，系统管理率为91.5%，5岁以下儿童死亡5例，死亡率为6.5‰。推进出生缺陷防控工作，发放免费叶酸950人份，积极开展免费婚前检查、免费孕前优生健康检查、免费孕妇产前筛查、免费孕期艾滋病、梅毒、乙肝检测。全年免费两癌筛查2006人，宫颈癌癌前病变1人，乳腺癌0人。统一全区筛查工作模式，落实异常病例随访管理，全年新生儿听力筛查764人，筛查率为100%，阳性病人召回率100%。孕产妇免费产前筛查563人，筛查出高危孕产妇290例，高危孕产妇管理率100%。婚前医学检查应检查378对，实际检查324对，婚检率为85.8%，检出疾病人数56人，总患病率为8.6%。与公安部门密切配合，坚持持有《出生医学证明》入户，提高《出生医学证明》发放率和管理率。

（胡亚玲）

【军地坪街道社区卫生服务中心】 2009年1月成立军地坪街道社区卫生服务中心，是一所政府主办的非营利性社区卫生服务机构，全额拨款事业单位。核定编制15个，2017年，职工22人，其中正式在编职工15人，临聘人员7人，退休职工1人；专业技术人员21人，其中中级7人，初级14人。注册床位10张，实际开放病床10张。设有预防保健科、全科医疗科、口腔科、康复理疗科、医学检验科、中医科等科室，以及B超、心电图、脑电图等医技科室。

全年门诊诊疗人次10185人次，门诊业务总收入1707522.73元；住院总人次443人，住院业务总收入556887.73元。十里画廊景区救护站服务游客、群众1508人次，急诊转诊25人次。

队伍建设：2017年共有3人通过中级职称资格考试，先后选派5人次赴省市参加各类业务知识培训，认真开展医务人员“三基”知识考核工作，全年组织全体干部职工进行4次“三基”考试。同时按要求完成IPTV培训计划，医务人员的业务素质得到进一步提升。

公共卫生服务。慢病管理：2017年辖区高血压病人新增至603人，随访、管理率达100%；糖尿病病人新增至243人，随访、管理率达100%；规范管理精神病患者54人，随访、管理率达100%；继续免费发放高血压药物1421瓶、糖尿病药物560瓶。

妇幼健康服务：规范管理孕产妇166人，活产数184人，建档人数176人，建档率95.6%，早孕建卡175人，产妇住院分娩率100%，产后访视166人，产后访视率90%，新生儿访视人数166人；0~6岁建档1056人，0~6岁儿童管理998人，系统管理率94.5%，低体重出生4人，早产2人，全部实行专案管理。传染病管理：全年认真开展传染病防控各项工作，同时认真做好传染病网络直报，加强发热门诊、肠道门诊的规范接诊。免疫规划：高标准建成武陵源首家儿童预防接种数字化门诊，一类二类疫苗规范化接种，全年预防接种总收入突破70万元，接种率达95%以上。健康教育：先后深入学校、社区及政府门口利用各种形式开展健康教育宣传12场次，更换宣传栏14期，发放健康教育处方8000余张。

组织流动人口中慢病患者前往常德开展以“慢病防控牵万家”的慢病联谊活动；成功创建国家优质服务示范社区卫生服务中心，被国家卫生计生委办公厅授予“2017年优质服务示范社区卫生服务中心”称号。（陆姚姚）

【中湖乡中心卫生院】 中湖乡中心卫生院是一所政府主办的非营利性中心卫生院，全额拨款事业单位，核定编制14人，其中在编在职10人。全院干部职工19人，专业技术人员17人，其中主治医师3人，执业医师1人，执业助理医师1人，护理7人（其中主管护师1人），检验士1人，药士1人，推拿理疗师1人，后勤2人。注册床位34张，实际开放病床16张。开设全科医疗、中医康复治疗、预防接种、儿童保健、妇幼保健、健康教育以及心电图、常规生化等医技检查。

全年完成业务收入225万元，完成门诊20572人次，完成出院人次468人次。主要服务对象是中湖乡辖区内居民。2017年共接收城乡居民医保住院452人，住院总费用61.17万元，人均住院费用1353.32元；统筹金额54.52万元，人均统筹1206.2元。门诊城乡居民医保10885人次，总费用110.55万元，统筹金额45.71万元。城镇居民职工住院16人次，住院总费用3.81万元，统筹金额3.41万元，人均住院费用2381.25元。门诊城镇职工医保就诊292人次，总费用3.91万元。

队伍建设。全年选送1名临床医师到张家界市人民医院进行内科学习，1名中医主治医师到张家界市中医院进修学习。多次参加市区等上级部门组织的相关培训。全年组织专业技术人员进行三基理论考试4次，合格率达100%。

公共卫生服务。公卫科配备5人，均为专业技术人员，增加乡村医生业务培训和临床指导。2017年为辖区居民新建健康档案、纸质档案365份，并将其规范成电子档案，累计为乡常住及流动人口规范建立健康档案14230份，规范建档率达96%。全年共发放12种宣传材料12848份；开展了12次健康知识讲座、9次健康咨询活动和6次村卫生室健康知识讲座，受教育人数达1800余人次。全年共接种包括乙肝、卡介苗、麻风等一类疫苗共计2367针次，二类疫苗及狂犬疫苗和免疫球蛋白共计1726针次，全年共销售二类疫苗255986元（2016年共销售二类疫苗210428元）。加强重点人群健康管理，全乡在册管理67名重型精神病患者，在册在线管理高血压患者489人，规范管理468人；2型糖尿病154人，规范管理145人；在册在线管理老年人1394人，规范管理率73%。2017年全乡孕产妇总人数为185人，活产数为189人；全乡7岁以下儿童1148人，均在册在线管理。全乡5岁以下儿童死亡1人，死亡率为5.29‰。（易阳洋）

人口和计划生育

【概况】 2017年年末，全区常住人口5.55万人，其中城镇人口3.1万人，农村人口2.45万人，城镇化率55.73%；全年出生人口787人，出生率14.38%；死亡人口309人，死亡率5.64%；人口自然增长率

8.74%。符合政策生育率97.84%，出生人口性别比119.32。避孕节育措施落实率为92.6%，避孕药具发放使用到位，药具发放率和使用率为100%，有效率100%，随访率98%。乡、街道考核结果：市级优秀单位为锣鼓塔街道；市级良好单位为协合乡；区级先进单位为军地坪街道、天子山街道；区级合格单位为中湖乡、索溪峪街道。综治部门考核结果：先进单位4个，合格单位10个。区直及垂管单位分类（105个）：均为一类单位。村、居委会考核结果一类村居（13个）（黄龙路居委会、迎宾路居委会、喻家嘴居委会、宝峰路居委会、林场、锣鼓塔居委会、向家坪居委会、定家庄村、鱼泉峪村、石家峪村、三家峪村、李家岗村、龙尾巴居委会）；二类村居（12个）；警示（重管）村居（1个）。（李爽乐）

【再生育审批工作】 从2016年1月1日开始实行生育登记服务制度，登记方式包括网上预约登记、乡街道卫计办登记两种途径。自2016年10月1日至2017年9月30日期间，共完成再生育审批43次。（田依山）

【奖扶工作】 2017年奖扶确认人数603人（960元/人·年），发放资金578880元。特扶独生子女伤残对象9人（5040元/人·年），发放资金45360元；特扶独生子女死亡对象35人（5880元/人·年），发放资金205800元。针对60岁以上特扶对象另外发放老年护理补贴1200元/人·年，其中特扶独生子女伤残对象5人，发放资金6000元；特扶独生子女死亡对象21人，发放资金25200元。独生子女保健费253人，其中单方享受的对象47人（120元/人·年），发放资金5640元；夫妻双方享受对象为205人（240元/人·年），发放资金49200元。城镇独生子女父母奖励244人（80元/人·月），发放资金186728元。全年累计发放资金1102808元。（吕冬梅）

【社会抚养费征收】 每季度对各乡、街道社会抚养费征收平台的录入情况、案卷质量和征收程序进行督查，对发现的问题及时提出整改意见并限期整改到位，全年共立案件31起，征收社会抚养费34.27万元。（廖成新）

【流动人口管理】 2017年，全区共组织乡、街道进行流动人口专项清理工作两次，澄清了流动人口数据，并录入平台系统：截至2017年12月30日，流出人口6261人，流入人口4351人，流入人口健康档案建档4012人，建档率92.21%。回复全员流动人口信息6266条，入库率100%，反馈率100%。为加强区域协作，保障流动人口权利，武陵源区继续与邵阳市新邵县等外省市相关区县保持流动人口跨区域长期协作关系，新增与深圳市龙华区、衡阳市南岳区、湘西自治州凤凰县建立区域协作。2017年武陵源区成功创建省级流动人口基本公共卫生计生均等化服务示范街道。（王　琼）

【计生宣传】 利用"5.29"计生协会活动日、"7.11"世界人口日等重大节日、主题日积极开展宣传活动，义诊活动，设立了卫生计生政策资询台，举办了计划生育知识有奖竞猜等活动。并积极与武陵源红网、《张家界日报》《大众卫生报》以及《中国人口报》等主流媒体对接，向社会传播卫计"好声音"，传递正能量。同时开通了区妇幼健康、街道卫生计生服务等微信公众号，为群众发布卫计民生热点、政策法规、健康知识等，受到广大群众的关注和喜爱；对全区33个村（居）残旧、破损的"计生宣传公开栏"进行更换，统一制作了"计生宣传公开栏"；军地坪街道部分社区建立了计生文化园，以图文并茂的形式和通俗易懂的语言广泛宣传先进婚育观念，提升群众政策知晓率。（李爽乐）

【计生协会工作】 深入推进生育关怀行动，积极采取措施帮助贫困母亲和计生帮扶户脱贫致富。为全区年度内施行计生手术对象购买0.4万元节育手术意外伤害保险，为全区两女结扎户、独生子女户购买意外伤害保险14.6万元。按照人均100元的标准，从女方年满45周岁起为计生家庭代缴养老保险，为2810名计划生育对象代缴养老保险28.1万元。开展“生育关怀，救助贫困母亲”活动，按照每名贫困母亲不少于2000元资金或物资的标准、在每个村（居）救助2名以上贫困母亲，全区共有12个单位救助24名贫困母亲，救助资金4万元。为全区13户计生家庭申报创业小额贴息贷款11.07万元，在推动这些家庭发展的同时，项目受益人所在的村居计生协会把他们吸纳为骨干会员，利用他们对周边群众宣讲计划生育政策、法规，以及扶助政策，带动了周边群众发展生产、自觉实行计划生育的积极性。

（李爽乐）

居民生活与社会

Residents' life and social security

居民生活

【概况】 武陵源是武陵山区最贫困的地区之一。新中国成立前，交通不便，商业不发达，没有工业，大部分地区还处于刀耕火种的原始生产状态，人民生活极其困苦。新中国成立后，武陵源人民生活条件有所改善，但与周边地区还有很大差距。党的十一届三中全会后，特别是武陵源建区以来，武陵源各族人民围绕旅游发展经济，生活水平迅速跃居全市前列。2017年，全体居民人均可支配收入21726元，同比增长8.9%。城镇居民人均可支配收入27571元，同比增长8.7%。农村居民人均可支配收入12029元，同比增长9.5%。

【民生不断改善】 消费支出由以往生活消费为主，转向"吃、住、行、游、购、娱"平衡消费，住房、教育、医疗支出明显增加。手机、电脑、彩电、电冰箱、摩托车、洗衣机、电话、空调等消费品已经在城乡全面普及，汽车等现代化用品大量进入城乡居民家庭，2017年末全区社会机动车保有量达21700辆，其中汽车保有量7729辆。居民穿着讲究、整洁、大方，精神面貌焕然一新。武陵源已基本步入小康社会。

2017年，农村居民人均住房面积44.9平方米，绝大部分农民住进楼房；城镇居民人均住房居住面积58.6平方米，基本上都住上宽敞明亮商品房。随着经济的快速发展，人居环境的质量也在不断提高。城镇自来水全部普及，农村自来水普及率为70%，生活垃圾定点处理率100%。

全区乡（街道）、村（居）都通上水泥路。城乡电网、电话、宽带无缝覆盖，实现了"村村通""户户通"。完善的基础设施方便了城乡居民的生产、生活，提高了生活质量。

健全的医疗卫生保障体系，解决了人们"看病难"的问题，历史上长期危害人民身体健康的疾病和传染病得到有效控制，各族人民身体素质和寿命明显提高，人口死亡率大大降低。

武陵源教育已形成多阶段、多层次、多形式、学科门类齐全的教育体系；文学艺术百花齐放；大众传媒高度发达；文化产业初具规模。年末全区共有艺术表演团体8个，群众文化馆1个，公共图书馆1个，总藏书量3.5万册，放映农村公益电影540场，广播综合人口覆盖率99.5%。有线数字电视用户1.86万户，电视综合人口覆盖率99.5%。文化事业的发展丰富了各族人民的精神文化生活、增强了精神力量、促进了全面发展。

社会保障日益齐全。为保民生，武陵源先后建立了劳动就业、社会保险、社会救助、社会福利、基本养老、基本医疗、最低生活保障、新型农村合作医疗、慈善、商业保险等保障制度。一个具有武陵源特色、与武陵源经济发展水平相适应的社会保障体系基本建成。保证了无收入、低收入以及遭受各种意外灾害的公民能够维持生活，保障了劳动者在年老、失业、患病、工伤、生育时的基本生活不受影响。（张　闱）

救济与救助

【救灾救济】 区民政和民族宗教局制定《张家界市武陵源区民政和民族宗教局关于开展村（居）、社区应急管理规范化建设初步评估工作的通知》，并成立工作领导小组。10月全区33个村（居）社区应急管理规范化建设的资料和基础设备全部达到省、市验收标准。索溪峪街道双文村完成《省级减灾示范社区》创建标准。加强和完善汛期值班制度，做好《武陵源区民政和民族宗教局防汛值班表》安排，与市气象局签订自动检测系统的应用和手机短信预警提示，增强防灾减灾措施。增强灾害救助快速反应能力，区民政和民族宗教局为全区6个乡（街道）综合报灾终端设备的电脑、打印机等报灾专用设备投入共计20.4万元，签订《乡（街道）综合报灾系统终端设备使用协议》。完成武陵源区2017年城乡居民家庭财产投保工作，通过财政招标方式，与武陵源区财产公司签订《武陵源区农（居）户住房统一保险协议》，投保资金为9.8万元，为全区居民住房提供安全保障，全年为城乡居民家庭财产理赔15户3.5万元。2017年，共发放自然灾害生活救助资金45万元、冬春生活救助资金70万元、减灾示范社区创建资金5万元。（于　媛）

【民生保障体系】 高水准完善新型社会救助体系，社会救助水平显著提高．充分整合各方资源，不断提高救助保障水平，提升救助保障实效，强化低保救助、“政策兜底”、医疗救助、临时救助、特困人员供养、慈善救助功能，切实保障低收入家庭等弱势群体基本生活权益。2017年，按照上级部门要求，继续加大精准扶贫民政兜底保障功能，按照省绩效考核要求，对贫困人员的低保救助标准和兜底保障标准较上年度提高10%以上，并实现农村低保（含兜底）与省扶贫标准（3026元/年）两线合一，全年共计发放城乡低保资金1297.3555万元、临时救助资金支出220万元，全区12月农村低保救助水平平均为211.5元/月，较2016年度161.8元/月提高了30.7%；同时，按中央、省、市有关文件精神，对农村低保和精准扶贫政策兜底保障户进行清理整顿，相关工作已于6月底全部清理完毕，2017年全区实际纳入农村低保的有111户214人，比整顿前低保户下降90.7%，人数下降93.1%；纳入兜底保障的有74户139人，比整顿前兜底户下降63.1%，人数下降65.7%；共计纳入低保、兜底188户353人，比整顿前户数下降86.8%，人数下降85.4%。（于　媛）

【残疾人两项补贴审批发放】 及时足额发放残疾人两项补贴资金，全年共为12951人次发放补贴金64.76万元，其中：困难残疾人6705人次33.53万元，重度残疾人6246人次31.23万元。残疾人两项补贴资金发放，实行动态管理（12月底困难残疾人385人，重度残疾人523人）。（于　媛）

【特困人员供养与医疗救助】 出台两个规范性文件《张家界市武陵源区城乡医疗救助实施细则》《张家界市武陵源区城乡困难群众临时救助实施细则》，进一步落实其他相关单位与乡（街道）的工作责任，明确了操作规程，让民政业务有据可依、民政救助对象更加精准。2017年，全区城乡居民住院医疗救助1232人次，104.5万元，对自付费用较高且家庭特别困难的，通过大病医疗再行救助 14 人次，5.2 万元，门诊救助 218 人次，共计 2.5 万元；全区现有特困供养人员 418 人，其中农村分散供养特困人员 222 人，分散城市供养特困人员 68 人，集中供养特困人员 128 人。自 2017 年 1 月 1 日起，实现农村分散供养特困生活补助标准 3934 元 / 年，城市分散供养特困生活补助标准 6552 元 / 年，集中供养特困人员补助标准 12000 元 / 年，全年共计支出特困供养资金 290 万元。

（于　媛）

【慈善救助】 2017 年，“慈善一日捐”工作得到区委、区政府主要领导签字批示，各有关单位高度重视，全年累计接受慈善捐款 320.6 万元（其中定向捐款 130 万元），支出救助资金共计 305 万 /573 人次，其中生活救助 12.6 万 /78 人次、助学 35.8 万 /91 人次、医疗救助 122 万 /350 人次、定向支出 107 万 /54 人次、扶贫村 28 万。2017 年慈善总会主要以帮扶精准扶贫对象为重点，全年累计救助精准扶贫户 75 万 230 人次，为全区脱贫攻坚、全面建成小康社会发挥了重要作用。

（于　媛）

优抚与安置

【优抚】 及时发放各类优抚资金，全年共发放优抚补助金 187.5 万元，城乡义务兵家庭优待金 46.8 万元，发放光荣军属牌 20 块；利用春节、清明节、“八一”、“抗战纪念日”等重大节日，组织开展一系列走访慰问、结对帮扶活动，为全区优抚对象生活解困 530 人次，帮困资金 23.7 万元，帮助新建维修改造房屋 5 户，帮扶资金 5 万元，并为全区所有的 321 名重点优抚对象购买农村合作医疗保险；按照对优抚对象“政治上尊重、思想上关心、生活上照顾、精神上关怀”的原则，让优抚对象提升荣誉感和自豪感，不断提高其生活质量和幸福指数，对全区重点优抚对象进行了 2 期短期疗养，参加人数 57 人。全区涉军群体稳控工作态势良好，没有出现重大群体性事件和赴省进京事件，5 月 23 日，11 名参战退役老兵到市集访，经 6 月 13 日集中答复后，均表示满意且承诺不再上访。

（于　媛）

【退役安置】 稳妥完成全年退役士兵安置工作。接收退役义务兵 18 名、复原士官 7 名、转业士官 4 名。经审核，对 2 名复原士官给予一次性货币安置和经济补助，对 4 名转业士官给予岗位安置。

基层政权和社区建设

【基层选举】 2017 年村（居）两委换届工作得到区委、区政府高度重视，3 月 16 日召开全区村（社区）“两委”换届选举动员暨培训会议，会上对整体工作进行全面部署，建立区委常委包乡镇、区民政和民族宗教局班子成员业务指导乡镇的责任制体系。按照时间节点，全面完成村（居）“两委”换届选举工作，换届期间，没有出现重大违纪违规事件。全区辖 4 个街道 2 个乡 15 个村 18 个居委会，本次换届选举共选出 49 名村委会和 74 名居委会成员，其中新提名的村委会成员有 18 人，占 36.7%；新提名的居委会成员有 30 人，占 40.5%。选举中一次性选举成功的村有 11 个，占 73.3%；另行选举的村有索溪峪街道的双文村、天子山街道的黄河村、中湖乡的石家峪村和协合乡的协合村；一次性选举成功的居委会有 15 个，占 83.3%。

（于　媛）

【社区网格化管理】 2017 年，武陵源区建立“全覆盖、精准化、零距离”社区网格化服务管理新模式，全面提升社会服务管理水平，逐步把社区网格建设成服务功能完善、居住环境舒适、治安秩序良好、人际关系和谐、管理共驻共建、公众广泛参与的社会生活共同体。全区 4 个街道 2 个乡镇共设置 90 个网格，其中中心城市社区网格 22 个、农村网格 60

个、景区专属网格8个，城区以300~500户为一个网格单元；农村以并村前的行政体制，结合人口状况、地理位置合理划分网格，并绘制网格，实现全区网格化管理覆盖率100%。社区网格管理员每天在网格内进行2次巡查，发现问题或遇到突发情况，通过网格化系统上传到网格化指挥中心，根据情况将事件分流到各职能部门。社区网格员通过对活跃群体的关注，掌握不稳定信息和信访信息，使社区在第一时间掌握居民动态，及早介入、宣传和说服，对群众反映的合理诉求及时协调落实。实施社区网格化管理之后，社区干部、社区民警、社区小组长、社区专职网格员、社区党员、社区德高望重居民和社区单位参与社会管理积极性被调动起来，实现优势互补、资源共享，壮大了社区的服务力量，提高了服务效率。社区矛盾解决、困难户帮扶、邻里互助、文化活动等都在网格内自行运转，真正做到“小事不出网格，大事社区解决”。武陵源区社会治安更加稳定、社区邻里更加和谐、服务质量更加高效。

（李　平）

社会福利

【养老服务体系】 为贯彻落实国务院、省、市《关于加快推进养老服务业的实施意见》，区政府印发《张家界市武陵源区人民政府关于加快发展养老服务业的实施办法》。2017年新审批一家民营居家养老服务机构，注销一家民营养老服务机构，管理上做到“有进有出、可进可出、严进严出”。对全区公办、民营等所有养老服务机构、场所加强安全生产工作管理、应急风险管理督查考核，并建立检查日志台账。加强对公办养老服务机构的资金使用监督，加强对民办养老服务机构的扶持。通过争取省级重点民生实事项目，不断完善养老服务基础设施建设。2017年省定重点民生实事项目下达武陵源区任务指标为新增56张床位，其中喻家嘴社区养老院25张床位、迎宾路居委会日间照料中心6张床位、黄龙路居委会日间照料中心6张床位。新增基本养老服务示范点床位19张。所有项目已全部完工并完成验收。

（于　媛）

【福彩销售】 2017年，全面加强福彩销售工作，采取优化站点布局、强化站点服务、加大站点销售奖励等措施，完成销售额762.64万元，完成全年任务101.68%。

（于　媛）

【老龄工作】 对全区“五类”老人进行调查摸底，并为442名“五类”老人购买老年人意外伤害险4.42万元，向全区各乡街道宣传老年人意外伤害险理赔知识，截至12月25日，保险公司共赔付22名“五类特困”老人2.86万元，赔付率为64.89%。区居家养老服务信息平台建设于4月28日正式委托张家界孝行天下养老公司上线试运行，为636名70岁以上失能半失能居家特困老人提供居家养老服务，全区基本养老服务补贴覆盖率达87.07%。

（于　媛）

社会事务

【关爱儿童】 2017年，全区有农村留守儿童289名、其中困境儿童98名、孤儿13名。出台《张家界市武陵源区人民政府办公室关于在全区开展农村留守儿童“合力监护、相伴成长”关爱保护专项行动的通知》（张武政办发〔2017〕30号）文件，对城区范围内留守儿童，以社会工作“三区”项目试点喻家嘴社区为服务站点，开设“四点半课堂”，按武陵源“五化”民政示范区创建指标，拟建设10所农村留守儿童之家，计划成立武陵源区未成年儿童保护中心，该项目已通过项目储备库向上级申报，纳入发改部门的项目库储备，已建成武陵源区军地坪街道喻家嘴社区居委会农村留守儿童之家。年初投入资金1.95万元慰问39名农村留守困境儿童。

（于　媛）

【婚姻登记】 2017年共办理结婚登记426对，离婚登记201对，补发婚姻登记80对，全部合法有效，无一人投诉，登记合格率100%，群众满意率100%。对《湖南省财政厅、湖南省发展和改革委员会关于清理规范一批行政事业性收费有关政策的通知》湘财综〔2017〕16号精神进行广泛宣传，并接受社会各界监督。2017年4月1日起，全面停止收取婚姻登记和收养登记费用。（于　媛）

【流浪乞讨救助】 全年累计救助322人次，接领、送返15人次，在院托养人员12人，慈利永安托养院和桑植利民托养院各6人，全年支出资金共计38.01万元。1月12日，护送救助时间长达5年之久的吉林流浪女刘建云返乡工作纪实，先后被湖南经视、湖南都市、湖南公共频道、吉林卫视、“张家界日报民生周刊”等多家新闻媒体报道，赢得了广大群众好评。（于　媛）

【社会组织管理】 组织举办武陵源区第十一个国际社工日宣传主题周活动，为“三社联动”“社工精准扶贫”营造良好氛围，组织2017年度社会工作资格证考试报名工作，1名考试人员取得中级社会工作师证书。全面部署社会组织党建、社会组织年检、社会工作试点及政府购买服务等工作。8月份，召开武陵源区社会组织第一次党代会，选举产生第一届社会组织委员会，在组织领导上加强管理。开展行业协会商会与行政脱钩工作，按照省、市要求，参照上级做法，对全区35家社会团体进行调查摸底，确定10家行业商会协会纳入第二批脱钩范围。9月30日，10家纳入脱钩任务行业商会协会全面完成脱钩。（于　媛）

【殡葬改革】 加大殡葬改革整治力度。在张贴殡葬秩序整治通告、悬挂宣传标语、印制下发工作手册的同时，与区司法局、城管局协作，运用法制宣传车在城乡进行巡回宣传。让定点治丧、指定埋葬、生态安葬家喻户晓。通过摸排，核心景区内共有坟头879座，将采取分批分次进行深埋、遮挡或迁埋。区殡仪馆和公墓山建设项目完成选址、可行性研究报告（节能评估）、红线图测绘、社会稳定风险评估、规划设计方案评审和立项等前期工作。（于　媛）

街道·乡

Street · Township

军地坪街道

中共军地坪街道工作委员会

书　记　唐汇民

副书记　李少军

　　　　李若祥

党工委委员

　　　　李俊锋

　　　　毛至升

　　　　高孝风

　　　　黎洁琼

军地坪街道办事处

主　任　李少军

副主任　毛至升

　　　　吴小红

　　　　廖明星

军地坪街道人大工作委员会

主　任　李俊锋

军地坪街道政协联络工作委员会

主　任　李若祥

【概况】 军地坪街道地处武陵源中心城区，下辖吴家峪、宝峰路、画卷路3个社区居委会和1个国有林场，辖区总面积63.26平方公里。2017年总人口2.3万人。一是充分履行属地职责。2017年，辖区内大工程项目共有22个，街道全力为项目建设保驾护航，营造良好的施工条件和环境。野猫峪棚户区改造正在评估；法院宿舍20户拆除顺利完成；张清公路沿线棚户区改造进入评估公司选定阶段；武陵山大道、张清公路城区段提质改造任务和问题全部处置到位；桃花溪欢乐谷项目建设平稳推进；湘水酒店、人民防空疏散基地、天际大观园项目已动工。二是扎实开展"清零攻坚"。解决了未央路毛至连户遗留问题；拆除了张清公路沿线邓学诗父子多年未拆的房屋。百溪沟项目毛新志户四年多未拆下来，2017年拆除，并作为法院判决、政府组织强拆的全省第一起成功案例进行推广。城中村改造毛金月户，高尔夫球场邓克能、袁贻成户均已销号。对辖区内10多个历史遗留问题按"定人员、定时限"要求，实现责任包干，基本解决到位。三是部分完成棚户区改造任务。猫儿岩、塘上片区进展顺利，所涉及系列问题解决到位；未央路片区涉及15个问题，解决13个；宝峰路片区改造有18户完成手续审批，准备翻修，17户完成房屋拆迁。2017年，拆除历史违章25处，面积约4400平方米，拆除新发生违章52处，面积3512平方米。

（邓　玮）

【六城同创】 先后组织小区市容整治40余次，排查卫生死角56处，取缔拆除违规门店招牌52个，清除小区占道经营摊棚21处。防治污染，严控燃放烟花爆竹，严禁野外焚烧垃圾。加强宣传，建文化墙800多平方米。3个居委会全面落实一月一次卫生评比活动。（邓 玮）

【文明创建】 倡导文明生活方式，将违规赈酒、违规燃放烟花爆竹等16项不文明现象纳入黑名单；实行文明祭祖“两严禁、七提倡”举措，并在湖南卫视播出；大力开展文化活动，在全区“欢歌颂党恩、喜迎十九大”歌咏比赛中荣获全区第一名。开展文明劝导活动，组建40人的专职文明劝导队伍、80余人青年志愿服务队，成立由党员、社区服务志愿者、居民组成300余人义务劝导队伍，定期开展劝阻不文明行为，投身争做城市文明主人活动。深化服务居民“三三制”，每个社区分组召开3次全体居民会议，宣传政策，统一思想，凝聚共识。加强文明教育，邀请专家学者在市民学校授课12次，2400人次接受教育。（邓 玮）

【维稳工作】 积极调解矛盾纠纷，街道建立居民组、社区、派出所、街道四级联动机制，共调处群众矛盾及游客投诉纠纷800余起。着力化解信访积案，对重点信访人员张文广、李美林、吴扬道等进行座谈教育20余次，杜绝赴省进京上访事件发生。守牢安全生产红线，共组织安全生产联合大检查7次，排查出安全隐患2处；开展落实企业安全主体责任年活动培训班，62家企业参加，共100余人受训。

（邓 玮）

【基层党建】 一是选强配优社区“两委”班子。在全区率先完成社区“两委”换届，共选出政治素质高、办事能力强、年龄低、热爱社区工作的党组织班子16人，居委会班子15人，其中“两委”交叉任职12人，社区领导班子得到整体优化。二是规范基层党组织建设。街道共发展党员9名，预备党员转正11名，处置不合格党员1名，对下辖党员超过50名党员的吴家峪社区和宝峰路社区党支部，按规定设立党总支。三是发挥示范带动作用。2017年街道党工委、吴家峪社区获批成为市级党建示范点；开展向身边党员邓克举同志学习活动。（邓 玮）

2017年军地坪街道办事处内设机构及下设机构主要负责人一览表

表6

单位职务	姓 名	单位职务	姓 名
党政综合办公室	代 纯	文化站	田 洋
财政所	邓菊华	安全监督管理站	邓 跃
城市管理和生态环保站	赵雅晖	畜牧水产站	唐西兵
综治办主任	田文畅	吴家峪社区居委会书记	毛至政
卫计办主任	邓 玮	吴家峪社区居委会主任	吴 波
司法所所长	邓丽娇	画卷路社区居委会书记	邓道欣
经管和社会保障服务站	毛成汉	画卷路社区居委会主任	邓师猛
社会事务办主任	胡祖汉	宝峰路社区居委会书记	邓昌宝
卫生院	全永昭	宝峰路社区居委会主任	施光平

锣鼓塔街道

中共锣鼓塔街道工作委员会

书 记 唐 丽

副书记 彭 飞

秦 溢

党工委委员

宋逸成
甄　海
李付涛
李若开

锣鼓塔街道办事处

主　任　彭　飞
副主任　甄　海
熊永红

锣鼓塔街道人大联络员

宋逸成

锣鼓塔街道政协联络工作委员会

秦　溢

【概况】 锣鼓塔街道地处武陵源核心景区的南大门，辖区内有中国第一个国家森林公园，东与协合乡相邻，西与中湖乡相接，北与天子山街道接壤，南与永定区沙堤乡相邻，交通四通八达，是进入武陵源核心景区的主要入口之一。街道成立于2015年10月28日，下辖张家界、锣鼓塔、袁家界3个社区18个居民小组及张家界国有林场，行政区域面积46.55平方公里，人口4289人。财政收入3548.52万元，财政支出2814.29万元，人均收入13208.49元。境内门店438个，其中张家界社区81个，锣鼓塔社区96个，袁家界社区261个。

2017年度，街道先后获得张家界市人口和计划生育优秀单位、张家界市“平安乡镇（街道）”、张家界市先进基层妇联组织、张家界市“扫黄打非”先进集体、武陵源区先进单位、武陵源区城乡互助共建先进单位、武陵源区基层党建先进单位、武陵源区党风廉政先进单位、武陵源区宣传思想先进单位、武陵源区综治维稳先进单位、武陵源区森林防火先进单位、武陵源区政务公开政务服务先进单位、武陵源区六城同创工作先进单位、武陵源区先进文化站等荣誉称号。（邓亚林）

【文明创建】 把宣传教育和实践活动相结合，将文明理念融入各种主题实践活动当中，让居民在参与活动中，感知文明，领悟文明，传递文明，不断提升居民文明素养。一是坚持教育为先。办好市民学校，组织开展文明礼仪、家庭教育、健康生活、客栈发展、中共十九大精神等主题讲座；办好文化墙，制作平面户外公益广告，大力宣传普及文明礼仪和社会公共道德；办好公示栏，发现文明黑点进行曝光。二是坚持创建先行。以推进六城同创为契机，组织开展平安家庭、文明家庭、五好家庭、美丽庭院等评比活动，不断强化居民文明意识、法制意识和社会责任意识，并积极参与社区建设与管理实践。三是坚持寓教于乐。组织开展社区趣味运动会、拔河赛、广场舞大赛、文艺会演等文体活动。四是坚持示范带动。以空巢老人、留守儿童、五保户、残疾人、帮教对象等困难群众为服务对象，采取家政服务、心理疏导、医疗保健、法律服务等服务方式，每季度组织开展1次社区帮困志愿服务活动。以车辆驾驶人为服务对象，采取咨询引导、交通疏导、纠纷处理等服务方式，固定每周五在辖区主干道开展文明劝导活动，在旅游旺季、节假日组织开展义务咨询活动。（邓亚林）

【维稳工作】 全年接待群众来信来访48人次，进京、省、市接访0起，回复率、处结率达100%。排查各类矛盾纠纷25件，调解成功25件，调解成功率100%。

（邓亚林）

【计生工作】 2017年全年征收社会抚养费72698万元，街道辖区内共出生人口69人，计划内出生68人，符合政策生育率98.55%。6月份开展免费妇科病普查工作，并为广大妇女做“两癌筛查”，累计普查150人，其中纯居民148人，流入人口2人。做好出生缺陷防控和家庭医生签约工作，年内签约率达100%。对流动人口集中清查3次，共清查流动人口784人。核查接收信息2098条，流动人口婚育证明办证2个，其中本地上报2个。（邓亚林）

【重点项目】 推进环境综合整治工作。抓好河道及水源地保护治理，对辖区13户规模畜禽养殖户进行取缔，拆除建构筑设施5100平方米，并在原址进行植被恢复；对核心景区袁家界社区经营行为进行整治，关停餐饮20多家，关闭客栈70余家，拆除历史违章建筑67处，面积6756.1平方米；新建垃圾中转站6个，全面推进户集、组收、街运“三位一体”垃圾集中处理模式，大力改善社区环境“脏、乱、差”问题。推进袁家界核心景区移民搬迁工作。先后多次召开群众会，入户走访，“面对面”开展移民搬迁安置政策、法律法规、重要社会意义的宣传讲解，顺利完成袁家界社区261户居民房屋面积丈量。推进重点工程建设。配合做好峪园安置区改造，张家界社区房屋风貌改造工程，扮靓景区通道；配合做好磨子峪地质滑坡隐患治理；主动作为，积极协调锣鼓塔生态停车场、环景区南线、华邑度假酒店项目建设矛盾纠纷调处等工作。（邓亚林）

【民生工作】 街道全年共发放低保救助共41.49万元，低保户93户，参保人数138人。发放优抚金14.91万元，优抚对象13名；对残疾人精准康复服务、对留守儿童情况进行摸底申报，残疾人员75人，留守儿童2名；全面完成养老保险基金和医疗保险基金征缴，推行一站式服务群众制度，办理群众社区医院住院医疗报销112人次，补充保险报销296人次。完成就业培训120人次，新增就业人数72人次。（邓亚林）

【基础设施建设】 按照基础设施先行的建设思路，对辖区项目建设进行全域规划设计。有序推进辖区路网、基础水利和管网建设。完成张家界社区新屋组公路建设、袁家界道路入户、树脚路和公园小学至二等组段“白改黑”工程；完成张家界社区富溪峪山塘工程，卸甲峪水毁工程，磨子峪保坎修建工程，金鞭溪水毁14、15、16号堤坝的五小水利工程；完成街道辖区污水管网铺设情况的摸排、污水处理厂的运营情况调研，推进富溪峪污水管网建设项目。抓好社区美化绿化亮化，在峪园隧道大型停成场周边及金鞭大道主干沿线，种植银杏树200棵、配置花箱126个，新增绿化面积4000平方米；在张家界社区新增路灯125盏；在张家界社区、锣鼓塔社区进组干道两旁、空闲地等开展集中清理整治，修建老屋场文化广场、文化墙，全面铺开美丽乡村建设。（邓亚林）

【文化教育工作】 2017年，辖区有教育机构1所，教师29名，小学学生156名，幼儿56名。全年街道开展文化活动52余次。其中张家界社区、锣鼓塔社区、袁家界社区开展了“树新风.优环境.爱街道”的文艺会演，“爱留守儿童”庆“六一”文艺会演、“周末我登台”“广场天天乐”“节日家家欢”群众广场舞活动。送春联，送花灯等群众性文体活动25余次。张家界森林公园学校组织开展第三届校艺术节暨“六一”儿童节、书法比赛、演讲比赛、三独比赛、大手牵小手活动27余次；积极组织社区参加武陵源区举办的“欢乐潇湘.快乐武陵源”“喜迎十九大唱红歌比赛”活动，全面展现了街道居民群众的文艺风采。（邓亚林）

2017年锣鼓塔街道办事处内设、下辖机构主要负责人一览表

表7

单位职务	姓　名	单位职务	姓　名
党政办主任	邓亚林	民政办主任	陈　凤
社区服务中心	熊廷彪	文化站	李友爱
计生办主任	陈芳兰	经管站	张　宇
司法所所长	苏　冰	城建规划环保站站长	于耀钧
综治办	苏　冰		

2017 年锣鼓塔街道社区书记、主任名表

表 8

单位职务	姓　名	单位职务	姓　名
张家界社区书记	张　剑	张家界社区主任	张程勇
锣鼓塔社区书记	张　耀	锣鼓塔社区主任	覃　金
袁家界社区书记	张玉辉	袁家界社区主任	陈自国

索溪峪街道

中共索溪峪街道工作委员会

书　记　杜修勇

副书记　杨　俊

郑　刚

王文献

王磊帅

党工委委员

孔浩徽

毛诚辉

向绪军

毛薇伟

索溪峪街道办事处

主　任　杨　俊

副主任　陈　科

毛亚明

索溪峪街道人大工作委员会

主 任　孔浩徽

索溪峪街道政协联络工作委员会

主 任　毛诚辉

【概况】 1986 年设立索溪峪镇，1995 年 9 月按上级要求撤镇设索溪峪土家族乡，2015 年 12 月撤乡后，作为索溪峪片区并入军地坪街道，2016 年 8 月建立索溪峪街道。2016 年原铁厂村与原黄龙路居委会合并，称为黄龙路居委会，原文庄村与原双峰村合并，称为双文村。2017 年，文风路、迎宾路、黄龙路三个居委会申请建立社区。2017 年年末，街道下辖喻家嘴、文风路、迎宾路、黄龙路 4 个社区，白虎堂 1 个居委会，双文、双星、田富、金杜 4 个山区村，共计 26 个居民小组、75 个村民小组，总面积 166.5 平方公里。街道总人口 11547 人，人口出生率 12.5‰，人口死亡率 4.5‰。财政收入 4343.59 万元，财政支出 3732.89 万元，人均收入 11977.26 元。街道有土家特色大小餐馆和宾馆酒店等特色客栈 105 家，其中黄龙路 79 家、喻家嘴 21 家、其他村（居）5 家。

【重点工程建设】 2017 年，武陵源商贸城、花花槽门安置区、武陵东路改扩建及绿化工程建成投入使用，岩门大桥建设接近尾声，土福界摄影基地正在建设。岩门一街、六街已完工，岩门二街、四街已进场施工。百花洲项目基本完成征地拆迁，文风项目区征地拆迁一期腾房工作告一段落。穆天子旅游文化产业城完成土地收储，殡仪馆公墓山项目正在征地。杨家坪游客集散中心项目完成土地测绘和土地报批，通过防洪规划审批。

【控违拆违】 全年完成控违拆违共计 81 处（含重复拆除），累计面积 12965 平方米，其中新开宅基地 11 处 1080 平方米，历史新开宅基地 21 处 6787 平方米，历史非法扩建 11 处 2228 平方米。

【综治维稳】 街道组建专职巡逻队，完善调解网络，注重从源头上化解矛盾，街道的民事纠纷调解成功率、满意率 100%。圆满完成中共十九大维稳安保任务，实现零上访、零事故目标。2017 年上半年民调

得分全区总排名第二名，喻家嘴社区民调得分为全区第一名；下半年全市民调工作获得 80.42 分，在全市街道中名列第六。

【安全生产】 街道每月召开安全生产月例会、联席会，组织学习有关文件，部署安全生产各项工作，落实安全生产隐患排查制度。党政一把手严格按照领导带队检查制度开展安全生产联合大检查，组织机关干部、村居专干全面开展安全生产隐患排查治理。全年巡查村居(社)企业 30 余家次，出动巡查人员 200 余人次。通过宣传栏、黑板报等阵地宣传，街道共悬挂标语(横幅)22 条，编辑黑板报 12 期，发放宣传资料 1000 多份，向群众广泛宣传安全生产法律法规和安全知识。组织村居社区开展地质灾害及防汛抗灾知识专题培训会 10 场，举行山洪地质灾害暨防汛抗灾应急演练 8 次。

【森林防火】 街道与各个行政村（居）、社区及辖区内区直单位负责人签订森林防火责任状，成立应急分队和义务扑火突击队，实行 24 小时值班制度，建立好森林防火工作台账。全年共出动宣传车 30 余次，在进入林区道路边拉扯森林防火宣传横幅 50 余幅，书写标语共 1 万余条。建立防火物资储备库，购买弯刀 50 把、水壶水袋 70 个、防火服 50 套、森林防火反光背心 40 件、防火鞋 20 双、军用帽子 20 个，森林防火工作得到有力保障。

【城乡环境综合整治】 强化市场管理，取缔喻家嘴马路市场，将所有摊贩统一划入武陵源商业城区域营业，规范管理，美化环境，消除道路交通隐患。加强城乡环境综合整治，实施了美丽庭院建设，对黄龙路社区张清公路沿线进行环境整治，榨坊里至刘家里城市棚户区改造完成设计，雨污分流管网铺设完毕，电力通信等管网地下铺设完工；在梨子坪隧道口设立“武陵源”雕塑，对张清公路沿线进行综合整治，拆除有碍观瞻的建筑 20 余处。双星村为美丽乡村建设示范点，雕刻万福园，绘制文化墙，建设石头院，前山公园、文化广场、村民活动中心基本完成。更新环卫设施，集中采购 2 台垃圾清运车、10 个垃圾斗、17 辆小型电动环保车，建成 3 个污水处理系统，6 个垃圾池，4 个公厕。依法取缔禁养区 7 户养殖户，对限养区 16 户养殖户配套建设粪便处理设施，明确禁养区、限养区、适养区范围。落实河长制，成立河长制工作领导小组，构建三级河长制管理体系，街道主要负责人及各村居、社区主要负责人分别担任河段长，对主要河道落实每月 3 次巡查制度。安排专人巡河，对电鱼毒鱼行为进行惩治。

【脱贫攻坚巩固】 经全面整改，街道建档立卡贫困对象共有 281 户 861 人，其中未脱贫对象 12 户 36 人，预脱贫对象 4 户 10 人。街道共有兜底对象 6 户 8 人、低保 9 户 15 人。对预脱贫对象，街道将其列入“帮扶一批”，制定科学有效的帮扶措施。对脱贫攻坚突出问题进行整改，共计清退错评户 18 户 54 人，新增 5 户 20 人。驻村帮扶工作队覆盖率和结对帮扶覆盖率均达 100%，群众满意度 90% 以上。“乖幺妹”土家织锦、田富村腊娥黄牛养殖项目等扶贫产业依然发挥着重要作用，其中乖幺妹土家织锦产业惠及 9 个村（居）533 人，共计分红 17.88 万元，根据协议补发分红资金 25.08 万元。田富村每年从腊娥黄牛养殖合作社获得分红 6 万元。双星村 60 千伏光伏电站并网发电，产生经济效益约 3 万元。就业培训全年共完成转移“三员”87 人，其中护林员 33 人，保洁员 28 人，公路养护员 26 人。涉农资金统筹项目完成良好。全年共铺排统筹整合资金项目 14 个，资金 855 万元，实际实施项目 11 个，拨付 725 万元，双文村四组水沟治理项目、田富村腊娥养殖基地项目、七九老兵药材种植基地、田富村购买蔬菜销售摊位项目、黄龙路居家养老中心项目、双星村游步道三期项目、双星村文化广场及前山公园项目、观音山户外旅游线路亮化项目已完工。

【社会事业】 文明新风得到大力弘扬。制定出台《索溪峪街道关于村（居）、社区普通党员群众赈酒的若干规定》，各村居出台《文明操办酒席村规民约》，相继成立红白理事会组织机构，明确规定村民赈酒范围，确实净化社会风气，有效减轻群众负担。弘扬社会主义核心价值观，组织平安家庭创建及评选表彰活动，营造文明乡风。组建3支志愿者队伍，经常性开展乐在光荣院、爱护索溪河等志愿者活动。建设农村书屋，培养广大城乡居民“爱读书、读好书”的良好习惯，提高居民文化素养。组建村居文艺宣传队，举办了观音洞杯春节联欢会，在欢乐潇湘·快乐武陵源2017年“邮政杯”大型群众文艺会演活动中，街道报送的广场舞《阳戏新唱》获得一等奖并代表区参加市比赛。公共卫生服务日益完善。健全计划生育各类资料台账，宣传二孩政策、落实计生手术，巩固计划生育成果。完成社会抚养费征收2万元，长效节育措施60例，孕前检查51对，共清查新流入人口150余人，并为每名流入人口建立健康档案。完成麻疹疫苗查漏补种以及全街道精神病、高血压、结核病的入户随访和免费发药，街道800名7岁以下儿童进行免费体检。集中开展农村妇女“两癌”免费检查，辖区431人进行免费检查。城乡居民大病保险及各项求助已按要求进行。社会保障工作超额完成。举办两次就业创业培训班。城镇转移劳动力就业完成任务的103%，农村劳动力转移就业完成任务的105%。土地确权登记基本完成。开展外业测绘8个村居，91个村居小组，完成率100%，调查承包户数2752户，实测承包地块3755块，实测承包面积2750亩。各村居已完成土地确权外业指界，户主信息资料基本收齐；按照要求每户户主都到了测绘现场，确保界址面积准确。生态补偿资金全部发放到位，其中生态公益林157468亩，发放资金228万元；森林资源补偿61026亩，发放资金54.9万元；退耕还林5575亩，发放资金69.6万元。

2017年索溪峪街道内设、下辖机构主要负责人一览表

表9

单位职务	姓　名	单位职务	姓　名
党政办主任（2017.05—）	毛彩霞	企业站站长	曹光政
城建站站长（2017.10—）	邓光华	农服中心主任	吴梅丽
工会主席	孔浩徽	团工委书记	陈诺亚
人武部部长	毛诚辉	财政所所长	赵珂欣
妇联主席	毛薇伟	司法所所长	张妍婕
综治办主任	许　诺	国土所所长	杨　洋
卫计办主任	潘　毅	规划所所长	彭爱军
经管与社会保障服务站站长	邓学成	畜牧站站长	毛善岳
民政所所长	刘　欢	防保站站长	熊　健
文体站站长	邢红霞	林业站站长	杜修明
环保站站长	毛剑勇		

2017年索溪峪街道村（居、社区）书记、主任名表

表10

单位职务	姓　名	单位职务	姓　名
文风路社区书记	邓淑仙	田富村主任（2017.06—）	毛成学

续表

单位职务	姓　名	单位职务	姓　名
文风路社区主任（2017.06—）	邓学贤	双星村书记、主任	陈化金
黄龙路社区书记（2017.05—）	毛成辉	双文村书记（2017.05—）	邓　飞
黄龙路社区主任（2017.06—）	朱圣军	双文村主任（2017.06—）	毛勇军
迎宾路社区书记（2017.06—）	唐承元	白虎堂居委会书记	胡顺初
迎宾路社区主任（2017.05—）	毛善辉	白虎堂居委会主任	杨春初
金杜村书记、主任	唐承石	喻家嘴社区书记、主任	邓昌辉
田富村书记	陈中圣		

天子山街道

中共天子山街道工作委员会

书　记　李鹏飞

副书记　向　蔓

　　　　姚　铤

党工委委员

　　　　邹　辉

　　　　张建交

　　　　彭晓君

　　　　覃立伟

天子山街道人大工作委员会

主　任　邹　辉

天子山街道办事处

主　任　向　蔓

副主任　陈柏龙

　　　　王双爱

天子山街道政协联络工作委员会

主　任　张建交

【概况】　天子山街道下辖泗南峪居委会、向家坪居委会、天子山居委会、黄河村等4个村（居），共37个村民小组。区域总面积54.38平方公里（其中核心景区36平方公里），耕地面积333.89公顷，林地面积4815.37公顷，总人口4985人。

【重点项目】　2017年，区重点工程5个、涉农及环境整治项目15个、城乡互助共建项目18个，完成投入4500多万元。配合区直相关部门做好区重点工程项目服务，向家坪安置区一期主体已完工，二期工程已启动护坡建设；天门山门票站正在进行主体工程建设；天子山水库正在办理前期相关手续；天子山污水处理厂已经动工。涉农资金统筹项目及农村环境综合整治项目建设进展顺利，除天子山客栈及泗南峪风雨桥正在施工外，其余都已完工。积极协调各单位加大城乡互助共建力度，投入300多万元用于道路硬化、水渠整修等基础实施建设。泗南峪居委会、黄河村综合服务平台项目已经动工。

【综治信访】　实行矛盾纠纷联合调处制，全年调处矛盾96起，调解成功88起，纠纷调解率91.7%；推进领导接待日制度和领导信访问题工作制，湖南省网上信访平台书面答复意见书回复18起。推进“平安创建”，泗南峪居委会被评为2017年度全市“十大平安”系列创建示范单位；街道办事处、村（居）干部进村（居）民调走访宣传，走访率100%。全年各村(居)民义务巡防190余次，发放禁毒、国安、民调等宣传资料8000余份。搜集群众反映的问题和意见21条。收到上级转办信访件、问题线索14件，立案4件，办结4件。

【人口与计划生育】　全街道育龄妇女1152人，全年出生人口84人，符合政策生育率95.24%，出生性别比 115.38%；避孕节育措施落实率 100%，上报及时率 100%，长效节育措施落实率 92.11%；生育证网上办证率 100%。总怀孕人数 62 人，免费孕前优生检查 28 人。农村适龄妇女“两癌”免费检查 137 人，手术完成 71 例。落实计生奖励扶助政策，奖扶人员 56 人，特扶人员 4 人。组织学习卫计工作知识 24 次，参加人员 700 人次，发放各类资料 6000 余份，张贴标语 100 余条。

【民生保障】 扎实开展精准扶贫，巩固脱贫攻坚成果。清除四类对象 24 户 89 人，清除识别不准 16 户 45 人，新纳入贫困户 11 户 40 人，统筹推进扶贫攻坚项目建设。新增农村劳动力转移就业 74 人，“雨露计划”等各类就业培训 104 人。农村危房改造 6 户。养老保险参保率达 92.4%，医疗保险参保率达 98.3%。城市低保对象 49 户 140 人，农村低保对象 2 户 8 人。发放惠农补贴资金 343.35 万元。

【环境整治】 拆除集镇范围内违章搭建、影响市容的棚屋和临时构筑物 500 余平方米；清理人行道上的建筑材料、道路两旁的不规范广告牌（箱）以及宣传牌和牵在树木以及路灯上的绳索；整治集镇交通秩序，出台《关于开展集镇交通秩序整治的通告》，安装停车场指示牌 5 块、禁停标识牌 6 块、交通视频监控 4 个和人行道防护栏 607 米，划定禁停黄线 2 公里，劝导司机、电子抓拍违章车辆；完善环卫设施建设。建成垃圾中转站，添置 2 台垃圾转运车、1 台垃圾运输车、1 台洒水车、8 个垃圾斗等必备的环卫设备，基础设备走在全区前列；加强环境建设，恢复向家坪居委会风响泉组王震题写的“天子山奇观”五个大字，完成扎营垭观景小公园、江务峪小公园及移动花箱建设；投入资金近 40 万元，完成中天公路沿线路肩清理和水沟清扫，种植绿草近 2000 平方米、花卉苗木近 1000 平方米，添置竹栅栏 650 米、木制栅栏 800 米，制作大型户外文明宣传广告 3 条 160 平方米；坚持层层动员、定期评比检查，发出农村环境综合整治倡议书，群众自觉参与农村环境综合整治热情空前高涨、卫生意识普遍提高，天子山街道被评为 2017 年全市乡镇环境综合整治先进单位；积极配合开展核心景区环境问题统一整治行动。对 101 家非法经营场所全部关停并取缔，清运 1997 套床具 160 个餐位，依法拆除违章建筑 60 户 3890.51 平方米，完成天子山居委会丁香榕片污水管网建设。

【安全生产】 建立健全安全生产管理责任制，与各村（居）、街直单位签订安全生产责任状，签订率 100%。做好安全生产法制和“安全生产月”宣传活动，全年发放安全宣传单等各类宣传资料 1500 余份、横幅 8 条、宣传栏 5 块。针对辖区范围内消防安全、重点工程、烟花爆竹、危化品、建筑施工、森林防火、道路交通、食品卫生等开展全方位大检查，常规检查 10 次，领导带队检查 11 次，联合检查 4 次，重点排查治理 3 次，排查出各类隐患 21 处，整改到位 11 处，10 处地质隐患全面监测到位。全年安全生产形势平稳，没有发生各类生产事故。

【基层党建】 将党建作为目标责任考核的前置考核，做好辖区内各村（居）支两委及村务监督委员会的换届选举工作。新增预备党员 5 名，按期转正党员 4 名。组织全街道 7 个支部深入开展“两学一做”学习教育。推进村居“135”治理模式，落实“三会一课”等制度。足额保障村居运转经费，推进农村综合服务平台建设。

2017 年天子山街道村（居）书记、主任一览表

表 11

单位职务	姓　名	单位职务	姓　名
泗南峪居委会支部书记	郭宏爱	泗南峪居委会主任	陈　明

续表

单位职务	姓　名	单位职务	姓　名
天子山居委会书记	彭光宇	天子山居委会主任	张自岩
向家坪居委会书记	陈善福	向家坪居委会主任	向吉祥
黄河村支部书记	王玉林	黄河村主任	甄应福

（代淑毅）

中湖乡

中共中湖乡委员会

书　记　刘美洲

副书记　丁　超

　　　　张碧波

党委委员

　　　　向绪家

　　　　吴远进

　　　　王　良

　　　　周　郡

中湖乡人大主席团

主　席　向绪家

中湖乡人民政府

乡　长　丁　超

副乡长　唐　雁

　　　　吕贤顺

　　　　李英銮

中湖乡政协联络工作委员会

主　任　吴远进

【概况】 中湖乡原下辖11个村（居）。2016年进行合并建制村，杨家界居委会和宝月村合并为新的杨家界居委会，夜火村和车家山村合并为定家庄村，青龙垭村和印家山村合并为新的青龙垭村。建制村（居）调整后，中湖乡减少3个建制村，共辖6个村（青龙垭、鱼泉峪、定家庄、石家峪、三家峪、檀木岗）和2个居委会（杨家界居委会、野溪铺居委会）。总面积66.7平方公里，其中城镇规划区面积1.89平方公里，总人口14440人，共有110个村民小组。

（汪明洪　覃　哲）

【新农村建设】 全乡种植优质水稻4400亩，油菜种植1900亩，紫云英2000亩，种植特色农产品葡萄200亩、猕猴桃210亩，新增流转土地140亩，发展专业合作社2家，新增蔬菜种植基地2处；境内养殖猪、牛、羊等，家畜类共计4320头，家禽类共计4.5万羽，竹鼠、藏香猪等特色养殖也迅速发展。完善8个村（居）安全饮水项目建设，新修水窖3口，新建水池1处，解决600余人安全饮水问题；开展农村环境综合整治，全乡范围内打造完成清洁庭院900户，美丽庭院2户，建立美丽庭院档案3000份，张贴美丽庭院责任牌3000户，树立重点示范组责任牌20块，悬挂横幅24条，组织党员活动40余次；完成“中天线”文化墙建设，建设文化墙24处，绘画墙面596平方米。（汪明洪　覃　哲）

【全域旅游】 成立中湖乡客栈协会，新增特色民宿客栈3家，挂牌营业客栈88家，床位3500张，全乡旅游接待量101.7万人次。一是加快高端民宿客栈建设，以“五号山谷”为龙头，发展特色民宿，相继推出“回家的孩子”“涧外”“悦庐民宿”等特色客栈。二是初步完成《“五号山谷”旅游专业总体规划》《清风峡综合环境整治的规划》编制工作。三是坚持“旅游+文化”发展，成功举办“五号山谷”农耕文化节、中国油画协会画家写生、山地微型马拉松等活动，协助湖南卫视《宝贝的新朋友》、中央电视台军事农业频道《镇守》栏目十九大精神宣传片节目拍摄。（汪明洪　覃　哲）

【重点工程】 完成市级重点项目杨家界大道全线228亩土地及25户房屋征收及腾房让地工作；宋家边移民安置区项目75亩土地征收工作；完成乡级农村综合服务平台“三通一平”，7个村级农村综合服务平台开工；完成临时农贸市场建设；完成污水处理厂项目土地征收、规划选址等前期工作，完成土地收储项目图纸绘制及资料编制等前期工作；完成10个合计1408万元涉农整合资金项目等。（汪明洪　覃　哲）

【民生保障】 积极做好脱贫攻坚突出问题整改落实，完成低保对象清理认定工作，整顿清理后，共计69户139人；全乡缴纳医保人数11574人；及时办理答复“12345”热线交办事项21余件，热线办结率100%；协助处理并跟踪督办落实区、乡人代会代表建议和批评意见32件，办复率和满意率100%；完成土地确权颁证工作，对全乡8个村（居），3400余户进行两轮公示；抓好关工委工作，重视留守儿童教育；组织创业培训3次，培训人次150余人；积极落实河长制，按要求做好巡河及问题整改工作。

（汪明洪　覃　哲）

【人口与计划生育】 出生189人，政策外生育7人，符合政策生育率为96.29%；出生男孩103人，女孩86人，出生人口性别比为119.76%；一孩共69人，二孩100人，政策内三孩13人，政策外7人；死亡人数统计109人。孕前优生健康检查目前完成52对；共落实各种长效避孕节育措施75例，上环64例，结扎11例，完成手术48例。征收社会抚养费4.2万元；农村奖扶209人，新增20人，农村特扶22人，新增2人；城镇奖扶26人。新生儿疾病筛查率达95%以上，婚前医学健康检查率达80%以上，叶酸服用率达90%以上，依从率达80%以上，产前筛查目标人群覆盖率100%，产前筛查高危孕妇接受产前诊断率90%以上，产前筛查结局随访率100%。（汪明洪　覃　哲）

【风景资源保护及乡村建设】 做好农村建房试点村筹备工作，印发宣传手册2000份，补充悬挂横幅15条，确保农村建房政策知晓率达100%；落实每日巡查，强化片区责任，查处违建34处，实施拆除行动19次，组织4次大型强拆行动，违建拆除面积共计2228.56平方米。组织1次森林防火培训，开展禁止燃放鞭炮和倡导文明祭祀工作，做到严防死守。加强水源地保护，农村生活垃圾处理率100%。

（汪明洪　覃　哲）

【文教卫事业】 全乡范围内共有4所学校，在岗老师84名，学生1302人，发放教育奖励资金19余万元，奖励个人110人次。村级文化活动队伍9支，组织春节文体系列活动和“兴胜杯”篮球赛、“煜鑫杯”广场舞大赛等赛事，丰富群众业余生活。全年组织和开展歌舞、体育比赛及晚会等文娱活动20余次，经常性参加文化活动的群众达4000余人。乡级卫生院1处，村级卫生室8处，共计专业医生27人，病床16张。（汪明洪　覃　哲）

【综治工作】 受理各种矛盾纠纷142件，调处成功128件，信访系统网上办案17件，化解区级信访积案2件、乡级自办信访积案1件；推行“红袖章”工程，组建8个义务巡逻队进行义务巡逻；采用微信、横幅、赶集日咨询台等多种形式开展电信网络诈骗防范、查禁赌博违法犯罪等一系列宣传活动，发放民调及各类宣传资料近2万份，悬挂横幅100余条，入户宣传率100%；认真贯彻落实禁毒工作社会化的要求，积极推进社区戒毒和社区康复工作，建立“六帮一”帮扶措施，成立“六帮一”工作小组，联合派出所开展打击处理行动，抓获至少7名涉毒人员，禁毒工作顺利摘帽。开展“平安文明家庭”评比表彰活动，评选出11名平安文明家庭，其中4户当选为区级“平安文明家庭”。

（汪明洪　覃　哲）

【安全生产】 落实“一岗双责”，开展“落实企业安全生产主体责任年”活动，全年发放安全宣传单、宣传手册2000余份，悬挂安全生产宣传横幅30余条，开展应急演练3次，组织安全生产培训2次180人次。针对全乡辖区范围内食品卫生、客栈消防、重点工程、烟花爆竹、建筑施工、森林防火、道路交通、危化品、水利设施、城建国土等方面进行全方位大检查，共组织执法检查活动26次191人次，排查出安全隐患169处，整改到位105处。（汪明洪　覃　哲）

【基层组织建设】扎实推进"两学一做"学习教育，学习贯彻落实中共十九大精神，全面落实一岗双责，配合上级相关部门完成对石家峪、定家庄两个村（居）的财务清查；实行村（居）零接待，落实乡纪委巡查制度。全乡各支部开展主题党日活动100余，讨论学习30余次。完成村（居）两委换届选举，选举产生村（居）党组织委员会委员32名，新当选党组织书记4名，选举产生村（居）委会成员28名，新当选村主任5名，大专以上学历16人，占30.8%。举办2017年入党积极分子和发展对象培训班，全乡共30名入党积极分子和发展对象参加，新发展党员9名。（汪明洪　覃　哲）

【人民武装及人民防线建设】组建一支30人的基干民兵应急队伍，开展民兵训练2次，组织民兵点验1次，圆满完成征兵任务。

（汪明洪　覃　哲）

2017年中湖乡内设机构及下设机构主要负责人一览表

表12

单位职务	姓　名	单位职务	姓　名
党政综合办公室	覃　哲	文化站	汪明洪
财政所	丁皓南	卫生和计划生育办公室	覃　祥
生态环保站	代文武	农技站	彭　瑛
扶贫工作站	赵佳佑	经管和社会保障服务站	肖　佳
小城镇建设办	代继成	安全监督管理站	彭　郡
林业站	陈政东	水利站	罗良国
司法所	向　涛	畜牧水产站	熊廷文
规划所	曹文忠	国土所	宋海军
卫生院	赵东升	派出所	汤　菲

2017年中湖乡村（居）书记、主任名表

表13

单位职务	姓　名	单位职务	姓　名
杨家界居委会总支部书记	宋　文	杨家界居委会主任	熊廷红
野溪铺居委会支部书记	汪兴胜	野溪铺居委会主任	向绪龙
青龙垭村总支部书记	赵明生	青龙垭村主任	张常勇
鱼泉峪村支部书记	周怀富	鱼泉峪村主任	宋道成
三家峪村支部书记	覃双喜	三家峪村主任	覃孟辉
定家庄村总支部书记	覃孟坤	定家庄村主任	吕少雄
檀木岗村支部书记	张应岩	檀木岗村主任	覃爱华
石家峪村支部书记	伍小国	石家峪村主任	向佐玉

协合乡

中共武陵源区协合乡委员会

书　记　　董　波

副书记　　张　民

　　　　　毛卫卫

党委委员　钟高峰

　　　　　赵德山

　　　　　刘伟荣

　　　　　肖　萍

协合乡人大主席团

主　席　　钟高峰

协合乡人民政府

乡　长　　张　民

副乡长　　刘伟荣

　　　　　刘　斌

【概况】 协合乡辖4个村、2个居委会，4个村分别是李家岗、杨家坪、协合、黄家坪村，2个居委会分别是插旗峪、龙尾巴居委会。区域总面积59.8平方千米，其中林地面积59490亩、水田6556亩、旱地785亩，总人口8389人，共70个村民小组。2017年，协合乡先后被授予"全市安全生产工作先进单位""全区脱贫攻坚工作先进单位"等称号。全年财政总收入1320.08万元，总支出948.5万元。

全乡粮食种植1000亩，楠竹种植1万亩，商品蔬菜种植4486亩、莱葛种植2000亩、茶叶种植1000亩、脆枣种植165亩、蓝莓种植130亩、黄桃种植近200亩。全乡有种植业基地28个、特色养殖业品种14个，新增流转土地500亩，累计达4000亩，专业合作社20家。插旗峪黄桃、龙尾巴黄金茶、黄家坪脆枣、李家岗蓝莓、宝峰山莱葛成为特色产品。大闸蟹养殖近100亩，大鲵养殖规模达3.8万尾，石蛙、竹鼠、牛蛙、山羊等养殖业迅速发展。

【重点工程】 S248插分公路项目：已征收土地305亩，拆迁房屋38栋，迁坟135座，杨家坪、协合安置点的选址和建设项目的报建报批正有序推进。武陵山大道协合段项目：征收土地279亩，拆除房屋45栋，迁坟52座，狮子堡、黄家坪安置点选址和建设项目报建报批有序推进。环景区公路插梓段，老木峪、杨枝界、杨家坪三个隧洞工程进展顺利。

【民生保障】 全年新增劳动力转移就业131人，其中，农村新增劳动力转移就业119人、城镇新增劳动力转移就业12人，安排劳动力转移就业培训141人，其中，农村贫困劳动力培训121人，网上"雨露计划"报名和登记共13人，农村危房7户，全乡春季助学266人，完成10名大学生助学奖励。全乡养老保险参保率达95%，医疗保险参保率达98.68%；完成土地确权登记野外测量10435块9550亩；落实避险建房8户30人，安排农业推广、湘米工程培训240人，安排移民项目12个103万元，按时发放移民补贴28600元;做好贫困群众的救助工作，发放春荒救助金335人22万元，发放自然灾害生活救助金156人8万元,发放临时生活救助金36500元;农村低保供养70户120人，兜底32户66人，共发放低保补贴15.7万元。完成敬老院改造工程，完成李家岗、杨家坪村便民综合服务平台，启动协合村后勤服务中心建设等。

【文教卫事业】 辖区内学校共计2所，在岗教师38名，学生357人，幼儿园2家。完成协合中心学校周转房及附属工程建设。控流保学，帮助1名寒门学子继续完成学业。组建村级文化活动队伍6支，组织和开展歌唱、舞蹈、体育比赛及晚会等文娱活动10次，经常性参加文化活动的群众达100余人。全乡卫生院分院1个，卫生室3个，共计专业医生7人，护士5人，病床20张。组织1200名老人和儿童免费体检,组织300余人妇科及"两癌"疾病筛查。全年出生人口100人，其中政策内出生97人，政策外出生3人，符合政策生育率为97%。开展1次计生工作集中服务活动，手术完成20例。全年新增奖励扶助对象17人，新增移扶对象1人，享受计生优待对象556人；独生子女保健费发放资金9720元。大力宣传计划生育“二孩”新政策，分发派送宣传手册800份，张贴宣传标语18条。落实计生奖励扶助政策，奖励扶助对象195人，发放资金187200元，特护对象5人，发放资金21720元，享受城镇奖扶对象2人。

【脱贫攻坚】 做好脱贫攻坚突出问题整改，开展“回头看”“四类对象清理”（是指建档立卡贫困户中有商品房、有小汽车、有工商营业执照及拿财政工资的四类人员进行清理），全乡共清除317人，新纳入68人。对建档立卡贫困户491户1520人分成三类予以精准帮扶，其中，重点帮扶脱贫一批19户43人，脱贫巩固一批197户580人，跟踪服务275户897人。全年共有19人脱贫退出。主动落实帮扶措施，巩固发展乡、村、家庭三级产业，三类人员参与菜葛分红31.2万元、村级产业分红30.15万元、土家织锦分红7.92万元，完成小额信贷138万。强效推行医疗保障政策，三类人群共补助158070元。落实“三员”（是指建档立卡贫困户中符合条件的纳入生态护林员、公共养护员、卫生保洁员之中，予以安排就业）安置政策，带动76人就业。申报教育助学528人次，选派12人参加创业致富带头人培训。

【综治工作】 狠抓不稳定因素管控，全年共受理矛盾纠纷46起，化解45起，调解成功率达98%。推进乡领导接待日制度和领导信访问题工作制，共受理信访举报29件次，其中：来信21件，来访8件，办结22件。推进平安创建工作，在全区“平安文明家庭”评选中，全乡有2户获得“平安文明家庭”，3户获得“平安文明家庭提名奖”，杨家坪村获得“平安文明示范村（居）”；乡、村干部深入村（居）进行民调走访宣传，做到100%走访到位，发放民调宣传资料3000余份。搜集村（居）民群众反映的问题和意见，通过各种途径解决群众切身问题。取得乡民调工作全市第十一名的好成绩。

【安全生产】 认真做好安全生产法制和“安全生产月”宣传活动，建立健全安全生产管理责任制，完成与各村居、单位层层签订安全生产责任状，签订率达100%；全年发放各类宣传资料500余份，张贴宣传标语10余条，悬挂安全生产宣传横幅10条，制作安全提示路牌20块。开展安全生产常规检查100余次，领导带队检查96人次，联合检查20次，重点排查10次，共排查出各类隐患44起，整改到位的有34起，18处地质隐患已全面监测到位。全乡无安全生产事故造成人员死亡及群体性事件的发生

【党建工作】 将党建作为目标责任考核前置考核，全年培养入党积极分子15人，新发展党员6名，转正党员6名。组织全乡14个支部继续开展“两学一做”常态化制度化学习教育，组织学习中共十九大精神。继续开展“雁过拔毛”式腐败和“纠四风，治陋习”等专项整治，对4名村（居）干部予以立案调查，对3名村（居）换届提名人取消提名资格，对4名党员予以问责。开展“三群三家”活动，深入调研基层党建12次，解决基层党建工作中全局性普遍性问题6个，积极探索红马甲乡村义工、村干部职业化管理办法等。足额保障村（居）运转经费，提高了离任村主干补助标准。发挥团组织作用，建立基层团组织7个，覆盖和影响青年300余人。

【美丽乡村建设】 在6个村（居）开展了基础设施建设，全年共实施35个项目，投资约1686万元。实施农村道路改造工程，完成道路扩宽、白改黑3.5千米。完成龙尾巴安全饮水项目和排污管网建设。完成杨家坪风雨桥建设，改造林吉岗山塘。推进“美化亮化绿化工程”，在插旗峪、黄家坪、龙尾巴实施电力改造，安装路灯220盏，美化庭院1300户，修

建文化小广场2个、小公园2个、村史馆1个、集镇文化墙1个，发放垃圾桶810个。

【环境综合整治】 落实农村环境整治清洁行动，开展乡看村、村看组、组看户环境考评机制。全年累计发放门前三包责任承诺牌2000块，下发告群众书500份。投资70万元添置压缩式垃圾车1台、垃圾桶810个，投资37万元取缔李家岗中岗简易垃圾场，投资50多万清理整治公路沿线广告牌220处、乱搭乱建40处、乱贴乱挂150余处。在插分公路沿线安装统一美观的木栅栏和竹栅栏1000余米，清除“牛皮癣”20余处，制作文化墙20多处，美化庭院1300多户，改造杨家坪、协合村80余房屋风貌，取缔4户不符合环保要求的养殖户。全乡人居环境得到极大改善，环境工作位居全市前列。

（李书杰）

2017年协合乡内设机构及下设机构主要负责人

表14

单位	负责人姓名	单位	负责人姓名
党政综合办公室	李书杰	综合文化站	李伊宏
财政所	陶新文	卫计办	游静（副主任）
规划建设环保站	姚太平	畜牧水产站	彭正明
农监站	李文学	水利站	李祥标
经管和社会保障站	李伊学	国土所	赵建龙
林业站	鄢丙顺	派出所	贺洪涛
司法所	刘笔一	敬老院	孙先进
卫生院	欧丽军		

2017年协合乡村（居）书记、主任名录

表15

单位职务	姓　名	单位职务	姓　名
李家岗村总支部书记	李平雄	李家岗村主任	李青山
杨家坪村支部书记	姚安国	杨家坪村主任	李军
协合村总支部书记	姚文志	协合村主任	张波
插旗峪居委会总支部记	张冬初	插旗峪居委会主任	李宏
黄家坪村支部书记	周星	黄家坪村主任	陈开放
龙尾巴居委会支部书记	邓国顺	龙尾巴居委会主任	邓青松

企业选介

Company selection

【**武陵源旅游产业发展有限公司**】 位于武陵源军地街道天伦酒店五楼，于2001年5月28日正式成立，注册资本3.9亿元，为武陵源区人民政府全额出资的国有独资企业。2017年，公司有员工400余人（总公司35人），公司设党委会、董事会、监事会，实行董事会领导下的总经理负责制。公司下设行政部、法务审计部、人力资源部、计划财务部、融资部、工程和采购部、投资发展部等7个部室和百溪边城旅游投资开发有限公司等9个全资子公司和6家参控股公司。职能和经营范围：（1）经区政府授权，代表政府依法经营和管理授权范围内的国有资产；储备、开发、经营城乡规划区内的所有建设用地；整合归集体国有经营性优质资产，确保国有资产增值。（2）代表政府依法运作和经营国有土地出让金收入、市政配套费、公房租赁费、车辆通行费、污水处理费、门票收入、委托代建资金等专项收入；对城乡道路、桥梁、公用设施的冠名权、广告经营权、城乡可利用空间的使用权等进行管理处置。（3）根据区委、区政府下达的建设项目、融资任务和自身的资本实力，多渠道、多形式筹措建设资金，建立信用担保与资产抵押相结合的投融资体制。（4）承担区委、区政府下达的城乡建设项目储备、投资与开发；参与重大项目建设，进行城市大型商贸市场、旧城区开发以及综合性小区开发等过程建设，履行好项目实施的主体职责。（5）按年度计划，落实项目资金，核发工程用款。（6）依照政策法规适量参与相关资源的储备与开发，参与区基础设施的建设和投融资经营，提高项目运作的经济效益，增加盈利能力和现金流，增强公司自身的造血功能，确保公益性项目偿还资金来自于公司自身收益。（7）充实公司资本金，完善治理结构，实行商业运作。通过引进民间投资等市场化途径，促使投资主体多元化，改善公司的股权结构。（8）依照公司章程对子公司行使管理权限。（9）承办区委、区政府交办的其他事项。

工作业绩。公司总资产达102亿元，净资产59.7亿元，2017年全年在建或准建的项目达17个，年度投资规模达14.26亿元（含替政府融资），有力推动武陵源旅游地方经济发展。

融资工作。有针对性地进行项目包装，全力抓好项目融资和融资服务平台建设工作。已取得各家银行及金融机构授信额度77亿元（已使用贷款资金额度37亿元）。

民生工程。一是加快推进天子山景区旅游观光电车项目建设，切实解决天子山居委会老百姓搬迁、就业问题。二是加快推进智慧武陵源项目建设，切实解决自驾游及本地车主停车难、行车难问题。三是全力加快天子山环保简餐配送项目落地，积极申报相关手续和编制餐厅设计方案，争取项目早开工、早建设、早见效。四是全力推进公司其他自营项目建设，切实增强公司造血功能，创新公司发展途径。张网子公司网络业务不断增加，销售渠道不断拓宽，已经成为武陵源景区对外宣传的又一窗口；亘立国际酒店公司已完成规划方案设计等前期工作，正在进行旧房拆除工程，力争建成武陵源城区又一地标性建筑。景区锣鼓塔生态停车项目已成立合资公司，各项工作稳步推进过程中，具备对外开放条件。

工程建设。一是四个城区安置房源建设。百溪沟城市棚户区改造项目已完成项目立项、招标代理机构比选、地勘和方案设计招标，正根据省、市主要领导要求重新调整设计方案；文风棚改安置区—古镇文苑项目方案设计已报批，正在重新办理建设用地规划许可证手续和设计方案的重新调整；沙坪施家落棚改安置小区四期建设项目方案设计已报批，正在重新办理建设用地规划许可证手续和设计方案的重新调整；景区移民建镇扶贫项目岩门安置区重新调整的设计方案，因设计方案调整正在重新办理土地使用证和规划许可手续。二是三个景区门票站建设。天子山门票站项目一期站房及值班楼建设工程主体已基本完工；杨家界门票站项目规划方案已通过市政府常务会议审议和市人大会议审议通过，拟将根据核心景区项目申报管理办法向省住建厅进行选址手续报批；吴家峪门票服务中心项目正在按工程计划实施后期收尾施工。（毛江辉）

【易程天下环保客运有限公司】 由张家界市经济发展投资集团有限公司、武陵源旅游产业公司和张家界国家森林公园管理处共同出资按照现代企业制度于2001年筹建，2003年1月正式营运。2011年由张家界旅游集团股份有限公司向公司实施重组合并，环保客运公司成为张旅集团全资子公司，注册资本人民币5000万元，项目总投资2.1亿元，主营张家界核心景区武陵源旅游客运服务和国内国际旅游服务业务。2017年年末，公司资产3.2亿，运营环保车330台，员工486人。接待客人348.95万人次，营运收入20058.3万元，缴纳税收2970.4万元，社会捐赠35.88万元。（吴　波）

【宝峰湖旅游实业发展有限公司】 成立于2001年9月，隶属于张家界经济投资集团有限公司控股的张家界旅游集团股份有限公司（上市公司，股票代码：000430），是一家经营旅游资源、旅游开发及旅游景区配套服务的现代企业管理的国有控股旅游企业。2017年，公司下设总办、人力资源部、安全运营部、财务部、工程项目部、导游服务部、环保车队等7个部门，有员工190多人，固定资产1.2亿元。

（吴仁峰）

【澧水公司索溪分公司】 湖南澧水流域水利水电开发有限责任公司索溪分公司（以下简称索溪分公司），位于武陵源核心景区，为部省合作国有企业澧水公司（水利部占股55%，湖南省政府占股45%）二级机构。索溪水库工程主要担负防洪保安、自来水水源供应、索溪河生态景观补水、发电等功能。坝址以上控制流域面积92.2平方公里，多年平均流量2.88立方米/秒，是一座以城市防洪为主的中型水库。1996年9月澧水公司与武陵源区政府签订《关于联合开发索溪工程的协议》，组建澧水公司索溪分公司，澧水公司占股80%，武陵源区人民政府占股20%，具体负责水库续建及管理工作。索溪水库坝高81米，坝顶高程420米，正常蓄水量411米，总库容2870万立方米。坝后引水式电站装机2500千瓦，设计年发电量800万千瓦时。2010年9月26日通过验收，大坝工程按设计全部完工，总投资11300万元。2011年3月25日，索溪水库枢纽工程顺利通过省水利厅完工及蓄水验收，历时36年的工程终于划上一个完美句号。此工程防洪标准从以前的10年一遇提高到50年一遇，防洪效益十分明显。水库通过生态景观补水改善了武陵源旅游环境和生态环境。

2017年，索溪水库库区总降雨量1328.5毫米，较多年平均值减少7.05%，特别是7月降雨量仅28.1毫米，导致武陵源大旱，索溪水库采用直放补水方式保证用水，水库水位降到395.59米，是近5年的最低水位。直放补水保证了生态和景观补水。全年供城区自来水公司原水440.84万吨。全年经营收入1077.75万元，其中发电774.13万千瓦时，上网765.52万千瓦时，收入263.24万元。全年盈利4.75万元，安置就业28人，上缴税收21.08万元。

（周良波）

【黄龙洞投资股份有限公司】 成立于1998年，注册资金和股本总额为1.3亿元，是一家从事旅游景区景点投资、开发、运营和管理的专业公司，也是湖南省首批按照现代企业制度组建的著名旅游企业。公司自1998年受托经营享有世界溶洞“全能冠军”美誉的张家界黄龙洞景区（国家首批AAAAA级景区）以来，积极铸造企业形象，打造中国旅游知名品牌。先后获得“全国满意服务”先进单位、“中国首批知名旅游品牌”“中国最美的旅游溶洞”“湖南省著名商标”等荣誉；并于2004年在全国旅游溶洞界率先通过ISO 9001、ISO 14001、GB/T 18001三项国际质量体系认证；2007年被评为国家首批AAAAA级旅游区；2009年度，黄龙洞投资股份有限公司获得全市“平安满意在张家界”活动先进单位等荣誉。2017年共接待客人168万人次，实现旅游收入1.47亿元，缴纳税费1240万元，安置就业490人。

（谢　敏）

【张家界汽车运输公司武陵源分公司】 公司成立于2003年3月12日，前身是20世纪90年代初由原湘运公司与索溪峪自然保护区管理处旅游汽车出租公司整合组建的一家国有专业运输公司。位于张家界市武陵源区军地坪街道吴家峪社区桂花路，主要经营班车客运、旅游客运、客运站经营、客运代理、停车场经营、包车客运、零担货物运输服务、房屋出租。拥有大小营运建制车辆47台，其中进站车辆121台。2017年营业额410余万元，创税收28余万元。安置就业44人。公司下辖武陵源汽车客运站是二级甲等汽车客运站，位于武陵源区军地坪街道办事处桂花路。车站占地10020平方米，建筑面积4000余平方米。2017年，有班线13条，日发班次173班，日均发运量2163人次，高峰日旅客发运量3242人次。是年，在区政府、区交通局的支持下，公司对车站停车坪进行了维修白改黑，对乘用车环境进行了提质改造。

（苏　阳）

【张家界云安运输发展公司】 张家界云安运输发展有限公司成立于2000年6月，注册资金218万元。公司总部地处武陵源区军地坪，是一家专业从事道路旅客运输的国家三级企业。于2006年10月成立张家界云安运输发展有限公司慈利分公司，同年并购张家界市慈利县龙腾旅游客运有限公司，2015年1月成立湖南智慧交通发展有限公司张家界分公司，2017年11月设立子公司湖南省张家界云安文化传媒有限公司。公司经营道路旅客运输、车载北斗监控服务、广告传媒、安防设施、机动车保险代理等。建立专门的客运车辆监控中心，实行24小时监控。于2013年下半年为农村客运车辆全部安装北斗3G视频装备，实施动态视频监控；其他已安装2G定位设备的车辆逐年更换到位。2014年将武陵源区城市公共客运车辆全部纳入公司监控中心统一监控管理。2014年，被交通厅评为二级“安全标准化”交通运输企业，旅游主管部门评为“旅游客运定点运输公司”，并多次被省、市交通主管部门评选为“安全管理先进单位”。2017年有营运客车155台，市、县际班线车辆19台，省、市际旅游客运车辆43台，农村客运车辆93台。经营有长沙、株洲、张家界市内、慈利、天子山风景区、张家界大峡谷风景区等多条班线。从业人员326人，其中行政管理人员16名、司乘人员310人。办公场地800平方米，停车坪2200平方米，检测车间300平方米，员工休息区及活动室700平方米。下设经理室、办公室、财务室、安全机务科、生产调度室、监控中心。2017年运营收入4650多万元，创税收310多万元，社会捐赠（慈善）2万元，提供就业326人。（云安运输公司）

【张家界泰安客运公司】 位于军地坪街道办事处画卷路60号，2002年3月18日公司成立，其前身为20世纪90年代末的武陵源金龙旅游车队。现主要从事旅游客运、包车客运、班线客运等业务。拥有各型客车近200辆，从业人员400人。公司为全市旅游包车安全生产标准化试点单位。2017年核发省际包车牌1350张，市际包车牌2643张，行驶里程1285万余公里，没有发生死亡1人以上、伤3人以上较大安全责任事故。2017年春运期间，公司投入车辆128台，运送旅客10.8万人次，行驶里程98万余公里，未发生一起较大以上道路安全事故，未接到任何服务质量的投诉，出色完成节假日运输任务。（泰安客运公司）

【张家界新泰天然气公司】 张家界新泰天然气有限责任公司成立于2009年5月8日，位于军地坪街道画卷路，是一家以天然气、成品油销售为主，燃气工程建设、安装、维修服务，燃烧器具及其零配件、家用电器销售为辅的专业能源公司。下辖有张家界新兴危货运输有限责任公司和高云加油加气站。2017年公司营业额5000万元，创税收500余万元；安置就业80人。张家界新兴危货运输有限责任公司成立于2012年5月31日，是一家保障武陵源区天然气和成品油供应的专业运输公司。自有危货牵引车6辆，挂车9辆，罐车6辆。全年运输天然气196趟4000吨，运输汽油、柴油95趟3000吨。高云加油加气站成立于2014年9月1日，是一家以汽油、柴油销售，LNG、CNG充装为主的综合性加油加气站。2017年，LNG销售1200余吨，CNG销售30余万立方米，成品油销售约3000吨。武陵源城区天然气中压管道敷设达31.2公里。居民用户入户安装2542户，商业用户安装102户。2017年，居民售气量68万立方米，商业售气量203万立方米。推广使用清洁环保的天然气能源，为环保、为旅游、为民生尽力。商业用户、居民用户、景区环保车、城区出租车普遍使用天然气，保护了环境，保护了世界自然遗产，为全区旅游业的有序发展提供了清洁能源保障。在2017年冬季全国部分地区遭遇气荒、气价上涨时，公司采取与上游单位签订合作协议等多种措施，确保武陵源区天然气不停供、不涨价。开展应急管理规范化建设，被省安委会评为应急管理规范化建设示范单位。2017年，为宁乡洪灾捐款2万元，解决扶贫户就业1人、残疾人就业3人，投入20多万元慰问80岁以上老人127人和统战对象4人，帮扶贫困学生10人，捐资4.8万元救助癌症患者1人和因病致贫员工1人。（钟高英）

【黄石寨索道】 张家界黄石寨客运索道是20世纪90年代初由台湾瑞展国际有限公司与张家界国家森林公园管理处（张家界武陵源风景名胜区和国家森林公园管理局前身）合资兴建。索道自1992年筹备，1994年开工建设，1997年11月18日正式对外营运。当时是往复式索道，全部设备从法国POMA公司进口。原索道全长978米，上下高差430米，有两组站立式吊厢，每组吊厢可容纳49人。2009年11月8日，黄石寨索道进行全面技术升级，于2010年5月8日恢复营运。新索道全长1013米，上下高差430米，配置封闭式观光吊厢35个，每吊厢乘坐6~8人，单向每小时运客量可达到2200人，单程运行时间3分42秒。运力由原来的900人升级至2200人，一次往返4400人。自1997年营运以来，张家界黄石寨客运索道有限公司已安全运送游客1698万人次，营业收入11.13亿元，缴纳税款1.81亿元。2017年，运送游客32万人次，营业收入0.29亿，缴纳税款127.3万元，各种捐赠10万元，安置就业48人。（索道公司办公室）

【天子山索道】 湖南武陵源（天子山）索道有限公司成立于1995年12月7日，是由香港安达国际有限公司投资的外商独资企业。1996年6月动工兴建天子山索道，1997年5月正式对外营运。天子山索道是单线循环式脱挂抱索器客运索道，全部设备从奥地利Doppelmayr公司进口。原索道全长2084米，上下高差692米，配有封闭式观光吊厢38个，每个吊厢乘坐6人，单向每小时运客量可达960人，单程最快运行时间为6分26秒。天子山索道自1997年5月正式对外营运至2014年12月31日，安全运行17年之余。2015年1月进行索道整体提质改造，总投资1.6亿元，2016年2月6日正式对外运营。新索道全长2091米，上下高差691米，配有封闭式观光吊厢78个，每吊厢乘坐8人，单向每小时运客量可达2100人，单程运行时间7分30秒。新索道的建设营运，对促进武陵源旅游服务业健康发展、提升武陵源景区服务设施、建设世界旅游精品，缓解景区旅游交通压力和天子山索道以往超负荷接待问题，加强景观和环境保护，维护资源可持续利用，具有十分重要的作用。湖南武陵源（天子山）索道有限公司自1997年营运以来，已安全运送游客3053万人次，营业收入16亿元，缴纳税款3.09亿元。2017年，运送游客233.5万人次，营业收入1.44亿元，缴纳税款2315万元，各种捐赠76.4万元，安置就业95人。（胡晓丽）

【百龙天梯】 位于武陵源核心景区内，由北京百龙绿色科技企业总公司投资兴建，以“最高户外电梯”荣誉被载入吉尼斯世界纪录 。于1999年9月动工建设，2002年4月竣工并投入试营运。电梯主要设备由德国Rangger(朗格尔)国际电梯公司研究生产，耗资1.8亿元。百龙天梯垂直高差335米，运行高度326米，由154米的山体内竖井和172米的贴山钢结构井架组成，采用三台双层全暴露观光电梯并列分体运行。因其建筑难度唯一性，国内目前还没有同类型的户外观光电梯。百龙天梯与德国鱼缸电梯、美国拱门电梯等一同上榜“世界11大创意电梯”，成为中国唯一上榜的电梯。2005年，百龙天梯在国际建筑装饰峰会上被评为IAID“国际十大旅游景观工程”之一。2013年，百龙天梯进行扩容提速，每台单次载客可达64人，运行速度提高到5米/秒，单程仅需1分28秒，三台电梯的总运力每小时升至约6000人，有效地缓解了核心景区游客中转排长队的问题。开通至今安全运达游客近3500万人次，是迄今为止唯一一部零事故的交通工具。2017年，实施平洞、下站候梯厅和票房的提质升级项目。共接待302万人次(截至到2017年12月底)，比上年同期增长6.7%，实现旅游收入15782万元，比上年同期增长12%。缴纳“一费一金”6220万元，税金3163万元，安置就业120人。（白俊生）

【魅力湘西大剧院】 魅力湘西大剧院创办于2000年3月，历经17年的发展，已逐渐成为全国著名旅游文化演出实体，湘西民族特色浓厚鲜明，在中国大陆、港澳台以及其他华人地区乃至韩国、日本、东南亚等地都享有较高知名度和美誉度。总投资2.5亿元，占地31.22亩，能容纳2800人。魅力湘西先后获得“国家文化产业示范基地”“国家文化旅游重点推荐项目”“中国文化品牌30强”“中国十大民俗文化企业”“中国旅游演艺票房十强”“湖南省民族传承基地”“民族团结进步模范集体”等荣誉。代表湖南参加了2010上海世博会、2012和2013深圳文博会，代表文化部连续三年走出国门参加“欢乐春节”演出。原创节目《追爱》荣登2012央视龙年春晚，通过精湛的艺术表现，向全世界观众展示了大湘西璀璨的民族文化。2017年，接待观众115万人，营业收入9320万元，税收1181万元，解决就业221人。（剧院办公室）

【专家村宾馆】 专家村宾馆于1985年设立，位于武陵源区军地坪街道武陵西路，是湖南省政府办公厅接待办下属事业单位。1988年被省旅游局定为全省首批涉外宾馆饭店之一，2007年改扩建成豪华型旅游饭店，2008 年被评为张家界市绿色酒店。2010 年，在张家界市旅游局举办的“旅游饭店服务技能大赛”中获得前厅、营销两个项目第一名，同年 1 月 16 日被省旅游局评定为四星级涉外旅游饭店。宾馆占地面积 44000 平方米，1~5 号楼交叉分布，为土家园林式庭院风格。豪华总统套房 2 个，豪华商务套房 6 个，标准客房 288 间，大小中西餐厅 9 个，可同时容纳 700 多人就餐。有商场购物、物品寄存、票务代订、衣服洗烫、桑拿按摩、酒吧咖啡、大型剧场等服务项目。1985 年以来，先后接待华国锋、胡耀邦、乔石、李瑞环、邹家华等党和国家领导人以及大量国内外知名人士和港、澳、台同胞。2017 年，接待客人 9.2 万人次（其中境外 0.35 万人次），营业收入 904 万元，上缴税费 105 万元，安置就业 120 人。（宾馆办公室）

【青和锦江国际酒店】 于 2006 年 7 月 25 日建成，是一家集旅游、休闲度假、商务会展为一体并委托上海锦江国际酒店管理有限公司管理的五星级酒店，位于武陵源区军地坪街道军邸路，总投资 3.7 亿元。酒店占地面积 22800 平方米，单体 7 层结构，建筑面积 3 万平方米，绿化面积 3300 多平方米。有房间 280 间（套）、床位 500 余张。酒店设有行政楼层、无烟楼层。有大小不同、功能齐全的会议室 5 个，其中 800 平方米的多功能会议厅内设 8 声道同声传译系统。有中餐厅、咖啡厅和日韩餐厅，以湘菜和土家菜肴为主，能同时容纳 800 人就餐。有商场、网球场、商务中心、旅游咨询、美容美发、足浴按摩、KTV 包房、乒乓球室、台球、健身房和室内游泳池等配套服务设施。2012 年 2 月 18 日，被国家旅游局授予五星级饭店。2017 年，接待客人 11 万人次（其中境外客人 6 万人次），经营收入 3000 万元，上缴税款 170 多万元，安置就业 260 人。被美团网评为最佳度假酒店，并登上中国饭店品质金爵榜。（酒店办公室）

【京武铂尔曼酒店】 张家界京武铂尔曼酒店于 2008 年 2 月 26 日设立，注册资金 1.1 亿元。位于武陵源区高云路，由法国雅高酒店管理集团管理，是张家界市第一家国际五星级酒店。酒店占地 3.7 万平方米，拥有 456 间客房及套房。园林式庭院与花园泳池相搭配。有中餐厅、西餐厅、味美面馆、茶派隆、大堂吧和 600 平方米无柱式豪华宴会厅。5 间 50~200 平方米会议室配备世界顶级品牌影音会议系统。有健身房、金色年华 KTV、皇室假期休闲会所等休闲娱乐设施。2017 年接待 20 万人次，经营收入 5300 万元，上缴税款 300 万元。（酒店办公室）

【纳百利皇冠假日酒店】 2016 年 10 月 1 日试营业，为五星级酒店，位于武陵源区军地坪街道高云路，由纳百利旅游文化集团投资 15 亿元兴建。酒店整体外观以湘西土家吊脚楼和现代中国风元素相结合，青墙黛瓦，飞檐翘壁，雅俗共赏。占地面积 86.4 亩，单体 7 层结构，建筑面积 10 万余平方米，共有房间 698 间（套）。酒店设有行政楼层、无烟楼层。有大小不同、功能齐全的会议室 9 个，以及一个 1000 平方米的多功能会议厅。有中餐厅、全日制西餐厅和清真餐厅，中餐厅以粤菜、湘菜和土家菜肴为主。有商场、商务中心、旅游咨询、足浴按摩、健身房和室内外游泳池等配套服务设施。酒店委托洲际酒店管理集团管理。2017 年，营业房间 347 间，接待客人 13 万人次，营业收入 3800 万元，缴纳税费 270 万元，安置就业 448 人。（余成林）

【江汉山庄】 中石化江汉石油湖南酒店管理有限公司（简称江汉山庄），位于军地坪街道吴家峪社区，是中石化、中石油系统在张家界定点接待单位，湖南省旅游饭店协会理事单位。于 1988 年 6 月 12 日建成营业，1999 年评为三星级旅游饭店，2010 年评为四星级旅游饭店。先后历经三次维修改造，现占地 24.91 亩，总建筑面积 1.6 万平方米，固定资产原值 2914 万元，净值 1616 万元。酒店外观设计为湘西土家族建筑风格。客房总数 205 间（套），其中豪华套房 1 间、套房 9 间、单间16间、豪华标准间97间、标准间82间，总床位396张；餐厅包厢4个，餐位总计500个；会议室5个,其中最大会议室可容纳230人。还配套有健身房、桑拿按摩、乒乓球室、桌球室、棋牌室等休闲娱乐设施，拥有研究南方海相标准地层的地质馆。多次被市、区政府及旅游局授予“优秀旅游饭店”“优质服务工作先进单位”“卫生质量信得过单位”等荣誉称号。曾接待过全国人大常委会原副委员长彭珮云、雷洁琼及全国政协原副主席董建华等多位国家领导人。2017年，接待7.9万人次，营业收入797万元，上缴税款43.9万元，解决就业77人。（江汉山庄）

【圣多明歌国际大酒店】 张家界冯氏旅游发展有限公司圣多明歌国际大酒店是武陵源区人民政府2005年6月在香港港洽周签约的招商引资项目，由多米尼加共和国爱国华侨领袖冯国权先生投资兴建，独资经营，原名冯氏粤桂大酒店，2017年全称为张家界冯氏旅游发展有限公司圣多明歌国际大酒店（简称“圣多明歌国际大酒店”）；也是冯国权先生乃至多米尼加共和国在中国投资兴建的第一家企业，该国代表曾亲临本酒店指导工作。酒店由冯国权先生的儿子冯武鹏具体负责。酒店位于武陵源区军地坪汽车站对面，东与青河锦江大酒店相邻、西临桂花路，北侧为军邸路、南侧为未央路，交通便利。酒店总投资1.9亿元，占地27亩多，主体建筑地上6层，地下1层，建筑高度23.55米，建筑面积32311.6平方米，酒店坐东朝西，分A、B、C三栋布置，总客房308间，可接纳客人约600多人。酒店2008年4月破土动工，2013年9月试营运。试营业至2017年年底，共接待海内外客人约62万人次；营业收入平均每年1940万元；年均纳税123万元；共安排当地就业700多人次。（张强勇）

【国宾酒店】 2010年开业，位于武陵源区军地坪街道武陵西路，是国家电网鲁能集团在湖南按高星级标准打造的唯一一家集住宿、餐饮、会展、度假、休闲娱乐、职工疗休养为一体的豪华酒店。拥有极具东南亚民族风格的各式客房307套，包括行政套房2间、豪华套房6间、豪华单人客房8间、行政单人客房5间、豪华标准客房130间、行政标准客房156间，内部风格简洁大方，在低调中显见奢华；酒店餐厅规模宏大，一楼设有西餐厅，就餐餐位200个，最大限度的满足不同境外宾客的用餐需求，同时一楼还设有大型宴会餐厅，就餐餐位300个，可提供各类宴会、酒会、大型团队接待用餐等，二楼设有特色中餐厅，就餐餐位200个，其中还设有特色包厢9个，可提供地道的湘菜、川菜、粤菜及地方土家菜肴等。拥有功能齐全、配套完善的大小会议室9个，其中豪华气派的多功能会议厅可容纳400人开会，配套有高雅舒适的贵宾接见厅及休息室；独具特色的开放式银滩景观水池、舒适高雅的棋牌室、舒适惬意的休闲中心、健身房、设施豪华高档的KTV包间等服务设施一应俱全。2017年接待客人12万人次（其中境外2万人次），2017年，实现营业收入2783万元，上缴税费265万元，安置就业106人。（杜明林）

【索溪山寨】 张家界索溪山寨餐饮管理有限公司位于军地坪街道天子路，是一家集餐饮、酒店、客栈、茶楼于一体的综合性旅游服务公司，旗下现有索溪山寨、寨子里的钵钵菜、寨子里的三下锅、寨子里·音乐酒馆、寨子里的吊锅饭、湘味功夫虾、索溪山居、武陵红朱砂及加盟品牌乌龙山寨酒楼（溪布街店、华天城店），湘益茯茶等品牌。

（索溪山寨）

人 物

Characters

先进人物

袁谋文 女，土家族，1973年12月出生，中共党员，大学本科学历，湖南省张家界市武陵源区张管局门票管理中心吴家峪经营部部长。是湖南省第十、第十一次党代会代表。她1992年10月参加工作，从事旅游服务一线工作25年。在10年的售票工作中，她售出400万张门票，无一差错，未发生一起游客投诉。在咨询员工作中，她把为游客排忧解难当作己任，善待每一位游客。1995年被评为湖南省三八红旗手，被誉为张家界旅游工作形象的窗口、名片。2013年，以她名字命名的“袁谋文党代表工作室”在武陵源区吴家峪门票站设立，工作室四年来接待群众及游客来访5000余人次，开展应急救助2000多次，处理投诉游客满意率100%，为游客挽回经济损失10余万元。她帮助失学儿童，组织爱心团队，看望照顾孤寡老人，为养老院老人义务理发。2017年2月被中华全国妇女联合会授予2016年度“全国三八红旗手”荣誉称号。

罗方平 男，土家族，1961年11月出生，中共党员，大学本科学历，张家界市规划管理局武陵源分局局长。他1979年11月参加工作，2006年5月进入规划系统，担任局长11年，长年工作在基层一线，工作上敢抓敢管，勇于担当，任劳任怨，受到领导和群众一致好评。在2013年武陵路南侧城中村改造中，他作为牵头单位局长兼指挥部副指挥长，带队逐户调查，掌握第一手资料；在方案审查过程中，严把技术关，为涉改居民提供周到细致服务；在批后监管环节，部署全方位监管，确保建筑风格不走样，建设行为不违规。在2014年天马路建设项目征地拆迁过程中，他不分日夜入户宣传拆迁的必要性、政策依据及具体补偿标准等，尤其是对政府分配的7户拆迁对象，经过一个多月的奋战，终于说动7户拆迁对象自发与区政府签订拆迁协议，保障了天马路建设的顺利实施。在2017年武陵源核心景区突出环境问题集中整治行动中，他连续17个日夜，带领单位全体工作人员奋战在核心景区拆违工作前线，白天在现场指挥拆违，晚上听取汇报，安排第二天工作。经过不懈努力，核心景区突出环境问题全面整治到位，顺利通过省环保督察组的检查验收。2017年12月14日被人力资源社会保障部、住房城乡建设部授予“全国住房城乡建设系统先进工作者”荣誉。

邓昌武 男，土家族，1966年7月出生，中共党员，大学专科学历，张家界市武陵源区消费者协会秘书长。2014年3月入职消协组织以来，他带领同事们处理投诉571件、举报21件、咨询求助374件，办结率98.4%，为消费者挽回经济损失132.8万元。为解决高效维权问题，他不断总结，积极探索，从建立高效消费维权工作机制着手。实行24小时值班制。作为秘书长，他以身作则，全年基本没有休息日。为高效维权，打通服务游客“最后一公里”，他积极参与打造“1+N+15”旅游维权服务圈（1是指集工商行政执法和消协职能为一体的“12315”投诉举报中心，N是指相关职能部门、维权服务站，15是指接诉后处诉人员15分钟赶到现场）。共建立49个维权服务站，实现景区、城区全覆盖。2015年9月，在他的倡议下，武陵源区旅游团队购物场所在全国率先推行“15天无理由退货制度”，即只要商品不影响二次销售，只要游客想退货，在15天之内都能无理由退货。对于消费维权工作，他一直坚守“四个坚持”：坚持限时办结。一般投诉，现场处理完毕，重大投诉，游客离开前处理完毕，特殊情况，游客离开后15日内处理完毕；坚持游客利益无小事。无论游客申诉的金额是多少，无论游客何时申诉，都一视同仁，认真受理调处；坚持全天候值班。消费维权渠道24小时畅通，时刻准备为游客排忧解难；坚持首问负责。对于不属于消费纠纷的及时告知相关部门，并通过对游客的回访确认问题是否得到解决，确保游客诉求“有问必答、有难必帮、有诉必果”。2017年12月29日被中国消费者协会评为“2016—2017年度全国消协组织先进个人”。

文件索引

File index

区委区政府联合发文选目

中共张家界市武陵源区委、张家界市武陵源区人民政府关于加快推进国际旅游休闲度假区建设的意见（张武发〔2017〕1号）

中共张家界市武陵源区委、张家界市武陵源区人民政府转发《区委宣传部、区司法局关于在全区公民中深入开展法治宣传教育的第七个五年规划（2016—2020年）》的通知（张武发〔2017〕2号）

中共张家界市武陵源区委、张家界市武陵源区人民政府关于武陵源区2017—2020年稳定巩固脱贫成果的实施意见（张武发〔2017〕3号）

中共张家界市武陵源区委、张家界市武陵源区人民政府贯彻落实《关于在“锦绣潇湘”全域旅游基地建设中发挥龙头作用的意见》的实施意见（张武发〔2017〕4号）

中共张家界市武陵源区委、张家界市武陵源区人民政府关于印发《张家界市武陵源区贯彻落实〈法治政府建设实施纲要（2015—2020年）〉实施方案》的通知（张武发〔2017〕5号）

中共张家界市武陵源区委、张家界市武陵源区人民政府关于2016年度绩效评估情况通报（张武委〔2017〕2号）

区人民政府发文选目

张家界市武陵源区人民政府关于印发《张家界市武陵源区人民政府关于加快发展养老服务业的实施办法》的通知（张武政发〔2017〕1号）

张家界市武陵源区人民政府关于印发《张家界市武陵源区深化医药卫生体制综合改革试点方案》的通知（张武政发〔2017〕2号）

张家界市武陵源区人民政府关于印发《张家界市武陵源区全民健身实施计划（2016—2020年）》的通知（张武政发〔2017〕3号）

张家界市武陵源区人民政府关于给予陈宏权等同志嘉奖以上奖励的决定（张武政发〔2017〕4号）

张家界市武陵源区人民政府关于印发《张家界市武陵源区妇女发展规划（2016—2020年）》和《张家界市武陵源区儿童发展规划（2016—2020年）》的通知（张武政发〔2017〕5号）

张家界市武陵源区人民政府关于印发《张家界市武陵源区农业产业化发展奖扶办法》的通知（张武政发〔2017〕7号）

张家界市武陵源区人民政府印发《张家界市武陵源区关于加快电子商务发展的实施意见》的通知（张武政发〔2017〕10号）

张家界市武陵源区人民政府关于印发《张家界市武陵源区突发事件总体应急预案》的通知（张武政发〔2017〕12号）

张家界市武武陵源区人民政府关于印发《张家界市武陵源区加快推进“互联网+政务服务”工作实施方案》的通知（张武政发〔2017〕14号）

张家界市武陵源区人民政府关于废止一批区政府规范性文件的决定（张武政发〔2017〕15号）

张家界市武陵源区人民政府关于调整有关部门行政权力事项的通知（张武政发〔2017〕16号）

张家界市武陵源区人民政府关于印发《张家界市武陵源区土壤污染防治工作方案》的通知（张武政发〔2017〕17号）

文件选录

File selection

武陵源区委　武陵源区政府
关于加快推进国际旅游休闲度假区建设的意见

张武发〔2017〕1号

张管局党委，各乡党委、街道党工委，张管局，各乡人民政府、街道办事处，区直及驻武各单位：

为进一步丰富旅游休闲度假产品，提升旅游消费水平，巩固旅游龙头地位，加快推进国际旅游休闲度假区建设，特制订本意见。

一、总体要求

（一）指导思想。全面贯彻党的十八大，十八届三中、四中、五中、六中全会精神和习近平总书记系列重要讲话精神，牢固树立创新、协调、绿色、开放、共享发展理念，以旅游供给侧结构性改革为抓手，以自然遗产保护为前提，以全域旅游为主线，促进旅游产品向观光休闲度假复合型转变、旅游产业向质量效益型转变、旅游品牌向国内外知名旅游胜地转变。

（二）发展目标。通过5年努力，全区接待规模达到4598万人次，年均增长15%；旅游总收入达252亿元，年均增长20%；境外游客达到508万人次，年均增长18%；旅游过夜总人次达到2352万人次，年均增长20%；核心景区一次进山游客达到518万人次，年均增长5%。到2021年，旅游消费水平和旅游国际化水平大幅提升，基本建成“景美城美、城景合一，宜居宜留、宜游宜闲，功能完善、产业配套，特色鲜明、国际水准”的国际旅游休闲度假区。在建设“锦绣潇湘”全域旅游基地中发挥龙头作用，为全面建成更高水平的小康社会提供强力支撑。

（三）基本原则。坚持生态优先、保护第一。始终把自然遗产保护放在首位，坚持在保护中发展，在发展中保护，推广生态资源品牌，践行绿色发展理念，倡导绿色消费方式，使自然遗产成为休闲度假的第一品牌和核心吸引物。坚持协调推进、全域发展。更加注重优化旅游产品结构，更加注重提高旅游供给体系质量和效率，更加注重改善旅游市场消费环境，加快由景区旅游发展模式向全域旅游发展模式转变，建设精品景区、特色城镇、美丽乡村三位一体全域旅游示范区。坚持国际标准、本土特色。推动国际化与本土化相结合，高起点规划、高标准建设、高水平管理，实施大产业布局、大企业进入、大项目带动，加快旅游产品、管理、营销、服务和服务设施与国际标准全面接轨；坚持民族的就是世界的，守住古朴、守住乡愁、守住历史，彰显本土特色。

二、重点任务

（一）丰富休闲度假产品体系

1. 开发城镇休闲度假产品。大力完善特色街区、休闲慢游、新型住宿业态、文化演艺、会展旅游、体育健身、康体养生、特色餐饮、风情小镇等产品。加快开发特色街区产品，全面推进新城建设和旧城改造，制订《武陵源区城市容貌标准》，编制《武陵源城区城市设计》，完成军地坪、高云、沙坪组团民族化改造包装，建好武陵古镇、黄龙古寨、桃花溪欢乐谷等特色街区，规划开发“韩国街”等国际特色街区，打造溪布街非遗体验基地。科学配套绿化、美化、亮化设施，打造夜景天际线，形成“一街一景”“多元统一”的城市景观。加快开发休闲慢游产品，按照灵动中轴、精彩两岸、悠游四环的要求，建设休闲栈道、慢行步道、骑行绿道、城市地标、特色公园、文体休闲设施，高标准完成索溪河综合治理工程，形成四个环线滨河休闲带。加快开发新型住宿业态产品，突出住宿产品特色，鼓励现有酒店客栈改造提质，发展精品酒店、连锁酒店、房车旅馆、帐篷营地、特色客栈、集装箱体验酒店等。加快开发文化演艺产品，提质升级《魅力湘西》《烟雨张家界》等演艺节目，加快建设《张家界千古情》等文化产品。挖掘本土非遗文化传承项目，加大本土文艺人才的传承和培育，加强高端文艺人才引进，大力发展酒吧、茶艺等休闲娱乐产品，促进文化与旅游深度融合。加快发展会展旅游产品，积极开发建设会展场馆及服务设施，争取引进世界旅游组织和机构项目落户，广泛参与国际旅游交流与合作，加强与国际国内会展组织联系，招徕承办大型会议展览，鼓励发展会议旅游、奖励旅游，培育会展旅游市场。加快开发体育健身产品，建好绿景休闲园、多功能全民健身中心，提质升级激流回旋运动休闲产品，鼓励举办体育节会和赛事。加快开发康体养生产品。提质升级各类休养院、疗养院，结合养老服务业、健康服务业发展，开发多样化的医疗保健和休闲养生产品。加快开发特色餐饮产品，加强知名餐饮品牌引进，挖掘本土菜品、传统小吃，培育一批特色美食品牌。加快开发风情小镇产品，按照“统一规划、错位发展，高端设计、整体开发”的原则，推进天子山民族旅游特色小镇、中湖旅游特色风情小镇、协合乡村休闲旅游小镇、锣鼓塔高端养生旅游服务区建设，争创国家级旅游风情小镇和特色景观名镇。

2. 开发乡村休闲度假产品。认真落实《关于加快发展乡村旅游的指导意见》，重点开发特色民宿、田园风光、民俗风情、休闲庄园等产品。开发特色民宿产品，强化招商引资，重点打造插旗峪—龙尾巴、张家界村、野溪铺—清风峡乡村特色民宿产业带，形成一批有市场影响力、竞争力的民宿品牌。开发田园风光产品，严格保护水田、旱地、山林等自然资源，鼓励保护老桥、老井、老路、老院，推进村史馆、村史墙建设，提升传统田园风光，保持乡村记忆。开发民俗风情产品，增强民俗体验，充分挖掘农耕文化、地理地名文化、古战场文化等资源，大力开展过赶年、看土家戏等民俗活动，彰显乡土文化。开发休闲庄园产品，发展现代农庄，鼓励以资产、资源、资金等要素为依托，组建公司、专业合作社、协会等经济组织，创办水果、蔬菜、茶叶、中药材等主题农业庄园。

（二）完善休闲度假设施功能

1. 打通旅游快捷通道。建设更加便捷的进出通道，重点抓好张家界市旅游观光磁悬浮专线武陵源区段建设和武陵山大道景区段建设，建好环景区公路、索溪大道、杨家界大道、插分公路等，提质改造龙阳公路，增强旅游可进入性，打造路景交融、生态环保的“黄金走廊”。

2. 提升公共配套功能。改善供电、供水、文体、环卫、通信、消防和医疗卫生等基础条件，完善城乡旅游路网系统，建好杨家界、索溪峪、杨家坪等游客集散中心，加快建设吴家峪、锣鼓塔等智能停车场和换乘中心。加快污水处理系统扩容提质，实现城镇、景区直饮水系统全覆盖。

3. 完善休闲服务设施。建设国际化人性化的标识标牌系统，规范标识标牌的样式、尺寸、颜色、语种等，实现城区、景区、乡村全覆盖。推进旅游“厕所革命”，重点抓好城镇、乡村旅游示范点、重要项目区厕所建设。提升生活服务设施，推进市政小设施和商业设施、服务设施建设，开设旅游购物免税店。建设自驾营地、露营营地。完善城市家具和建筑小品，丰富休闲文化内涵。

（三）提高休闲度假服务水平

1. 完善旅游服务标准。扎实推进全国旅游服务标准化试点城市建设和国际质量认证工作，制订完善服务规范和行业标准，与国际标准全面接轨。推动旅游服务质量标杆引领，深化服务游客“三必须”活动，规范游客中心、门票站、咨询服务站点等服务单位形象，推出一批服务明星。加强旅行社、旅游从业人员资格认证管理，建立健全旅游服务质量监测评价制度。

2. 增强智慧旅游功能。建设智慧旅游服务平台，完善旅游信息发布、景区门票预订、客流预警等旅游大数据集成系统，提高旅游信息服务水平。建设旅游行业监管平台，提高旅游团队服务管理、导游服务监管、旅游质监执法、旅游志愿者服务等管理水平。建设旅游应急指挥平台，实现主要景区景点的实时数据和影像采集系统全覆盖，提高应急处理能力。

3. 深化旅游诚信建设。大力推进诚信武陵源建设，持续开展旅游行业诚信评定，制定完善涉旅企业、导游诚信考核标准。建立经营服务诚信评价体系，完善旅游企业和从业人员诚信档案，设立导游诚信管理体系和旅游诚信“黑名单”，建立健全失信惩戒机制。制订村规民约，培育好家风好民风，大力宣扬“诚信酒店、诚信餐馆、诚信导游、诚信居民”等典型，树立“诚信武陵源人”形象。

（四）提升休闲度假景区品质

1. 强化景区资源保护。坚持“严格保护、统一管理、科学规划、永续利用”原则，加大《湖南省武陵源世界自然遗产保护条例》宣传贯彻执行力度，做好《武陵源风景名胜区总体规划》评估修编工作，规范旅游项目开发。有效发挥防火、森林病虫害、水文、环境质量等监测体系作用，加强景区地质灾害监控防护，保护自然生态。做好世界自然遗产、世界地质公园定期评估工作，保护世界自然遗产，提升“张家界地貌”国际影响力。加快核心景区移民建镇步伐，维护世界自然遗产的真实性、完整性。强化环境监管，推进旅游节能减排，提升环境质量，创建国家生态文明示范区。

2. 加快景区设施提质。抓好游客服务中心、厕所、游步道、安全防护设施、服务站、智慧化系统六大基础设施改造工程。提质天子山、袁家界景区游步道及连接线。规划建设水绕四门—标志门环山骑行绿道及亲水步道，使金鞭溪成为最美峰林峡谷。改造提质黄石寨环山游道及附属设施，使黄石寨成为极限运动和登高健身赛事举办地。配套改造鹞子寨、五色花景区设施，使其成为全国首个户外峰林体育运动休闲公园。

3. 提高景区管理水平。深化景区综合管理体制改革，健全旅游综合执法体系，规范整合综合执法职能，提升旅游检察、旅游速裁法庭服务功能，探索建立旅游警察，维护和规范旅游市场秩序。加强市场监管，依法严厉打击非法营运、追客赶客、价格欺诈等行为。抓好管理队伍建设，开展景区劳动服务竞赛活动，提高景区管理水平。推动旅游市场治理机制改革，落实旅游安全责任，推进法治武陵源建设，深化“平安满意在张家界”专项活动，争创全国平安景区。

三、保障措施

1. 强化组织协调。成立国际旅游休闲度假区建设领导小组，由区委书记任组长，区委副书记、区长任第一副组长，区委副书记、张管局常务副局长及分管城建、旅游、农业的副区长任副组长，区旅工委成员单位为领导小组成员单位，领导小组办公室设于区旅工委办，负责日常工作。建立定期例会制度和督导推进机制，强化日常督查，确保工作有序推进。

2. 强化人才支撑。制定旅游人才队伍建设规划，加强旅游管理服务部门干部轮训。建立旅游和文化创意人才培养基地，加强与高校、研究机构和企业的交流合作，培养研究型、服务型、创新创业型、旅游企业骨干、技术技能型英才等五类人才。加快引进酒店管理、景区管理、多语种导游等各类紧缺人才，按照国际化要求，全面抓好旅游从业人员队伍建设，开展职业道德、服务技能、外语水平培训，增强旅游从业人员综合素质。

3. 强化资本引进。坚持“政府引导、市场导向”的原则，出台招商引资、产业扶持、民宿发展等相关政策，引导扶持休闲度假产业发展。推进开放发展，加强国际资本、技术和管理引入，坚持经营权与所有权分离，鼓励支持境内外大企业、大集团，采取合资、合作、租赁、托管等方式，参与景区建设和特许经营，兴建大型购物娱乐中心、旅行社、品牌酒店，开发新兴项目，加快休闲度假发展与国际接轨。

4. 强化形象推广。建立宣传口号、标识等营销形象识别系统，提升旅游品牌的辨识度、知名度、美誉度。强化市场细分和网络营销，加强与国际国内旅行商的战略合作，策划全球性主题活动，不断巩固韩国、东南亚、港澳台等传统客源市场，大力开拓欧洲、北美等新兴客源市场，培育效益型国内客源市场。策划举办好国际乡村音乐周等重大营销活动，打造国际节会品牌，吸引国际游客来武陵源旅游休闲度假。

中共张家界市武陵源区委
张家界市武陵源区人民政府
2017 年 2 月 16 日

中共张家界市武陵源区委
张家界市武陵源区人民政府
关于武陵源区 2017—2020 年稳定巩固脱贫成果的实施意见

张武发〔2017〕3 号

各乡党委、街道党工委，各乡人民政府、街道办事处，区直及驻武各单位：

根据《湖南省人民政府关于同意武陵源区和洪江区脱贫摘帽的批复》（湘政函〔2017〕12 号），我区已实现整区脱贫摘帽。为进一步稳定巩固脱贫成果，切实加快全面建成小康社会步伐，努力提升人民群众幸福指数，现提出以下实施意见。

一、指导思想

深入贯彻党的十八大和十八届三中、四中、五中、六中全会精神，以习近平总书记“六个精准”“五个一批”精准扶贫基本方略为总要求，认真落实各级扶贫开发工作会议精神，以建档立卡人口和有建档立卡人口的村（居）为主要对象，持续巩固脱贫成效。

二、基本原则

坚持“精准扶贫、不落一人”原则，进一步精准识别对象，精准谋划施策。坚持“政策不变、力度不减”原则，强化扶贫济困成效，不断改善民本民生。坚持“巩固为主、统筹兼顾”原则，统筹各方扶贫力量，形成大扶贫格局，推动经济社会发展再上新台阶。

三、任务目标

2017—2020 年，全区建档立卡贫困人口稳定达到“一达到、两不愁、三保障”脱贫标准，已脱贫人口各项保障进一步完善、人均可支配收入进一步增长；全区有建档立卡人口的村（居）稳定超过“两个确保、两个完善”标准，村集体经济收入持续稳定在 5 万元以上；全区贫困发生率稳定在 2‰以下。

四、主要措施

（一）重点推进农村环境综合整治，加快美丽乡村建设

2017—2018 年，按照“特色鲜明、村容整洁、乡风文明”的目标要求，推进农村环境综合整治“6+1”行动，着力实施“人居美、环境美、生态美、乡风美”4 大行动，实现村庄硬化、净化、绿化、美化、亮化，全面建设宜居、宜业、宜游的美丽乡村。实施“人居美”行动，以“小青瓦、坡屋面、外挑檐、转角楼、浅灰墙”为主体建筑风格，进行民居风貌改造，开展美丽庭院示范户创建活动，美化农户居住环境；实施“环境美”行动，通过开展垃圾处理、排水排污治理、畜禽养殖治理净化农村环境；实施“生态美”行动，开展绿色乡（街道）、绿色村庄、绿色庭院、绿色学校创建，对村居主要道路两边、水系两

旁进行绿化亮化，提质改造乡村居住绿地、公共设施绿地、对外交通绿地，按时足额落实农户生态公益林补偿，强化乡村生态保护，继续提高贫困人口生态工程的参与度与受益水平；实施“乡风美”行动，积极开展农民文明素质培训，推进文化惠民工程，切实抓好思想道德、科技文化、卫生保健、婚育新风、法律法规“五进农家”活动，不断促进乡村和谐，提升农民生活品质。

（二）重点推进乡村旅游发展，加速旅游扶贫进程

以建设国际旅游休闲度假区为总目标，全面实施“三乡十村”发展工程，逐步构建结构合理、特色突出、种类丰富、功能齐全、服务优质、管理规范的乡村旅游产业新格局。到2020年，武陵源区创建成为全国休闲农业与乡村旅游示范区，创建1~2个全国休闲农业与乡村旅游示范村。着力打造中湖旅游风情度假小镇、天子山民族特色小镇、协合乡村旅游小镇，建设10个特色鲜明的乡村旅游示范村。全面推进乡村旅游基础设施和公共服务配套建设，积极推动休闲农庄开发建设，做好特色民宿（客栈）建设管理。进一步挖掘整合乡村旅游资源，强化文化对乡村旅游的支撑作用，加强乡村旅游产品的开发和包装，打造全市乃至全省乡村旅游品牌。积极做好乡村旅游招商引资，将旅游产业链条广泛深入延伸至农村地区，带动广大农民增收。

（三）重点推进扶贫产业发展，促进农户增收

1. 继续发展乡级特色产业。在保证财务监管到位，项目持续健康发展的情况下，继续对天子山辣椒、中湖鱼泉贡米、协合莱葛、索溪峪土家织锦等四个特色产业项目进行扶持。继续培育带动能力强、发展前景好的新产业，重点围绕乡村旅游选准致富带头人，形成紧密的利益联结机制，带动我区建档立卡户实现持续增收。

2. 继续发展村级产业。强化对已实施的委托帮扶、股份合作等村级产业扶贫项目的督查指导和财务监管，督促分红及时足额落实，对组织实施迅速、资金监管到位、扶贫效益较好、分红兑现及时的项目继续予以扶持。乡（街道）要牵头谋划、实施集体经济薄弱村村级产业发展，驻村帮扶单位投入的帮扶资金，要重点用于发展村级集体经济。村（居）支两委要充分利用产业政策、扶贫政策、土地政策、招商引资奖励政策等，采取资金整合、项目整合等多种方式，加大招商引资力度，盘活闲置资产，确保所有村（居）集体经济收入稳定超过5万元以上。

3. 继续发展家庭产业。对有家庭劳动能力的建档立卡户，帮扶责任人要继续帮助发展合适的家庭产业项目，区扶贫办按照一定标准每人每年给予补贴。驻村帮扶单位及帮扶责任人要负责家庭增收项目的实施，不搞简单发钱，项目补贴由乡（街道）扶贫工作站组织验收后予以补贴到户。

（四）重点推进农村基础设施配套，改变农村面貌

加大农村基础设施投入，进一步完善村（居）基础设施。实施农村公路“窄加宽”“白改黑”等改扩建工程，提高乡村公路通达标准，确保所有村（居）通客运班车。继续实施水利工程，解决农村集中供水和安全饮水问题。继续实施农村电网升级改造工程，完成所有村（居）农村电网改造，全面提升农村供电能力和供电质量。继续实施农村清洁工程，建设农村垃圾中转站点和污水处理设施。继续实施通信网络延伸工程，消除农村宽带网络空白村。继续大力推进农村卫生、文化体育、便民服务中心等公共服务体系建设，切实提升农村公共服务水平。

（五）重点推进农民基本保障，确保稳定脱贫

1. 持续开展“阳光安居”工程。按照省扶贫办、省住房和城乡建设厅的部署安排，由区住房和城乡建设局会同区扶贫办、区房管分局以建档立卡信息系统数据与农村住房信息系统数据为基础，进一步核实核准全区农村所有存量危房，将建档立卡户按照C级危房户、D级危房户、无房户实事求是地录入或标记。完善相关危房改造台账，按照标准进行补助，计划用2~3年时间，完成全区农村地区所有存量危房改造任务。项目资金由区住房和城乡建设局、区财政局、区扶贫办共同筹措，区住房和城乡

建设局统筹使用。

2. 持续开展“阳光助学”工程。加快实施教育扶贫工程。对建档立卡户家庭学生免除小学、初中学杂费、教科书费，率先对建档立卡户家庭学生实施普通高中免除学杂费。在享受国家教育部门相关优惠政策的同时，每年给予建档立卡户家庭的在校生教育助学补贴。

3. 持续开展“阳光医疗”工程。继续对建档立卡贫困人口提供基本医疗保障、大病保险、医疗救助（含大病救助和大病门诊医疗救助）“三重医疗保障”。对全区建档立卡兜底对象的城乡居民医疗保险个人缴费部分给予全额补贴，其他建档立卡贫困对象的个人缴费部分按照每人每年20元标准进行补贴。建档立卡贫困人口在市、县、乡三级定点医疗机构的就医费用报销比例提高10%，大病保险报销起付线降低50%。将全区建档立卡人口全部纳入重特大疾病救治范围。区慈善总会继续对符合条件的建档立卡户实行大病门诊医疗救助。区民政和民族宗教局继续对重点救助对象在重点医疗机构发生的政策范围内的住院费用进行救助，按政策报销后的个人负担费用，在县乡级定点医疗机构住院的，年度救助限额内按不低于个人负担费用70%的比例救助；在县级以上或异地就医的按不低于50%的比例救助。坚持财政医疗补助政策，对建档立卡贫困人口在本市、县、乡三级定点医疗机构和经市级公立医院转诊到省级医院住院的基本医疗费用，经基本医疗保障、大病保险补偿、民政医疗救助等补助后，剩余医疗费用由区财政给予最高不超过10万元的补助。保证各村级卫生室正常运转。

4. 持续做好政策兜底保障。进一步加强兜底保障对象的动态管理，区民政和民族宗教局牵头组织对全区兜底对象家庭进一步核实核查，做到兜底对象进一步精准，兜底发放的资金按照上级要求逐年提高标准。继续推进武陵源区农村最低生活保障制度与扶贫开发政策有效衔接，实现农村低保与扶贫标准统一，完善临时救助制度，及时对符合条件的贫困家庭和个人提供临时救助。

5. 持续做好劳务输出保障。狠抓“雨露计划”，对建档立卡户初中毕业生、高中毕业生未继续入学的“两后生”，每年开展免费职业技能培训，对有劳动能力的建档立卡人口每年提供职业介绍服务，对通过培训获得初、中级职业资格证书的建档立卡人口按规定给予补助。继续实施生态护林员、乡村公路养护员、乡村卫生保洁员就业帮扶工程，加强“三员”对象动态管理。

五、强化保障

（一）机制保障。一是坚持“一把手”负责制。有建档立卡人口的乡（街道）、驻村帮扶单位党政“一把手”要亲自挂帅，分管班子牵头，其他班子各负其责，全力做好脱贫成果巩固工作。二是坚持到户帮扶机制。帮扶责任人要继续帮助建档立卡户找路子、选项目、筹资金，落实扶贫政策，引导建档立卡户参与产业扶贫。三是健全社会扶贫参与机制。完善社会帮扶需求对接机制，拓展社会力量参与扶贫便捷通道，营造全社会关心扶贫、爱心助贫的良好氛围。

（二）资金保障。一是加大资金争取力度。各涉农资金统筹办公室成员单位要积极作为，加大向上级部门争取资金力度。二是加大金融扶贫融资。积极与农商银行、农业银行、邮政储蓄银行等金融机构合作，解决贫困农户小额贷款资金，用于扶贫产业发展。三是加大本级政府扶贫资金投入。四是加大驻村帮扶单位资金投入。各驻村帮扶单位要按城乡互助共建要求，加大对联系村的资金投入力度。五是加大社会融资。积极引导和动员社会各方资金参与扶贫，进一步整合社会资源。六是强化扶贫资金监管。严格按要求进一步规范扶贫资金使用，区财政局、区审计局、区扶贫办要加强扶贫资金的审计和监管，所有到村到人的扶贫资金都要建立台账。

（三）宣传保障。区委宣传部要加强宣传引导，准确宣传和解读中央、省、市扶贫开发决策部署、政策举措，广泛宣传我区整区脱贫摘帽的经验做法和先进典型，营造全区全民关注扶贫、支持扶贫、参与扶贫的良好氛围。各乡（街道）、各部门各单位要加强与群众面对面的宣传和政策解读。

（四）考核保障。一是层层签订责任状。区委、区人民政府同各乡（街道）及相关部门签订巩固脱贫成果责任状，各乡（街道）与所辖村（居）签订巩固脱贫成果责任状，层层传导压力。二是强化督查问责。区委、区人民政府督查室要不定期地对各乡（街道）、各单位的扶贫开发工作进行督促检查，对工作不到位、成效不明显、任务未完成的单位进行通报，影响严重的，严厉追责。三是兑现考核奖惩。区绩效办将扶贫开发工作纳入全区整体绩效考核，把考核结果作为确定年度考核等次和干部选拔任用的重要依据。

中共张家界市武陵源区委

张家界市武陵源区人民政府

2017 年 4 月 12 日

中共张家界市武陵源区委 张家界市武陵源区人民政府 贯彻落实《关于在“锦绣潇湘”全域旅游基地建设中发挥龙头作用的意见》的实施意见

张武发〔2017〕4号

张管局党委，各乡党委、街道党工委，张管局，各乡人民政府、街道办事处，区直及驻武各相关单位：

为贯彻落实《中共张家界市委张家界市人民政府关于在“锦绣潇湘”全域旅游基地建设中发挥龙头作用的意见》（张发〔2017〕3号），加快推进全域旅游发展，巩固提升武陵源在全市的旅游核心地位，特制订此实施意见。

一、总体要求

（一）明确坐标和对标。认真贯彻落实市委市政府“对标提质、旅游强市”战略和“11567”总体思路，以旅游供给侧结构性改革为主线，以“巩固提升武陵源风景名胜区在全市的旅游核心地位”为坐标，以国际旅游休闲度假区为对标，进一步推进实施“提质武陵源，再创新辉煌”战略，突出加快旅游城镇、旅游景区、旅游产业、旅游服务四大提质升级工程，着力提升世界自然遗产、世界地质公园、国家森林公园影响力和辐射力，努力在张家界全域旅游建设中充分发挥核心引领作用。

（二）明确工作目标。坚定不移加快旅游业深度转型、提质增效，努力完善旅游产品体系、市场体系、产业体系、交通体系、服务体系“五大体系”，推动实现旅游产品由观光型向休闲度假复合型转变、旅游产业由数量型向质量效益型转变、旅游业态由景区景点模式向全域旅游模式转变、旅游品牌由国内旅游目的地向国内外知名的旅游胜地转变。到2020年，实现旅游接待人次3990万人次，境外接待人次388万人次，旅游总收入210亿元；到建党100周年时，基本建成国际旅游休闲度假区，建成更高水平的全面小康。

（三）明确发展布局。按照全空间布局、全链条完善、全产业带动、全行程服务、全行业监管、全社会参与“六条路径”，突出全域规划引领，坚持“多规合一”，统规分建，把全区作为一个大景区进行整体打造。坚持以景区为核心，以城镇为依托，以乡村为亮点，推动景区、城镇、乡村三大板块凝聚成核、协调发展，打造精品景区、特色城镇、美丽乡村三位一体全域旅游示范区。

二、重点任务

（一）优化全域旅游产品体系

深入推进旅游供给侧结构性改革，以市场为导向，以游客为中心，推进精品观光、休闲度假、乡村旅游协调发展，加快形成具有核心吸引力的全域旅游产品体系。

1. 加快提质精品观光旅游。全力做好核心景区保护和提质文章，打造国际精品景区。坚持保护第一，认真履行世界自然遗产、世界地质公园、国家森林公园保护和建设任务，抓紧实施核心景区移民搬迁等生态保护项目，强化遗产保护监测和地质公园中期评估，创建国家生态文明示范区。加快实施游客服务中心、厕所、游步道、安全防护设施、服务站、智慧化系统六大提质升级工程，推进观光旅游智慧化、便捷化、舒适化。加强景区旅游空间拓展，完善观景平台、亲水驳岸、环山栈道等近山亲水设施，巩固提升精品观光线路，挖掘推介适应不同消费群体和消费需求的特色线路，提升景区旅游的参与性、体验性。

2. 加快发展休闲度假。坚持“产业兴城、产城融合”，大力完善特色街区、休闲慢游、新型住宿业态、文化演艺、商务会展、体育健身、康体养生、特色餐饮、风情小镇“九大”休闲度假产品。高标准完成索溪河综合治理工程，科学配套城市地标、休闲栈道、慢行步道、骑行绿道、文体休闲设施，完成主要路段和区域绿化、美化、亮化，营造城区夜景观，打造“一轴两岸四环”休闲新景观，重点建好武陵古镇、黄龙古寨、桃花溪欢乐谷等特色街区。统一规划、错位发展、高端设计、整体开发天子山、中湖、协合、锣鼓塔“四小镇”，争创国家级旅游风情小镇和特色景观名镇。

3. 加快发展乡村旅游。优化“三乡十村”顶层设计和发展布局，统筹推进乡村旅游与美丽乡村、旅游扶贫、农村环境综合整治等工作。推进以“三点五线”为重点的农村环境综合整治，实施“人居美、环境美、生态美、乡风美”四大行动，打造与世界自然遗产相媲美的风景线。强化特色民宿、田园风光、民俗风情、田园综合体四大产品开发，保护乡村记忆，提升民俗文化体验，打造3–5条乡村旅游精品游览线。坚持突出重点、示范带动，把插旗峪—龙尾巴、张家界村、野溪铺—清风峡三个片区建设成为全省乡村旅游示范点、国内外知名的乡村旅游目的地。

（二）提升全域旅游承载能力

精准对接“畅达城市、休闲城市、生态城市、智慧城市、文明城市”建设要求，全面提质升级旅游基础设施，彰显城镇特色和品位，提升旅游承载力。

4. 建设立体化交通体系。瞄准“内优外快”，全面加强城乡道路、自行车道等路网设施建设，提升景点与景点、景区与城乡、全区与周边的连通能力。完成城区桥梁、道路改扩建和岩门新区路网建设，建好磁悬浮专线武陵源段、武陵山大道景区段、环景区公路、杨家界大道、索溪大道、插分公路、中瑞公路等，加快乡村旅游道路提质改造，形成景、城、乡多环相连、通畅高效、安全便捷的旅游交通体系。

5. 完善基础设施服务功能。加快“智慧武陵源”及旅游大数据建设，建好“一中心、三平台、五板块、N体系”，建设全国一流智慧旅游城市新范式。突出解决交通和停车难问题，建好吴家峪、锣鼓塔等智能停车场和换乘中心，完善国际化标识标牌系统。加快“一场一中心一系统”建设，推进旅游“厕所革命”景城乡全覆盖，实现城镇、景区直饮水系统全覆盖。改善供电、供水、通信、消防和医疗卫生等基础条件，重点加快城乡污水处理系统扩容提质，逐步实现城乡污水全收集和全处理。

6. 彰显城镇风貌特色。注重城市形象设计，按照“小而专、小而特、小而美”的方向，抓好城镇总体规划、详细规划和专项规划的评估、修订、完善工作，高标准编制《武陵源区城市容貌标准》和《武陵源城区城市设计》。全面推进新城建设和旧城改造，结合休闲度假和旅游服务产业发展，坚持“小青瓦、坡屋面、外挑檐、转角楼、浅灰墙”的建筑风格，推进旧城区民族化改造包装，打造风貌凸显、环境优美、产业多样、居民增收的复合型旅游服务街区。加快推进文风、喻家嘴、岩门等区域开发，规划建设阳龙公路、张清公路城区东、西入口景观带，打造城镇新亮点。完善城市家具和建筑小品，在公园、交通节点增添特色雕塑，提倡建设文化墙、文化路，完善休息小品、照明小品和服务小品，提升休闲品位，彰显休闲度假小镇特色魅力。

7. 改善城镇综合环境。以省级文明城区创建为总揽，统筹推进森林城市、园林城市、环保模范城市、卫生城市、交通管理模范城市“六城同创”，建设人民满意的城市。改革城镇管理体制机制，推进市场化管理，实行城乡环卫一体化改革，提升环卫质量。进一步加强控违拆违，整治规范城区交通、停车、广告等秩序，推进“路长制”，确保城区“畅、安、舒、美”。

8. 提升居民文明素质。坚持以旅游行业诚信评定为抓手，深入推进旅游行业诚信创建，建立健全诚信激励、失信惩戒机制，打造旅游诚信品牌。充分发挥市民学校、市民大讲堂宣传教育作用，培育和践行社会主义核心价值观，制订乡规民约，培育好民风好家风，弘扬传统美德，不断提升居民文明意识。组织开展文明评选活动，推进依法、规范、文明执法，宣扬诚信服务、友善服务典型，抵制不文明行为，树立“爱国、敬业、诚信、友善”的武陵源人形象。

（三）推动全域旅游跨界融合

按照“旅游带动、融合发展”的要求，促进旅游与特色农业、民俗文化、现代服务业融合发展，构建富有特色的旅游产业体系。

9. 推进旅游 + 农业。推进实施“千亩基地、万元增收”工程，以“服务旅游、市场引导、因地制宜”为原则，鼓励发展品种多样、差异互补、特色鲜明、结构合理的特色种植、养殖产业，形成“一乡一业、多村一品”的农业产业体系。大力实施生态农业品牌战略，做精做强大鲵、蔬菜、茶叶、中药材等优势产业基地，把协合菜葛、天子山剁辣椒、中湖鱼泉峪贡米、索溪峪土家织锦等打造成旅游购物特色品牌，提升生态农业品牌附加值和竞争力。加快培育新型职业农民服务组织，成立集农工贸、产供销于一体的农业服务综合体，发展壮大村级集体经济。

10. 推进旅游 + 文化。强化民族文化传承和发展，深入挖掘民族和地域文化内涵，提倡唱民族歌、跳民族舞，穿民族服装、吃土家菜、住土家屋，丰富旅游本土文化元素。提质升级《魅力湘西》《烟雨张家界》等演艺节目和地质博物馆，引入国内外著名娱乐、演艺产品，打造全国性、世界性文化品牌。举办好国际乡村音乐周、湖南文化旅游节以及“湘黔渝鄂民俗节”等民俗节庆活动，积极申办大型国际国内体育旅游赛事，加强体育休闲、竞赛表演与旅游产业融合发展，打造文化体育旅游品牌。加强本土文化传承人才培育，着力引进高端文化人才，打造优秀文化人才聚集“洼地”，推动旅游文化全面发展。

11. 推进旅游 + 服务。结合养老、健康服务业发展，完善老年旅游公共设施，建设休养院、疗养院，开发多样化的医疗保健和休闲养生产品。加快发展餐饮服务业，培育一批特色美食品牌。发展商务会展、文化创意、生态旅游物流、电商服务等新业态，建设旅游创客基地。提升旅游金融、旅游支付服务，鼓励旅游景区、企业和银行合作，推出兼具金融服务、旅游服务功能的双重优势产品，推动旅游刷卡、外币兑换无障碍进程，促进旅游行业支付现代化、便捷化。加强旅游商品开发，重点开发本土手工艺品、竹木制品、熏腊制品、印染织品等特色产品，形成旅游商品品牌和产供销链条。

（四）创新全域旅游管理服务

根据旅游需求品质化发展趋势，深化旅游管理改革创新，建立旅游服务标准，增强旅游服务的特色化、人性化，持续提升游客满意度。

12. 深化旅游管理体制改革。推进旅游综合改革，加快旅游产业发展规划、旅游公共服务体系、旅游市场监管等方面改革创新，提高管理效率。推进景区管理体制创新，继续深化核心景区政、事、企分离和资源管理一体化综合改革。推进景区综合执法改革，规范景区综合执法队伍，建立健全旅游质监、旅游警察、旅游工商等执法机构，创新旅游速裁法庭、旅游检察等司法实践，推进完善“1+3+N”旅游综合管理和综合执法体系。加快国有旅游企业市场化改革，支持独立自主地开展旅游产业建设和经营活动，发挥企业市场主体作用。

13. 优化旅游市场秩序。推行“双随机、一公开”旅游市场执法工作创新机制，全面落实旅游市场综合监管责任。持续开展“平安满意在张家界”专项活动，严厉打击追客赶客、非法营运、野马导游等行为，有效维护旅游市场秩序。不断完善旅游安全应急体系，打造“反应迅速、有求必应”的“景区10分钟应急救援救治圈”，实现游客快速安全救援和有效救治率达100%，持续提升游客满意度。

14. 树立旅游服务标杆。加强全域旅游标准化建设，参照国家、省有关标准，对旅游环境与设施、接待与就业、管理与服务等标准进行量化细化，探索创建“武陵源”全域旅游服务地方质量标准。抓实“三个三”旅游管理模式，创造平安和谐的景区法治环境。持续推进服务游客“三必须”和景区劳动服务竞赛活动，巩固旅游服务窗口品牌，实现旅游服务全区域覆盖、全方位提升。

（五）打造全域旅游品牌形象

主动适应市场全球化、竞争国际化态势，树立旅游目的地形象，创新旅游营销模式，叫响旅游品牌，提升在国际国内市场的影响力和竞争力。

15. 建立旅游品牌形象。进一步整合提炼具有较强冲击力和市场感召力的核心主题、宣传语、形象标识，建立全域旅游旅游目的地形象识别系统，彰显本土地脉和文脉。坚持“政府引导、企业主体、市场运作、统一营销”的原则，统一品牌形象，统一宣传口径，构建统一对外的大宣传工作格局。全方位展示旅游品牌形象，开通旅游短信欢迎平台，加强在周边重要交通节点和旅游集散地的品牌广告宣传，提升旅游品牌知名度。

16. 统筹国际国内市场开发。增强旅游营销针对性和精准性，巩固提升国内传统市场，培育壮大效益型客源市场，加大散客目的地的形象宣传推广和客源招徕力度，优化国内市场客源结构。加大与境内外大型影视、报刊、网络及旅游、文化、体育、航空组织、知名旅行商的合作，构建重点国际市场营销网络。扩大境外市场营销活动影响，不断巩固新马泰、印尼及中国港澳台地区客源市场，大力开拓越南、缅甸、柬埔寨等东南亚市场，拓展中东、俄罗斯市场，加快撬动欧洲、北美等新兴客源市场。

17. 构建多维营销模式。建立活动营销、事件营销、政策营销、网络营销四位一体旅游营销体系，完善公益广告投放、高铁广告营销、旅行社代理营销、市场回访营销等推广模式，推动旅游营销上层次、上水平。突出网络营销，实施“互联网＋旅游”行动，强化与各大门户网站、大型旅游网站、搜索引擎合作，提升旅游形象“曝光率”。利用新媒体、新技术，强化自媒体旅游营销，充分利用微信、微博等营销平台，提升旅游品牌知名度和美誉度。

（六）促进全域旅游共建共享

坚持把人民满意作为旅游业发展的根本目的，提倡全民共建，推动全民共享，通过旅游发展促进经济社会协调发展，不断提高人民群众的幸福指数。

18. 引导全民参与旅游发展。多渠道、多方式宣传全域旅游建设和发展，激发城乡居民的主人翁意识，营造全社会关心旅游发展、支持旅游发展的浓厚氛围。探索出台支持政策，引导村居和农民参与乡村民宿、田园综合体等新兴业态发展，完善“以旅促农”的长效机制。建立健全村集体、居民参与旅游发展和利益分配制度，推动资源变股权、资金变股金、农民变股民，充分调动群众参与旅游发展的积极性。

19. 助推建成更高水平的全面小康。持续推进旅游扶贫，巩固提升脱贫摘帽成果，推进实施帮扶脱贫一批、脱贫巩固一批、跟踪服务一批“三个一批”分类巩固帮扶模式，确保“精准扶贫、不落一人”。持续开展城乡互助共建活动，扎实推进农村基础设施建设、基本产业发展、基本公共服务、基本生活保障、基层组织建设“五基工程”，进一步补齐全面小康建设短板。按照“宜旅游的发展旅游、宜从事旅游的农户转型旅游业”原则，扶持本地“能人经济”发展，大力培育创业型个体私营旅游经济，发展家庭手工业，引导城乡居民围绕旅游创业就业、发家致富。

20. 促进旅游发展利益共享。坚持开放发展，加快旅游业市场机制引入，支持著名旅游投资商、旅游规划、创意、设计等机构来武陵源设立分部，推动互惠互利。强化旅游发展招商引资，建立全域旅游项目库，优化发展环境，积极引进国内外知名品牌企业和运营商投资旅游产业。落实对未成年人、学生、教师、老年人、现役军人、残疾人等门票优惠政策，促进旅游发展与游客共享。倡导绿色旅游、绿色消费，推动游客参与旅游环境共建。

（七）发挥核心示范作用

充分发挥资源优势，突出核心景区的辐射带动作用，巩固提升旅游核心地位，打造国内山岳型景区标杆。

21. 强化遗产资源保护。牢固树立保遗产就是保发展的理念，坚持“严格保护、统一管理、科学规划、永续利用”原则，坚持在保护中开发、在开发中保护，严守生态保护底线，规范旅游项目开发。有效发挥防火、森林病虫害、水文、环境质量等监测体系作用，强化地质灾害防护，维护世界自然遗产的真实性、完整性，提升“张家界地貌”国际影响力。强化环境监管，推进旅游节能减排，提升景区内外环境质量，保护好青山绿水。

22. 增强旅游核心辐射力。紧紧围绕核心景区，加快发展休闲度假和乡村旅游，加快旅游产品、管理、营销、服务和服务设施与国际标准全面接轨，着力建设国际旅游休闲度假区，推动旅游发展辐射到乡村、覆盖全域。突出在城镇风貌、民宿开发等方面，树立武陵源特色，打造武陵源模式，建立武陵源标准，彰显武陵源旅游的示范引领作用。推动武陵源—天门山、武陵源—大峡谷、武陵源—茅岩河在旅游交通、线路开发和客源共享上的建立协作机制，不断增强旅游核心带动作用。

23. 巩固提升在国内山岳型景区中的地位。打好生态牌、地貌牌和文化牌，不断叫响“世界自然遗产武陵源”品牌，巩固武陵源在国内山岳型景区第一梯队地位。建立与崀山、老司城等周边遗产地和黄山、桂林、九寨沟等同类景区在生态保护、景区提质、产品转型、信息共享等方面的交流，提升武陵源在同类景区中的影响力。加强与武陵山生态文化旅游区其他景区景点地区的营销合作，建立信息互通、品牌互联、客源互送的旅游发展协作机制，增强武陵源自然遗产地的辐射作用。

三、保障措施

（一）解放思想观念。提高政治站位，认真贯彻落实党的十八大，十八届三中、四中、五中、六中全会精神和习近平总书记系列重要讲话精神，坚决贯彻落实中央、省、市关于全域旅游发展的决策部署。坚持解放思想、实事求是、与时俱进的思想路线，进一步摆脱因循守旧、小富即安等思维束缚，以更加昂扬向上的精神状态敢闯敢试、锐意进取，真抓实干、狠抓落实，不断开创工作新局面。坚持“创新引领、开放崛起”，开放思维，开动脑筋，放宽眼光，大力实施“招商引资、招才引智、招客进门”，通过大项目落地、大资本引入、大产品开发，推动全域旅游发展。牢固树立担当观念，摒弃只求保险、怕担风险，不求有功、但求无过的思想，特别是在项目推进中，要积极作为、敢于担责，大力弘扬想干事、敢干事、多干事、干成事的干事担当精神，以担当促发展。

（二）强化组织领导。成立武陵源区全域旅游发展区级领导班子，由区委书记挂帅，区直主要相关单位参加，建立联席会议制度，协调推进工作开展。各部门、乡（街道）要制订和出台落实措施，建立项目清单和任务分解方案，全面落实工作举措和责任。建立督导推进机制，做到一事一请，一事一议，及时解决问题，强化日常督查，严格考核奖惩，确保工作有序推进。

（三）突出项目支撑。坚持把项目建设作为旅游发展的支撑，全力做好项目谋划、铺排、建设工作，坚持每年铺排一批、包装一批、推进一批、完工一批。要重点围绕休闲度假、乡村旅游发展和8大类旅游基础设施和公共服务设施建设，加强策划、申报工作，推进一批类型优、业态新、特色明、带动强、效益好的大项目落地实施。要突出用土、资金等要素保障，强化征地拆迁和投融资工作，提升项目建设的时效性和经济效益。要继续推行“一个项目、一名领导、一套班子、一抓到底”工作机制和项目督查、公示机制等，确保每个项目按要求推进。

（四）优化发展环境。坚持主动服务、靠前服务，积极作为、敢于担责，主动解决项目、企业建设和发展中存在的问题。坚持优质服务、高效服务，建立申报审批绿色通道和项目服务传递机制，从规划立项、手续办理到开工建设的每个环节，落实责任，减少程序，缩短时间，推动项目早开工、早完工、早生效益。坚持优化建设环境，坚决落实整治施工环境的五项规定，落实部门责任和属地管理责任，把保障群众利益和着眼长远发展结合起来，依法严厉打击以地霸工、强行参工参与、阻工闹市等行为，营造良好招商引资环境和项目施工环境。

中共张家界市武陵源区委

张家界市武陵源区人民政府

2017年9月1日

武陵源区人民政府关于印发《张家界市武陵源区人民政府关于加快发展养老服务业的实施办法》的通知

张武政发〔2017〕1号

各乡人民政府、街道办事处，区直（垂直）及驻武各有关单位：

《张家界市武陵源区人民政府关于加快发展养老服务业的实施办法》已经区人民政府第七届第3次常务会议研究通过，现印发给你们，请认真组织实施。

张家界市武陵源区人民政府

2017年1月24日

张家界市武陵源区人民政府关于加快发展养老服务业的实施办法

为贯彻落实《国务院关于加快发展养老服务业的若干意见》（国发〔2013〕35号）、《湖南省人民政府关于加快推进养老服务业的实施意见》（湘政发〔2014〕22号）和《张家界市人民政府关于加快发展养老服务业的实施意见》（张政发〔2015〕10号）精神，建立和完善与我区经济社会发展水平相适应、基本满足老年人生活需求的养老服务体系，结合我区区情实际，制定本办法。

一、总体要求

到2020年，基本建成以居家为基础、社区为依托、机构为支撑的功能完善、规模适度、覆盖城乡的养老服务体系。全区新增养老床位300张，总床位数达到600张，养老床位数达到每千名老年人35张以上。养老服务产品进一步丰富，养老服务市场机制进一步完善，不断满足人民日益增长的养老服务需求，使养老服务业成为积极应对人口老龄化、保障和改善民生的重要举措，成为扩大内需、增加就业、促进服务业发展和经济转型升级的重要力量。

二、主要任务

（一）统筹规划发展养老服务设施。从2017年起，凡新建居住（小）区的，必须按照人均用地不少于0.1平方米的标准规划设置养老服务设施，列入土地招拍挂条件及土地出让合同，并与住宅同步设计、同步建设、同步验收、同步交付使用。已建成居住（小）区无养老服务设施或现有设施没有达到规划和建设指标要求的，要按每千户室内为老服务场所不低于150平方米建筑面积、室外老年人活动场所不低于300平方米的标准，限期通过购置、置换、租赁等方式开辟养老服务设施，不得挪作他用。充分发挥社区公共服务设施的养老服务功能，加强社区养老服务设施与社区服务中心及社区卫生、文化、体育等设施的功能衔接，提高使用率，发挥综合效益。支持和引导各类社会主体参与社区综合服务设施建设、运营和管理，提供养老服务。严格按照无障碍设施工程建设相关标准和规范，推动和扶持老年人家庭无障碍设施的改造。加快推进坡道、电梯等与老年人日常生活密切相关的公共设施改造。加大对老年服务机构消防安全设施的建设和完善。不断完善城市和社区公共服务功能，满足不同老年群体服务需求，不断提高老年人生活满意度和幸福指数。

（二）加大养老服务机构建设力度。办好公办养老机构，充分发挥其保障性托底作用，重点为特困老人及低收入、经济特困的失能、半失能老人提供无偿或低收费的供养、护理服务。逐步建设社区小型养老机构、农村幸福院、老年人日间照料中心、城乡养老示范点、社区养老服务中心等养老设施，对现有的 4 所乡（街道）敬老院进行维修配套，实行能力提升，拓展服务功能和领域。到 2020 年，全区公办养老服务机构新增养老床位 200 张。

积极支撑社会力量举办养老机构。要简化手续、规范程序、公开信息，为社会力量举办养老机构提供便捷服务。鼓励社会力量对闲置的学校、医院、企业厂房、商业设施、农村集体房屋及其他可利用的社会资源，进行整合改造达标后用于养老服务。到 2020 年全区民办养老机构新建养老床位 100 张。

（三）加快完善居家养老服务网络。引导和支持社会组织以及家政、物业等企业和机构兴办或运营老年供餐、社区日间照料、老年活动中心等形式多样的养老服务项目，上门为居家老年人提供助餐、助浴、助医、助洁、助急等规范化、个性化服务。结合和谐社区、美丽乡村建设，推动居家养老服务网点建设。依托和谐社区、美丽乡村信息化建设，构建养老服务信息平台，为老年人提供紧急呼叫、家政预约、卫生健康、物品代购、服务缴费等“一键通”服务。到 2020 年，全区“一键通”养老服务覆盖 100% 城市社区和 50% 以上农村社区（行政村）；每个城市社区至少建成一个居家养老服务中心，90% 以上的乡和 60% 以上的农村社区建立包括养老服务在内的社区综合服务设施和站点。

（四）加强农村养老服务。区、乡（街道）两级政府用于养老服务的财政性资金应重点向农村倾斜。鼓励城市资金、资产和资源投向农村养老服务。全面完成乡（街道）敬老院新建和改扩建，在满足农村五保对象集中供养需求的前提下支持乡（街道）五保供养机构向社会开放，促使有条件的乡（街道）敬老院向区域性养老服务中心转变。在行政村和较大的自然村，依托闲置的学校、村部等场所，通过改造修缮、添置设备、拓展内容，开展村级老年人互助养老服务。农村党建活动室、卫生室、农家书屋等公共设施要支持农村养老服务工作，组织与老年人相关的活动。充分发挥村民自治功能和老年协会作用，督促家庭成员承担养护责任，组织开展邻里互助、志愿服务，解决周围老年人的实际生活困难。

（五）积极推进医养护结合的养老服务模式。鼓励医疗机构举办医养护一体化的养老服务机构。达到 50 张床位以上规模的养老服务机构鼓励设置医务室（诊所）或与其他医疗机构签订医疗服务协议。养老服务机构设置的医疗机构符合条件的应批准纳入城乡居民基本医疗保险定点范围。支持城市社区卫生服务中心和乡（街道）卫生院通过多种方式开展养老服务，延伸医疗服务项目。到 2020 年，至少要发展 1 家 100 张床位以上的医养护一体化养老服务机构。医养护一体化养老服务机构享受相应的养老补贴政策。

（六）强化养老服务人才队伍建设。开展养老服务人员职业培训和职业技能鉴定工作，实行养老服务机构从业人员职业资格认证和持证上岗制度。到 2020 年，全区养老护理员持证上岗率达到 100%。在公办养老服务机构和社区投资开发公益性岗位。在社会力量投资举办的非营利性养老服务机构合同聘用的有职业资格的养老护理人员中，符合条件的就业困难对象按规定落实有关公益性岗位补贴政策。鼓励和支持养老服务机构吸纳大中专院校及技工学校毕业生、城镇就业困难人员和农村劳动力从事养老服务工作。建立养老服务从业人员工资待遇与专业技能等级、从业年限挂钩制度。建立为老志愿服务登记制度和服务储蓄制度，扶持发展各类为老服务志愿组织。动员、组织和引导党政机关干部、企事业单位职工、社会团体、慈善组织、院校师生、社会爱心人士、低龄健康老年人和广大市民为有需求的特困老年人提供各种公益性服务。到2020年，全区为老服务志愿者数量达到老年人口的20%以上。

（七）广泛建设基层老年协会。根据城乡社区老年人口规模、分布，按照便于管理、服务老人的原则广泛建设老年协会。引导支持老年协会开展为老服务和老年互助服务活动，为老年人提供家政、照料、护理、维权、信息咨询、心理疏导等服务，组织低龄老年人对高龄、空巢、失能老年人进行帮扶，解决实际困难。到2020年，全区100%的城市社区、90%以上的农村社区（行政村）建立老年协会。

（八）扶持社会组织快速健康发展。全区要培育1—2家具有相应资质、具有一定规模的养老服务企业或中介组织，加大培育城乡社区居家养老服务机构、组织和基层老年协会等社会养老服务组织力度，努力提高社会养老服务能力。优先将养老服务纳入政府向社会力量购买服务目录，建立和完善政府购买养老服务制度，逐步扩大政府向养老服务社会组织购买生活照料、康复护理、精神慰藉、法律援助以及教育培训等服务范围。推动政府部门向社会组织转移职能，鼓励支持社会组织进入养老服务领域，引导社会组织参与社区养老服务和公建民营养老服务机构运营管理，扶持一批具有示范导向作用的养老服务社会组织。

（九）推动养老服务业与旅游业融合发展。充分利用武陵源核心景区得天独厚的旅游资源和区位优势，打造具有相当水准和本地特色的旅游养生、休闲服务产业基地，加快形成特色化、差异化、多元化旅游产品体系，制定出台有关优惠政策，吸引更多的国内外老年游客来武陵源旅游、度假、休闲、疗养、养生、养老。

（十）大力发展养老服务产业。鼓励和引导相关企业和机构根据老年人特点，围绕适合老年人的衣、食、住、行、医、文化娱乐等需要，积极开发安全有效的康复辅具、食品药品、服装服饰等老年用品用具和服务产品；引导和规范商业银行、保险公司、证券公司等金融机构开发适合老年人的理财、信贷、保险等产品。鼓励发展养老服务中小企业，扶持发展龙头企业，实施品牌战略，提高创新能力，为老年人提供贴心高效便捷服务。

三、政策措施

（一）增加政府资金投入。区人民政府加大财政支持力度，每年应安排一定数量的专项预算资金，用于引导、支持发展养老服务业，并随着财政收入的增加按比例递增。福利彩票公益金要将50%以上的资金用于支持发展养老服务业，并随老年人口的增加逐步提高投入比例。财政预算专项资金和福利彩票公益金具体用于养老服务机构建设补贴、运营补贴、人员培训补贴、基本养老服务补贴、高龄老年人生活补贴及购买社会组织为老服务补贴等。

（二）优先将公办养老机构所需工作人员工资、养老、医疗、工伤等基本保险费用、运转经费和设施维护费列入区财政预算。根据我区经济社会发展水平，合理确定和适时调整公办养老机构工作人员包括护理人员的月工资基数，并优先将工作人员工资、养老、医疗、工伤等基本保险费用、运转费用及设施维护费列入区财政预算，予以足额保障。工资发放标准，根据工作人员的服务质量、服务年限、服务对象、从业资质等进行综合考虑。

（三）建立居家养老服务机构或组织的运行补贴制度。对经民政、老龄部门验收备案的居家养老服务中心，或是具备“五室一场”（多功能室、娱乐室、阅览室、医疗室、休息室、室内外健身场所等）、服务规范、全年活动开展在200天以上的城市和农村社区老年人日间照料中心，社区小型养老机构、城乡基层老年协会，养老服务示范点，农村幸福院等为老服务机构或组织，由相关部门制定考核细则，根据考核结果，按照实际入住床位情况，每年按每张床位 3000 元的标准给予运行补贴，以支撑和保障其可持续发展。资金由区财政从养老专项资金中统筹解决。

（四）完善基本养老服务补贴制度。对城乡 65 周岁以上享受低保且生活难以自理的完全失能或部分失能老年人，提供基本养老服务补贴，并逐步建立提高补贴标准的自然增长机制，到 2020 年，基本养老服务补贴覆盖率达到 90% 以上。

（五）推行老年人意外伤害和养老服务机构责任保险。加大推行老年人意外伤害保障力度，降低广大老年人在日常生活中遭受意外伤害的风险。区财政要对入住养老机构的“三无”老人、五保老人、优抚对象、低收入老人、经济困难的失能半失能老人，统一出资投保意外伤害保险，其投保资金纳入区财政预算。逐步推行养老服务机构综合责任保险，提升养老服务机构的服务保障能力，提高养老服务机构发生意外责任风险时的应对能力和善后处置能力。

（六）建立社会养老服务机构资金扶持制度。对社会力量新建、改扩建养老服务机构并依法取得机构养老许可证等相关资格证书，正常运营三个月以上的，由区人民政府按实际投入使用的床位数给予一次性建设补贴，每张床位的建设补贴标准按照市人民政府规定的标准执行。对采取招拍挂方式取得地块的养老服务机构，由财政部门在地块收益中对其基础设施建设给予适当补助。社会力量举办养老服务机构投入使用后，每接收一名户籍在本区的 60 岁以上的老人，按自理、半自理、不能自理分别给予养老服务机构每人每月 100 元、200 元、400 元的运营补贴。对养老机构的运营补贴政策，在其取得设立许可证后，从收住老人之日起开始计算，连续实施 3 年。所需补贴资金，由区财政负担。补贴资金的发放条件、补贴范围、申请、审批、拨付及监管，严格按照市民政局、市财政局联合下发的《关于印发〈关于落实民办养老机构财政扶持政策的实施办法〉的通知》（张民发〔2015〕20 号）文件要求执行。

（七）积极支持融资信贷需求。积极支持社会力量投资举办养老服务机构的融资需求，通过信贷贴息、融资补贴、融资担保等多种途径，引导更多资金投入养老服务业。

鼓励金融机构创新金融产品和服务方式，加大对社会力量投资举办养老服务机构的信贷支持，合理确定贷款期限，并在国家允许的贷款利率浮动幅度内给予利率优惠。对产权明晰、管理规范、诚信度高、偿债能力强的社会力量投资举办养老服务机构及其建设项目，金融机构应通过多种方式给予融资支持。

鼓励金融机构拓宽抵质押担保物范围，允许社会力量投资举办养老服务机构利用有偿取得的土地使用权、产权明晰的房产等固定资产办理抵押贷款，国土资源、房产管理部门应予依法办理抵押登记手续。

（八）完善土地供应政策。社会力量举办的非营利性养老服务机构依法享有与政府公办养老服务机构相同的土地使用政策，可以依法申请使用国有划拨土地或者农民集体所有的土地。对营利性养老服务机构建设用地，按照国家对经营性用地依法办理有偿用地手续和规划审批手续的规定，优先给予保障。

社会力量举办的非营利性养老服务机构变更为营利性养老服务机构的，其养老服务设施用地报经区人民政府批准后，可以办理协议出让（租赁）土地手续，补缴土地出让金（租金）。

由公共财政投入且闲置的房产等公共设施，经区财政、国有资产管理部门批准可按政策规定改造为养老服务机构设施。

社会力量投资举办非营利性养老服务机构停办后，其通过行政划拨方式取得土地使用权由政府收回或经批准后转由其他社会力量投资举办非营利性养老服务机构使用。严禁养老服务设施建设用地改变用途。

（九）落实税费优惠政策。社会力量投资举办的非营利性养老服务机构依法享有与公办养老服务机构同等的税费优惠政策，养老服务机构提供的养护服务免征增值税。境外投资养老服务机构依法享有同等和对等的税收优惠政策。

对非营利性养老服务机构建设免征涉及的行政事业性收费以及有关基金；对营利性养老服务机构建设减半征收上述费用和基金。

政府主办和特许经营的供水、供气、供电、通信、有线（数字）电视等经营单位，应为社会力量投资举办的非营利性养老服务机构提供优质服务和收费优惠，其中用水、用气（燃料）等与居民用户实行同质同价，用电按当地最优惠的价格执行，免收城区普通宽带一次性连接费；优惠收取采用光纤接入或者接入距离较远等成本较高的宽带一次性连接费，通信费、收视费按当地最优惠标准收取。

四、组织领导

区人民政府将发展养老服务业纳入重要议事日程，将发展养老服务业的有关指标列入政府绩效评估指标体系，确保责任到位，任务落实。民政部门要切实履行监督管理、行业规范、业务指导职责，会同发改、质监、工商等相关部门制定和完善养老服务业管理办法、服务质量标准和收费标准；会同相关部门开展服务行为监督和服务质量评估，加强对养老服务机构的资格审查，健全养老服务的准入、退出、监管制度，及时查处侵害老年人人身财产权益的违法行为和安全生产责任事故。发改部门要将养老服务业发展纳入国民经济和社会发展规划，支持养老服务设施建设。财政部门要整合社会养老服务体系建设有关专项资金，改进资金分配方式，充分发挥资金使用效益。老龄工作机构要发挥综合协调作用，加强督促指导。国土资源、人力资源社会保障、住房城乡建设、规划、房管、教育、卫生计生、公安、消防、工商、税务、金融、质监、食品药品监管等部门要各司其职、密切配合，形成齐抓共管、整体推进的工作格局。各类媒体要开设养老服务宣传栏目，在全社会广泛开展敬老、养老、助老思想道德教育，推广先进经验，树立样板典型，为加快发展养老服务业营造良好的社会氛围。

武陵源区人民政府
关于印发《张家界市武陵源区全民健身实施计划（2016—2020年）》的通知

张武政发〔2017〕3号

各乡人民政府、街道办事处，区直（垂直）及驻武各相关单位：

现将《张家界市武陵源区全民健身实施计划（2016—2020年）》印发给你们，请认真组织实施。

张家界市武陵源区人民政府

2017年2月13日

张家界市武陵源区全民健身实施计划（2016—2020年）

为提高“十三五”期间武陵源区全民健身水平，全面保障人民群众身体健康，促进经济社会发展，根据《湖南省全民健身计划》《湖南省全民健身条例》《湖南省全民健身实施计划（2016—2020年）》和《张家界市全民健身实施计划（2016—2020年）》，结合我区实际，制定本计划。

一、指导思想

全面贯彻党的十八大和十八届三中、四中、五中、六中全会及全国卫生与健康大会精神，紧紧围绕“健康中国”建设要求，大力倡导“人人热爱体育、全民健身强体”理念，全面推动全民健身活动深入开展，充分发挥全民健身在保障和改善民生、弘扬社会主义核心价值观和促进社会文明和谐等方面的多元功能，为武陵源全面建成小康社会、打造成国际旅游休闲度假区贡献力量。

二、总体目标

到2020年，基本形成与我区经济发展相适应、与社会事业发展相协调的覆盖城乡、具有鲜明特色、功能较为完善、可持续发展的全民健身公共服务体系；城乡居民体育健身意识不断增强，经常参加体育锻炼的人口比例显著增长，市民健康素质明显提高，全民健身运动水平逐年提升，体育公共服务均等化程度明显改善。结合本地经济社会发展实际，服务大局，满足人民群众不断增长的健身需求。

——经常参加体育锻炼的人数比例达到35%以上。每周参加1次及以上体育锻炼的人数比例达到45%以上。学生在校期间每天至少参加1小时体育锻炼活动。

——城乡居民达到《国民体质测定标准》合格以上的人数比例达到92%以上，其中20~59岁人群体质状况明显改善，身体素质相关指标呈向好趋势。在校学生普遍达到《国家学生体质健康标准》基本要求，耐力、力量、速度、灵敏度等体能素质明显提高。

——全区各类体育场地达到30个以上，到2020年，力争人均体育场地面积达到1.8平方米以上。城区有规模适中的全民健身活动中心，100%的乡（街道）、社区（行政村）建有便捷、实用的公共体育健身设施，新建社区的体育设施覆盖率达到100%。公共体育设施开放率达100%。

——全民健身体育社会组织更加健全，区体育总会及其他体育协会组织平均覆盖率达到90%。老年人、农民等人群体育协会规模不断扩大，基层体育社会组织的活力充分发挥，100%以上的城市街道、80%以上的农村乡镇建有体育组织。城市社区普遍建有体育健身站（点），60%以上的农村社区建有体育健身站（点）。参加体育社会组织的锻炼人数比例占锻炼总人数的50%以上。

——获得社会体育指导员技术等级证书的超过90人，其中直接服务群众的社会体育指导员超过50%，全区每千人公益社会体育指导员达到1人以上。

三、主要任务

（一）加快全民健身场地设施建设。到2020年，城市公园、绿地、广场健身路径实现全覆盖；武陵源中心体育馆（场）和武陵源区全民健身活动中心正式建成并投入使用；全区开工新建标准健身步道20公里以上；统筹推进乡（街道）、社区（行政村）公共体育设施建设；完成城市社区“10分钟体育健身圈”建设；统筹推进军地坪街道画卷路社区、喻家嘴街道岩门社区和中湖乡杨家界居委会、野溪铺居委会等4个多功能公共运动场以及索溪峪街道喻家嘴居委会小型足球场等项目建设。对损毁的体育器材和健身路径器材进行全面摸底并及时更新，建立健全符合实际的室外健身器材配建管理工作新机制。

（二）全民健身活动广泛开展。定期组织开展每年8月8日“全民健身日”活动；依托重要节假日和我区民俗节庆，定期举办有一定影响力的赛事；适时开展体育健身活动，促进不同地域特点、人群特性、季节特色的群众性体育活动与民间传统体育运动蓬勃开展，形成“一乡一品”；举办“区五运会”，加大全民健身项目设置比例，引导“体育生活化”；积极推动全民健身活动深入基层，有条件的行政村根据实际情况开展村级运动会或其他单项体育活动，拟建1~2个示范村。

（三）稳步提升全民健身服务和指导水平。有计划、有组织地培训和发展社会体育指导员骨干，建立组织健全、结构合理、覆盖城乡、服务优质的全民健身志愿服务队伍。公共体育健身场所和晨（晚）练健身点均配有社会体育指导员。开展公民日常体质测定和科学健身技术指导，为城乡居民进行体质测定、运动能力评定提供有针对性的健身指导服务。研究创新全民健身网络服务平台和内容，开展线上线下的网络健身服务，提高体育健身生活化、科学化、社会化水平。建立国民体质监测中心或国民体质测定与运动健身指导站，年监测人数约600人以上。

（四）发展壮大全民健身服务业。全区初步形成规范有序的体育健身休闲市场，城乡居民体育健身消费意愿明显增强，体育健身服务从业人员较大增加，培育和形成一批实力雄厚、技术力量较强的体育健身服务企业和品牌；积极推广适宜青少年、老年人、残疾人健身的便于进入家庭的健身设备器材。

（五）加大体育场地免费开放力度。全区80%以上的体育馆、所有体育健身广场均实行免费或低收费开放，每天开放时间不少于8小时，全年不少于340天；具备开放条件的学校体育场地设施向社会开放率达50%以上，机关和企事业单位体育设施普遍向公众开放；支持政府向社会力量购买全民健身服务。

（六）不断壮大社会体育指导员队伍。成立区社会体育指导员协会，加强社会体育指导员培训、管理和服务，规范社会体育指导员技术等级管理，发展壮大社会体育指导员队伍，使其成为指导全民健身的骨干和生力军。组织开展社会体育指导员志愿服务活动，深入基层单位、社区、农村广泛开展健身表演、技术交流、健身知识讲座等活动，实现全民健身指导服务全覆盖，不断提高全民健身的科技含量和技术水平。

四、工作措施

（一）加强全民健身宣传教育。借助“全民健身日”、大型体育赛事等体育活动，倡导健康生活方式，在全社会形成崇尚和参加体育健身的社会风气。宣传学习《全民健身条例》，强化政府职责，保障公民健身权利。张贴宣传资料、绘制宣传墙报推广介绍广播体操、健身操（舞）、武术、太极拳（剑）等普及健身活动。在区直单位普遍推广工间操健身活动，并逐步普及推广到各乡、街道。

（二）加快构建公共体育服务体系。坚持体育为民宗旨，积极创建省、区共建体育旅游示范区，协调城乡群众体育共同发展，抓好群众性体育工作推进，努力实现公共体育服务的公益性、均等性和便民性。拓宽我区公共体育服务领域，保障人民群众基本体育权益。进一步完善体育基础设施，为广大市民提供健身休闲的综合性公共活动场所。充分发挥载体作用，以活动促进群众性体育活动开展。开展全民健身日活动，免费开放体育场馆，在春节、元宵节、妇女节、劳动节、重阳节、国庆节等节日期间，开展登高、钓鱼、乒乓球、羽毛球、篮球及棋类等比赛，营造出浓厚的全民健身氛围。

（三）加快城乡体育均衡发展。改善城区体育健身环境和条件，着力提高社区体育服务能力，建立完善体育健身指导站、体育协会、体育俱乐部等体育组织，推进社区健身站（点）规范化建设。开展“全区体育先进社区”评选活动。统筹城乡协调发展，促进城乡体育资源和公共体育服务均衡配置，逐步建立城乡一体化的全民健身服务体系，不断增强农村基层体育公共服务能力。利用传统节日和农闲时节广泛组织农民体育活动，结合地域特点开展各具特色的民间传统体育活动，有组织、有计划地深入农村开展“体育下乡”活动，积极创造条件举办农民运动会。充分发挥社会体育指导员作用，组织开展形式多样、广泛经常的健身活动，提供健康指导服务。

（四）推动各人群体育协调发展。一是切实加强青少年体育，广泛开展《国家学生体质健康标准》达标活动和“青少年阳光体育运动”，保障学生在校期间每天至少参加1小时体育活动。开展体育传统项目学校和阳光体育运动特色学校的创建和评估。各级各类学校每年组织开展一次综合性运动会，积极组织开展各单项比赛。二是重视发展老年人体育。建立健全各级老年人体育协会，广泛开展老年人健身活动，举办各级老年人体育健身大会或老年人体育运动会。三是着力推动职工体育，各级各类单位应为职工开展体育健身创造必要条件，提供经费和时间保障，坚持和推广工间操制度，有条件的组织开展职工体育运动会。定期举办全区职工运动会。四是大力推进少数民族、残疾人体育。建立各级残疾人体育健身组织，实施“助残健身工程”，进行公共体育设施无障碍设施改造，为残疾人参加体育运动提供便利。因地制宜组织少数民族开展具有民族特色的健身活动和体育比赛，将少数民族运动项目纳入区全运会。

（五）积极打造全民健身品牌。依托我区的自然资源和旅游资源优势，科学规划、合理布局，打造全民健身品牌。一是建设高标准山地户外运动运营中心，协助省、市部门修建武陵源到大峡谷的健身步道。二是完善符合国际标准要求的登山、悬崖跳水、徒步穿越、露营地、山地自行车赛道，打造休闲度假露营地。做好全民健身与休闲旅游结合文章，形成独具特色的武陵源健身品牌。

（六）加大科学健身指导力度。积极配合开展国民体质监测工作，形成群众体育现状调查制度，深入实施《国民体质测定标准》。引导和鼓励城乡居民经常、持久地参加体育健身活动，不断提高体质健康水平和体育技能水平。积极创新形式，丰富内容，进行科学健身指导。利用全民健身科普图书和社会体育指导员培训，提高公众体育健身科学素养。

五、保障措施

（一）加强组织领导。把全民健身作为保障和改善民生工作的重要内容，建立健全领导协调机制，统筹协调全民健身事业发展。将全民健身工作纳入区本级国民经济和社会发展规划、全民健身经费纳入区本级财政预算、全民健身工作纳入区本级政府工作报告。确保全民健身经费随人口数增长和国民经济发展逐年增加。按照国务院《全民健身条例》规定，强化政府公共服务职责，对重大公共体育基础设施建设项目和重大全民健身活动的经费给予保障，并随着社会发展逐年增加。把重点体育设施的运行、维护、管理资金列入区财政预算。体育彩票公益金重点用于发展全民健身事业和竞技体育事业。

（二）加快制定我区公共文化体育设施专项规划。搞好顶层设计，高起点、高标准、高品位编制控制性和建设性详细规划，与城市总体规划和城市基础设施建设、旅游规划等相衔接，强化规划实施的刚性约束。要跟进城市化、城镇化建设，科学制定场馆建设规划，既立足当前，又着眼长远，高标准、高质量推进公共体育设施规划、建设和管理。坚持“政府为主、社会参与、城乡协调”和“规划、建设同步实施”的原则，城区按照50年发展预期超前规划，留足公共体育设施建设用地。积极争取国家“雪炭工程”和“农民体育健身工程”等项目政策支持，加快全区全民健身工程的建设步伐。

（三）做好政府向社会力量购买公共文化体育服务工作。认真落实《湖南省人民政府办公厅转发省文化厅等部门关于做好政府向社会力量购买公共文化服务工作实施意见的通知》（湘政办发〔2016〕6号）精神，做好政府向社会力量购买公共文化体育服务工作，科学选定承接主体，确定购买内容，重点购买全民健身和公益性运动训练竞赛的宣传与推广、面向特殊群体的公益性体育产品和其他公益性体育产品的创作与传播，突出公共性和公益性，鼓励社会兴办全民健身事业。

（四）提高公共体育设施的利用率。公共体育设施应向公众开放，并在一定时间和范围内对学生、老年人、现役军人和残疾人优惠或者免费开放；收取费用的公共体育设施，在“全民健身日”向公众免费开放。各类公立学校在课余时间和节假日要向学生开放体育设施，并在搞好校园安全的前提下积极创造条件向社会公众开放，各级政府要给予经费补贴和办理有关责任保险。机关院落、企事业单位的体育设施在保证自身需要的前提下，创新管理机制，创造条件对社会公众开放。全民健身场地设施管理单位要突出场馆公益性职能，加强设施维护管理，完善服务功能，提高使用效率，杜绝公共体育设施闲置浪费或被挤占、挪作他用。

（五）加强督导评估。区人民政府及体育主管部门定期对《张家界市武陵源区全民健身实施计划（2016—2020年）》实施情况开展督导检查，研究解决存在的困难和问题，对本计划实施成效进行全面评估，确保计划落实到位。

武陵源区人民政府
关于印发《张家界市武陵源区农业产业化发展奖扶办法》的通知

张武政发〔2017〕7号

各乡人民政府、街道办事处，区直（垂直）及驻武各单位：

《张家界市武陵源区农业产业化发展奖扶办法》已经区人民政府总第七届第8次常务会议研究通过，现印发给你们，请认真遵照执行。

张家界市武陵源区人民政府

2017年4月6日

张家界市武陵源区农业产业化发展奖扶办法

为加快我区农业产业化进程，推动农业产业提质升级，促进农民持续增收、农业持续发展，结合实际，特制定本办法。

一、奖励范围和对象

（一）2017年度在我区区域内从事农产品种植、农产品开发、农产品营销的基地或企业（含专业合作经济组织及协会，以下统称企业）；

（二）大鲵、特种养殖达到一定规模的养殖企业。

二、奖励内容和标准

（一）种植业

1. 基地提质

（1）新建基地。鼓励蔬菜类企业和合作经济组织（含注册新建蔬菜家庭农场）新建扩建商品蔬菜基地相对集中连片100亩以上，分四季园按300元/亩·年的标准予以补助；轮作、间作园按100元/亩·年的标准予以补助。

（2）新建喷（滴）灌设施。凡蔬菜类企业新建蔬菜喷（滴）灌设施20亩以上且投入使用的，经考核认定后，对喷（滴）灌设施的覆盖面积按400元/亩的标准给予补助。

（3）新建大棚。凡蔬菜类企业新建蔬菜大棚且符合行业技术标准，连片面积5亩以上并建成使用的，经验收合格按直接造价50%的比例予以配套补助。

（4）新建气调库。凡蔬菜类企业新建气调库（含冻库）面积达100立方米以上且投入使用的，经考核认定后，对气调库按80元/立方米的标准给予补助。

（5）新建厂房。鼓励蔬菜类企业改建、新建加工厂房。凡新建厂房面积达200平方米以上且投入使用的，经考核认定后，框架、钢梁、砖混等结构的按100元/平方米的标准给予补助，板房或木质等结构的按50元/平方米的标准给予补助。

2. 品牌打造

（1）产品包装。鼓励龙头企业或协会积极打造区域性的农产品公共商标。对取得商标注册认证、成功进行包装设计，并已用于区内主要农产品的，给予 5 万元的奖励。

（2）品牌认证。鼓励企业积极通过绿色食品、有机食品质量、地理标志认证。凡依法在本年度内取得上述质量认证的，分别给予 5 万元、8 万元、10 万元的奖励；获得市级政府农业龙头企业认证的，给予 2 万元奖励。

（3）产品研发。鼓励企业科学研发、深度加工农产品，对引入先进生产线、科技攻关成果促使农产品全新上市具有市场前景和品牌效应的每个奖励 5 万元。

（4）打造茶叶品牌。鼓励茶叶企业积极推行标准化生产，大力拓展茶叶品牌，对整合茶业资源、扩大基地规模，打造出具有一定市场效应、获得市级以上优质茶叶品牌的企业，每家奖励 5 万元。

3. 质量溯源

鼓励企业依法建立生产或销售档案，产品包装使用统一的质量溯源系统，为消费者提供放心的农产品或农业投入品。凡种植企业建立一品一码质量溯源系统的，对农产品质量溯源系统按 2 万元 / 企业进行奖励；鼓励协会联合销售企业建立一品一码农业投入品溯源系统，对溯源系统建立者按 3 万元 / 系统进行奖励。

鼓励利用互联网信息技术平台打造数字智慧农业，对参加全区统一组建的“互联网 +”现代农业平台的龙头企业、专业合作社、种养大户给予 1 万元奖励。

4. 市场营销

（1）电商营销。鼓励龙头企业或协会建立单一或联合的区域性公共农产品营销平台（不包括单独网页）。对建立单一营销平台或联合营销平台的，分别给予 1 万元 / 年・平台、3 万元 / 年・平台的网络营销奖。

（2）产品直销。鼓励企业建立企业农产品直销店或实体店。对建立蔬菜直销专店（摊位）和农产品综合直销店的，分别给予 0.5 万元 / 年・店、2 万元 / 年・店的产品直销奖。

（3）宣传促销。鼓励农业企业参加市外大型农产品展销会。承担区人民政府组织的市外省内各种展销会及电商会任务的，给予 2 万元的会展奖，承担区人民政府组织的省外展销会及电商会任务的，给予 3 万元的会展奖，承担市级政府或市级以上部门组织的现场展示会任务的，给予 2 万元的会展奖。凡蔬菜类企业和合作经济组织在长沙等大中城市召开“张家界生态蔬菜”推介会的，给予 2 万元补助。

（二）养殖业

1. 大鲵养殖

（1）对达到张家界大鲵健康养殖标准，取得“水生野生动物驯养繁殖许可证”的规模养殖场，存池新增 5000 尾 ~10000 尾（不含 10000 尾）的给予 3 万元奖励，存池新增 10000 尾以上（含 10000 尾）的给予 4 万元奖励。

（2）新建大鲵标准化厂房、养殖池面积达 100 平方米以上且投入运用的规模养殖场，每平方米给予 200 元奖励。

（3）创建标准化繁殖场开展人工繁育技术，引进亲本数达到 20 组以上（含 20 组）、洞穴达到 50 个以上（含 50 个）、面积 200 平方米以上的，每户给予 10 万元奖励。

（4）建设培育大鲵种质资源场，经上级主管部门认证，每个给予 10 万元奖励。建设核心保护区示范站，每站给予 20 万元补助。

2. 特色养殖

养蜜蜂 50 桶以上 100 桶以下、100 桶以上的特色规模养殖户，分别奖励 1 万元、1.5 万元；大闸蟹、石蛙（采用场房封闭养殖）为主的特色水产品养殖面积达 20 亩以上的，竹鼠出栏 1000 只以上的规模养殖户，对其分别奖励 1 万元。

3. 畜禽养殖污染治理

（1）鼓励畜禽标准化养殖场进行养殖污染治理，

对年出栏生猪500头以上的规模养殖场，经环保部门认定粪污处理达标排放，按污水处理量处理费用的30%给予奖扶，补助总额不超过10万元，不重复奖励。

（2）推广“菜沼畜”“果沼畜”“茶沼畜”畜禽粪污综合利用，种养循环的技术模式，对畜禽粪污综合利用的规模种养企业（大户），经环保部门、畜牧主管部门认定的给予5万元奖励，政府投入资金建设的，不予奖励。

4. 品牌打造和市场营销

（1）品牌打造。本年度内被评为市级大鲵健康养殖示范场和大鲵标准化繁殖场的规模养殖场，分别给予5万元奖励；本年度内企业开发大鲵新产品，对本地大鲵促销做出贡献的企业，且得到相关部门认证的，每个奖励10万元。

（2）市场营销。成功创建“双标识”（养殖大鲵标识牌、国家级地理标志保护产品标识牌）的企业，奖励2万元；成功创建大鲵电子商务平台的企业，奖励3万元；成功举办大型大鲵产品推介活动的单位或企业，奖励10万元；已办理大鲵经营许可证的餐饮企业按照主管部门统一标准建立“五有”宣传标示，且销售“双标识”大鲵年销售数量达到1000尾以上，销售台账真实，并经主管部门验收合格的，给予2万元奖励；对在全区主要景区及景点新建或升级改造大鲵观赏点、开展大鲵科普教育的旅游企业，给予5万元奖励。

三、奖励程序

（一）成立区农业产业化发展考核领导小组。由常务副区长任组长，分管副区长任副组长，区发展改革和科学技术局、区财政局、区农业农村工作局、区审计局、区环保分局、区畜牧兽医水产局等部门负责人为成员，领导小组办公室设区农业农村工作局，具体负责日常工作。

（二）考核工作采用日常督查与年终考核相结合方式。区农业农村工作局、区畜牧兽医水产局将不定期对符合奖励条件的对象进行督查。年终，由符合奖励条件的对象向各辖区乡（街道）提出书面申请，各乡（街道）进行初审后，统一报区主管部门，根据申报情况，由区农业农村工作局牵头，组织考核小组成员单位逐户进行考核验收，并将考核结果反馈给各乡（街道）进行公示，公示期满无异议，由考核小组将验收结果报区人民政府审批，兑现奖励。

（三）建立后期绩效评价机制。由区财政局牵头，组织对奖励资金兑现后的效益进行综合评估。

四、其他事项

（一）养殖项目必须符合《张家界市武陵源区畜禽养殖布局专项规划（2014—2020）》，在城镇规划区新建设施农业须报相关部门审批。

（二）对企业未建立财务制度、未建立完善的财务支出账目的，不予奖励。

（三）企业未配备质检员、不参加质检员资格培训、未建立生产加工档案便于农产品质量安全追溯的、不配合农产品质量（农残）抽检的、农残超标造成影响的，不予奖励。

（四）企业不服从安排、拒不参加市、区人民政府组织的大型活动、不承担应尽社会责任的，受到上级部门通报批评的，不予奖励。

（五）奖扶资金实行国库集中支付，打卡到户。

（六）奖励资金由区财政统筹安排。

（七）本办法执行至2017年12月31日止。

武陵源区人民政府
印发《张家界市武陵源区关于加快电子商务发展的实施意见》
的通知

张武政发〔2017〕10号

各乡人民政府、街道办事处，区直（垂直）及驻武各相关单位：

《张家界市武陵源区关于加快电子商务发展的实施意见》已经区人民政府研究同意，现印发给你们，请认真贯彻实施。

张家界市武陵源区人民政府

2017年5月5日

张家界市武陵源区关于加快电子商务发展的实施意见

为加快我区电子商务发展，根据《湖南省人民政府关于大力发展电子商务加快培育经济新动力的实施意见》（湘政发〔2015〕50号）、《湖南省人民政府办公厅关于印发〈湖南省电子商务发展规划（2014—2020年）〉的通知》（湘政办发〔2014〕57号）、《湖南省人民政府办公厅关于印发〈加快电子商务发展的若干政策措施〉的通知》（湘政办发〔2013〕67号）和《张家界市人民政府关于加快电子商务发展的实施意见》（张政发〔2017〕2号）等文件精神，结合区情实际，提出本实施意见。

一、总体思路

（一）指导思想。以党的十八大、十八届三中、四中、五中、六中全会和习近平总书记系列重要讲话精神为指导，围绕旅游胜地梦、全面小康梦的宏伟目标和市委、市政府“提质张家界打造升级版”“一战略七行动”战略部署，加快培育电子商务平台，完善配套支撑体系，实现电子商务与旅游、特色农业、商贸流通等产业的深度融合，有效发挥电子商务提振内需、扩大消费和促进对外贸易的重要作用，促进全区经济持续健康发展。

（二）基本原则。一是优化资源。坚持市场主导、政府引导，充分发挥企业主体作用，遵循市场经济发展规律，按照互惠互利、优势互补、合作共赢的发展方式，加快电子商务企业与实体经济企业、电子商务企业之间的资源整合，优化调整资源结构，充分发挥资源整合效益。二是重点打造。以我区生态旅游、特色农业为重点发展方向，开展新兴电子商务应用。加快推进“电子商务进农村”和“电商扶贫”工作，利用电子商务平台实现产供销直接对接，促进线上线下融合发展。

（三）主要目标。搞好“农村电子商务推进工程”，以国家实施“互联网+”战略为契机，通过财政资金引领，鼓励带动更多社会资本进入电商领域，培育电商环境，建立乡镇级电商服务体系，整合乡镇优势产品、对接市场。到2019年，全区所有乡镇基本实现全面“触网”，具备条件的个别乡镇全部完成村级电子商务服务站建设，贫困乡镇能通过电子商务销售自产产品、购买生产生活资料，交易额逐年递增。

二、发展重点

（一）建立区电子商务服务运营中心。按照畅通物流、功能完善、产业特色鲜明的要求，建设区电子商务服务运营中心。开展农村淘宝、村邮乐购、电商运营、电商人才培训、农优特产品质量检测等服务，为大众创业人员和电子商务企业提供全方位服务。在全区形成以区电子商务服务运营中心为核心、城市和乡村全覆盖的电子商务发展格局。

（二）打造电子商务服务品牌。借助“智慧武陵源”建设,搭建好电子商务服务平台。按照政府引导、企业为主、投融资相结合的方式，通过“互联网+旅游+特色农业+商贸流通”,将鱼泉贡米、葛根系列、土家腊味、土家织锦等特色农产品、民族传统文化全部融入“张家界网”，把优质农产品推向全国及全世界，为我区经济发展注入新的动力。

（三）大力推进农村电子商务发展。加快推进我区电子商务进农村工作，打好农村电商扶贫攻坚战。用3~5年时间，完成区域电子商务公共服务体系建设，在全区所有行政村设立村级电子商务服务站，为农户提供网络代购、本地农产品销售、生产（生活）电商服务。支持返乡大中专院校毕业生、外出务工返乡青年、退伍军人等群体回乡开网（微）店、创办电子商务企业。商务粮食、农业、交通运输、邮政、供销等部门及电商、快递物流企业要加强协作配合,整合资源,实现农村物流服务网络和设施共享，打通农村电子商务“最后一公里”。依托和发展农村淘宝，邮政便民综合服务平台在乡（街道）、村（居）开设电子商务综合服务站（点），解决农产品“进城”和工业品“下乡”问题。支持电子商务企业加大对农业的投入，大力开发种植、养殖、农产品精深加工、生态（休闲）农业旅游等项目，提高农业生产和农产品附加值，增加农民收益。

（四）完善基础设施和服务配套体系。加快建设城乡信息网络体系，深入实施宽带中国战略、宽带乡村工程，努力扩大4G网络覆盖范围，提升宽带网络的覆盖率、接入速率和服务水平。争取到2020年，我区4G网络和光纤宽带的城乡覆盖率达到100%。加大物流体系建设力度，进一步优化布局，完善物流路线，降低物流配送费用，缩短物流配送时间，提高物流服务质量。加强农产品品牌和质量体系建设，大力推进绿色食品品牌建设，进一步发挥我区自然生态等资源优势，打造一批具有“武陵源”地理标志的特色农产品品牌。完善农产品质量安全监督管理、检验检测机制，建立农产品质量信息数据库和农产品质量源头追溯体系，强化农产品生产、产品加工、质量检验、产品包装、物流配送等环节监管，保障农产品质量安全。

（五）建立人才培训体系。制定培训规划、方案，整合现有培训资源，构建由政府相关部门、社会团体、高等（职业）院校及电商龙头企业为主体的电商扶贫人才培训体系。发挥专业培训机构作用，有针对性地开展多层次培训，共建电商扶贫人才培训和实践基地，实现电商扶贫管理人员和从业人员培训全覆盖。进一步优化就业、创业环境，鼓励我区电子商务人才回流。

三、保障措施

（一）加强领导，完善机制。区人民政府建立武陵源区电子商务联席会议制度。联席会议由区人民政府分管商务粮食工作的副区长任召集人，区发展改革和科学技术局局长任副召集人，区委组织部、区委宣传部、区发展改革和科学技术局、区旅游和外事侨务局、区公安分局、区财政局、区农业农村工作局、区林业局、区政府法制办、区金融办、区供销联社、区工商分局、区质监分局、区国税局、区地税局、区邮政局等相关部门负责人为成员，负责全区电子商务发展规划和相关政策的制定，指导全区企业发展和运用电子商务，协调电子商务发展中的相关问题，建立健全电子商务协调发展推进机制，搭建有利于电子商务发展的良好支撑体系和政策环境。联席会议办公室设在区发展改革和科学技术局，统筹推进电子商务发展各项工作。不定期召开联席会议，通报工作进展情况，协调工作中存在的问题。

（二）加大政策扶持。全面落实国家、省、市促进电子商务发展的相关政策和措施，积极争取国家、省和市对我区电子商务发展的优惠政策和资金支持。区财政加大资金投入，重点支持区电子商务服务运营中心、电子商务村级综合服务站（点）、贫困家庭网店的建设运营和发展。大力招商引资，引进知名电商企业。对入驻的电商企业，在项目申报、品牌创建、金融服务等方面给予支持。完善激励机制，对获得国家、省级电子商务示范企业称号的企业给予扶持和奖励，加快推进电子商务发展。

（三）加强舆论引导。采取召开会议、组织外出学习等多种措施，在层层动员的基础上，充分依托电视、报纸、网站、微信、微博等载体，开辟专栏，创新形式，广泛宣传电商扶贫知识和网上创业脱贫致富典型，营造良好的电子商务发展氛围。

（四）营造电子商务安全发展环境。完善对电子商务的监督管理机制，促进电子商务企业严格遵守网络运行和电子商务交易的相关法律法规，坚持守法经营、诚信经营，自觉维护电子商务网络和电子商务交易安全。建立和完善电子商务行业协会，充分发挥协会作用，加强行业自律;公安、工商、银行、电信等部门加强协作，建立电子商务网络和电子商务交易安全监管机制，保障电子商务网络运行和电子商务交易安全。加大对制售假冒伪劣商品、网络诈骗、侵犯知识产权等网络违法犯罪打击力度，营造一个安全有序、公平竞争的电子商务网络运行和电子商务交易环境。

武陵源区人民政府
关于印发《张家界市武陵源区加快推进“互联网＋政务服务”工作实施方案》的通知

张武政发〔2017〕14号

各乡人民政府、街道办事处，区直及驻武各单位：

现将《张家界市武陵源区加快推进“互联网＋政务服务”工作实施方案》印发给你们，请认真组织实施。

张家界市武陵源区人民政府

2017年11月1日

张家界市武陵源区加快推进“互联网＋政务服务”工作实施方案

为加快推进“互联网＋政务服务”工作，根据《国务院关于加快推进“互联网＋政务服务”工作的指导意见》（国发〔2016〕55号）、《湖南省人民政府关于印发〈湖南省加快推进“互联网＋政务服务”工作实施方案〉的通知》（湘政发〔2017〕19号）、《张家界市人民政府关于印发〈张家界市加快推进“互联网＋政务服务”工作实施方案〉的通知》（张政发〔2017〕15号）和政务公开、信息惠民、“放管服”改革等相关文件精神，结合我区实际，制定本实施方案。

一、总体要求

（一）指导思想。全面贯彻党的十八大和十八届三中、四中、五中、六中全会精神，深入贯彻习近平总书记系列重要讲话精神，牢固树立创新、协调、绿色、开放、共享的发展理念，按照国务院、省人民政府、市人民政府的决策部署，充分运用信息技术手段，优化服务流程，创新服务方式，提升服务水平，推进数据共享，打开信息孤岛，推进简政放权，促进创新就业，推行公开透明服务，最大程度利企便民，让企业和群众少跑腿、办好事、不添堵，共享“互联网＋政务服务”发展成果。

（二）基本原则

坚持统筹规划。加强集约化和标准化建设，统筹推进全区“互联网＋政务服务”工作，整合各单位已有基础资源和数据，促进条块联通，实现政务服务资源互认共享、多方利用。

坚持问题导向。以切实解决人民群众最关注、反映最强烈的问题为导向，简化优化办事流程，推进线上线下融合，加快将网上政务服务向基层延伸，不断提高用户体验和人民群众获得感。

坚持协同共享。加强协作配合和工作联动，实现跨层级、跨部门整体推进。构建全区统一的数据共享交换平台体系，促进政务信息资源开放共享。

坚持开放创新。运用互联网思维，利用大数据等技术手段，创新服务模式，拓展服务渠道，开放服务资源，分级分类推进新型智慧城市建设，构建政府、公众、企业共同参与、优势互补的政务服务新格局。

（三）总体目标。2017 年 12 月底前，建成全区统一的一体化网上政务服务平台，全面公开政务服务事项，政务服务标准化、网络化水平显著提高。2018 年 12 月底前，基本形成“一网一线一库两厅两平台”（11122）的政务服务体系。2020 年 12 月底前，实现互联网和政务服务深度融合，形成全区整体联动、部门协同、数据互通、一网办理、高效便捷的“互联网 + 政务服务”体系，实现“凡是能通过网络共享复用的材料，不得要求企业和群众重复提交；凡是能通过网络核验的信息，不得要求其他单位重复提供；凡是能实现网上办理的事项，不得要求必须到现场办理”目标，大幅提升政务服务智慧化水平，让政府服务更聪明，让企业和群众办事更方便、更快捷、更高效。

二、主要任务

（一）融合升级平台渠道，构建一体化政务服务体系

按照省人民政府“11122”的总体框架，尽快建成完善全区一体化政务服务体系。

1. “一网”。进一步升级政府门户网站功能，将政府门户网站打造成为“互联网 + 政务服务”体系的展现平台，政务服务信息的公开平台，公共政策发布、解读的权威平台，政民互动交流的开放平台。按照国家和省“互联网 + 政务服务”技术体系建设指南，实现政府门户网站与网上办事大厅前端融合、数据对接和应用兼容，政府门户网站提供统一的前端展现。强化政府门户网站的信息公开第一平台作用，全面、及时、权威发布公共政策和政务服务信息；不断加强和创新政策解读，增强政策解读的针对性和时效性；开展政务服务满意度测评，设立群众意见建议专栏，推动群众满意度不断提升。（牵头单位：区新闻网络信息中心，责任单位：各乡人民政府、街道办事处，区直有关单位）

2. “一线”。按照市人民政府统一部署，配合建设全省统筹、省级指挥的“12345”服务热线，积极推进各职能部门投诉举报热线整合，打造“12345”公共服务和投诉举报平台，将“12345”政府服务热线作为“互联网 + 政务服务”体系建设的重要内容和群众咨询、投诉的重要渠道。（牵头单位：区人民政府办公室、区新闻网络信息中心，责任单位：各乡人民政府、街道办事处，区直有关单位）

3. “一库”。建设省级统筹、系统架构统一、全区共建共享的政务资源共享数据库。以区、乡（街道）各级政务和业务数据资源为基础，以“互联网 + 政务服务”体系运行中产生的沉淀数据为核心，拓展完善人口、法人、空间地理等公共基础数据库和社会信用、企业信用等专题数据库，加快建设电子证照库，促进已建数据库与政务资源数据库的互联互通、共享共用。2017 年 12 月底前，初步建成依法共享、依职能使用的政务资源共享数据库。（牵头单位：区政务公开政务服务管理办公室、区新闻网络信息中心，责任单位：各乡人民政府、街道办事处，区直有关单位）

4. “两厅”。推进实体政务大厅和网上政务大厅融合发展。加快建设区、乡（街道）两级实体政务大厅和便民服务大厅，推动“两集中、两到位”改革，推进实体政务大厅规范化、标准化建设，不断提升政务大厅和便民服务中心的管理服务水平，为线上线下融合发展奠定坚实基础。2019 年 12 月底前，逐步实现政务服务事项就近能办、同城通办、异地可办、一站式办结的全区无差异化政务服务。配合统筹建设全省网上政务大厅，实现互联网各种渠道的统一受理、统一反馈。实体政务大厅和网上政务大厅功能互补、相辅相成、融合发展。（牵头单位：区政务公开政务服务管理办公室、区新闻网络信息中心，责任单位：各乡人民政府、街道办事处，区直有关单位）

5.“两平台”。在全省“互联网+政务服务”一体化平台的总体框架下，建设全区统一的“互联网+政务服务”一体化平台和覆盖全区的“互联网+监督”平台，有效支撑业务的办理。依托全省电子政务外网统一云平台，配合建设全市统一的“互联网+政务服务”平台，基本形成“互联网+政务服务”业务支撑体系、基础平台体系、关键保障技术体系和评价考核体系。实现政务服务事项统一申请、统一受理、集中办理、统一反馈和全流程监督，推进跨部门、跨层级数据共享、身份互信、证照互用、业务协同，推进平台服务向自主终端、微信、微博、移动APP、服务热线等应用渠道延伸。配合建设覆盖全区、功能完善、资源共享、监督便捷的“互联网+监督”平台。从民生保障监督入手，逐步拓展到行政效能、公共资源交易、重大项目、重点任务等方面的政务监督，打造集公开、分析、决策、问责于一体的全流程一体化监督平台（牵头单位：区政务公开政务服务管理办公室、区监察局、区新闻网络信息中心，责任单位：各乡人民政府、街道办事处，区直有关单位）

（二）优化再造政务服务，提升政务服务水平

1.编制政务服务事项目录。各单位要依据法定职责，结合贯彻实施权力清单、责任清单、负面清单等工作，全面梳理直接面向社会公众提供的具体政务服务事项，编制行政权力事项目录和公共服务事项目录。对列入目录的每个事项编制办事指南，列明依据条件、流程时限、收费标准、注意事项等。除办事指南明确的条件外，不得自行增加办事要求。2017年12月底前，政务服务事项目录和办事指南通过本级政府门户网站集中公开发布，实时更新、动态管理。（牵头单位：区编办、区政府法制办公室，责任单位：各乡人民政府、街道办事处，区直有关单位）

2.实行政务服务事项标准化管理。按照审批标准化、服务标准化、监管标准化要求实行政务服务事项编码管理，规范政务服务事项名称、条件、材料、流程、时限等，全面提升我区政务服务事项标准化水平。2018年12月底前，逐步做到“同一事项、同一标准、同一编码”，建成涵盖政务服务“全事项、全过程、各环节”相互配套协调的标准体系，为实现信息共享和业务协同，提供无差异、均等化政务服务奠定基础。（牵头单位：区编办、区质量技术监督分局、区政务公开政务服务管理办公室、区新闻网络信息中心，责任单位：各乡人民政府、街道办事处，区直有关单位）

3.优化网上服务流程。优化简化服务事项网上申请、受理、审查、决定、送达等流程，缩短办理时限，降低企业和群众办事成本。2018年12月底前，全面清理政务服务事项的办理条件和流程，编制完善工作流程图。推进办事材料目录化、标准化、电子化，开展在线填报、在线提交和在线审查。建立网上预审机制，及时推送预审结果，对需要补正的材料一次性告知；推动电子证照、电子公文、电子签章等在政务服务中的应用，开展网上验证核对，避免重复提交材料和循环证明。涉及多个部门的事项实行一口受理、网上运转、并行办理、限时办结。（牵头单位：区优化办、区编办、区政务公开政务服务管理办公室、区政府法制办公室、区新闻网络信息中心，责任单位：各乡人民政府、街道办事处，区直有关单位）

4.推进服务事项网上办理。2018年6月底前，逐步推行企业注册登记、年度报告、变更注销、项目投资、生产经营、商标专利、资质认定、税费办理、安全生产等服务事项和居民教育医疗、户籍户政、社会保障、劳动就业、住房保障等服务事项网上受理、网上办理、网上反馈。2020年12月底前，除法律法规明确必须进行现场勘验、监督、检查的环节外，逐步实现行政权力事项全流程网上运行，做到政务服务事项“应上尽上，全程在线”。（牵头部门：区政务公开政务服务管理办公室、区编办、区优化办、区政府法制办公室、区新闻网络信息中心，责任单位：各乡人民政府、街道办事处，区直有关单位）

5.创新网上服务模式。加快政务信息资源互认

共享，推动服务事项跨地区远程办理、跨层级联动办理、跨部门协同办理，逐步形成全区一体化服务体系。2018 年 4 月底前，开发建设“互联网 + 政务服务”移动客户端，梳理各单位移动客户端可办理业务并按要求逐步接入“互联网 + 政务服务”移动客户端，重点提高工商、交通运输、税务、教育、医疗、社保、户籍等利企便民业务的移动办理能力。引入社会力量，积极利用第三方平台，开展预约查询、证照寄送以及在线支付等服务。2018 年 12 月底前，建立公众参与机制，鼓励引导群众分享办事经验，开展满意度评价，不断研究改进工作。（牵头单位：区政务公开政务服务管理办公室、区新闻网络信息中心，责任单位：各乡人民政府、街道办事处，区直有关单位）

6. 全面公开服务信息。2018 年 3 月底前，各单位要在政府门户网站和实体政务大厅，集中全面公开与政务服务事项相关的法律法规、政策文件、通知公告、办事指南、审查细则、常见问题、监督举报方式和网上可办理程度，以及行政审批涉及的中介服务事项清单、机构名录等信息，并实行动态调整，确保线上线下信息内容准确一致。要提升政府网站政务服务信息搜索的精准度和便捷度，方便群众和企业了解办事信息和流程，提高办事效率。健全实时公开、全程监察等服务公开制度，全面公开办事服务流程、期限、办理进度和结果，收费项目、依据和标准，以及办事所需的证件、全部资料和监督方式等，实现办事服务全过程公开、全流程监察。（牵头单位：区政务公开政务服务管理办公室、区新闻网络信息中心，责任单位：各乡人民政府、街道办事处，区直有关单位）

（三）努力夯实工作基础，提高“互联网 + 政务服务”能力

1. 推进政务数据共享。按照国务院和省、市人民政府关于政务信息资源共享的部署，及时对接国家、省、市数据共享交换平台体系。建立健全信息共享监督检查、考核通报、安全和保密审查等制度，推动部门信息资源按需共享。（牵头单位：区新闻网络信息中心、区发展改革和科学技术局，责任单位：各乡人民政府、街道办事处，区直有关单位）

2. 推进政务数据开放和运用。推进各单位依法有序开放网上政务服务资源和数据，重点开放社会关注度高、与经济发展和民生服务等相关、已在政府门户网站公开的各类数据，鼓励公众和社会机构开发利用，提供多样化、创新性的便民服务。2018 年 12 月底前，建立政务数据对外开放和鼓励社会开发利用的长效管理机制，制定政务数据开放目录体系和标准规范，促进政务数据的创新应用和增值利用。开展政务服务大数据分析，把握和预判公众办事需求，提供智能化、个性化服务，变被动服务为主动服务。（牵头单位：区新闻网络信息中心、区发展改革和科学技术局，责任单位：各乡人民政府、街道办事处，区直有关单位）

3. 推动网上服务平台延伸。2018 年 4 月底前，对部分事项和单位试行政务服务“一号申请、一窗受理、一网通办”，形成可复制可推广的经验，逐步向全区推行。2018 年 12 月底前，将互联网 + 政务服务平台延伸覆盖到村（社区），逐步建成覆盖区、乡（街道）、村（社区）三级，纵向到底、横向到边、纵横联动、无缝衔接、标准统一、体验一致的政务服务体系。（责任单位：各乡人民政府、街道办事处、区政务公开政务服务管理办公室、区民政和民族宗教局、区发展改革和科学技术局、区新闻网络信息中心）

4. 推进电子证照应用。使用全省统一的政务电子证照系统，加快开展政府存量纸质证照及相关证明、批文、鉴定报告、办事结果等材料向电子证照转换，推进政务电子证照信息共享和互认应用。在民生服务、投资审批、工商登记、完税服务等领域，率先应用电子证照、电子公文、电子签章，开展网上验证核对。（牵头单位：区编办、区政务公开政务服务管理办公室、区新闻网络信息中心、区质量技术监督分局，责任单位：各乡人民政府、街道办事处，区直有关单位）

5. 加快新型智慧城市建设。大力推进新型智慧城市建设，引导各地加大智慧城市基础设施建设投入，加快智慧经济发展，推进智慧社会民生应用，加强智慧政府管理与服务。促进“互联网 +”、大数据、物联网、云计算、地理空间信息等新一代信息技术与城市管理服务融合，加强城市管理数字化平台建设和功能整合，提升城市治理和服务水平。汇聚城市人口、建筑、街道、管网、环境、交通等数据信息，建立大数据辅助决策的城市治理新方式。构建多元普惠的民生信息服务体系，在教育文化、医疗卫生、社会保障等领域，积极发展民生服务智慧应用，向城市居民、农民工及其随迁家属提供更加方便、及时、高效的公共服务。提升电力、燃气、交通、水务、物流等公用基础设施智能化水平，实行精细化运行管理。（牵头单位：区新闻网络信息中心、区住房和城乡建设局、区发展改革和科学技术局、区城市管理执法分局、智慧武陵源项目建设指挥部办公室，责任单位：各乡人民政府、街道办事处，区直有关单位）

6. 加快高速宽带网络建设。大力推进光纤网络城市建设，加快实现全区城市光纤全覆盖。加大农村光纤网络建设和升级改造力度，提高城乡宽带网络普及水平和接入能力。加快推进第四代移动通信网络建设、宽带应用基础设施建设，实现互联网信息源高速接入、网络流量高速有效疏通，促进向下一代互联网演进升级。切实贯彻国家提速降费要求，采取各种办法降低网络资费价格，提升服务水平，让老百姓享受到方便实惠。到 2020 年，宽带网络全面覆盖城乡，城镇地区实现光网覆盖，城市家庭用户带宽实现 100Mbps 以上接入能力；98% 以上行政村实现光纤到村，85% 以上自然村实现光纤、4G 网络覆盖到村，农村家庭用户带宽实现 50Mbps 以上接入能力；4G 网络实现全面覆盖全区城市、乡（街道）和行政村（居）。（牵头单位：区发展改革和科学技术局、区新闻网络信息中心，责任单位：各乡人民政府、街道办事处）

（四）加强安全保护，确保政务服务网络和信息安全

1. 提高信息安全意识。加强“互联网 + 政务服务”体系相关人员安全教育，定期开展针对性的培训。有关单位要高度重视网信、公安、通信部门发出的网络安全风险预警，发现问题及时处理整改。（牵头单位：区发展改革和科学技术局、区保密局、区新闻网络信息中心，责任单位：各乡人民政府、街道办事处，区直有关单位）

2. 完善安全管理机制。根据“谁主管谁负责、谁应用谁负责、谁运行谁负责”的原则，明确部门职责，落实监管责任。监管部门要健全安全管理制度，开展等级保护定级备案、等级测评等工作，建立各方协同配合的信息安全防范、监测、通报、响应和处置机制。建立健全上网信息保密审查制度，确保上网信息不涉密、涉密信息不上网，加大对涉及国家秘密、工作秘密、商业秘密、个人隐私等重要数据的保护力度。建立网络信息安全的主体责任制，对发生重大网络信息安全事件而未履行主体责任的单位和个人按照有关规定追究责任。（牵头单位：区发展改革和科学技术局、区公安分局、区保密局、区新闻网络信息中心，责任单位：各乡人民政府、街道办事处，区直有关单位）

3. 提高安全保护能力。加强技术服务和人员支持，加强信息容灾备份系统建设，提高预警、控制和应急处理技术能力，加强对终端敏感信息的监控，有效防范安全风险。强化网络安全监测和通报预警，提前制定各类预案，及时处置重大网络安全事故。加强云计算服务网络、大数据资源库安全防护管理，加大云计算服务、大数据存储安全评估力度。同时，加强政府网站的集约化建设，将没有技术和人力保障的网站向上级政府迁移，通过集中建设、集中管理强化风险监控。加强政府网站和应用系统信息安全建设，健全“互联网 + 政务服务”安全保障体系。（牵头单位：区发展改革和科学技术局、区公安分局、区保密局、区新闻网络信息中心，责任单位：各乡

人民政府、街道办事处，区直有关单位）

三、组织保障

（一）加强组织领导。全区“互联网＋政务服务”工作在区政务公开政务服务领导小组的领导下开展，区人民政府办公室负责统筹推进和监督协调，相关牵头单位和责任单位根据工作分工分别抓好落实。各单位要高度重视，主要负责人要亲自部署，狠抓落实，并明确一位负责人分管，负责协调督促，定期调度，常抓不懈；要明确工作机构、人员和职责，建立政务服务部门、信息化部门和有关业务单位分工明确、协调有力的工作机制。

（二）加强考核监督。将“互联网＋政务服务”工作纳入政府绩效考核体系，加强考核评估，列入政府重点督查事项，按季度开展督促检查并通报工作进展和成效。完善正向激励机制，对综合评价高、实际效果好的按照有关规定予以奖励；建立健全问责机制，对工作开展不力的予以通报，对不作为、乱作为、慢作为，损害群众合法权益的依法依规进行问责。

（三）加强业务培训。建立健全培训机制，将“互联网＋政务服务”工作纳入干部教育培训体系，定期组织开展培训。把面向公众办事服务作为公职人员培训的重要内容，提高服务意识、业务能力和办事效率。加强专业人才培养，建设一支既具备互联网思维与技能又精通政务服务的专业化队伍。积极开展试点示范工作，建立交流平台，加强业务研讨，分享经验做法，共同提高政务服务水平。

（四）加强经费投入。进一步加大财政资金投入力度，统筹使用相关资金，支持“互联网＋政务服务”体系建设和运营管理，将“互联网＋政务服务”体系建设和运行维护费用纳入财政预算予以保障。各乡人民政府、街道办事处要结合本地实际加大支持力度，保障本级“互联网＋政务服务”体系建设和运营管理。

（五）加强宣传推介。各单位要通过新闻媒体、互联网新媒体等形式，加强对全区网上政务大厅的宣传推广，积极引导公众和企业通过互联网办理行政审批和服务事项，提高“互联网＋政务服务”的社会认知度和群众认同感。

附件：张家界市武陵源区加快推进“互联网＋政务服务”重点任务分工表

附：张家界市武陵源区加快推进“互联网＋政务服务”重点任务分工表

序号	工作任务	工作目标	主要落实单位	完成时间
1	升级政府门户网站	配合建设全省统一的“互联网＋政务服务”入口，实现“单点登录、全网通办”	区新闻网络信息中心	2017年12月底前
2	整合建设“12345”热线平台	整合各部门投诉热线，配合建设全省统筹、省级智慧的“12345”热线平台	区人民政府办公室	2017年12月底前
3	建设政务资源共享数据库	配合建设省级统筹、架构统一、共建共享的政务资源共享数据库	区政务公开政务服务管理办公室、区新闻网络信息中心	2017年12月底前

续表：

序号	工作任务	工作目标	主要落实单位	完成时间
4	推进实体政务大厅和网上政务大厅融合发展	1. 推动区本级“两集中、两到位”改革	区政务公开政务服务管理办公室	2017 年 12 月底前
		2. 推动乡（街道）“两集中、两到位”改革	各乡人民政府、街道办事处	2018 年 6 月底前
		3. 实现政务服务事项就近能办、同城通办、异地可办、一站式办结的全区无差异化政务服务	区政务公开政务服务管理办公室	2019 年 12 月底前
		4. 配合建设全省统筹的网上办事大厅	区政务公开政务服务管理办公室、区新闻网络信息中心	2017 年 12 月底前
		5. 实现政务服务事项办理“一号申请、一窗受理、一网通办”目标	区政务公开政务服务管理办公室、区新闻网络信息中心	2018 年 12 月底前
		6. 完善电子监察和绩效评价系统，实现全部事项全流程动态监督、实时评价	区优化办	2018 年 12 月底前
5	建设全区统一的“互联网 + 政务服务”一体化平台和“互联网 + 监督”平台	1. 建成全区统一的政务信息资源交换平台，与省市数据共享交换平台对接	区新闻网络信息中心	2018 年 4 月底
		2. 配合省市建设覆盖全区的“互联网 + 监督”平台	区监察局、区新闻网络信息中心	2017 年 12 月底前
6	编制政务服务事项目录	编制政务服务事项目录和办事指南，并在本级政府门户网站集中公开发布	区编办、区政府法制办公室，各乡人民政府、街道办事处	2017 年 12 月底前
7	实行政务服务事项标准化管理	做到“同一事项、同一标准、同一编码”	区编办、区质量技术监督分局、区新闻网络信息中心	2018 年 12 月底前
8	优化网上服务流程	1. 编制完善网上政务服务工作流程图	区优化办，各乡人民政府、街道办事处，区直有关单位	2018 年 12 月底前
		2. 建立网上预审机制，及时推送预审结果，对需要补正的资料一次性告知	区优化办，各乡人民政府、街道办事处，区直有关单位	2018 年 12 月底前

续表：

序号	工作任务	工作目标	主要落实单位	完成时间
9	推进服务事项网上办理	1. 重点服务事项逐步推行网上受理、网上办理、网上反馈	各乡人民政府、街道办事处，区直有关单位	2018 年 6 月底前
		2. 实现行政权力事项全流程网上运行，政务服务事项“应上尽下、全程在线”	各乡人民政府、街道办事处，区直有关单位	2020 年 12 月底前
10	创新网上服务模式	1. 建设“互联网 + 政务服务”移动客户端	区政务公开政务服务管理办公室、区新闻网络信息中心	2018 年 4 月底前
		2. 建立“互联网 + 政务服务”公众参与机制	区新闻网络信息中心	2018 年 12 月底前
11	全面公开服务信息	在政府门户网站和实体政务大厅，集中公开与政务服务事项相关的信息	区政务公开政务服务管理办公室、区新闻网络信息中心，各乡人民政府、街道办事处，区直有关单位	2018 年 3 月底前
12	推进政务数据共享	建立健全信息共享监督检查、考核通报、安全和保密审查等制度	区新闻网络信息中心、区发展改革和科学技术局	2017 年 12 月底前
13	推进政务数据开放和运用	建立政务数据对外开放和鼓励社会开发利用的长效管理机制	区新闻网络信息中心、区发展改革和科学技术局	2018 年 12 月底前
14	推动网上服务平台延伸	1. 对部分事项和部门试行政务服务“一号申请、一窗受理、一网通办”	区政务公开政务服务管理办公室、区直有关单位	2018 年 4 月底
		2. 将互联网 + 政务服务平台延伸覆盖到村（社区），逐步实现区、乡（街道）、村（社区）全覆盖	区政务公开政务服务管理办公室、区民政和民族宗教局、区新闻网络信息中心，各乡人民政府、街道办事处	2018 年 12 月底前
15	推动电子证照应用	1，使用全省统一的政务电子证照系统	区政务公开政务服务管理办公室、区新闻网络信息中心	2018 年 12 月底前
		2. 推动存量纸质证照向电子证照转换，做好用户身份认证信息、电子证照信息共享和互认	区政务公开政务服务管理办公室、区新闻网络信息中心	2018 年 4 月底前
16	加快新型智慧城市建设	大力推进新型智慧城市建设，促进新型智慧城市经验共享和推广，提升城市便民惠民水平	区新闻网络信息中心、区发展改革和科学技术局、区住房城乡建设局	2018 年 12 月底前

续表：

序号	工作任务	工作目标	主要落实单位	完成时间
17	加快高速宽带网络建设	宽带网络全面覆盖城乡，城镇地区实现光网覆盖，4G网络实现全面覆盖全区城市、乡镇和行政村	区发展改革和科学技术局、区网络新闻信息中心	2020年12月底前
18	加强网络和信息安全保护	加强政府网站和应用系统信息安全建设，健全“互联网+政务服务”安全保障体系	区发展改革和科学技术局、区公安分局、区新闻网络信息中心、区保密局	2017年12月底前

统计资料

Statistical information

2017年武陵源区国民经济和社会发展统计公报

2017年，在区委区政府的坚强领导下，全区上下深刻把握新要求，积极适应新常态，坚持稳中求进工作总基调，以供给侧结构性改革为主线，统筹推进精品景区、特色城镇、美丽乡村建设，统筹打好旅游提质升级、核心景区移民搬迁、乡村旅游、农村环境综合整治“四大攻坚战”。经济运行稳中有进，符合预期，经济社会保持平稳健康发展。

一、综合

初步核算，全年实现地区生产总值560725万元，同比增长8.7%。其中，第一产业增加值17614万元，同比增长3.8%；第二产业增加值7297万元，同比增长2.9%；第三产业增加值535814万元，增长8.9%。三次产业结构由上年的3.5 ∶ 1.4 ∶ 95.1调整为3.1 ∶ 1.3 ∶ 95.6。一、二、三产业对GDP增长的贡献率分别为1.5%、0.5%和98.0%，分别拉动经济增长0.2个百分点、0个百分点和8.5个百分点。

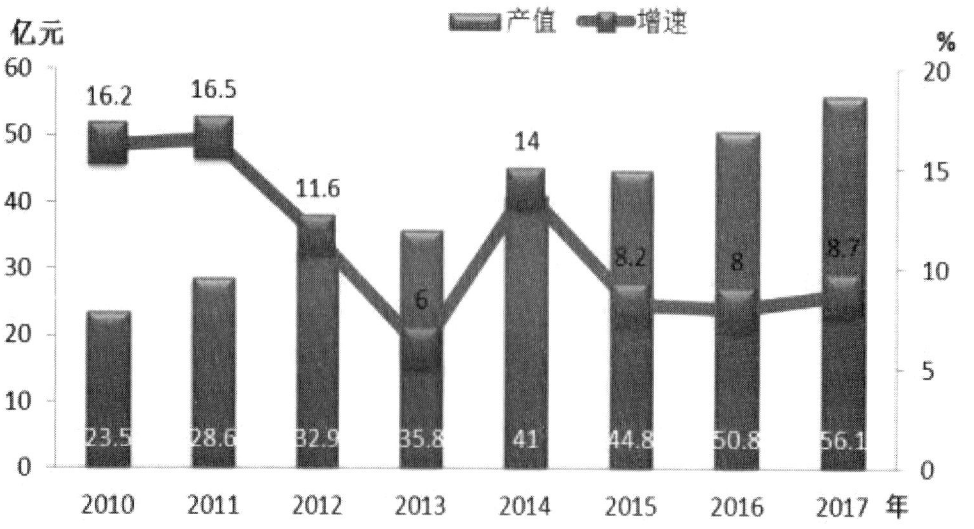

2010—2017年地区生产总值及其增长速度图

二、旅游与城市建设

2017年全区接待国内外游客2632.53万人次，同比增长15.2%，其中接待境外游客176.4万人次，同比下降20.6%。接待过夜游客人数1355.39万人天，全市占比37.15%，同比增长22.1%。进武陵源核心景区团队195.53万人（占47.92%），同比下降4.70 %，自助游212.5万人（占52.08%），同比增长5.49%。民俗节庆及活动接待56.2万人次，户外及休闲接待合计617.9万人次。实现旅游总收入2186978万元，同比增长21%。景区景点门票收入152564.98万元，同比下降2.23%。

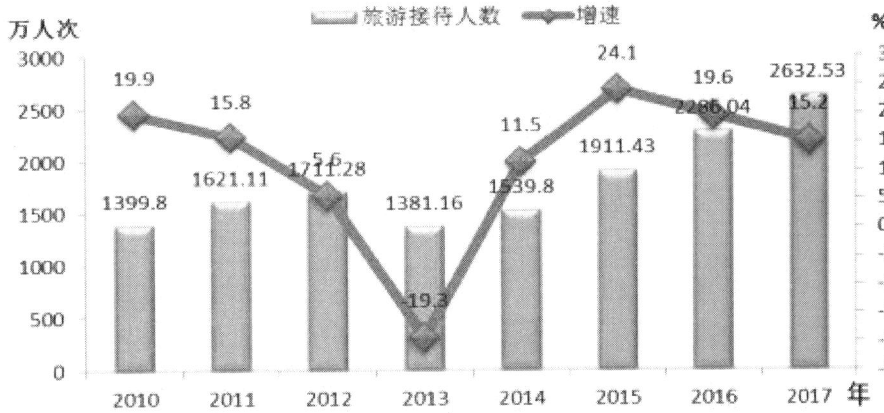

2010—2017年旅游接待规模及其增长速度图

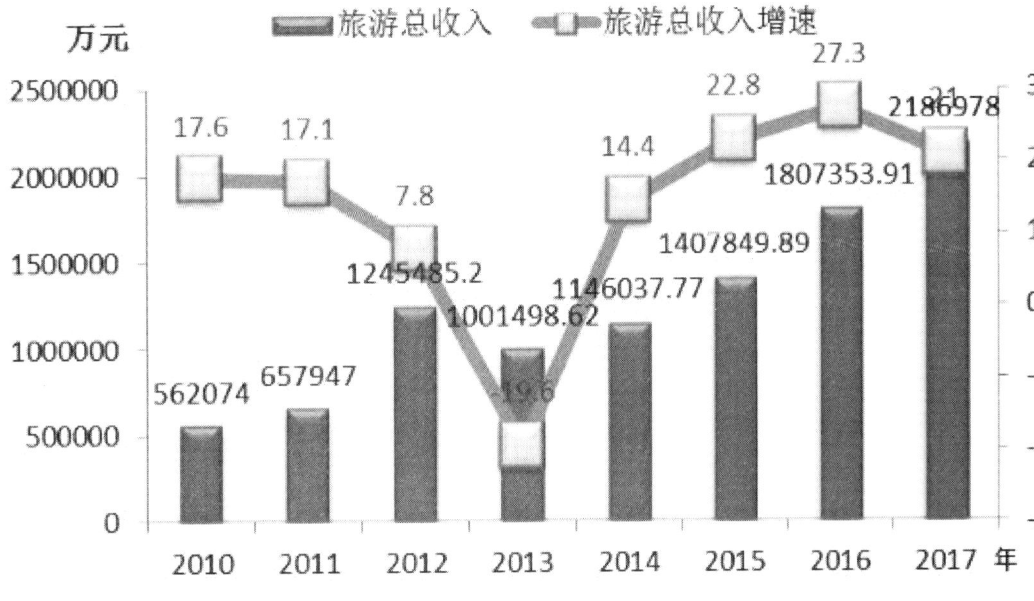

2010—2017年旅游总收入及其增长速度图

2017年旅游活动丰富多彩。成功举办了无人机航拍摄影大赛、生态武陵源摄影大展、写意潇湘·中国写意油画学派张家界写生创作研究活动、第二届民俗文化活动月系列节会活动及冬季旅游营销系列活动。

旅游宣传绘声绘色。参加省旅博会及旅游产业联盟大会；赴美国、加拿大参加“世界遗产、美丽中国”旅游推广活动等系列宣传促销活动。加大了在央视、

《人民日报》、湖南卫视、《湖南日报》等传统主流媒体进行旅游整体形象宣传力度；在湖南交通广播电台（FM90.5）开展交通导向宣传；在张花、常张高速公路沿线设置路线指示标牌。

旅游政策优惠空前。适时出台旅游群体优惠及免票政策，实施妇女节、重阳节、教师节、双 11、十万微友、武陵山片区 71 个县市门票优惠政策，及 500 人以上大型团队“10 奖 1”、淡季旅行社团队“10 免 1”等一系列优惠奖励政策。

年末全区拥有星级以上宾馆酒店 19 家，其中五星级 2 家，四星级 3 家，三星级 14 家。社会饭店（80 个床位以上）189 家，家庭旅馆和特色客栈（80 个床位以下）629 家。全区接待床位 52923 余张，其中星级以上宾馆 6716 张。

年末城镇建成区面积 323 公顷，绿地面积 136.36 公顷，绿化覆盖面积达 144.54 公顷，绿地率达 42.21%，绿化覆盖率达 44.74%。人均公共绿地面积达 10.02 平方米。绿化养护总面积达 20611 平方米，其中城区养护面积 141131 平方米、水岸养护面积 27980 平方米、通道养护面积 37000 平方米。城镇污水处理率达 95%。

三、农业、新农村建设及脱贫攻坚

2017 年全区实现农林牧渔业总产值 30635 万元，增长 4%。其中农业产值 14620 万元，增长 3.6%；林业产值 4015 万元，增长 3.8%；牧业产值 10077 万元，增长 4.6%；渔业产值 522 万元，增长 1.5%；农林牧渔服务业产值 1401 万元，增长 6.5%。

农林牧渔业增加值 18796 万元，增长 4%，其中农业增加值 10234 万元，增长 3.6%；林业增加值 3141 万元，增长 3.8%；牧业增加值 3874 万元，增长 4.5%；渔业增加值 365 万元，增长 1.6%；农林牧渔服务业增加值 1182 万元，增长 6.5%。

2017 年农林牧渔业产值及增加值情况表

指　标	现价（万元）	比上年 ±%
农林牧渔业总产值	30635	4
其中：农业	14620	3.6
林业	4015	3.8
牧业	10077	4.6
渔业	522	1.5
农林牧渔服务业	1401	6.5
农林牧渔业增加值	18796	4
其中：农业	10234	3.6
林业	3141	3.8
牧业	3874	4.5
渔业	365	1.6
农林牧渔服务业	1182	6.5

全年农作物总播种面积 5.82 千公顷，同比增长 3.01%。粮食播种面积 3.18 千公顷，同比增长 3.92%，其中水稻面积 1.24 千公顷，与上年持平；油料播种面积 0.7 千公顷，同比增长 1.45%；蔬菜种植面积 1.17 千公顷，同比增长 6.36%；瓜果种植面积 4350 千公顷，同比增长 2.96%。

全年粮食产量 15354 吨，同比上升 1.68%，其中稻谷产量 8714 吨，同比增长 0.75%。油料产量 1620 吨，同比下降 5.87%，其中油菜籽产量 1200 吨，同比下降 8.54%。蔬菜产量 33031 吨，同比增长 24.48%。水果产量 4350 吨，同比增长 2.96%。茶叶产量 199 吨，同比增长 6.42%。

2017 年全区主要农产品产量情况表

产品名称	绝对数（吨）	比上年 ±%
粮食	15354	1.68
其中：稻谷	8714	0.75
小麦		
玉米	3980	2.05
豆类	325	1.88
薯类	2335	4.61
油料作物	1620	–5.87
其中：花生	420	2.69
油菜籽	1200	–8.54
蔬菜	33031	24.48
水果	4350	2.96
其中：柑橘	1364	0.37
西瓜		
茶叶	199	6.42

全年出栏生猪 3.4 万头、肉羊 0.44 万只，同比分别增长 3.03%、2.33%；出栏肉牛 0.32 万头，与上年持平。家禽出笼 35.5 万羽，同比增长 0.57%。存栏生猪 2.1 万头，同比增长 16.67%。存栏肉牛 037 万头，家禽 28.4 万羽，同比分别增长 23.81%、0.35%；肉羊存栏数 0.33 万只，同比增长 106.25%。禽蛋产量 670 吨，同比增长 1.52%。水产品产量 104 吨，同比上升 4%。

2017 年全区畜牧业生产情况表

名　称	计量单位	绝对数	比上年 ±%
肉猪出栏	万头	3.4	3.03
生猪存栏	万头	2.1	16.67
牛出栏	万头	0.32	0
牛存栏	万头	0.37	25.34
羊出栏	万只	0.44	2.33
羊存栏	万只	0.33	106.25
家禽出笼	万羽	35.5	0.57
家禽存笼	万羽	28.4	0.35
禽蛋产量	吨	670	1.52
水产品	吨	104	4

2017 年，圆满完成“523”行动计划任务，全区蔬菜基地面积达 1 万亩，总产量 3.3 万吨，产值 0.7 亿元。天子山剁辣椒蔬菜特色产业园被认定为 2017 年度全省现代特色产业园省级示范园，新认证“御笔峰”绿色水稻 1000 亩，扩展认证“鱼泉贡米”绿色食品 1 个，天子茶叶完成有机转换认证食品 4 个、有机茶园转换认证 600 亩，新增茶叶基地 500 亩。新增农村土地流转 1639 亩（累计达 9934 亩），新发

展农民专业合作社10家（累计达89家）、家庭农场10家（累计达38家），新建水肥一体化设施210亩，地膜覆盖面积达5000多亩；推广稻田综合种养，创建“稻+鱼”、“稻+鸭”实验示范基地1470亩，种植再生稻650亩。全区6个乡（街道）31个村（居）340个村（居）民小组8215户承包农户的土地确权工作已经进入数据汇总、登记颁证阶段。

脱贫攻坚成果进一步巩固。2017年，全区坚持脱贫攻坚“政策不变、力度不减、工作不软”，大力推进产业扶贫、教育扶贫、健康扶贫、生态扶贫等富民惠民工程，脱贫攻坚成果进一步稳定巩固，顺利通过国家、省两轮抽检验收，成功举办全省脱贫摘帽对标交流会。

四、工业、建筑业和固定资产投资

全年全部工业增加值同比增长5.9%，规模工业销售产值3326万元，同比下降51.6%。全年实现建筑业增加值5045万元，同比增长0.8%。

2017年，全区共批复政府投资项目44个，备案企业投资项目24个,社会发展项目7个,共计75个项目。向上争取资金6320.5万元。全年实现全社会固定资产投资365301万元，同比增长18.4%，其中固定投资（不含农户）投资354654万元，同比增长44.5%；房地产开发投资10647万元，同比下降83.1%。

五、国内贸易和对外经济

全年社会消费品零售总额152421万元，同比增长10.8%。分城乡看，城市消费品零售额122816万元，同比增长11.2%;农村消费品零售额29604万元，同比增长9.5%。分行业看，批发业消费品零售额29908万元，同比增长9.5%；零售业消费品零售额80716万元，同比增长10.2%；住宿业零售额17582万元，同比增长10.6%；餐饮业零售额24215万元，同比增长14.8%。

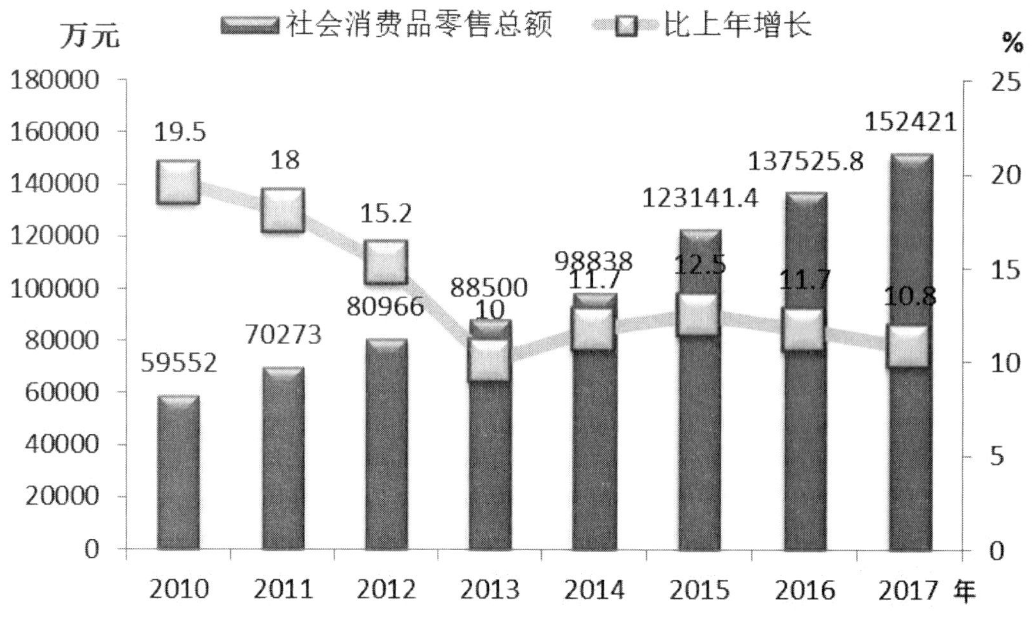

2010—2017年社会消费品零售总额及其增长速度图

2017年，全区外贸进出口总额51万美元。实际利用外资50万美元，下降98%。实际利用省外境内资金5.84亿元，同比增长17.9%。

六、交通运输、邮政电信业

年末全区拥有等级公路里程382.591公里，其中省道168.261公里、县道50.649公里、乡道54.79公里、专用公路1.081公里、村道107.81公里。年末全区社会机动车保有量达21700辆，其中汽车保有量7729辆、摩托车13946辆、农用车18辆、挂车7辆。

邮政业务收入21154.01万元。年末固定电话用户为1.1万户，移动电话用户为7.95万户，互联网宽带用户达1.76万户。

七、财政、金融、保险

全年实现财政总收入59367万元，同比增长12.6%，其中完成税收收入37333万元，占财政总收入的62.9%。国税收入20637万元，同比增长22.7%；地税收入16696万元，同比下降6.6%。地方财政预算收入41909万元，同比增长11.2%。政府性基金收入56505万元，同比增长127%。

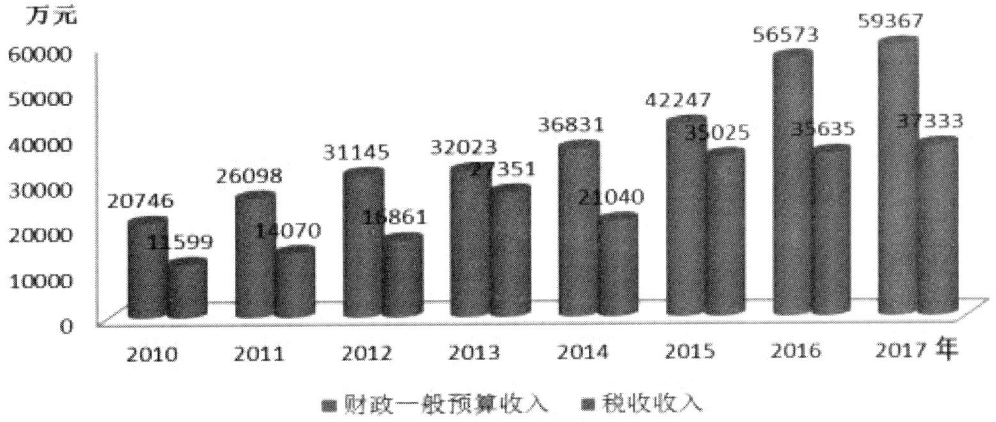

2010—2017年地方财政预算收入和税收收入图

全年公共财政预算支出117846万元，同比增长2%，其中，一般公共服务支出18188万元，同比增长17%。政府性基金支出58319万元，同比增长188%，其中：社会保障和就业基金支出132万元，同比增长106%；城乡社区事务基金支出57684万元，同比增长196%；农林水事务基金支出46万元，同比增长24%；商业服务业等事务基金支出42万元；其他基金支出415万元，同比下降33%。

国库集中支付制度改革深有成效。全年国库集中支付共计45272笔，支付资金15.84亿元，其中直接支付34521笔，支付资金15.49亿元，授权支付10751笔，支付资金0.35亿元。政府采购进一步规范。全年全区政府采购集中采购247批次，定点（协议）供货422批次，预算金额为47414.09万元，实际支付45640.12万元，节约资金1773.97万元，节约率3.74%。公务用车制度改革全面完成。我区党政机关公车改革取消的车辆全部处置完毕，拍卖公车款项258.06万元全部上缴国库，公车改革后，大大节约了公务交通费用，改革后总支出1837.6万元，较改革前节约资金246.2万元，节支率11.82%。

2017年区财政支出情况表

项　目	累计完成数（万元）	增长（%）
公共财政预算支出合计	117846	2
其中：一般公共服务	18188	17
公共安全	7430	64
教育	10254	–9
科学技术	576	8
文化体育与传媒	2381	3
社会保障和就业	13433	53
医疗卫生	10797	75

续表：

项　目	累计完成数（万元）	增长（%）
节能环保	10797	75
城乡社区事务	10320	133
农林水事务	10320	-33
交通运输	5321	202
资源勘探电力信息等事务	839	79
商业服务业等事务	4591	-70
国土资源气象等事务	1239	234
保障住房支出	8278	-40
粮油物资管理事物	153	30
债务付息支出	1192	-16
其他支出	2425	3
债务还本合计	1665	-99
国有资本经营预算支出	1790	-40
政府性基金支出合计	58319	188
支 出 总 计	179620	-35

全年完成税收入库37333万元，同比增长4.8%，其中国税完成各项税收20637万元，同比增长22.7%；地税完成各项税收16696万元，同比下降6.6%。

年末全区金融机构各项存款余额46.26亿元，比年初增加8.23亿元，同比增长21.7%；各项贷款余额48.74亿元，比年初增加8.06亿元，同比增长19.8%。

全年保险业保费收入4080.5万元。

八、教育和科学技术

2017年年末全区共有中小学校12所，其中完全中学1所，九年一贯制学校2所，中心小学4所，片完小1所，村小及教学点4个。在校学生8680人，其中小学生4697人，初中学生2451人，普高学生943人，职高学生589人。小学教职工275人，其中专任教师271人；中学教职工292人，其中专任教师282人。幼儿园在园幼儿人数211人，小学适龄儿童入学率100%，高中阶段毛入学率90.27%，小学毕业生升学率100%。

2017年全区各类教育发展情况表

单位：人

指　标	招生数	在校生数	毕业生数
中等职业教育	246	589	92
普通高中	328	943	312
初中	872	2451	727
小学	731	4697	858

教育基础设施持续改善。2017年启动了中湖乡鱼泉峪小学建设、索溪一完小食堂改扩建以及索溪二完小的规划、论证等工作。推进了机关幼儿园、协合乡中心学校教师周转房、天子山中心幼儿园、

索溪一完小综合楼和区一中高中综合楼等工程建设，前四个工程项目2017年秋季开学均已交付使用。

教育信息化建设不断加强，积极推进教育信息化创新应用“十百千万工程”和省级信息化试点项目，投入94万元购买“沃教通”教育资源,采购8套“班班通”教室设备，进一步配齐学校信息化教学设备。武陵源被确定为“湖南省教育信息化试点区县”。

教师队伍不断加强，公开招聘教师17名，申报省特岗教师计划19名，定向培养免费师范生14名，区外选调教师20名，安置免费师范生10名，“三支一扶”1名，今年新补充教师67名，一线教师得到有效补充。

教育惠民政策全面落实，2017年共资助2817人次，落实资助金额202.25万元。实施雨露计划，2017年春季资助中职97人次，资助金额14.55万元；资助高职生56人次，资助金额14万元。建档立卡普通高中生自2016年秋季起享受了免学费政策，自2017年秋季起执行免教辅材料费政策。

2017年全区专利申请27件，同比下降10%；当年发明专利申请量16件，同比增长45.5%，当年发明专利申请占比59%；实用新型7件；外观设计4件，发明授权专利3件，发明授权率37.5%。

九、文化、体育和卫生

年末全区共有艺术表演团体8个，群众文化馆1个，公共图书馆1个，总藏书量3.5万册，放映农村公益电影540场，广播综合人口覆盖率99.5%，电视综合人口覆盖率99.5%，有线电视用户1.86万户。全区有文化产业经营单位120多家，文化相关产业法人企业60家，其中，规模以上文化产业法人企业4家。娱乐经营单位6家，艺术培训单位4家，电影放映经营单位1个，艺术品经营单位5家，网络经营单位9个，娱乐业经营单位6家，印刷（复印、打字社）经营单位7家等，从业人员达到800多人。

文化事业蓬勃发展。向省文化厅局申报非遗体验基地建设项目3个。“张家界千古情”项目，完成建设场地居民拆迁协议签订工作。龙凤庵修缮工程基本完成。在龙凤庵周边发现具有可研性、较具规模的疑似堆石墓遗址，目前正申请省文物部门专家进行现场认证；正式启动了贺龙陵园（贺龙墓）申国保工作。

大力发展体育事业。成功举办了第二届“怕不怕”宁乡县至武陵源300公里不间断自行车骑行赛事、全国首届首站2017中国山地户外健身休闲大会，赛事在中央电视台体育频道及湖南经视频道等媒体进行直播和报道；举行了2017年全区“全民健身日”系列活动启动。

加强广电事业发展。数字电视工程向农村发展，目前中湖、协合等部分农村用户开通了有线数字电视，促进农村广播电视提质升级。三角垭差转台二期工程于4月开式建设。狠抓安全播出工作，加强了对网络传输安全的组织领导，制定了网络“应急处置预案”。全区防洪预警系统的维护在防汛期间未出任何问题，有效地发挥了防洪预警系统的作用。

2017年全区共有医疗卫生机构60个，其中：区直医疗卫生机构4家（区人民医院、区疾控中心、区妇幼保健计划生育服务中心、区卫生计生综合监督执法局），乡镇公立医疗卫生计生机构12家（乡镇卫生院2家、社区卫生服务中心4家、计划生育服务所6家），村卫生室26家，个体诊所13家，民营医院1家，景区医疗救护站4家。全区卫生工作人员239人，其中：执业医师和执业助理医师121个，注册护士76人。医院、卫生院共有床位286张，其中乡镇卫生院床位数86张。组织开展无偿献血集中招募活动22次，完成555人次。2006名农村适龄妇女享受了“两癌”免费检查，563名孕产妇接受免费产前筛查。

建立基本医疗保障、大病保险、医疗救助“三重医疗保障”制度，城乡居民基本医疗保险覆盖所有城乡贫困人口并实行政策倾斜，对全区5306名建档立卡贫困人口落实了健康扶贫政策，受益人数达6693人次，受益金额达192.31万元，对建档立卡户在各级医疗机构基本医疗费用报销比例提高10%，城乡居民大病报销起付线对贫困人口降低 50%，全区建档立卡人能享受到多重医疗保障，住院费用实际报销平均比例达 95% 以上。

十、人口和居民收入

根据区公安分局资料，年末全区总户数 19703 户，户籍总人口 55475 人，其中男性 27950 人，女性 27525 人，男女性别比 50∶49。总人口中非农业人口 35893 人，占总人口的 64%。全区少数民族共 52091 人，其中土家族 50963 人，白族 887 人，苗族 241。全年出生人口 801 人，出生率为 14.43‰。死亡人口 708 人，死亡率为 12.76‰，自然增长 24 人，人口自然增长率为 4‰。

2017 年，全体居民人均可支配收入 21726 元，增长 8.9%。按城乡分，城镇居民人均可支配收入 27571 元，增长 8.7%。农村居民人均可支配收入 12029 元，增长 9.5%。

2017 年人口数及其构成情况表

指　标	年末数（人）	比重（%）
全区总人口	55475	100
其中：男性	27950	50.38
女性	27525	49.62
其中：18 岁以下	12708	22.91
18~35 岁	12098	21.81
35~60 岁	21718	39.15
65 岁及以上	8951	16.13

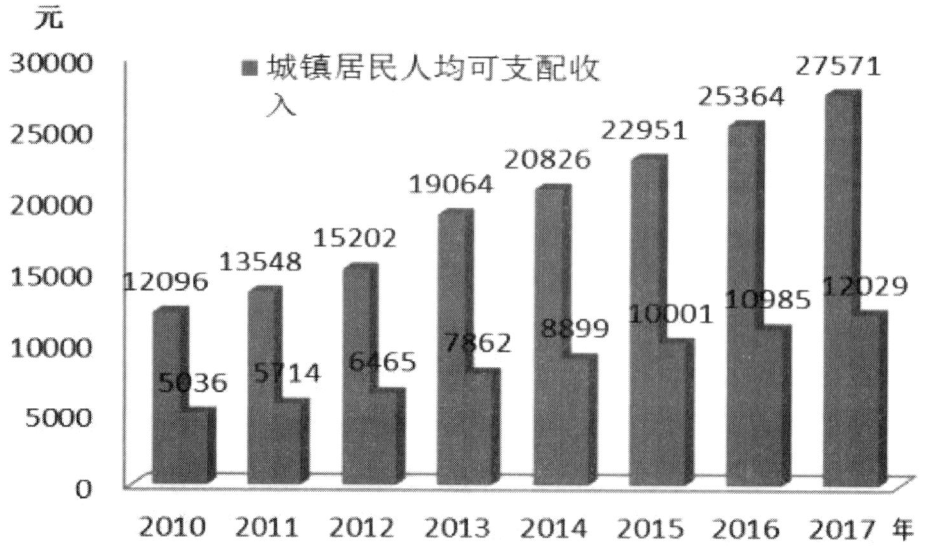

2010—2017 年城乡居民收入示意图

十一、劳动就业和社会保障

2017 年全区新增城镇就业 903 人，失业人员再就业 100 人，就业困难对象再就业 50 人，城镇登记失业率控制在 2.88% 以内，全区新增农村劳动力转移就业 406 人，全年共培训各类人员 1527 人，其中农民工和农村劳动预备制培训 56 人，创业培训 218 人，失业人员培训 152 人，企业职工培训 201 人，新办理发放“就业失业登记证”128 本，“零就业家庭”援助动态清零，援助率 100%。

全年累计征缴基本养老保险费 13500 万元，其中企业养老保险征缴基金 4432 万元，机关事业单位

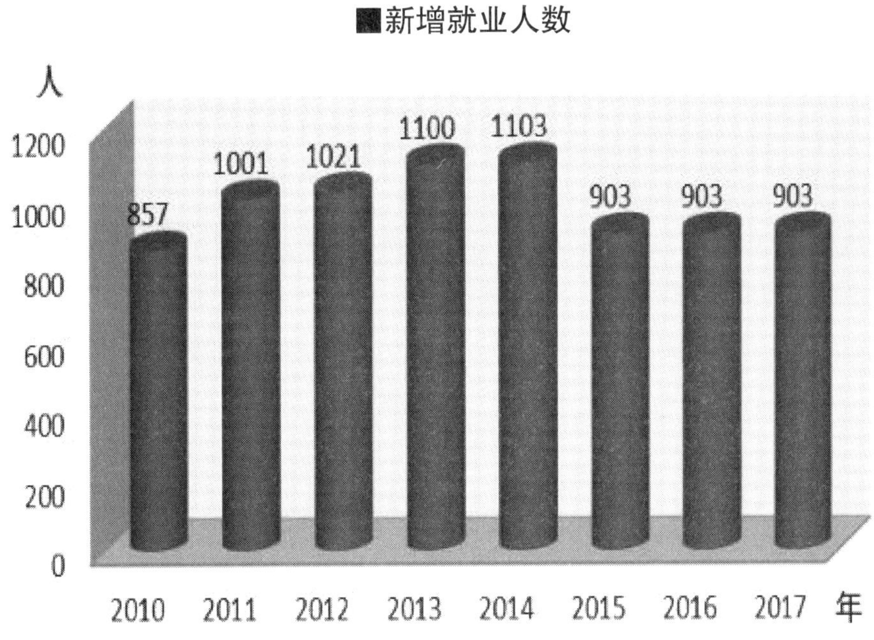

2010—2017 年城镇新增就业人数示意图

养老保险征缴基金 8701 万元。全年失业保险基金征缴 229 万元，城镇职工医疗保险征缴基金 5906 万元，城乡居民医疗保险征缴基金 2703 万元，工伤保险征缴基金 414 万元，生育保险征缴基金 180 万元。全年发放城乡居民养老金 720 万元。机关事业单位养老保险参保人数 5211 人。城乡居民养老保险参保人数 27900 人，企业职工养老保险参保人数 4598 人，失业人员参保总人数 8445 人，新增 407 人。

社会救助体系全面加强，全年共计发放城乡低保资金 1297.3555 万元、临时救助资金支出 220 万元，现我区农村低保救助水平平均为 211.5 元 / 月，较 2016 年度 161.8 元 / 月提高了 30.7%；城乡居民住院医疗救助 1232 人次，支出 104.5 万元，对自付费用较高且家庭特别困难的，通过大病医疗再行救助 14 人次，支出 5.2 万元，门诊救助 218 人次，共计 2.5 万元；全区现有特困供养人员 418 人，其中农村分散供养特困人员 222 人，分散城市供养特困人员 68 人，集中供养特困人员 128 人，自 2017 年 1 月 1 日起，实现农村分散供养特困生活补助标准 3934 元 / 年，城市分散供养特困生活补助标准 6552 元 / 年，集中供养特困人员补助标准 12000 元 / 年，全年共计支出特困供养资金 290 万元。

2017 年全年累计建成公租房 60 套、安置房 192 套（为景区移民搬迁），完成城市棚户区改造 1157 套（现都是货币补偿，只提供市场安置房源），发放住房租赁补贴 1044 户，资金 264 万元。完成审批风貌改造 29 户。

十二、资源、环境保护和安全生产

2017 年年末全区有 27 个市级生态村、5 个市级生态社区、5 个市级绿色小区、6 所绿色学校、27 家绿色宾馆。2017 年，我区地表水水质总体良好，饮用水源水质达标率达 100%，大气环境良好，优良天数达到 312 天，空气质量达标率为 92.3%。二氧化硫排放量为 122 吨，氮氧化物排放量为 306 吨，COD 排放量 763 吨，氨氮排放量为 90 吨。

年末全区共有国家级生态公益林 51.34 万亩，自然保护区 4 个，面积为 1.556 万公顷。全区年末活立木蓄积达 314.95 万立方米，森林覆盖率达 85.32%。人工造林 5200 亩，封山育林 1000 亩，景区森林覆盖率达 95%，全年无森林病虫害和火灾发生。

全年全社会用电量 17847.75 万千瓦时，同比增长 20.7%。其中，工业用电量 2045.86 万千瓦时，增加 49.48%，居民生活用电量 4542.26 万千瓦时，同比增长 10.67%。

全年发生各类生产经营性安全事故 6 起，比上年净增 3 起；死亡 2 人，比上年减少 2 人；受伤 0 人；直接经济损失 3.74 万元，比去年净减 1.69 万元。工矿商贸企业生产经营性安全事故死亡人数为 0 人。全年共发生非生产经营性事故 27 起，造成 3 人死亡，25 人受伤，直接经济损失 77.78 万元，同比净增 35.82 万元。全年没有发生较大以上生产安全事故，安全生产形势总体稳定，获评省市安全生产工作先进区县。

说明：1. 本公报部分数据为初步统计数。

2. 全区生产总值及各产业增加值绝对数按现价计算，增长幅度按可比价格计算。

索引

说明

1. 本索引采用内容分析索引法，索引条按条目和文件名汉语拼音字母顺序排列。

2. 索引条目和文件名使用宋体，类目、分目名使用黑体。

3. 索引条后的数字表示内容存在的页码。

A

B

C

D

H

J

K

L

M

N

P

Q

R

S